# 巨人

## 美國帝國如何崛起，未來能否避免衰落？

# COLOSSUS

## The Rise and Fall of the American Empire

Niall Ferguson

尼爾・弗格森 ———著 相藍欣、周莉莉、葉品岑 ———譯

# 目次

## 第二部　衰落？

# 各界讚譽

尼爾·弗格森是當前最會從過去尋求戰略指引的歷史學家。

——《經濟學人》雜誌（*The Economist*）

書中每一頁都在挑釁你。

——歐尼斯特·梅伊（Ernest May），哈佛大學國際關係史巨擘

「美國是不是帝國？」是個吵不完的議題，而近年來無人能談得比尼爾·弗格森更好。

——保羅·甘迺迪（Paul Kennedy），《霸權興衰史》作者

為何美國人明明不是帝國主義者卻擁有一個帝國?本書大膽探討此一問題，生動精彩，言之有物，讀來叫人膽戰心驚。

——提摩西．賈頓艾許（Timothy Garton Ash），牛津大學歷史學教授

無論你對「美國是不是帝國」持正面還是反面態度，此書都肯定會動搖你原先的想法。

——馬克斯．布特（Max Boot），美國外交關係協會研究員

一本近年來最及時、最熱門的書。

——英國雜誌《文學評論》（*Literary Review*）

本書確認了弗格森當之無愧於今日政治、經濟和歷史方面最犀利作家的地位。

——《星期日電訊報》（*The Sunday Telegraph*）

兼具啟發性與娛樂性，爭議滿滿的一本書。

——《泰晤士報》（*The Times*）

又一本展現作者辯論天賦的傑作，保證引發激烈辯論。

——《愛爾蘭時報》（*The Irish Times*）

弗格森認為全世界都能從美利堅帝國中獲益。就算是不贊同他看法的人也會同意，《巨人》的確是一本引經據典、充滿歷史氣息的書。

——威廉・羅傑・路易斯（William Roger Louis），《牛津大英帝國史》主編

就學術著作量與能見度而言，史學界無人能出尼爾・弗格森其右。

——《紐約時報》書評（*The New York Times*）

美國準備好要統治世界了嗎？可能還沒。但作者認為它最好能趕快勝任這項任務。

——《科克斯書評》（*Kirkus Review*）

宣稱美國是帝國並不新鮮，新鮮的是弗格森認為這對當今世界有益。

——美國圖書館協會《書目雜誌》（*Booklist*）

本書一方面抨擊美國保守派在海外推行「國家建構」的空洞承諾，另方面又迫使自由派重新思考該不該繼續反對美國的對外干涉政策。

——《出版者週刊》（*Publishers Weekly*）

十六年前寫成的書，對今日國際局勢的解釋力依然很強，有其獨到之處，值得閱讀思考。

——蔡依橙，醫師、「陪你看國際新聞」創辦人

維多利亞時代政治思想家約翰．彌爾曾指出，帝國是一個民族所能肩負的最高使命，以人類共同福祉為依歸，實踐上仰賴強烈的政治意志，龐大人力物力的投入，以及學習其他國家歷史與風土民情之意願。弗格森是這種帝國主義的倡議者，且以呼籲美國承擔大英帝國的未竟事業作為他個人的最高使命。

——葉浩，政治大學政治學系副教授

本書提供一個很「刺激性的」觀點（作者特別提醒大家他很「逆風」），解讀美國的歷史、外交政策，以及與世界體系的關係。從台灣的視角來看，我們可能很難理解為什麼美國如此抗拒「成為一個帝國」，不過，我們對於「美帝」、「美國干涉內政」這樣的批判倒是耳熟能詳。終於，當有人再試圖用「美帝」一詞轉移國際焦點或顛倒現實時，我們可以拿出這本脈絡完整且清楚論證的書，用其論述，將「帝國」這頂帽子為美國好好戴上，且戴得端莊又優雅。如同作者提醒的，美國對於自身在全球的定位，就像是「靈魂被錯置在不對身體的人」，帝國還能走多久？這是作者給我們的思想功課。

——陳方隅、李可心，「US Taiwan Watch: 美國台灣觀測站」共同編輯

一八二〇年清帝國擁有世界百分之三十七的人口及百分之三十三的GDP，蒙古帝國曾經是世上版圖最大的帝國，但要是加上殖民地的話，大英帝國則是歷史上幅員最大的帝國。不過一八二〇年之前，世界各國幾乎不知經濟成長為何物，蒙古帝國在忽必烈之後迅速衰微，而大英帝國的地位在二十世紀後，迅速而全面地為美國所取代。

美國是帝國嗎？除了馬克思主義者之外，很少人會如此看待美國。弗格森另立蹊徑從「帝國」的角度撰寫美國史，令本書不可避免地成為爭議焦點。但是隨著中國崛起與美中冷戰，弗格森的帝國視角卻巧合地呼應今日世界局勢的發展；在中國堅信美國必然衰退，歐洲相信世界必定走向多極的情形下，從帝國視角看待美國的興衰，成為十分具有現實感的角度。

——沈榮欽，加拿大約克大學副教授

美國究竟是否為一帝國主義霸權，向來爭論不少。本書以大歷史的格局，從軍事、政治、經濟與文化等不同角度，全方位對美國兩百年來權力投射運作，以及美國內政與外交事務之間的關聯性，進行深入分析。論點新穎獨到，發人省思。任何欲瞭解美國在全球事務扮演何種角色之士，都可以從這部重要且精采的著作中，得到新的啟發。

——林孝庭，史丹佛大學胡佛研究所研究員、胡佛檔案館東亞部主任

# 推薦序

張國城
《國家的決斷》作者、臺北醫學大學通識教育中心教授

讀弗格森先生的著作向來不是一件輕鬆的事，可是卻是一件饒富趣味的事。《巨人》這本巨著也不例外。

本書的重點在於「美國就該當個帝國」，因為帝國會帶來秩序。作者在書中分兩個部分來探討美利堅帝國：第一部先分析美利堅帝國如何運作，接著在第二部探討美國若有「帝國自覺」可能會帶來的好處。弗格森所謂的「自覺」，並不是說美國應該厚顏無恥地到處宣傳自己是帝國，直呼美國總統是皇帝，而是美國人應該要認知到自己的國家具有帝國特色。如果可能，美國應該要從以往的帝國經驗記取成功和失敗的教訓。同時，必須先對自己的經濟結構、社會組成和政治文化進行徹底改革。

弗格森更進一步主張，「帝國」一詞代表著要在疆界內（有時甚至是疆界外）取得經濟、文化和政治主導地位。「美國人也許真心不想統治別人的國家，但他們實在很想要別人按照美國人的方式

治理國家。」這和現實主義學者史蒂芬・華特（Stephen M. Walt）所見略同，華特也認為美國的外交政策長期是以「自由主義霸權」為原則。不過弗格森認為美國應該積極地去干預其他國家，推動自由民主，必要時採軍事手段，而且聲稱此舉其實不會造成經濟上的重大負擔，**這樣的主張就和現在美國的國際關係主流思潮有著頗大差距**。美國未來的外交政策，勢必得在這兩種看法間找到平衡點。

可能是因為弗格森是英國人出身，他對「帝國」推崇備至。他認為：「人類有信史以來就有帝國的存在。事實上，大部分的人類歷史其實就是帝國的歷史，因為這些帝國善於記下、複製與傳遞自己的言行。被十九世紀看作是理想形態的『民族國家』（nation state），才是歷史上的新鮮產物，且依舊可能只是歷史中較短命的存在。」其實，這就是本書的最大價值之一：透過作者對歷史的爬梳整理，我們可以對國家行為、國家所面臨的限制和挑戰，有著清楚且提綱挈領的理解。作者再三強調，瞭解歷史很重要。美國在伊拉克所碰到的問題，英國早在一九二〇年就經歷過。這也是筆者發現英國學者的一個共通點；經常強調並論證出許多事情並非獨一無二、前所未見。這對台灣人來說非常有價值。因為在台灣，我們常常不把問題當問題，或是認為這些問題只有我們才有。我們容易因此忽略歷史上其實早有人面對並解決過這些問題。

本書同時也試圖說明，為何要美國當好一個帝國是如此困難？「為何美國的帝國事業如此曇花一現，成效轉瞬即逝？」作者問。答案同樣藏於美國的帝國歷史：因為美國缺乏帝國自覺。可是美國明明是帝國，為何會毫無帝國自覺？這與美國如何看待「帝國」有關。弗格森在書中分析美國保守派和自由派各種反對「美國是帝國」的理由，來說明這個現象：「美國的自由派其實可以接受美國是帝國的說法——只要你譴責帝國是不好的。而保守派呢，他們其實也容許人家說美國強權是在世界各地行善——只要你不稱這是帝國行徑。但無論自由派還是保守派，他們絕不允許有人說美國是帝國並強調這也許不是件壞事。」這就碰觸到美國對外政策的另一面——「道德外交」原則。美國的自由派認為，帝國就是一個想要控制其他國家的大國，因此自然是不道德的；保守派則認為美國並不是為吞併他國而戰，而是為原則而戰，為美國人所信仰的自由民主、自由市場原則而戰。瞭解作者在書中揭櫫的道德外交原則，對我們理解美國外交史會有很大的幫助。

對於國家地位還沒有被國際正式承認的台灣來說，美國這個「帝國」可說是台灣安全及發展的唯一屏障與依靠。很多台灣人甚至希望能從美國的「帝國作為」中得利——認為美國弘揚自由民主，自然會因此肯定台灣，**並阻擋中國對台灣的侵略**。這提供了台灣人閱讀本書的充分理由。如果我們希望美國站在「帝國」立場來協助台灣，當然就有必要瞭解歷史上的帝國是如何運作，又有哪些原因會導致帝國興衰。這有助於我們判斷美國的未來，決斷台灣該如何面對。此外，對於一個讀國際關係的人來說，台灣仍然需要自己先確立國家的地位，而後才能和「美利堅帝國」有更好的合作和互惠。台灣人不能「己願他力」地認為台灣自然而然就是美利堅帝國一省，或是其不可或缺的一部分。

弗格森最後也提醒，正因為美國缺乏足夠的帝國自覺，加上美國政治人物傾向把「解放他國後就打道回府」的修辭當真，渴望「把男孩們帶回家，結束戰爭」，於是他們有時會貿然取消海外投入的承諾。這對於今日的台灣來說，實在是暮鼓晨鐘之語——因此，筆者希望每個台灣人都能好好地讀一下這本偉大的書。

# 推薦序

# 昭昭天命下的美國帝國

嚴震生（政治大學國際關係研究中心研究員）

在當年赴美求學時，我先是攻讀歷史學碩士及政治學碩士，然後才取得主修國際關係的政治學博士，因此有機會同時涉略美國歷史、美國外交史、美國政治和美國外交等四個領域。在讀美國歷史時，我學習到「美國特異論」（American exceptionalism，編按：又稱美國例外論）、美國人在十九世紀不斷向西開拓的「邊疆理論」（frontier thesis），以及美國自認為是上帝所揀選、要來教化世界的「昭昭天命」（manifest destiny）。美國外交史在談到十九世紀內戰後的美國時，總強調美西戰爭（Spanish American War）之前，美國是多麼不願意成為像歐洲一樣的殖民帝國。

學習美國政治時，我看到的是美國行政與立法權間對於開戰（make war）和宣戰（declare war）的制衡，及美國國會如何肩負限制總統在海外用兵的《戰爭權力法》（War Powers Act）。最後，美國外交的課程則是讓我認識到美國身為「霸權」（hegemon）和它所創造的霸權穩定（hegemonic stability），以及美國如何扮演「心不甘情不願的警長」（reluctant sheriff）的角色。近二十多年來，相關領域把重點放在美國不同於其他霸權的「軟實力」和「巧實力」，以及美國是否會因為帝國的「過度延伸」（overstretch，編按：書中又稱「過度擴張」），走上大國衰落的歷史軌跡。

這四個領域的學習，確實對我閱讀本書有相當大的助益，特別是我原先曾認知美國是一個「不願意成為歐洲殖民帝國的強權」。但在閱讀本書作者尼爾．弗格森（Niall Ferguson）的解析後，方才理解原來美國自始至終都有成為帝國的企圖心：從美國征服印地安人，到跨越阿帕拉契山脈；從法國手中取得密西西比河以西大片土地的路易斯安那購地，再向西班牙買下佛羅里達，隨後促成德州脫離墨西哥並加入成為美國一州；接著透過美墨戰爭（Mexican American War）取得新墨西哥到加州的大片土地，最後又從英國手中取得奧勒岡地區。美國本土的地圖，才終於成為今日所見的模樣。

南北戰爭結束後，美國先是取得阿拉斯加，十九世紀末又將夏威夷併入，成為美國目前第五十州。由於這一切大都是在美洲大陸完成，和歐洲霸權前往歐洲以外的拉丁美洲、亞洲與非洲的殖民經歷截然不同，因此過去常被美國人視為僅是某種「昭昭天命」下的產物。然而，本書作者弗格森戳破了這項迷思，主張美國從最開始就是不折不扣的帝國，僅不過有著一套較具說服力的說詞而已。他的說法，可以從一八九八年美西戰爭後，美國取得菲律賓這塊殖民地獲得證實。

這本巨著出版於二〇〇四年。儘管距今已有十六年之久，但由於內容詳盡，論述和見解相當獨到，且美國自川普總統上來後，讓美國這個巨人無論在內政和外交上都出現「質變」的情形，因此特別值得我們從本書豐富的史料中，觀察這個帝國的未來。

弗格森是一位來自蘇格蘭的國際史學家，專長是英國和美國的帝國史，在政治光譜上應當是屬於現實主義，但他的論述卻帶有自由主義的色彩。讀者必須在這本巨著中，分辨兩個意識形態的區隔與整合。他的自由傾向，在於其對美國制度和價值的強烈信念；他的現實主義，則在於他希望將這些制度和價值，強行加諸在那些與美國政治傳統相異的國家。同時，他認為美國若是要進行軍事干涉，就千萬不要虎頭蛇尾，在達到初期目標或是政權更迭後就自行撤出，而是要徹底改變政權的本質，甚至不惜長期軍事佔領。弗格森指出，美國自由帝國當然有其表面上的價值取向，如自由民主、資本主義市場經濟等，但若真正檢討起來，美國之所以有能力成為帝國，當然還是它那無與倫比的軍事力量。

弗格森主張美國是一個自由帝國，而非傳統上的軍事殖民霸權，因此該被普遍接受。這個論述如果成立，將意謂著美國就代表中國常常談到的「善霸」。若美國是出於本身自由主義優越性與特殊軟實力才得享稱霸正當性，那麼一再強調不干涉內政、不稱霸的中國大陸，又為何成為「修昔底德陷阱」（Thucydides's Trap）中那個必然會挑戰美國的新興強權？美國的自由帝國稱霸屬於國際關係中的「單極體系」（unipolarity），如果中國也被允許扮演第三世界的領導人而成為另一個善霸，國際體系恐將轉移成「雙極體系」（bipolarity）。

川普總統上任後，美國離棄了長期奉為圭臬的「多邊主義」（multilateralism），改採美國優先的「單邊主義」（unilateralism）。國際秩序因此從原本的美國主導，變成了缺乏實際領導。在美國「遜位」的情況下，中國一度有從「儲君」扶正的機會。但是，由於習近平主席不再謹守鄧小平遺訓中的「韜光養晦」，反而大談「中國夢」，就讓美國兩黨達成妖魔化中國的共識，進而讓國際社會對中國產生高度疑慮。在新冠病毒出現後，北京已完全喪失成為善霸的機會。畢竟，它和國際社會所期待要扮演的「負責任的大國」還有一段距離。

美國總統大選即將舉行，若是民主黨的拜登一如民調預測地順利當選，美國顯然就會放棄單邊主義、重返國際體系。不過，美國畢竟曾在川普四年的脫序治理下一度脫離國際體系，放棄國際領導地位。就算拜登當選，美國未來能否重返榮耀、避免衰退，回到本書所提及的自由帝國，至少在目前看來尚不樂觀。

# 寫於二〇二〇：臺灣版作者序

《巨人》出版至今已超過十六個年頭。前幾天人在紐約的編輯提醒我，我原來曾想把書名取作「盲眼巨人」。在當年，仍有人對美國佔領阿富汗與伊拉克抱持相當樂觀的態度，因此他認為取這書名太過負面。他當時甚至說服我，把副書名從我想要的「美國如何帝國崛起，未來能否避免衰落」改為更無害的「美利堅帝國的代價」。等到平裝版付梓時，他卻開始與其他許多人一道，轉而認同我的看法了。

我提起這段往事是為了提醒人們，本書絕非支持新保守主義的美國強權，儘管很多人如此認為。寫作本書時，我才剛到美國不久，還不知道在出版品裡大用諷刺的危險。我在二〇〇三年四月的《紐約時報》上寫道：「我先從實招來。我就是這幫新帝國主義者的死忠成員。」這句話常被沉迷社群媒體而無法讀完整篇文章（更別說讀完整本書）的人拿來攻擊我。我真正想說的是以下內容：

若把維多利亞時代帝國主義者支持的政策「綜合」起來，看起來就宛如出自國際貨幣基金組織（甚至是世界銀行）的報告：提倡自由貿易、平衡預算、健全貨幣、普通法、廉潔的行政管理與由國際貸款資助的基礎建設投資。這些正好都是伊拉克如今需要的。如果聽起來可怕的「美利堅帝國」能實現這些，那麼我全力支持。問題在於，美國是否具有一項至關重要的特質：耐力。假若沒有這個特質，整個帝國計畫注定毀滅。我在美國待的時間越長，對此就越不敢肯定。

這就是《巨人》書中論點的初次登場。我認為美國欠缺在阿富汗與伊拉克成功實現其「國家重建」所需的持久力（儘管我也曾在《帝國》一書談論大英帝國歷史時於結論暗示過）。在我看來，美國受三個結構性不足所苦，而它們一起毀滅了在伊拉克的嘗試。首先是人力不足：不同於一六一〇年代到一九五〇年代的英國人，美國人無意離開家園，定居在炎熱、貧窮又危險的國家。其次是財政不足：在一九九八至二〇〇一年短暫的平衡預算之後，美國很明顯地正邁向赤字日益擴大與無可避免的聯邦債務增加。第三是注意力不足。韓戰與越戰已證明了美國選民對海外戰爭的支持只能維持短短幾年。

我想，時間已證明我的論點是正確的。誠如我在本書結論所預見，阿富汗與伊拉克今天看起來一點都不像是小布希政府試圖出口的自由民主模式。伊朗與北韓這兩位小布希口中「邪惡軸心」的其他成員，還是與過去一樣危險。古巴仍然是獨裁政權，而利比亞與敘利亞在試圖推翻國內暴君的過程中陷入內戰。此外，我也認為比起通貨膨脹，美國更可能走向通貨緊縮，就像在十九世紀末那樣，「通縮失敗者很可能轉向激進的政治形式，藉以表達其不滿情緒」。所謂更激進的政治形式就是指民粹主義與社會主義，而那很可能導致對全球化的全面反撲。我也正確地指出，為何在這種狀況下（包括歷任總統都傾向讓「跨部會競爭來決定政策」）不可能透過什麼連貫一致的策略來當世界警察。事實證明這項分析完全正確：

> 美國政府發言人堅稱只要美國能在伊拉克建立民主政府，美國人便「一天也不會多待」（而且美國很明顯真的是如此盤算）。這就是在無意間妨礙了當地人民與美國當局合作。當地人不會有信心支持美國政策，因為美國人一旦撤離，自己便可能被其他人指控「與美國人勾結」。

再進一步看，我推測至少在一段時間內，未來可能會「迎來『無極』世界，一個沒有任何帝國足以佔據支配地位的世界」。（後人常把這項觀念稱之為G零〔G-zero〕，以相對於G7或G20。）

《巨人》的一項核心主張，便是力量來自內在。帝國衰落並非來自某些具威脅性的對手崛起，而是源於內部衰敗。這個概念也出現在我後來出版的專書裡，特別是《文明》與《西方文明的4個黑盒子》。我至今仍如此深信。自《巨人》出版以來，兩位人格特質截然相反的總統都試圖讓美軍擺脫小布希當初入侵的國家。歐巴馬從伊拉克撤軍；川普則打算與阿富汗的塔利班談判。這兩個例子都證明了退場戰略總是「說比做簡單」。歐巴馬總統明確宣布放棄扮演世界警察，川普總統則予人不把盟友放在眼裡的印象。但無論是哪位總統，要拋棄從前朝繼承的全球責任出乎意料地困難。時至二〇一九年底，仍約有二十萬美軍部署在海外，部分駐紮在阿富汗、伊拉克、索馬利亞與敘利亞等人們熟悉的不安定地區（也是穆斯林世界的戰場）；其他則駐紮在德國、南韓與日本等地，他們自一九四〇年代末、五〇年代初以來就一直駐紮在那裡。另外還有人駐紮在尼日、查德與馬利等新興衝突之地。如今早就已經沒有人在談「全球反恐戰爭」，但事實上聖戰組織在世界各地依舊活躍，而且美軍士兵也還在持續與他們交戰。在某種程度上，歐巴馬與川普的多數支持者似乎都沒看見兩人其實都延續了小布希政府最重要的後九一一戰略：在海外打擊聖戰份子，因為他們都相信在這麼做能降低在國內打擊聖戰份子的需要。

然而，我在《巨人》與後續著作中指出的內部衰弱仍持續飛躍般地進展。例如美國的公共財政在接連回應全球金融危機與全球疫情大流行後更加惡化；而在很多其他面向上，從白人戰後嬰兒潮世代預期壽命到青少年受教育程度，美國的大衰退仍在上演。與此同時，誠如我在《廣場與塔樓》中所說，網際網路平臺的崛起，讓公共領域陷入嚴重分裂與功能失調，假新聞與極端觀點氾濫成災。

自二〇〇四年以來，世界上最大的地緣政治變化無疑是中華人民共和國的崛起。中國不僅是世界第二大經濟體（而且正加速迎頭趕上美國），也是與美國競爭的超級大國。我在出版《巨人》的三年後，首次寫下一篇文章來談莫里茨．舒拉里克（Moritz Schularick）與我共同創造的「中美國」（Chimerica）一詞——也就是我最早曾在《巨人》第八章寫到的中國與美國經濟體的奇特融合（「亞洲儲蓄者與美國消費者之間的共生關係」）。我們向來主張「中美國」是無法長久的癡心妄想，這點也已經被歷史證明。在二〇〇八年全球金融危機後（其根源是美國經常帳赤字的中國資金），中美關係迅速惡化，惡化到人人都在談「新冷戰」（編按：又稱第二次冷戰，冷戰2.0）的地步。

「我們已走到冷戰的山腳邊。」季辛吉（Henry Kissinger）在二〇一九年十一月北京的「彭博創新經濟論壇」接受我訪問時這麼說。這番話並沒有太令我吃驚。因為打從那年年初起，我就已清楚看見美國與中國之間正上演一場新冷戰。二〇一八年初始於關稅與智慧財產盜竊的貿易戰，到了年底已演變成一場與中國華為公司爭奪5G網路全球主導地位的科技戰。美、中之間已化為一種意識形態上的對抗，以回應北京當局對待新疆維吾爾少數民族與香港民主派示威人士的做法；美、中之間長年針對臺灣與南海的摩擦也與日俱增。

儘管如此，要讓季辛吉（而不是別人）承認我們正處於新冷戰的起點，其實是非同小可的一件事。自一九七一年首次密訪北京以來，季辛吉一直是中、美交往政策背後的操刀者；長達四十五年以來，中、美交往政策都是美國外交政策的主旋律。這件事根本改變了冷戰中期的權力平衡，把蘇聯推向劣勢。它同時也為歷史上規模最大、發展最快的中國工業革命，創造了地緣政治條件。這件事也在中國加入世界貿易組織之後，導致了「中美國」的誕生。

北京與華府的關係怎會惡化得如此迅速，以至於現在連季辛吉都大談冷戰？一種常見的答案指出，川普總統像顆大鐵球一樣撞向「自由國際秩序」，因此新冷戰不過是「美國優先」策略的不幸後果之一。但這觀點太看重美國外交政策在二〇一六年後的轉變，忽視了自二〇一二年習近平就任中共總書記後中國外交政策發生的改變。未來的史學家都將發現，中美國的衰亡始於某位新任中國領導人在全球金融危機之後，認定不再有必要遵守鄧小平著名的韜光養晦原則，去隱藏中國的野心。美國中部地區的選民會在二〇一六年投票支持川普，有一部分正是不滿中美交往及其必然結果（全球化）的不對稱報酬。中美國的經濟利益不僅不成比例地流向中國，中美國的成本不僅不成比例地由美國勞工階級承擔，同樣一批美國人如今還看到他們用選票送進華府的歷任領導人，居然在這個新興超級大國的誕生上扮演了催生者的角色。中國成為與美國競爭全球支配地位的挑戰者，因為有著比蘇聯還強的經濟實力而更令人望而生畏。

承認美國與北京的關係已經惡化的，並不只季辛吉一人。另一位中美交往政策的長期信徒夏偉（Orville Schell），也在最近承認這種取徑已經失敗：「因為真正有意義的交往，可能導致國內要求更多改革與改變，恐將導致中共政權最終走向覆滅，因此中共對此一政策也深感矛盾。」與此同時，批判中美交往政策的保守派也迫不及待在其墳上跳舞，敦促在經濟上「隔離」中華人民共和國，大幅縮減中國在全球供應鏈的空間。川普政府內比較仇視中國者開始走路有風，特別是國務卿龐佩奧（Mike Pompeo）、白宮副國家安全顧問博明（Matt Pottinger）與貿易顧問納瓦羅（Peter Navarro）。過去三年半，他們一直主張川普總統任內最重要的政績，就是改變了美國對華政策方針。這種從交往轉向競爭的政策舉體闡明在《二〇一七年國家安全戰略報告》（2017 National Security Strategy）。二〇二〇年的種種事件似乎也證明了此一轉變。

COVID-19（編按：又稱「武漢肺炎、新冠肺炎」）大流行不僅讓新冷戰的情勢升溫，還向過去持懷疑態度的人揭露新冷戰確實存在。中國共產黨是這場大災難的罪魁禍首——其首先掩蓋新型冠狀病毒（SARS-CoV-2）的危險性，然後推遲可能阻止病毒傳播到全世界的措施。然而，現在中國卻想為拯救世界免受自己所釀成的危機邀功。中國政府大量出口廉價且不大可靠的呼吸器、篩檢試劑與口罩，試圖從自己招致的失敗中反敗為勝。中國外交部新聞司副司長（譯按：趙立堅）甚至宣傳起冠狀病毒源於美國的陰謀論，並在推特上轉推一篇文章，該文聲稱一支美國團隊在去年十月到武漢參加世界軍人運動會（World Military Games）時將病毒帶到了中國。同樣令人難以置信的是，中國聲稱香港民主派的抗議潮一再發生，是因為背後有美國在操縱。當前針對前英國殖民地地位的衝突毫無疑問是「中國製造」（Made in China）的產物。誠如龐佩奧所說，北京強加於香港的新版《國安法》實際上「破壞了」香港的半自治地位；北京還撕毀一九八四年的《中英聯合聲明》，該聲明保證香港將在一九九七年移交給中華人民共和國之後，繼續維持自己的法律體系五十年。

在這個脈絡底下，美國大眾自二〇一七年起對中國的情緒明顯變得更加強硬（尤其是較年長的選民），就不大叫人意外。如今，中國是民主黨與共和黨兩黨少數有共識的主題之一。對這一事實最好的寫照，就是民主黨總統候選人拜登（Joe Biden）的競選團隊也多次嘗試將拜登描繪成比川普更反中的鷹派（前國家安全顧問波頓〔John Bolton〕最新出版的回憶錄剛好對他們有利）。在香港議題上，民主黨籍眾議院議長裴洛西（Nancy Pelosi）就和龐佩奧一樣怒不可遏。

不僅如此，川普政府比近年任何一屆美國政府更公開支持臺灣政府。不只川普，我們同樣有理由預期拜登政府將繼續執行這項政策。若拜登贏得總統大位，很可能出任國防部長的蜜雪兒．佛洛諾伊（Michelle Flournoy）便曾在今年三月的訪談中表示：美國「必須改變我們的思維方式，以不對稱的方式思考我們該如何加強嚇阻。要麼用『抵制性嚇阻』讓（中華人民共和國）放棄侵略，要麼就得提高中國武力犯臺的成本，讓他們得冒失去所珍視東西（例如海軍艦隊）的風險。他們才會懂得三思而後行，說聲：『好吧，也許我們不想今天入侵臺灣』」。中國國營媒體如今正公開討論這種入侵的可能性。如果有什麼事能將第二次冷戰變成第三次世界大戰，那就是中國共產黨征服臺灣並消滅其民主的野心。

第三次世界大戰會是一場災難。但我曾在別處主張，一場「純粹的」冷戰不只無法避免，同時還有可取之處。因為這能讓美國不敢再自得意滿，轉而更認真努力不讓中國在人工智慧、量子電腦與其他重要戰略科技上超越美國。但我這項「我們應該學會停止煩惱並愛上新冷戰」[1]的觀點，卻遭到大力抵制。Google前董事長艾瑞克．史密特（Eric Schmidt）主張，應該建立一套「競合」（coop-etition）模式，讓中、美兩國導向「競爭性合作關係」（rivalry-partnership）。在這個模式中，美國與中國將以三星與蘋果行之有年的方式，既競爭又合作。哈佛大學的格雷厄姆．艾利森（Graham Allison）也呼應這樣的想法，他認為肺炎疫情大流行已經使美國「不可能清楚辨別中國到底是敵還是友。競爭性合作關係聽起來可能很複雜，但人生本來就很複雜」。

他們的主張聽起來都很合理。但他們忘了一件事：中國共產黨不是三星。今天支持「競爭性合作關係」的人，就像前一場冷戰抱持鴿派立場的學術圈一樣（特別是一九六八年後），忽略了中國人對「亦敵亦友」（frenemies）的關係可能並不感興趣。中國人很清楚這是一場冷戰，因為這場冷戰是由他們先開始的。當我去年首次在會議上公開談論新冷戰時，我很訝異竟沒有中國代表反駁我。我在九月問他們其中一人（一位掌管重要國際機構的中國人）為何沒人反駁我。「因為我同意你！」他笑著回答。作為北京清華大學的客座教授，我親眼目睹了中國在習近平統治下的意識形態轉變。研究諸如文革等禁忌主題的學者，紛紛受到調查或面臨更糟的災難。而對西方採取好鬥立場的人則步步高升。

清華大學國際關係學系主任閻學通最近論稱，新冷戰將會是一場純粹的科技競賽，而沒有上一場冷戰的代理人戰爭與核戰邊緣政策（nuclear brinkmanship）。[2] 北京大學國家發展研究院院長姚洋在《文化縱橫》的訪談中（四月二十八日出刊）同樣坦率：「從某種程度上來說，現在其實已經形成了『新型冷戰』的局面，」他說，「有兩個原因。首先是西方政客甩鍋的需要（指誰該對疫情大流行負責）。」「其次，」他補充說，「現在西方想把這個問題變成一個制度問題，他們說中國能（在湖北省）做到這麼嚴厲的防控措施，是因為你是一個非民主的社會，所以有這麼大的權力與能力去做這件事情。」

然而，與「戰狼」外交官頭頭趙立堅經常在推特上發布的嗆辣言論相比，前述說法簡直是小兒

---

[1] 編註：典出《奇愛博士》（Dr. Strangelove or: How I Learned to Stop Worrying and Love the Bomb）這部拍攝於冷戰年代的英國黑色幽默電影。

[2] 編註：形容當雙方都逼近核戰邊緣，反而會因此促成雙方妥協讓步。因為雙方會互相保證毀滅。

科。在回應美國國會對中國強行推動香港《國安法》採取制裁措施時，趙立堅推文說：「美國參議院通過的《香港自治法》（Hong Kong Autonomy Act）只是一張廢紙。」按照他過往的標準，這發言還算客氣了。龐佩奧六月十七日在夏威夷與中國共產黨負責外交的政治局委員楊潔篪會面後，官方發布的中文公報語氣更有著冷戰的經典味道。例如，在對維吾爾人的迫害議題上，中方呼籲「美方尊重中方反恐維穩與去極端化努力，停止在反恐問題上搞雙重標準，停止利用涉疆問題干涉中國內政」。這不禁令人想起毛澤東時代的老派尖酸刻薄，而這樣的回擊並不單單針對美國。中國政府嚴厲抨擊任何膽敢批評它的國家，從澳洲（被共產黨控制的《環球時報》編輯形容成「黏在中國鞋底上的口香糖」）到印度到英國，無一倖免。希望恢復交往路線或至少與北京建立亦敵亦友關係的人，都低估了王滬寧的影響力。王滬寧自二〇一七年起成為中國權力最大的中央政治局常委，也是習近平最有影響力的顧問。王滬寧曾在一九八八年八月赴美做了六個月的訪問學者，造訪三十多座城市與近二十所大學。他對那次美國行的記載成了《美國反對美國》（於一九九一年出版），是他針對美國民主、資本主義與文化（種族分歧是第三章的重點）的嚴厲批評。

北京大學法學院教授、中國政治理論家強世功在去年四月發表了一篇具有啟發意義的文章。他在文中闡明了中國野心的帝國本質。他主張世界史就是帝國史，而不是民族國家的歷史，因為民族國家是個相對較新的現象（我本人一直以來也都是這麼認為）。「人類歷史無疑是一部帝國爭霸史，」強世功寫道：「是一部帝國之間不斷競爭、推動帝國形態從區域性帝國逐漸轉向全球性帝國，然後再由全球帝國之間的爭霸進而推動建構『單一世界帝國』的歷史。」強世功認為，當今時代的全球化是

「單一世界帝國的1.0版，是從大英帝國到美利堅帝國所共同塑造的世界帝國模式」。但英美帝國正在從內部「瓦解」，因為「有著無法解決的三大困境：經濟自由化帶來的日益加深的不平等，政治自由化帶來的……治理失效，以及文化自由化帶來的墮落、虛無」。此外，西方帝國受到來自「俄羅斯的抵抗與中國的競爭」的外部攻擊。這不是創造一個另類歐亞帝國的企圖，而是「爭奪世界帝國首都中心的鬥爭」。

若你懷疑中國打算接管「帝國1.0」，然後根據中國的專制文明將其轉變為「帝國2.0」，你一定是沒注意到中國一路走來都在施行這項戰略。中國已成功成為世界工廠，就像過去的英國與美國一樣。現在，中國有個名為一帶一路的「世界政策」，這是個龐大的基礎建設計畫，很像霍布森（J. A. Hobson）在一九〇二年所描述的西方帝國主義。中國利用進到中國市場的獎勵對美國公司施壓，要求他們服從北京路線。中國在包括美國在內的整個西方世界進行「影響力操作」。隨著中國的科技公司在全球各地、乃至美國擴大影響力，中國似乎比過去的蘇聯更有機會贏得新冷戰。

我們現在應能清楚看見，大多數當代中國對美國的分析都仰賴一項關鍵，那就是把美國人的墮落與衰落視為必然。我並不怪本書讀者可能會覺得中國人說得有理，但多年來我對於帝國還有另一項關鍵主張，那就是帝國的崛起、臻峰與衰落是不規律與難以預期的。事實上，帝國的壽命差異很大。它們可能突然崩潰（就像蘇聯帝國），或像羅馬帝國與大英帝國那樣，不止一次地復興與再生。美國當前的競爭對手會不會像一九三〇年代的德意志與日本帝國，或一九七〇年代的蘇聯帝國一樣，過度低估了美國；然後美國會自我修復，擊敗極權主義的競爭對手，就像一九四〇年代與八〇年代那樣？

《巨人》這本書並未排除這個可能性。美國是否能再次做到，必須得用另外一整本書來討論。二〇〇四年的我還看不到那麼遙遠的未來。即便是現在也很難預測，但我也只能衷心地希望。

尼爾・弗格森

美國蒙大拿州大天空市 二〇二〇年十月

# 巨人

## 美國帝國如何崛起，未來能否避免衰落？

# COLOSSUS

## The Rise and Fall of the American Empire

Niall Ferguson

尼爾・弗格森 ———著 相藍欣、周莉莉、葉品岑 ———譯古老歐洲將不得不倚靠在我們的肩膀上，步履蹣跚地跟著我們走。縱使有牧師和國王們透過教會施加的許多阻礙，她也會盡可能走在我們身邊。我們將會成為一個多麼有影響力的巨人哪。

——美國建國元勳湯瑪斯．傑弗遜，一八一六年

對我而言，我的力量就是我的禍根，
就是它引起我所有的苦難；
如此之多，如此巨大，每一件都叫人痛苦不堪。
但是，最糟糕的是失去視力，這是我最埋怨的事！
大敵環伺，卻失去視力，噢，這比帶上枷鎖、蹲苦牢，或貧窮，或衰老，都還更糟！

——出自英格蘭思想家約翰．彌爾頓的《力士參孫》

# 引言

**半島電視臺**：當你們入侵伊拉克時，這種武力行徑可能會讓人擔憂美國正變成帝國，變成殖民主義國家。你是否會為此感到擔憂？

**倫斯斐**：嗯，我想一定有些人會那樣說，但這不是真的，因為我們不是殖民國家。我們從來不是殖民國家。我們沒有帶兵遊走世界，到處掠奪別人的房產、資源或石油。這不是美國的作風，我們從來沒有幹過那樣的事，也永遠不會那樣做。那不是民主國家該有的行為。蘇聯帝國就是這樣幹的，但美國不會。

——半島電視臺採訪美國國防部長倫斯斐，二〇〇三年二月二十七日[1]

他們經常玩《戰國風雲》（Risk）這款桌上遊戲，用不同顏色的部隊競相奪取世界……一盤通常要耗費數個小時，因此很適合用來打發時間。一等兵傑夫……很擅長玩這個遊戲，其他人便先聯合起來將他淘汰出局。

——馬克．博頓，《黑鷹計畫》[2]

## 世紀帝國

《世紀帝國》是當今世界最風行的電腦遊戲之一。我那十歲大的兒子一度數月沉溺其中。遊戲中假定世界歷史就是帝國衝突的歷史，彼此敵對的政體之間競相控制有限的資源：人口、沃土、森林、金礦和水上通道。在他們無休止的爭戰中，互相競爭的帝國必須在經濟發展和緊迫戰事間找到平衡。太具侵略性的玩家如果不花力氣維護現有的領土、擴張人口、囤積黃金，將很快耗盡資源。而過於專注發展經濟的玩家如果忽略了其軍事防禦能力，則很可能遭到外敵入侵。

毫無疑問，許多美國人都玩過《世紀帝國》，就像美國遊騎兵當初在摩加迪休[1]玩桌遊《戰國風雲》一樣。但顯然少有美國人（或者該說美國大兵），願意承認自己的政府正在現實中玩著這類遊戲。

本書不只想要論證美國是一個帝國，更要論證美國從立國以來就是個帝國。與多數對此發表過意見的作者不同，我基本上並不反對「美利堅帝國」這一概念。事實上，本書的論點之一，就是認為世上許多地區都能受益於美國統治。但並非哪種帝國都對當今世界有益，這個世界需要的其實是一個「自由帝國」（liberal empire）——這樣的帝國不僅能保障商品、勞力和資本的自由交易，還能夠創造與支持和平、秩序、法治、廉能管理、穩定的財政和貨幣政策，好讓市場順利運作。同時，這個帝國還要能提供交通運輸、基礎建設、醫院和學校等公共服務。美國是否能成為一個成功的自由帝國？這正是本書所關切的重要問題。儘管美國似乎在經濟、軍事和政治上享有得天獨厚的優勢來經營其

「自由的帝國」（湯瑪斯·傑弗遜語），但其打造帝國的實際成果卻總是無能得叫人詫異。本書試圖說明，為何要美國當好一個帝國是如此困難？為何美國的帝國事業如此曇花一現，成效轉瞬即逝？

我寫作的初衷之一，單純是想用一般帝國史的脈絡來解釋美國歷史。本書會把美國當作歷史上另一個帝國，而非像多數美國人一樣把自己的國家看成是歷史上「獨一無二的例外」。然而，我仍想描繪美利堅帝國的特色，指出它所享有的突出優勢與導致衰敗的劣勢。本書會把美國在二十一世紀初的重要事件，特別是九一一恐怖攻擊事件、美軍入侵阿富汗和伊拉克事件等，放進更長遠的歷史脈絡中，指出這些事並不像人們通常認為的那樣與美國歷史傳統不符。本書主要是一部歷史著作，儘管你也可以把本書看作是根據我在美國經歷所寫成的當代政治經濟學著作。本書雖著眼於美利堅帝國的過去，卻不可避免地關注美國的未來——更確切來說是其未來的可能性。本書後面幾章對美利堅帝國最終能支撐多久提出了疑問。

美利堅帝國是否比其他帝國更強大，宛如屹立於古希臘羅德港的巨人[2]那般駕馭世界呢？亦或它會像聖經中的歌利亞巨人般，體形雖大卻被矮小靈活的敵人用一個甩石帶就輕易擊倒？還是說事實上

[1] 編註：索馬利亞第一大城。一九九三年美國遊騎兵在此與當地軍閥交戰，相關歷史被改編成電影《黑鷹計畫》而廣為人知。

[2] 編註：巨人（Colossus）指的是曾經佇立於羅德島的太陽神銅像，屬古代世界七大奇蹟之一。

美國更像被無法推卸的責任所束縛的參孫，[3]在加薩瞎了眼睛，最後只能盲目摧毀一切？同所有歷史問題一樣，我們若要得出這些問題的答案，就必須比較美利堅帝國與過往帝國的異同，提出反事實的思考：既要思考過去的其他可能，也要考慮未來的可能前景。

## 帝國否定說

在過去，只有美國外交政策的批評者才會使用「美利堅帝國」一詞來批評美國。當然，冷戰期間的蘇聯和中華人民共和國也會這麼說。他們像當年的列寧主義者般反覆談論「美國佬帝國主義」——許多西歐、中東和亞洲的作家們亦然，即便他們不全然是馬克思主義者。[3]但民粹主義者也好，進步論者或社會主義者也罷，他們聲稱海外擴張是受邪惡大企業驅使這一點，與美國人對十九世紀晚期和二十世紀早期的海外擴張進行的批評並無太大不同。[4]在一九六〇年代，這些對美國外交政策的批判形成了深具影響力的新史學流派，通稱為「修正主義學派」。[5]喬伊絲・科爾科（Joyce Kolko）與加布里爾・科爾科（Gabriel Kolko）等歷史學家認為，冷戰並非由蘇聯發起，而是源於美國自一九四五年後採取的侵略政策。由於當時正值越戰期間，這個觀點對一代學子們深具吸引力。越戰被看成美國外交政策強行推動新殖民主義的鐵證。[6]而雷根政府對重振美國軍事實力的主張，則激起了各方強烈抵制「帝國誘惑」的警告。[7]

對美國外交政策進行尖銳批評的傳統，並沒有減弱的跡象。那獨有的痛苦語調仍不絕於耳，例如查默斯・詹鶽（Chalmers Johnson）、威廉・布魯姆（William Blum）和邁克爾・哈德遜（Michael Hudson）[8]等人筆下的作品，與早期反帝國主義者的種種責難互相呼應（部分老一輩評論家的說法至今仍言猶在耳）。[9]然而，對美利堅帝國的批判從來就不只局限於左派。在戈爾・維達爾（Gore Vidal）眼中，古羅馬共和國的悲劇正作為一場鬧劇在美國重演，所謂的「國家安全體制」正無情侵蝕維達爾這類政治精英的特權。[10]與此同時，極右派代表人物派特・布坎南（Pat Buchman）繼續用過時的孤立主義言詞來攻擊美國東岸的國際派，指責他們違背美國建國元勳們的初衷，意圖將美國捲入美洲以外的矛盾和鬥爭之中。在布坎南看來，美國遵循的是英國而非古羅馬模式，遵循著自己曾經大肆批判、如今卻亦步亦趨的大英帝國。[11]其他更主流的保守派人士，特別是克萊德・普雷斯托維茲（Clyde Prestowitz），也對「所謂的新保守主義份子的帝國事業」不屑一顧。[12]

直到莫約三、四年前，越來越多評論家才開始使用「美利堅帝國」（American Empire）這個詞——儘管用法上多少還有些模糊，[13]起碼少了些貶義，有些人還帶著由衷的熱情。之後會在小布希政府擔任國務院政策規劃司主任的理察・哈斯（Richard Haass），二〇〇〇年十一月曾在亞特蘭大的一次會議上公然宣揚「非正式」的美利堅帝國概念。[14]他認為美國人需要重新考慮他們在全球所扮演

[3] 編註：參孫是出自《舊約・民數紀》的英雄。上帝賜予他無窮力量，使他足以隻身對抗非利士人。但他個性剛愎自用，不聽勸並過度縱慾，在加薩遭到情婦大利拉（Delilah）背叛，洩露自己力量的根源而被非利士人捉住，弄瞎雙眼。死前求上帝再次賜予力量，推倒了殿堂石柱，與敵人同歸於盡。

的角色定位，要從傳統的民族國家轉變為強權帝國。這番話在當時可說是極為大膽。人們很容易忘記，正是小布希在二〇〇〇年美國總統大選時指責柯林頓－高爾政府採取太多「無限制的軍事部署以及目標不清晰的軍事行動」。[15] 二〇〇一年八月擔任智庫「新美國世紀計畫」副執行主任的唐納力（Thomas Donnelly）告訴《華盛頓郵報》：「願意公開談論『帝國』的人並不多。」這個詞讓許多美國人感到不安，他們寧願採用像是「美國是唯一的超級強權」這樣的代用語。[16]

二〇〇一年九一一恐怖攻擊事件後，這些對「帝國」概念的疑慮彷彿就消失了。在紐約世貿中心被炸僅一個月後，美國外交關係協會研究員馬克斯．布特（Max Boot）就在《標準週刊》上一篇言詞犀利的文章中，明確使用了「美利堅帝國合理論」和「當今阿富汗和其他麻煩國家」等說法。布特聲稱：「世界迫切需要由外來管理的開明體制。身穿馬褲、頭戴遮陽軟盔且自信十足的英國人就曾經輸出過這種體制。」[17] 當布特的《為和平的野蠻戰爭》（*The Savage Wars of Peace*）一書在隔年問世時，標題就取自魯德亞德．吉卜林惡名昭彰的《白種人的負擔》（The White Man's Burden）一詩。此詩寫於一八九九年，勸告美國政府將菲律賓納入美國殖民地。[18] 新聞記者羅伯．卡普蘭（Robert D. Kaplan）在他的《戰之華：美國帝國主義大戰略》（*Warrior Politics*）一書中也採納了帝國的概念。他認為：「未來歷史學家們在回顧二十一世紀的美國時，將認為美利堅既是共和國也是帝國。」[19] 卡普蘭在一次採訪中說道：「帝國有其積極的一面，某方面而言它是最為仁慈的秩序形式。」[20] 另一位保守派專欄作家查爾斯．克勞塞默（Charles Krauthammer）則察覺到人們語氣的轉變。他告訴《紐約時報》記者：「人們開始光明正大談論帝國。」[21] 極右派作家迪內希．杜澤（Dinesh D'Souza）在《基督教科學箴言報》中深表贊同：「美國已經成為一個帝國，但所幸它是有史以來最開明的帝國。」他的結論是：「讓我們享有更多這樣的帝國吧。」[22] 記者塞巴斯蒂安・馬拉比（Sebastian Mallaby）二〇〇二年在雜誌《外交事務》（*Foreign Affairs*）中提倡，美國「新帝國主義」概念是世界上那些「失敗國家」所導致的混亂局面的最佳補救良藥。[23] 我們還可以這麼解讀葉禮庭（Michael Ignatieff）近來批評美國在波士尼亞、科索沃和阿富汗的「國家重建」成果：不夠帝國化而成效不彰。[24]

我們最好將馬拉比和葉禮庭等人定位成「自由派干涉主義者」——他們所支持的正好是艾瑞克・霍布斯邦（Eric Hobsbawm）所不屑的「人權帝國主義」。然而，大多數新帝國主義者都是新保守主義份子，此派觀點在二〇〇三年美國入侵伊拉克期間與戰後大量湧現。柯傑美（James Kurth）在《國家利益》雜誌以帝國為題的特刊中寫道：「現今帝國只有一個，那就是美國的全球性帝國。美國軍人不僅繼承了大英帝國富有獻身精神的武官傳統，還是大英帝國文官傳奇的真正傳人。」[25]《標準週刊》主編威廉・克里斯多爾（William Kristol）二〇〇三年在《福斯新聞》中聲稱：「要變強就是會犯錯，如果有人想說我們是帝國強權，請便。」[26] 就在同一個月，《華爾街日報》還建議美國可以採用十九世紀中葉英國海軍打擊奴隸貿易的模式來面對核武擴散問題。[27] 馬克斯・布特甚至呼籲美國設立殖民部，以便更好管理在中東和亞洲獲取的新屬地。[28]

時任國防部副部長保羅・伍佛維茲（Paul Wolfowitz），是美國五角大廈裡最常被與「新帝國主義」掛鉤在一起的人物。此人在老布希政府擔任國防部政策次長時，就曾因主張美國的外交政策應該要「說服潛在對手們不要奢望扮演更重要的角色，也不要妄想擺出更具侵略性的姿態來保護其合法權利」而惡名昭彰。[29] 此話擺在一九九二年自然備受爭議，但現在看來卻實在是平淡無奇。九年之後，國防部長辦公室在新港的美國海軍戰爭學院組織了一次夏季研習班，旨在探究「長期（五十年）維持美國優勢地位的各種戰略途徑」。此次研習班將美國同羅馬帝國、中華帝國、鄂圖曼帝國和大英帝國之間分別做了詳細對比。對於美國高級軍官而言，這些相似之處顯然沒有什麼好讓人意外的。[30] 後來成為美國中央司令部司令的安東尼・濟尼將軍（General Anthony Zinni），就在二〇〇〇年告訴《華盛頓郵報》記者丹娜・普利斯特（Dana Priest），說他「已成現代總督，宛若歷史上那些尚武政治家們的傳人，管轄著羅馬帝國的偏遠領地，將尊崇法律的羅馬秩序和理念散布到那些地方」。[31] 很難確定這位將軍是不是在反諷。

可以確定的是，美國官方一直否認自己是帝國。[32] 美國大多數政治家都會認同歷史學家查爾斯・比爾德（Charles A. Beard）早在一九三九年就總結過的觀點：「美國不會成為羅馬帝國，也不會成為大英帝國，美國就是美國。」[33] 尼克森總統在他的回憶錄裡堅持自己的觀點：「美國是唯一一個在周邊鄰國不走帝國路線的大國。」[34] 過去十年來，此觀點始終被政策制定者們奉為圭臬。或用柯林頓總統的國家安全顧問山迪・伯格（Samuel R. "Sandy" Berger）的話來說：「我們是歷史上第一個非帝國的全球大國。」[35] 小布希在二〇〇〇年競選總統時呼應尼克森和伯格的觀點：「美國從來都不是帝國。我們可能是史上唯一一個有機會成為帝國卻拒絕成為帝國的大國。美國寧取崇高的理想而捨棄強權，寧取正義而捨棄榮譽。」[36] 這個觀點在他入主白宮後仍多次強調。就在入侵伊拉克前夕，小布希在美國企業研究院（American Enterprise Institute）發表聲明：「美國無意決定伊拉克要建立怎樣的新政府，那是屬於伊拉克人民的選擇……我們只在必要時駐留伊拉克，不會多待一天。美國早在世界大戰後就許下了這樣的諾言，並在和平年代裡恪守承諾。打敗敵人之後，我們留下的不是佔領軍而是憲法和議會。」[37] 他在二〇〇四年四月十日對伊拉克人民的電視演講中，反覆重申美國並無帝國野心：「我們會幫助你們建立一個和平的代議制政府。這個政府會保護全體公民的權利。之後我軍就會撤離，伊拉克將成為一個統一的、獨立的主權國家。」[38] 五月一日，總統登上「林肯號」航空母艦（*USS Abraham Lincoln CVN-72*）發表演說時，把話講得更透徹：「歷史上其他國家在別人的土地上打勝仗後都會駐留下來，佔領並剝削這些國家。美國人打完仗後只想回家。」[39] 這句話被國防部長唐納德．倫斯斐引用，成了本章開頭的那段引言。事實上，這似乎是所有小布希政府裡重要人物少數意見一致的觀點。國務卿科林．鮑爾（Colin Powell）二〇〇三年在喬治華盛頓大學發表演講時強調：「美國並不追求成為一個擴張疆域的帝國。我們從來不是帝國主義者。我們對世界的理想，是全球人民都能享受到自由、繁榮與和平，而非僅是少數人的特權。」[40]

很少會有美國人反對這一點。發人深省的是，二〇〇三年的「皮尤全球態度民意調查」指出，每五名美國人就有四位認為「將美國理念和風俗習慣傳播到全球是一件好事」。[41] 但當同樣一批人被問到「這是不是美國帝國主義所導致的結果」時，便罕有人表示贊同了。

佛洛伊德認為，「否認」是對心理創傷的一種原始心理防禦機制。因此美國人在九一一恐怖攻擊事件之後，似乎不可避免會更加否認自己國家的帝國主義特徵。然而，隨著美國對外政策由防禦轉向進攻，否認似乎就不再必要。因此，搞清楚這個帝國的確切本質，或許有助於我們治療這份心理創傷。畢竟，美國就是帝國，只缺名份。

## 霸權與帝國

尤利烏斯．凱撒自稱古羅馬的「大元帥」（Imperator），但從來不稱自己為王。他選中的繼承人奧古斯都則喜歡自稱「第一公民」。帝王的自稱可以隨心所欲，帝國也一樣。早在英格蘭成為大英帝國之前，亨利八世就曾宣布英格蘭是個帝國。[42] 相較之下，美國雖然長期以來都是帝國，卻對此稱號一直避而不用。

當然，只要我們對「帝國」兩字嚴加定義，就能夠很輕易地把美國排除在外。這裡有個典型例子：「真正的帝國會對社會組織與武力使用施加『直接』壟斷與控制。這意味著對司法行政及其定義進行『直接』壟斷和控制，對物品買賣、貿易條款以及貿易許可……等進行控制。別再談什麼美利堅帝國了，因為美國現在不是，未來也不會是個帝國。」[43] 蘇聯時常指控美國搞帝國主義，而美國一整個世代的「現實主義」評論家們則習慣用「美國只有在一八九八年兼併菲律賓到一九三〇年代這段時間淺嚐了一下正式帝國的滋味」來辯駁。[44] 這種辯駁聲稱，美國在二戰前、後的行為有著本質上的區別。近期的一種說法更指出，美國不是一個具備掠奪意圖的帝國，因為「它更關注提高地區穩定與安全、保護國際貿易，而不是犧牲他國利益來擴大自己的權力」。[45]

美國如果不是帝國，那會是什麼呢？當美國過去極力「圍堵」的那個帝國（譯按：前蘇聯）不復存在時，我們該如何稱呼美國呢？一種方式是稱之為「單極」（unipolarity）世界的「唯一超級大國」。或是「超級強國」（*Hyperpuissance*），此詞源於法國前外交部長韋德林（Hubert Védrine），不得不說有些諷刺。有些人可能更偏好「全球領導者」這類陳舊詞彙。[46] 菲利浦・博比特（Philip Bobbitt）乾脆把美國看作特別成功的民族國家。[47] 前陣子哈佛大學甘迺迪學院的系列講座則用了個不那麼讓人生厭的術語：「首要地位」（primacy）。[48] 不過目前最常被國際關係專家們使用的詞彙，恐怕還是「霸權」（hegemon）。[49]

何謂霸權？霸權只是帝國的婉轉說法嗎？還是說，霸權是指「領銜者」（*Primus inter pares*），是聯盟領袖而非管轄臣民的統治者？霸權的動機為何？霸權是否會出於自身利益而干涉國外事務？還是說，霸權要無私地提供各種國際公共財？

「霸權」一詞，原本是用來形容雅典和其他古希臘城邦為了抵禦波斯帝國所組成的聯盟。雅典領導聯盟的成員國，但並不對它們進行統治。[50] 霸權的定義在所謂「世界體系理論」[4]中則有所不同，該理論認為霸權並非只是領導者，但也不完全是帝國。[51] 霸權還有另一個更狹隘的定義：認為霸權在二十世紀的主要功能是確保自由主義式的國際商業和金融體系能夠順利運作。[52] 這個觀點日後成

[4] 編註：世界體系理論（The Theory of World System）是由美國政治經濟學家華勒斯坦（Immanuel Wallerstein）等人所提倡的一套社會變遷研究理論。該理論旨在探討全球勞力分工，並據此將世界各國區分成「核心」（core）、「半邊陲」（semi-periphery）與「半邊陲」（periphery）。藉此解釋何以核心地區的國家能夠維持優勢，獨占鰲頭。

為著名（且有些粗俗）的「霸權穩定論」。該理論認為，二戰以後國際關係的基本問題在於：一旦他國經濟受惠於美國霸權保障之下的自由經濟秩序，甚至開始迎頭趕上美國，則美國在致力維護自由貿易的道路上還能走多遠，又能走多久呢？美國人會不會為了延續霸權地位而重回貿易保護政策，還是會冒著相對衰落的危險堅持自由貿易？這就是所謂的「霸權的兩難」，對許多人而言這與大英帝國在一九一四年以前所面臨的兩難是相同的。[53]

但如果說大英帝國是美國作為全球霸權的先驅，那麼美國是否也同樣能被視為英語帝國的繼承者呢？如果說兩者有什麼區別，我想多數歷史學家都會同意，美國一九四五年後的經濟實力已經超出一八一五年擊敗拿破崙後的大英帝國。首先，美國在一八九〇到一九五〇年左右所取得的非凡生產力增長，遠遠超越當年曾歷經第一次工業革命的英國。其次，美國刻意運用其權力在「關稅暨貿易總協定」（GATT，即後來的「世界貿易組織」〔WTO〕）推進多邊和相互平衡的關稅減讓。由此，一九六七年的「甘迺迪回合」多邊談判和之後幾輪的談判所取得的關稅減讓，大部分得歸功於美國所施加的各種壓力，比如美國對總部位於華盛頓的「國際貨幣基金組織」（International Monetary Fund, IMF）發放的貸款追加「制約條款」。相較之下，十九世紀「自由貿易」和「自由航行權」的傳播，既是某種自發現象，也可說是大英帝國強權所帶來的直接結果（咸認這是大英帝國所提供的「公共財」）。再者，據說一連好幾屆美國政府在「布列敦森林體系」（Bretton Woods system）崩潰前後皆用美元作為貨幣基準的地位牟利。美國政府得以印製「紙金礦」（編按：美鈔），並以鑄幣稅的方式從外國人手裡「獲取補貼」（他們先將美元和以美元計價的資產賣給外國人，然後再讓美元貶值並從中獲利）。[54]而大英帝國的金本位政策則無法提供這類好處，甚至還給自己造成了某些不便。最後，大不列顛治世的和平主要依靠皇家海軍保障，對國際安全保障的「深入」程度遠遠不如今日美國軍事力量的全方位優勢。有整整一個世紀的時間，英國都對以軍事手段干涉歐陸事務感到力不從心（除了克里米亞戰爭之外），而歐陸卻又是關乎其自身生死存亡的戰場。當英國在一九一四年和一九三九年兩度被迫軍事干涉時，它得竭盡全力才能贏得勝利。[55]這讓我們得出了一個悖論，即霸權可以比一個帝國更為強大。

如果「帝國」一詞真的像許多美國評論家所假定的那樣，僅僅表示對國外領地的直接統治且無須任何當地居民的政治參與，則區分「霸權」與「帝國」也許是合理的。不過帝國史研究者們的概念框架卻複雜多了。在過去，像盧吉（Frederick Lugard）等英屬殖民地的行政長官便清楚明白「直接統治」與「間接統治」之間的區別。英國在亞非地區大部分的殖民地都採取間接統治——也就是就是透過當地精英代為統治，而非依靠大英帝國的總督直接統治。兩位學者約翰．加勒赫（John Gallagher）和隆納德．羅賓遜（Ronald Robinson）在一九五三年一篇名為〈自由貿易的帝國主義〉（The Imperialism of Free Trade）的重要文章裡，則提出了另外一種區別。該文闡述維多利亞時代的英國人如何動用海軍和金融實力，打開殖民地邊界之外的市場。[56]另一種同樣具有啟發性的區別是「正式帝國」與「非正式帝國」，此區別法如今已廣為人接受。英國人雖不曾正式統治過阿根廷，但是倫敦金融界的商業銀行對其財政、貨幣政策施加的影響是如此巨大，以至於阿根廷的自主性受到極大限制。[57]曾對這個主題進行過切實比較的現代史家並不多見，若用其中一位學者的話來說，帝國「首先得是在某個時代的國際關係中留下深刻影響的大國……是一個統治、支配著廣袤地域和眾多人口的政治實體，考慮到如何管理地域與不同民族正是帝國長期面臨的眾多難題之一……帝國在本質上不是依靠直接民意認同的政體。然而，透過對體制的民主化來同化各民族，帝國可以轉型成多民族的聯邦體制，甚至是民族國家」。[58] 我們可以再表達得更精確些。我試圖透過「表一」的簡單分類，歸納出可被視為「帝國」的多種政治形態。須注意，這張表格應當看作可選配的套餐菜單，而非分類對照表。舉例來說，一個帝國可以是「寡頭制」（政體），但為了「統治精英」（獲益者）的利益，需要從海外市場獲得「原物料」（自身利益目標），因此有必要透過「軍事手段」（統治手段）來促進「國際貿易」（公共利益），強行推廣「等級化社會」（社會特徵）的「市場經濟」（經濟體系）。

表中的第一欄提醒我們，能夠實現帝國強權的政治體系不止一種。第二欄則呈現了帝國擴張是以哪些自身利益為基礎，包括靖邊以確保自身國土安全的基本需求，也包括向被統治國的人民徵收地租和稅收。無須贅言，還包括奪取新殖民地、原物料、貴金屬以及人力。需要注意的是，透過帝國擴張的手段來獲取前述利益的成本必須比透

表一

| 宗主國政體 | 自身利益目標 | 公共利益 | 統治手段 | 經濟體系 | 獲益者 | 社會特徵 |
|---|---|---|---|---|---|---|
| 暴政制 | 安全 | 和平 | 軍事 | 種植型 | 統治精英 | 種族滅絕型 |
| 貴族制 | 溝通 | 貿易 | 官僚政治 | 封建型 | 都市人口 | 等級分化型 |
| 寡頭制 | 國土 | 投資 | 殖民 | 重商型 | 殖民者 | 轉化型 |
| 民主制 | 原材料 | 法律 | 非政府組織 | 市場型 | 本地精英 | 同化型 |
| | | 治理 | 公司 | 混合型 | 所有居民 | |
| | 人力 | 教育 | 本地精英代表 | 計畫型 | | |
| | 地產收益 | 文化轉化 | | | | |
| | 稅款 | 健康 | | | | |

過自由貿易的成本來得低，才能證成征服與殖民的正當性。[59] 與此同時，帝國可能會在有意或無意間提供被統治者與第三方「公共利益」（公共財）：例如衝突減少、貿易或投資增加、司法與管理改善、教育水準提高（這一點未必與宗教皈依有關，畢竟如今我們已不把宗教看作是公共財了）或各種物質條件的改進。第四欄告訴我們，施行帝國統治的手段並不只有一種：舉凡軍人、文官、移民、商會、企業與本地精英，都可透過各種方式將帝國的中央意志加予邊疆。帝國的經濟體制也有許多種，從奴隸經濟到自由放任經濟，從封建制度到計畫經濟（皆可說是某種農奴制）。我們無法簡單假設帝國帶來的利益只會讓宗主國的社會受惠：也許只有宗主國社會的精英階層才能從帝國中獲益，歷史學家戴維斯（Lance E. Davis）和賀登巴克（R. A. Huttenback）宣稱大英帝國就是這種類型；[60] 也許獲益的是宗主國社會裡那些由收入較低階級組成的殖民者；又或者在某些情況下，被統治地區的人民或社會精英也可能從帝國中受益。最後，帝國可以具有很不同的社會特徵。具體而言，不同帝國的統治者對被統治者就有不同的態度。光譜一端是納粹德國的種族滅絕型帝國，意欲滅絕特定種族並刻意貶低其他民族。光譜另一端則是羅馬式帝國，這類國家的公民身份在一定條件下是向所有種族開放的（這也是一個明顯適用於美國社會的模式）。兩種光譜之間則是擁有複雜種族和森嚴社會階級的維多利亞式帝國。這類國家透過「法律面前人人平等」原則（顯然還不完全平等），得以縮小財富及社會地位上的不平等。表格中的各項變因如何結合，將會左右帝國的面貌——至少能決定該帝國的版圖大小與國祚長短。

如果把帝國的定義變得更廣更細緻，我們似乎可以完全摒棄「霸權」這樣的用法。除了少數幾個例外的案例，美國迄今為止一直偏向於實行間接統治而非直接統治，更喜歡成為非正式帝國而不是正式帝國。實際上，最好將美國冷戰時期的霸權理解為一個「受邀帝國」。[61]問題是，近期大家所關注的是並非受到邀請的入侵阿富汗和伊拉克的軍事行動，這是否預示著美國將向更直接、更正式的帝國結構轉變呢？用表一中的術語可以對美利堅帝國作如下總結。無須贅言，美國是一個自由民主和市場化的經濟體制，雖然也有非自由的特點，[62]並且對其經濟的國家干涉已達到驚人的程度（用「混合經濟」一詞可能要比「市場經濟」一詞更為確切）。它關心的首先是自身安全和維護國際商品和人員的交流，其次是確保原材料的獲得（主要是石油，但不限於此），它同時又致力於提供有限的公共利益：透過打擊一些好戰政權和介入一些國家的內戰來提供世界和平；提供海路、空間貿易自由；採用一種特別形式的皈依手段，通常稱為「美國化」。同傳統的基督教傳教模式相比，美國輸出美國化的途徑更多是透過消費品和娛樂產品的出口。美國實行正式統治的手段主要以軍事武力為特徵；實行非正式統治的手段很大程度上依賴非政府組織和企業以及某種情況下的本土精英。

誰會從這個帝國獲益呢？某些人會贊同經濟學家保羅・克魯曼（Paul Krugman）的觀點：只有富有的精英階層獲利——尤其是那批與共和黨和石油產業有關係的富有精英。[63]左派人士多半認為，美國利用其權力來剝削開發中國家的人民。另一些人（編按：右派）則聲稱全球有成千上萬人以某種方式因美利堅帝國存在而獲利：尤其是西歐人、日本人和韓國人，他們在美國的「核保護傘」下得以在冷戰期間繁榮起來。此派人還聲稱後冷戰時期那些經濟失能的國家（尤其是撒拉哈沙漠以南的非洲國家）並不是美國強權的受害者，而是因為美國影響力並未及於此處才會經濟失能。美利堅帝國的疆域範圍有其限制。美國顯然缺乏海外領土擴張的渴望，而西歐海洋帝國的擴張慾望則非常突出。美國寧願外國人自行美國化，這樣就無須正式統治。即使美國征服領地，它也不願意兼併——這就是為什麼美國的海外帝國事業時間往往都比較短暫，而且這種情況很有可能繼續下去。實際上，美利堅帝國主義的一大特色，就是其在歷史上時間跨度過於短暫。這很可能也是美利堅帝國的最大缺點。

## 兩大英語帝國

歷史上曾經存在過的帝國合計不會超過七十個。如果《泰晤士報世界歷史地圖集》（*The Times Atlas of World History*）可信，則美國在我算來就是第六十八個帝國。美利堅帝國與先前的帝國有何不同？美國人和古埃及人一樣都在心臟地帶樹立高塔，只不過美國是蓋給活人住的。美國就像雅典帝國，善於領導盟國共同抵抗對手。美國也像亞歷山大帝國，擁有令人瞠目結舌的廣袤疆域。美國還像崛起於秦代且在明代到達頂峰的中華帝國一樣，整合浩大疆域的土地與各族人民，營造出一個真正的民族國家。美國更像是羅馬帝國，擁有一個異常開放的公民身份體制：二〇〇三年，許多在伊拉克服役的軍人被同時授予紫心勳章和美國公民身份，這與在古羅馬軍團服役以獲得古羅馬公民身份的情形如出一轍。的確，美國首府華盛頓的古典建築風格，以及美國的共和憲法結構，都讓美國看起來比過往任何帝國還像「新羅馬」——只不過這個新羅馬帝國的參議院足以節制皇帝的權力。考慮到與西歐的關係，美國看起來也頗像另一個羅馬（編按：指西羅馬帝國），儘管目前要稱呼布魯塞爾（編按：

歐盟總部所在地）為新拜占庭帝國（編按：指東羅馬帝國）還言之尚早。[64]

將美國與羅馬相比頗有老生常談之嫌。[65]就語言及文化（兼具一神論特色與數學精確性）的傳播力來看，美國其實還具備了由穆罕默德的子孫建立的伊斯蘭教阿拔斯王朝的特徵。美國雖然常被描繪成崛起於十六世紀至二十世紀的西歐帝國的繼承者（兼其叛逆的產物），但在實際上，美國其實也非常相似於中歐與東歐的大帝國，甚至有過之而無不及。美國殖民者在十九世紀橫跨草原的西進運動，就有著沙俄移民橫跨西伯利亞草原東進的影子。美國的政治結構也更像哈布斯堡帝國或德意志帝國，反而不那麼像荷蘭共和國或大英帝國這第一個英語帝國。對於那些仍堅持「美國例外論」的人來說，帝國史學者只能這樣反駁：例外的程度就和歷史上其他六十九個帝國差不多。

我們需要更進一步思考美利堅帝國與大英帝國的異同。就像年輕時叛逆的兒子卻在成年後越來越像他們所不以為然的父親，以反對大英統治起家的美國如今卻越來越像大英帝國。本書的主旨之一，便是這兩個英語帝國之間的關係。我的理由很簡單：歷史上沒有哪個帝國像大英帝國一樣，有著與今天美國如此相似的目標。大英帝國的「自由帝國時期」（約一八五〇到一九三〇年）在帝國史上鶴立雞群，因為大英帝國不僅輸出商品、人力和資本，還輸出其社會與政治制度，成功承擔了經濟全球化的責任。兩個英語帝國的共通之處不少，但兩者仍有很顯著的不同。

如前所述，某些歷史學家認為美國是個比大英帝國更有成效的「霸權」。但若我們純粹從領土的角度看，大英帝國的成就遠遠超出美國。大英帝國的領土在兩次世界大戰之間達到鼎盛，總面積超過一千三百萬平方英里，約為世界土地面積的百分之二十三。英國本土面積只佔極其微小的一部分：

僅百分之零點二。與之相比，今天美國領土僅佔全球土地面積大約百分之六點五，其十四個正式海外屬地總面積只有四千一百四十平方英里，[66]而且大部分都是二戰之前獲得的太平洋島嶼。即便美國從未放棄它在美西戰爭和二戰之間一度在加勒比海地區和拉丁美洲佔領的國家，今日美利堅帝國的海外領土也只勉強達到全球土地面積的百分之零點五。從人口統計學的角度看，美國的正式帝國甚至更小。今天美國及其屬地合計也僅有全世界人口的百分之五，反觀大英帝國鼎盛時期統治著全世界五分之一到四分之一的人口。

另一方面，美國在許多主權國家境內都擁有小面積的土地作為軍事基地。美國早在入侵伊拉克之前，就已在超過一百三十個國家內部署約七百五十二個長期軍事設施，[67]並在其中六十五個國家內有大量美軍駐紮。[68]小布希總統曾在二〇〇三年二月二十六日的演講中聲稱：「我們在（一九四五年）打敗敵人之後，就沒有留下佔領軍。」這些駐軍極大程度上證明了這番演說完全站不住腳。[69]在小布希統任期的第一年裡，大約七萬名美軍駐在德國、四萬名美軍駐守日本，美國從一九四五年以來在這兩個國家都有駐軍。駐韓美軍與駐日美軍的數量相當，約有三萬六千五百人之多，且自一九五〇年來從未間斷。此外，新的戰爭會需要新的基地，例如科索沃的邦德斯蒂爾軍營，就是美國在一九九九年科索沃戰爭中新建的軍營；或者吉爾吉斯的比斯凱克空軍基地，也源於美國在阿富汗推翻塔利班政權的戰爭。美軍在二〇〇四年時仍約有一萬名兵力駐紮在阿富汗，更有約十萬名大軍會在接下來幾年內不得不留守在伊拉克。[70]

我們當然也不應該忘記駐紮在這些基地裡的尖端軍事科技。評論家們喜歡指出「五角大廈的預算相當於全球前十二或十五個國家的軍事預算總和」，他們還說「美國國防支出佔全世界一百八十九個國家國防支出的百分之四十至百分之四十五」。[71]美國的軍事開支聽起來很高，但卻不足以表現當前美軍在全球的領先地位。美軍在陸地上擁有九千輛M1艾布蘭坦克，沒有哪個國家能與之匹敵；美軍在海上擁有九支「超級航母」戰鬥群，其他國家連半個也沒有；美軍在空中擁有三種不同的隱形戰機，其他國家也沒有。美國生產智慧導彈和無人駕駛高空偵察機的能力也遙遙領先。[72]大英帝國卻從未在軍備上處於如此領先的地位。誠然，歷史上英國海軍及軍事基地曾經非常相似於今天的美國。[73]兩國在海外駐軍的數量也大體接近。[74]大英帝國也曾有過軍事科技上的領先，例如馬克沁重機槍和無畏級戰列艦。但是大英帝國從未像今天的美軍那樣擁有全方位優勢。雖然英國皇家海軍統治過全球海域，但是法國人和後起的德國人都能夠建造對英國海權構成重大威脅的艦隊，更不用說美國人了。英國陸軍的規模也比身為大陸帝國的美國陸軍小得多，卻得面對拉得更長的戰線。

如果軍事實力是一個帝國存在的必要條件，難以想像人們如何能夠否認當今美國的帝國特徵。傳統的軍事部署地圖不足以說明美軍的影響力。[75]美國國防部有一張展示美軍五大戰區司令部[5]位置的世界地圖，顯見美國軍事影響力實際上已經覆蓋全球。[76]戰區指揮官就像羅馬帝國的「地方總督」，得對這些領土負責，其地域之廣遠超他們的古羅馬前輩們想像。美軍歐洲司令部的範圍從格陵蘭西海岸到白令海峽，從北冰洋到好望角，從冰島到以色列。[77]

大規模海外軍事活動需要強大經濟後盾維持，這是眾所皆知的不爭事實。那麼美國是否有足夠的財富維持其全球霸權，將整個世界的責任攬在自己肩上？這個問題曾在一九七〇、八〇年代受到普遍質疑，以至人們能將「美國衰落論」當作一個思想流派來談論。《霸權興衰史》作者保羅．甘迺迪（Paul Kennedy）就曾預言，正如此前所有「大國」的經歷一樣，[78]美國在軍事及財政上的「過度擴張」將註定使其失去經濟優勢地位。[79]結果蘇聯在柏林圍牆倒塌後就因為「過度擴張」而先行垮臺，使美國人額手稱慶了一段時間。[80]一度被吹捧為未來地緣政治競爭者的日本，則受苦於泡沫經濟而將發展重點放在恢復國計民生上。同其他國家相比，此時美國一度處於自一九二〇年代受惠於和平紅利的股市泡沫以來未有之變局：也就是處於「相對實力上升」階段，「美國衰落論」也隨之自行消亡。但到了一九九〇年代末期，評論家們又發現了令人憂慮的新競爭對手：一些人擔心歐盟的競爭，[81]另一些人則憂心忡忡地看向中國。[82]薩謬爾．杭亭頓（Samuel P. Huntington）也將「單極世界」看作只是轉瞬即逝的現象：隨著歐洲整合以及中國不斷富強，我們將重新走向二戰以來所未見的「多極化世界」（multipolarity）。[83]在法國政治學家伊曼紐爾．托德（Emmanuel Todd）看來，法國人對美國超級強權的恐懼並沒有顧及到美國也將面臨衰落的現實。[84]

如果按二〇〇四年的人口和產量增長率再繼續發展二十年，人們有理由相信中國只需到二〇一八年就能取代美國作為全球最大經濟體。[85]然而，兩個國家在未來二十年的增長率都不會維持前

[5]編註：美國聯合作戰司令部（UCC），是直屬於國防部的軍事指揮機構，分成功能型與地域型司令部。在本書原文版出版之時，美國共計有印太、歐洲、中央、南方、北方等五大地域型司令部，以及特種作戰、運輸、戰略三大功能型司令部。二〇〇七年新增非洲司令部（地域），二〇一八與二〇一九年則分別新增網路、太空兩個功能型司令部。目前美軍共計有十一個聯合作戰司令部。

二十年的水準。我們唯一能確定的是，按照國際元和根據購買力平價進行調整來計算，二〇〇二年美國國內生產毛額（編按：後統稱ＧＤＰ）接近中國的兩倍，佔到世界總產值的五分之一（百分之二十一點四），超出日本、德國和英國的總和。這個數字超出曾經由英國取得的全球最高產量兩個百分點。[86]事實上，按照美元現價來計算，美國所佔世界總產量的份額接近三分之一（百分之三十二點三），是中國和日本經濟總和的兩倍。[87]無論從生產還是消費的角度來看，美利堅帝國都比任何時期的大英帝國還要富裕得多。[88]

上述這些衡量標準皆不足以描述美國經濟的領導地位。如果按照擁有海外市場資產和勞動力的程度來看，大英帝國的鼎盛時期只有少數幾家公司可以真正被稱為「跨國公司」。但現今世界經濟卻正是被這類跨國公司所掌控，從埃克森美孚石油到通用汽車，從麥當勞到可口可樂，從微軟到時代華納[6]——其中絕大部分公司從美國發跡，至今仍將公司總部設在美國。正如Ｊ・Ａ・霍布森與列寧的帝國主義理論所推斷的，麥當勞的歷史就是美國企業為尋求新市場而拓展海外的生動例子。一九六七年麥當勞的首批海外分店開始在加拿大和波多黎各營業。二十年後，它已在四十七個國家和地區開了近一萬家分店。到一九九七年為止，麥當勞在一百多個國家開了超過兩萬三千家分店。一九九九年，麥當勞的海外營業額首度超過美國本土銷售額。今天（編按：二〇〇三年）麥當勞在全世界超過一百二十個國家開了三萬多家分店；只有不到一半（一萬兩千八百家）在美國。[89]麥當勞叔叔跟倫斯斐部長一樣，也需要一張世界地圖，這張地圖可以成為美利堅帝國軍事地圖的替代方案。用麥當勞執行長的話來說：「地球上有六十五億人口，只有二點七億生活在美國……試問全球還有哪一個國家能坐擁這樣的良機？」[90]「可口可樂殖民化」作為「反全球化運動」的口號雖嫌陳腔濫調，但卻真實反映了這家無酒精飲料公司產品銷售的地域覆蓋範圍：其產品百分之三十銷往北美，百分之二十四銷往拉丁美洲，百分之二十二銷往歐洲和中東，百分之十八銷往亞洲，還有百分之六銷往非洲。值得注意的是，真正成長最快的市場是中國。[91]

一九八〇到一九九〇年是美國經濟發展相對較快的年代，正好也是其冷戰主要對手分崩離析之時。這就解釋了美國是怎樣贏得獨特的軍事革命，同時又大幅減少國防開支佔國民生產毛額（編按：後統稱GNP）的比例。美國國防部在二〇〇三年三月出版的《國防綠皮書》預測，至少在未來三年裡美國國防總開支將維持不變，佔GDP的百分之三點五。[92]我們應當把這個數字與冷戰時期平均百分之七的數字相比。保羅・甘迺迪曾經認為：「如果一國的軍備開支長期超過該國GNP的百分之十，很有可能會導致其經濟成長受到限制。」倘若這個「公式」正確，則美國看起來並不像是有迫在眉睫的「過度擴張」風險。[93]簡言之，美國不僅在經濟資源和軍事能力上相似於大英帝國，在其他方面更有過之而無不及。

[6] 編註：二〇一七年已更名為「華納媒體」，為全球收入第三高的娛樂企業。

## 軟實力

有一種觀點認為，美國霸權與大英帝國具有性質上的區別。這種觀點指出，美國的實力不僅止於軍事和經濟實力，還包括了軟實力。根據哈佛大學甘迺迪學院院長約瑟夫・奈伊（Joseph Nye）的觀點：「一個國家能在世界政治舞臺上獲得想要的結果，是因為其他國家想要追隨它，欽佩其價值標準，師法其典範，仰慕其繁榮與開放的程度。」換言之，「軟實力」就是「不動用武力或經濟收買（所謂的棍子與胡蘿蔔），而是以自身價值引誘與吸引他國的能力」。[94] 美國的榜樣就像是聖經中閃亮奪目的「山巔之城」，是經濟與政治自由上充滿吸引力的新耶路撒冷。[95] 我想奈伊教授不會天真到以為「美國之道」天生就能吸引每個地方的人，但他的確相信今天美國比以往都更需要在資訊科技發達的世界具有吸引力。[96] 簡言之，軟實力（或其他學者所稱的美國化）可以發揮硬實力所無法達成的效果。[97]

但美國的實力是否就因此大不同於其他帝國呢？恰好相反。我認為這反而說明了美國與前一個英語帝國有多麼相似。大英帝國原先也想方設法使自己的價值觀能吸引他人。在現代通訊科技發明以前，這個任務最初只能交由「在地工作者」負責。英國傳教士的足跡走遍全球，企圖傳播英倫三島上不同的基督教流派。英國商人向世人介紹了他們獨特的財務和管理模式。英國行政官員們實施他們的法律與秩序概念。英國的校長們則向殖民地的本土精英灌輸閱讀、寫作和算術的知識。上述這些人還一起傳播了英式悠閒的生活方式，如板球和下午茶。他們的目標很明確，就是「引誘和吸引」人們向英式價值觀靠攏。新科技的誕生使這些艱辛努力事半功倍：越洋電報機發明之後，總部設於倫敦的新聞社就能向全球發送以英國為中心的新聞報紙。但真正開創出類似奈伊所說的軟實力時代的，還是無線電收音機的問世——尤其是英國廣播公司（BBC）的創建。一九三二年耶誕節那一天，英王喬治五世得以向整個大英帝國廣播。此後的六年間，英國廣播公司啟動了首個外語廣播服務（阿拉伯語），到一九三八年底更能夠使用所有歐陸主要語言對歐洲進行廣播。二戰時期被軸心國佔領地區的人民拒絕與佔領者合作，無疑也是與英國廣播公司的廣播有著重大關係。這也是為什麼納粹宣傳部長戈培爾如此執著於迫害、逮捕收聽英國廣播公司廣播的德國人。在某些方面，一九三〇年代的英國可能比今天美國擁有更大的軟實力。當時世界還只有三種主要的媒體形式：報紙、無線電收音機和電影院，少有公司能提供此類產品（通常是國家壟斷企業），因此英國廣播公司的海外廣播能夠觸及到更高比例的外國聽眾。然而，不管大英帝國如何駕輕就熟地發揮軟實力，都無法遏止其在一九三〇年後急劇衰落。

這就產生了一個問題：美國軟實力在今天究竟有多重要？如果「軟實力」一詞代表的不僅僅是某種傳統優勢的陪襯，那麼其提倡者顯然就有必要證明：美國之所以能對他國予取予求，純粹是靠其文化輸出的魅力，而非採用脅迫和收買手段。人們有理由懷疑今日美國的軟實力是否真的如此強大，畢竟美國文化輸出所覆蓋的地理範圍相對有限。誠然，全球八十一家最大的電信公司中有三十九家是美國公司，全世界半數國家的電影院主要仰賴進口美國片。但絕大部分好萊塢電影打入的市場都是美國在「經濟合作暨發展組織」（OECD）的長期盟國。除了日本，以印度為首的其他亞洲國家很少進口美國產品。同樣地，多數美國書籍的外文翻譯版和美國網站的外國用戶都只在歐洲和日本。只有在拉丁美洲，美國文化才佔據了傳媒主導地位：當地百分之七十五的電視節目都是美國製作的。[98]因此，說美國在最不受歡迎地區也具備充分軟實力，未免有些言過其實。為什麼西歐人、日本人和拉丁美洲人總體上不像其他地方那樣仇視美國？原因之一是他們大量接觸美國電影和電視作品，並受到這些影視作品的深刻影響。儘管如此，美國軟實力的影響力仍比人們通常認為的要小得多，這也是不爭的事實。中東地區現在對「英式全球化」（Anglobalization）的抵抗態度，比起當年英國廣播公司在當地最先開始外語廣播服務時要強烈得多。半島電視臺的出現，也表明現今軟實力競賽的進入門檻已變得相當低。即便在烽火連天的索馬利亞，美軍也發現敵人已能透過控制當地的電波來進行反美宣傳。軟實力無法阻擋盧安達的種族大屠殺：當時任聯合國祕書長蓋里（Boutros Boutros-Ghali）請求柯林頓政府干擾「千山廣播電臺」所播放的煽動屠殺廣播時，他被告知此舉要付出的代價太過高昂。[99]

然而也有例外，這個例外替大英帝國和現今美利堅帝國再提供了一個共同點。傳教士作為對開發中國家進行文化傳播的重要管道，在今天的重要性絲毫不亞於一個半世紀之前。由於基督教派的多樣性，今天很難統計出美國境外傳教士的可靠人數。若僅根據基督新教傳教士的統計數字，估計約有四萬至六萬四千名福音派傳教士在海外布道。這數字雖然比美國國內的三十萬名傳教士來得少，[100]其成就卻在美國本土大型布道會的強大金援下而顯得突出。一九九四年四月美國「基督教會」（Church of Christ）在拉丁美洲總共有兩百二十三名傳教士，人數最多是在巴西（八十一名）。雖然該地區傳教士人數在七年後幾乎減半，但其信徒總數卻增長了百分之六十。[101]一項發布於一九九〇年的評估認為，高達百分之二十的拉丁美洲人現在已成為新教教徒。[102]福音信仰虔誠的巴西隊在上一屆（編按：二〇〇二年）世足總決賽大獲全勝的非凡表現，讓這一估計多了些可信度。近來，受到像鮑樂森（Luis Bush）這樣出身於阿根廷的福音宣道士的鼓舞，傳教士們已紛紛將注意力轉向數百萬居住在北緯十到四十度之間、尚未接受福音的芸芸眾生，他們被稱之為福音傳教的「機會之窗」。根據麻州戈登康威爾神學院的全球基督教研究中心的研究成果，前往伊斯蘭教國家的基督教傳教士人數自一九八二年來幾乎翻了一倍，大約從一點五萬人上升到二點七萬人，其中半數為美國人。[103]

但是美國官方的世俗價值和利他目標又該如何解釋呢？這些價值標準和目標不就代表美國與過去那些充滿自私和剝削意圖的帝國從根本上就不同嗎？常有人主張美國政策制定者們自伍德羅．威爾遜總統以來就已經揚棄帝國主義，轉而宣揚「威爾遜主義」：國際法、民主政治和自由市場經濟。[104]也許是因為這些理念本身無可挑剔，所以它們或多或少已經成為「主導國際事務」的核心理念。因此美國最需要做的事情就是當好世界警察，阻止任何落後力量挑戰這個良善的世界秩序。[105]

小布希總統在二〇〇二年九月發布《國家安全戰略報告》，內容的確不乏這類威爾遜式的復古修辭。他明確聲明美國的外交政策目標是「在全球擴大自由的種種好處」。報告中宣稱：「我們將積極替世界上每個角落帶去民主、發展、自由市場和自由貿易的希望……美國將堅定不移地支持無可妥協的人性尊嚴，包括法治、限制國家的絕對權力、言論自由、信仰自由、司法公正、尊重婦女、容忍不同宗教和種族，以及對私有財產的尊重。」[106]然而這個「開放戰略」也有著帝國主義式的前身。[107]從十九世紀下半葉到一九三〇年代的經濟大蕭條，大英帝國也有許多相同的志向。[108]年輕的溫斯頓．

邱吉爾曾經將大英帝國的目標定義為：「從野蠻世界收回沃土和萬民……為交戰部族帶去和平，在暴力充斥之地執行正義，打碎套在奴隸身上的枷鎖，從土地獲得財富，播撒商業和知識的種子，增強全體人民追求快樂的能力，減少他們可能遭遇的苦痛……。」[109]這聽起來與美國理想主義有很大的不同嗎？正如聯邦參議員傅爾布萊特（J. William Fulbright）一九六八年所評述的：「英國人稱之為『白種人的負擔』，法國人稱之為他們的『文明使命』，十九世紀的美國人稱之為『昭昭天命』，現在又把它稱之為『大國責任』。」[110]「促進自由」或者「開放戰略」不過是上述概念的最新表達方式。[111]事實上，自由帝國總是對外宣稱自己是利他主義。當湯瑪斯・傑弗遜說美國是一個「自由的帝國」時，他只是盜用了大英帝國的古老用法。早在一七六六年，艾德蒙・柏克（Edmund Burke）就將「自由」作為大英帝國的代表特徵了。[112]

無論如何，美國就和大英帝國一樣，保留自己在利益受威脅時動用軍事武力的權利——不限於被動反擊，必要時也將先發制人。因此小布希總統才會在《國家安全戰略報告》聲稱美國保留「先發制人的權利……以預先阻止外敵……哪怕敵人發動攻擊的時間和地點尚不明確」。[113]可見所謂「軟實力」實際上只是「鐵掌藏於絲絨手套」，外軟內硬。

## 大英帝國模式？

與大多數歐洲作家不同，我完全支持帝國。事實上，我相信二十一世紀的今天比以往都更需要帝國。我們所面臨的威脅並不新鮮，但科技的高速發展正使它們比以往更加危險。拜高速與頻繁的現代航空旅行之賜，傳染病能以驚人的速度四處傳播。同樣是拜相對廉價且具摧毀性的現代武器之賜，暴君與恐怖份子們更有辦法摧毀我們的城市。舊的主權國家體系無法有效應對這些威脅，因為這是個一九四五年後才逐漸成形的體系，由一套鬆散的國際法結合而成。「國際社會」的準則在此完全起不了作用，因為體系內的國家太多。我們需要一個能夠干涉這些國家事務的單位，以遏制流行疾病的蔓延、廢除暴君的統治、結束地方戰爭、消除各種恐怖組織。這當然是個站在帝國角度的利己主義說法，但我還可以補充一個利他主義的論據：世界上某些國家即便並未直接威脅到美國安全，但它們的經濟和社會狀況已足以證成某種形式的干涉是必要的。像是賴比瑞亞這樣的國家，其貧窮並無法歸咎於資源匱乏，否則（舉例來說）波札那[7]也應該是貧窮國家了。[114] 如同許多撒拉哈沙漠以南的非洲國家一樣，賴比瑞亞的問題只是治國無方：腐敗與不受法律約束的獨裁統治。這些獨裁者們的行徑阻礙經濟發展，同時也鼓勵其政治對手訴諸內戰來推翻他們。[115] 當國家去到這種境地，要自行改良已不可能。它們需要借助某種形式的外部權威，才能進行轉變。[116]

有些人堅定認為帝國先天就無法扮演這樣的角色。在這些人看來，所有帝國的本質都是剝削。然而，自由帝國是可能的，而且已經存在了。這個自由帝國促進自身安全與繁榮的方式，正好就是為

[7] 編註：波札那共和國（Republic of Botswana）位於非洲南部，全境天然資源相對匱乏（除了鑽石業），但卻擁有相對良好的新聞自由與金融管控能力，曾被譽為非洲信用風險最低的國家。

其他國家提供整體來說有所助益的公共財：不僅提供經濟自由，還提供市場繁榮所需的各種制度。[117]在這一點上，美國人還需要向更有自信的英國前輩多學習。這些英國人在十九世紀中葉後，經歷了愛爾蘭饑荒以及印度兵變等種種災難後，開始將帝國重新打造成一項自由經濟的事業。他們既關心全球市場整合，也關心英國本土的安全問題。其指導思想是大英帝國的統治必須讓全球雨露均霑，透過自由貿易、法治、保護私有財產權、廉能管理，以及政府確保對基礎設施、公共衛生與（部分）教育的投資，來讓全球受益。[118]英國史家阿諾德．湯恩比（Arnold Toynbee）清楚告誡即將前往印度擔任殖民政府公職的牛津學生：「人們前往印度，就是為了當地人民的利益，從事英國人所能從事的最高尚工作。」[119]

我要強調，我並非建議美國人應該以某種方式將維多利亞時代的殖民者看作榜樣。大英帝國與理想的自由帝國還相去甚遠，可供借鏡的失敗經驗就與成功經驗一樣多。不過，英國人在一九〇四年的嘗試與美國在二〇〇四年的努力極為相似，這才是更有啟發性之處。就像今天的美國，大英帝國也曾憑藉其海軍及軍事優勢，對今天被稱作「失敗國家」和「流氓政權」的政治實體發動過多起小規模戰爭。任何熟稔英國如何打擊蘇丹托缽僧（Sudanese Drvishes，又稱德爾維希，他們是那富有領導魅力的瓦哈比派領袖馬赫迪的追隨者）這段歷史的人，都會對它預示當今世界的種種衝突而震驚。然而與今天的美國一樣，維多利亞時代的殖民者們也並非純粹以國家和帝國安全的名義而採取行動。如近幾十年來歷屆美國總統一貫提倡經濟全球化的好處一樣（即便他們在實踐中早已偏離了自由貿易），一個世紀前的英國政治家們也認為自由貿易的傳播以及商品、勞動力與資本市場的自由化是值得追求的，是符合大多數美國人利益的。正如同今天多數美國人自認以美國模式推廣全球民主化是件不證自明的好事一樣，當時的英國人也想輸出自己的體制到世界其他地方：除了英式普通法系，最後還包括了君主立憲制度。

美國人很容易忘記英國政府在十八世紀晚期後所學到的教訓：授予那些社會穩定且經濟現代化進展順利的殖民地一個「負責任的政府」，是件相當容易的事情。加拿大、紐西蘭、澳洲和南非（雖然所被賦予的權利有限）到二十世紀早期，都有了由選舉產生的議會，以及對議會負責的行政長官。這類授權不僅限於白人為主的殖民地。在印度是否應當最終成立英式議會政府這一問題上，英國政治家麥考萊男爵（Thomas Babington Macaulay）曾一語中的（儘管他的態度是居高臨下的）：「我永遠不會改變或阻礙〔印度的自治〕。無論何時到來，這天都將是英國史上最引以為傲的一天。統治一個偉大但卻沉淪在奴隸制和迷信深淵的民族，使他們渴望並有能力享受公民的所有特權，的確是值得我們感到榮耀的使命。」[120] 二〇〇三年在阿拉伯世界民主化的問題上，某些決策層的人物所表達的看法與之如出一轍。同年九月在聯合國發表的演講中，小布希總統自己也明確表明，他出兵伊拉克的目標之一，正是為實現阿拉伯世界的民主化。[121] 然而我們應當看到的是，美國並非第一個進入巴格達的英語侵略者。美國與先前的侵略者一樣，都將自己標榜為「解放者」而非征服者。[122]

本書結構單純而直接。第一章敘述美國的帝國起源，展示美利堅帝國在一次大戰以前的領土範圍與限制。第二章則問：為什麼美國擁有龐大的經濟、軍事實力，卻難以對其在二十世紀所干涉的諸多國家施加自身意志？此章同時也解釋了美國在西德、日本和南韓「國家締造」成功的特例。

第三章闡述二〇〇一年「九一一恐怖攻擊事件」雖然猶如晴空霹靂一般打擊了美國人，但它卻是長遠歷史趨勢的極度體現：美國在中東地區政策的諸多矛盾，對波斯灣石油依賴不斷增長的西方經濟，以及仇視美國及其盟友的阿拉伯人已採用並發展恐怖主義作為對抗西方國家的一項策略。也許對恐怖份子來說始料未及的是，他們所造成的最大改變是美國人的態度。正是九一一事件使一個看似本性內向（如果算不上孤立主義者的話）的政府及其選民轉而產生對恐怖主義支持者們（管他是真實的、可疑的還是潛在的）發動一場戰爭的想法。然而，九一一本身並非個別事件。真正的歷史轉捩點不是九一一恐怖攻擊事件，而是「一一九」柏林圍牆的倒塌。比起紐約世貿中心的倒塌，一九八九年十一月九日柏林圍牆的倒塌對美國實力的變化有更深遠的影響。雖然伊斯蘭極端主義的恐怖活動是邪惡的，但其對美國的威脅程度仍然遠不及當年的蘇聯。

第四章提出的問題是：我們能否把美國自一九九〇年來在伊拉克的政策，理解為從「多邊主義」（multilateralism）到「單邊主義」（unilateralism）的轉化？正好相反，我認為在過去十五年來轉變角色的其實是聯合國。美國的大部分政策反而是為了應對聯合國的失能（尤其是聯合國安理會的歐洲成員）而臨時制定的。美國在一九九〇年代歷經了一連串痛苦教訓後才明白了一項道理：只有用可靠的軍事干涉手段，才能對付那些用國家恐怖主義鎮壓少數民族的政權。美國還明白了一點：採取這些行動並不一定要得到聯合國安理會決議的明確授權才行，只要有幾個盟友「自願聯盟」（Coalitions of the willing）[8]就足夠了。

第五章透過思考大英帝國的成本與效益，替伊拉克戰爭和阿富汗戰爭後的當代帝國（編按：美利堅帝國）進行辯護。本書的觀點是：無論從美國自身利益還是利他主義來看，自由帝國在今天都是有利的。許多前殖民地國家在獨立後，其經濟上與政治上的改革實驗都以失敗告終。尤其是撒哈拉沙漠以南的非洲，其窮困並非是受人們經常譴責的殖民主義之遺害，而是由於獨立後幾十年來的治理不當所致。相反地，一個具有示範性的自由帝國不僅能保證其經濟開放性，更重要的是能從體制基礎上保障發展順利進行，以提供經濟增長的最佳遠景。

第六章試圖分析美國佔領伊拉克期間的成本效益，探討自由帝國的模式是否適用於那個不幸的國度。美國在二〇〇三年入侵伊拉克時有三個目標：解除伊拉克政權武裝，顛覆兇殘的海珊政權，以及從根本上改變中東政治格局。本章認為這些目標既值得稱讚又有其可行性。但是，在我撰寫本書時仍一點還不明確，那就是美國能否真能在伊拉克投入足夠的人力與時間來進行「國家重建」？阿富汗呢？這點仍在未定之天，因為美國選民們一貫反對政府對他國事務的長期投入，即使歷史經驗證明這些長期投入對該國成功轉型成市場經濟和代議政府是必要的。雖然我真誠希望自己能被證明是錯誤的，但我仍然懷疑美國是否有能力在伊拉克建立有效的民政體制。畢竟，歷史上美國總是偏好短期軍事干涉而非長期投入，更不願認清此舉根本遠遠不夠。

---

[8] 編註：小布希政府以此詞稱呼那些願意支持美國對抗伊拉克海珊政權的國家。即便聯合國安理會並未明確授權，但美國仍得到四十八個國家的支持。其中英國、澳洲與波蘭更共同派兵參與伊拉克戰爭。

第七章會針對美國式帝國與歐洲式帝國進行比較。今天歐洲各國領導人與部分美國學者都曾預言，歐盟作為抗衡美國的新力量的時代即將到來。本章也會探討這個觀點是否正確。這個預言在二〇〇三年看似成真，但歐盟在實際上卻站在帝國這個概念的對立面：其體制設計不良於中央駕馭權力，反而是把權力分散到各成員國及所轄地區。

有一個論點是，不斷增長的海外軍事承諾將會拖垮美國經濟。第八章要質疑這樣的論點。毋庸置疑，美國是一個仰賴海外資本以替私人消費及政府借款提供資金的特殊帝國。然而，美國在財政與貿易上的「雙重赤字」並不是因為過多海外軍事干涉所導致的。事實上，聯邦政府對國內的財政承諾才是未來幾年可能拖垮美國經濟的罪魁禍首。真正導致美國巨人深陷泥沼的，其實是醫療與社會保障體系那即將發生的財政危機。

對於那些喜歡有人能指明方向的讀者，本書的結論如下：美國作為當今全球強權雖然讓人印象深刻，但支撐其強權的基礎卻比人們所以為的要薄弱許多。美國明明成為了帝國，但美國人卻缺乏帝國精神。他們寧願當消費者也不願當征服者，寧願建設一間間購物中心也不願建設新國家。他們只渴求延長自己的壽命，擔憂那些志願參軍的同胞會在戰場上英年早逝。美國的問題不只出在他們就像其英國前輩般是個「漫不經心的帝國」，而是他們根本沒把帝國放在心上，甚或乾脆否認自己就是個帝國（儘管偶爾會有一閃而過的自知）。因此，非常令人遺憾的是，他們的帝國很可能像同樣自詡為「反帝」的蘇聯那樣迅速解體。

簡言之，那些認為美國能透過全方位優勢來維持其霸權地位的人恐怕要期待落空。導致美利堅帝國衰落的最大威脅並不是歐盟與中國這兩個剛起步的帝國對手。我很遺憾要這麼說，但威脅不是來自外部，而是源於內部。源於美國欠缺權力意志所導致的權力真空。

# 第一部　崛起

世界上再也沒有帝國像美國一樣，既能提供資源予大西洋彼岸過度擁擠的歐洲國家，還能在太平洋海岸攔截東印度的商貿。這樣的地理位置使這個國家成為海洋的主宰，成為真正的帝國。

# 第一章　美利堅帝國的極限

在那個勇不可當的魚叉手約翰牛（譯按：指英國人）看來，可憐的愛爾蘭不就是條有主鯨嗎？在那個使徒似的槍手喬納森兄弟（譯按：指美國人）看來，德克薩斯州可不就是條有主鯨嗎？所有這些事情，不正是說明所有權就是法律的全部嗎？

不過，如果有主鯨這條原則是頗為通用的話，那麼性質相似的無主鯨之原則的適用範圍要更廣泛，那是普天之下都適用的。

美洲在一四九二年（譯按：哥倫布最早發現美洲的年份）就是一條無主鯨，後來不就是哥倫布把西班牙旗升了上去，才為他的主子在那裡插下了一個浮標嗎？沙皇眼中的波蘭是什麼呢？土耳其眼中的希臘是什麼呢？英國眼中的印度是什麼呢？美國眼中的墨西哥又是什麼呢？統統都是無主鯨。

——赫曼．梅爾維爾，《白鯨記》第八十九章

## 帝國宣告

時常有人認為，美國在歷經獨立戰爭、反抗帝國統治之後不可能走回帝國老路。今天，多數美國人都能接受歷史學家魯伯特・愛默生（Rupert Emerson）寫於一九四二年的觀點：「除了美西戰爭曾短暫出現帝國行徑外，美國人民對於征服海外領土及統治外邦人的想法深惡痛絕。」[1] 諷刺的是，美國開國元勳們卻恰恰是最為自信的帝國主義者。

當然，他們想像中的帝國與他們所擺脫的帝國有著本質上的不同。美國無意效法西歐的海洋帝國，但是它卻跟過去世界上的大陸帝國有許多共同之處。美國跟羅馬帝國一樣，皆是由最初相對較小的核心區域發展成後來主宰半個美洲大陸的帝國，其建國時期的領土總面積只有今天美國國土面積的百分之八。美國也跟羅馬帝國一樣，是個具有包容性的帝國，擁有相對較開放的公民身份授予機制（當然不是完全開放）；[2] 並且也同樣有過一段剝奪奴隸選舉權的時期。[3] 但與羅馬帝國不同的是，美國的共和制憲法至今已成功抵制了任何想效法凱撒大帝的野心家（當然此說言之尚早，畢竟美國建國至今才僅兩百二十八年。[1] 當凱撒在西元前四九年橫渡盧比孔河時，[2] 羅馬共和國已存世四百六十年之久）。

我們幾乎可以說，美國的擴張傾向從一開始就已經確立。一七七六年七月的《邦聯條例》草案中，建國先賢約翰・迪金森（John Dickinson）曾提議劃定各州的西部邊界，但這個想法卻在委員會討論階段遭到摒棄。對喬治・華盛頓（George Washington）而言，美國此時還是個「襁褓中的帝國」，之後才要長成「幼兒帝國」。[4] 同樣是建國先賢的湯瑪斯・傑弗遜（Thomas Jefferson）在與詹姆斯・麥迪遜（James Madison）討論時承認：「從來沒有一部憲法設計得像我們一樣，擁有史無前例的帝國延展性和自治度。」由最初十三個州組成的「邦聯」，將會成為「整個美洲的發源地，子子孫孫將在南、北美洲開枝散葉」。[5] 的確如此，傑弗遜自己便在一八〇一年的私人信件中坦承，美國短短的歷史已經「證明孟德斯鳩的理論錯誤。孟德斯鳩認為共和國只可能存在於小片疆土，而現實恰恰相反」。[6] 麥迪遜對此觀點深表認同，他在《聯邦論》（*The Federalist Papers*）第十篇中極力主張「擴展疆域」，以建立一個更大的共和國。[7] 亞歷山大・漢彌爾頓（Alexander Hamilton）亦在《聯邦論》開篇中就提及，美國「在各方面都是世界上最有意思的帝國」。[8] 他熱切期盼一個「偉大美國體系誕生，這個體系將控制大西洋兩岸，規範舊大陸與新世界的關係」。[9]

這種自我標榜在當時是很普遍的現象。南卡羅萊納州的首席法官威廉・亨利・德雷頓（William Henry Drayton）在一七七六年宣稱：「帝國有其興盛之時，也有衰亡之時……大英帝國始於一七五八年，那時他們在世界各處乘勝追擊……而全能的上帝挑選了現在新一代人樹立起美利堅帝國……於是，人稱美利堅合眾國的新帝國橫空出世。它從成立伊始便受寰宇矚目，將蒙上帝眷顧成為有史以

---

[1] 編註：至本書中譯本出版時已及兩百四十四年。

[2] 編註：羅馬共和國規定指揮官不得帶兵跨越盧比孔河。然而凱薩卻在西元前四九年橫渡此河、擊敗龐培與元老院貴族，奠定羅馬改制帝國的基礎。後人便以橫渡盧比孔河形容「孤注一擲、破釜沉舟」之舉。

來最輝煌的帝國。」[10]十三年後，公理教會牧師傑迪亞．摩爾斯（Jedidiah Morse）在其《美國地理》（*American Geography*）一書中預言：美國將成為「最後且最廣闊的帝國中心」，而且會是「史上疆域最大的帝國」。摩爾斯認為：「我們只能想像美利堅帝國在密西西比河以西聚集數百萬人的時代將至……歐洲人將開始擔憂西印度群島的未來，因為這些島嶼是大自然賜給美洲大陸的禮物。一旦美國開始宣稱這些島嶼的所有權，這些島嶼的控制權便毫無疑問地非美國莫屬了。」[11]

不到一個世紀之後，美國已大抵實現其大陸帝國的願景。然而，美國為什麼沒能像摩爾斯預言的那樣，將帝國版圖擴張到美洲大陸東、西海岸線以外呢？

## 待售邊疆

人們常常忘記一點，那就是陸路擴張相對容易。一方面，美洲原住民人口稀少、技術落後，除了些零星且無效的抵抗，根本無力抵擋如潮水般湧來搶奪處女地的白人定居者。六百萬左右的移民者在一八二〇到一八六九年間來到美國，另有將近一千六百萬人則在一八六九到一九一三年間移入。美國原住民在一八二〇年的人口不過三十二萬五千人（僅佔總人口數的百分之三），且由於疾病和多次的小規模戰爭，這數字幾乎只有百年前的一半。[12]新的共和國只是延續了大英帝國的老做法，將原住民傳統的狩獵場地作為無償免費的無主土地來用。傑弗遜曾提過一種擴張方式：「並非基於征服，而是基於契約與平等原則。」[13]然而，與他以平等為題所寫的諸多文章一樣，這句話其實只說了一半。

正如他的「人權」觀並不適用於奴隸（無論是他自己的或其他莊園主的），美國領土擴張也不會徵求北美原住民同意。早在一八一七年，美國時任戰爭部長約翰．考宏（John C. Calhoun）就炮製了將西經九十五度以東的「印第安人」全部往西驅逐的政策，此項政策於一八二五年正式成為法律。[14]美國第七任總統安德魯．傑克遜（Andrew Jackson）在宣揚人道主義時幾乎無須掩蓋正在發生的殘酷現實：「正義而人道的政策是勸告（印第安人）放棄財產……到西部土地上去。他們在那將完全有可能永遠免受唯利是圖的白人影響……如此一來，我國政府就可根據他們的利益進行家長式控制，較可能使其種族得以長存。」[15]一言以蔽之，美洲原住民部落將在其剝削者的「家長式控制」下，被迫將其「財產」與種族存續的「可能性」進行交換。美國史學家特納（Frederick Jackson Turner）在其重要學術著作《邊疆在美國歷史上的意義》（*The Significance of the Frontier in American History*, 1893）中，將大陸擴張描繪成美國自稱的民主活力源泉。實際上，擴張是靠覬覦土地、宗教狂熱、軍事武力的依序結合才能達成。[16]土地開拓者與宗教狂熱份子的人數遠超過士兵。美國軍隊在一八一六到一八六〇年間僅有兩萬人不到，只佔人口比率的百分之零點一再多些——照歐洲標準來看，其軍民人口比微乎其微。[17]印第安戰爭無疑是殘酷的，但它們只是小規模戰役。肖尼族（Shawnee）和塞米諾爾人（Seminoles）印第安部落得要找到歐洲盟友才有取勝機會。但一八一五年後已不再可能，印第安人只能孤軍奮戰。

一七八三年以後，[3]聯邦共和國逐漸壯大，其日子亦變得較為順遂——因為其他宣稱北美領土的歐洲列強（或歐洲化的強國）已不再是其致命威脅。從某個角度來說傑弗遜是正確的：他認為美利堅帝國的立國基礎是保護其領土免受歐洲勢力入侵，所以美國不會是一個征服性帝國。實際上美國更像是個用錢（準確來說是以政府國債）買來的帝國。當美國用債券交換領土時，原來的土地持有者多半會樂意出售。美國在一八〇三年買到的土地使其國土面積大上一倍，包括美國在今天約十三州的領土皆是當時購買而來。這片在當時被稱為「路易斯安那」的遼闊區域是買來而非打下來的，因為法國和西班牙都認為此處沒有任何戰略價值。諷刺的是，美國之所以能順利購買路易斯安那，部分得要歸功於英國皇家海軍。若非皇家海軍控制了大西洋的海上通道，把拿破崙的勢力範圍有效限制在歐洲大陸，則傑弗遜的出價可能不會這麼簡單就被拿破崙接受。對法國人而言，拿大約八十萬平方英里的地產產權交換美國聯邦政府新印的一一二〇萬美元債券，只是財政上的權宜之計。對美國而言，這項交易實際上成了各類抵押貸款的最原始雛形。順帶一提，這項交易的中間經紀人是倫敦的霸菱銀行（Barings Bank）。[18]相較之下，美國在一八一二到一八一五年間與英國的戰爭，只確保了北美南部一小片不足掛齒的領土——當地的西班牙政權瓦解後，巴頓魯治（Baton Rouge，編按：今路易斯安那州首府）附近的居民立即成立西佛羅里達共和國，隨後遭時任美國總統麥迪遜下令兼併。[19]儘管美國曾一度佔領多倫多，但其兼併加拿大的夢想也在英國的抵抗下破滅。美國與英國、西班牙分別於一八一八年和一八一九年簽訂和約，毋寧是外交勝利而非軍事勝利。英、美兩國沿北緯四十九度劃界，英國放棄後來成為北達科他州的大部分領土，而西班牙則放棄佛羅里達並以奧克拉荷馬州以西為新的美、西邊界。

美國對德克薩斯的成功兼併也不能僅僅歸功於武力攻佔，還要歸功於金錢與和平的殖民擴張。

當年史蒂芬・奧斯丁（Stephen Austin）獲得墨西哥當局的同意，於一八二一至一八三四年建立並經營這個殖民地，實際上它對新殖民地的政策要比美國政府慷慨得多。一八二九年奧斯丁寫信給姐姐與姐夫，敦促他們搬到德克薩斯來。這封熱情洋溢的信中寫道：「墨西哥政府是世界上對移民給予最多自由、最慷慨的政府。」他還說：「只要在這裡待上一年，你們就不會贊同要改變這裡的政策，即便是美國政府要求改變，你們也不會同意。」他直至一八三二年都仍在使用「效忠墨西哥」當座右銘。[20]一八三〇年，墨西哥政府頒布法令，禁止美國人定居德克薩斯。正是這項法令促使美國移民們召開自己的大會，決議派奧斯丁向墨西哥政府請願。[21]結果奧斯丁因此在牢獄中待了大半年。直到一八三五年，移民者們才在墨西哥軍隊接二連三的騷擾下拿起了武器。[22]

德克薩斯人成功戰勝了墨西哥獨裁者聖安納將軍（General Antonio de Santa Anna）的軍隊。然而，正當他們全體投票想與美國合併時，卻遭到美國斷然拒絕。[23]儘管傑克森總統早在此之前便曾提議用五百萬美元從墨西哥人手中買下德克薩斯，他卻無法克服國會內反對合併的勢力。於是，德克薩斯人只能獨力承擔獨立事業。[24]德克薩斯總統山姆・休士頓（Sam Houston）認為，只有透過與英國人周旋，吸引英國人把德克薩斯打造成美國以南的新附庸（就像他們在美國以北的附庸加拿大一樣），才能夠讓德克薩斯有足夠的談判籌碼加入美利堅合眾國。即便如此，當德克薩斯於一八四四

[3] 編註：美、英兩國於此年簽署《巴黎和約》，大英帝國正式承認美利堅合眾國獨立，並劃定邊界。

年六月再度提案要求加入美國，此案仍被美國參議院拒絕。德克薩斯的歸屬問題最終有所突破，因為這件事成了美國總統大選中引人關注的問題。曾任美國第八任總統的范布倫（Martin Van Buren）正因為反對合併，在民主黨初選中輸給了詹姆斯．波爾克（James K. Polk），而波爾克又接著擊敗了想要推遲德克薩斯加盟的輝格黨候選人亨利．克萊（Henry Clay），成為第十一任美國總統。[25]當德克薩斯於一八四五年十二月成為美利堅合眾國第二十八州的時候，《民主評論》雜誌的編輯約翰．歐蘇利文（John L. O'Sullivan）將其描述為：「履行我們在整個大陸擴展的『昭昭天命』（Manifest Destiny）。」[26]然而，合併的可能至少早在十年前便曾被傑克遜總統提出過。用了如此長的時間才實現合併，表明美國的擴張政策受到某種不那麼「昭昭」的因素制約。這個妨礙合併的最關鍵因素，就在於德克薩斯允許奴隸制。北方州的廢奴派認為，蓄奴派是為了增加自己在聯邦政府內的力量，才爭取讓其他西部與南部新成員州加入。這個由南方奴隸制引起的重大問題制約了美國的擴張，直到南北戰爭這場美國歷史上最血腥的戰爭爆發後，這個問題才得到解決。

美國兼併德克薩斯之後，才與墨西哥政府打了場戰爭。戰爭的部分起因是因為買賣雙方對德克薩斯的價格沒有共識。美國人民拒絕了墨西哥政府六百五十萬美元的要求，墨西哥人則拒絕了這樁交易。一八四六年三月，波爾克總統命令札卡里．泰勒將軍（Zachary Taylor，編按：後來成為美國第十二任總統）從努埃塞斯河向格蘭河進軍。墨西哥人稱這場戰爭是「自衛之戰」，波爾克當局反駁，指責他們是「讓美國人的鮮血濺灑美國大地」。[27]參戰雙方都沒能預見接下來戰局會一面倒。事實上，尤利西斯．格蘭特將軍（Ulysses S. Grant，編按：後來成為美國第十八任總統）後來懺悔地將這場戰爭稱作是「有史以來強國對弱國發動的最不公平戰爭之一」。[28]美軍在不到一年內勢如破竹，獲得一系列勝利，並於一八四七年二月在布埃納維斯塔（Buena Vista）摧毀了聖安納將軍壯盛的大軍。另一支部隊在溫菲爾德・斯科特將軍（Winfield Scott）的帶領下在韋拉克魯斯登陸，向墨西哥城進軍，並於九月拿下該城。[29]然而，單憑武力不足以決定德克薩斯及其西邊鄰邦的命運。在一八四八年二月簽訂的《瓜達盧佩伊達戈條約》（Treaty of Guadalupe Hidalgo）中，美國再次用美元換土地。準確來說，美國政府免除了墨西哥政府高達五百萬美元的債務，使得美國取得了南至格蘭河的大片疆域。美國隨後又追加一千五百萬美元，把新墨西哥省和上加利福尼亞省也放入購物車。這塊版圖包括今日的新墨西哥州、亞利桑那州、加利福尼亞州、科羅拉多州、猶他州和內華達州的大部分地區。[30]這些都是大面積的兼併，也是立即可以得到回報的投資，因為就在幾個月前加利福尼亞發現了金礦。此外，由於新的土地不大適於發展種植園經濟，所以它們的合併不像先前對德克薩斯的合併那樣具有爭議。

一八五〇年，美國參議員威廉・亨利・西華德（William Henry Seward）在參議院呼籲讓加利福尼亞正式加入合眾國。他宣稱：「世界上再也沒有帝國像美國一樣，既能提供資源予大西洋彼岸過度擁擠的歐洲國家，還能在太平洋海岸攔截東印度的商貿。這樣的地理位置使這個國家成為海洋的主宰，成為真正的帝國。」[31]然而，諸多事件表明這個「真正的帝國」其實是外交與金元的帝國。西華德演說一年後，美國同意當時美、英的北緯四十九度國界線應當向西延伸至太平洋，從而獲得了奧勒岡州的領土。而那些宣稱要再打一仗、將國界擴展到北緯五十四度線（越過魯珀特王子港）的好戰之聲並未受到美國政府關注。[32] 一八五三年美國駐墨西哥大使詹姆斯・加茲登（James Gadsden）從墨西哥獲取了另一片領土（希拉河南部區域，就是今天橫跨新墨西哥州西南和亞利桑那州南部的大片土地）。這次所出的價碼是一千萬美元，成為美國歷來購買領土每英畝單價最高的一次（參見表二）。十五年後成為國務卿的西華德倡議，美國再從俄國沙皇手中以七百二十萬美元購得五十七萬平方英里，看起來大部分是永久凍土地帶的阿拉斯加。

最能清楚解釋美國擴張極限的，就是美國沒能獲得北緯四十九度線以北土地的這個事實。別忘了，美國開國元勳們原本是打算整合「從布雷頓角島到密西西比河的所有土地上的居民」。[33] 然而正如我們所見，美國在一七七六年獨立戰爭及一八一二年的戰爭中，以武力佔領加拿大的想法均以失敗告終。就向西進行大陸擴張而言，加拿大是個足以媲美美國的國家。美國購買阿拉斯加後，促

表二 購買一個帝國

美國獲取重要土地一覽表（1803-1898 年）

| 年份 | 條約及法案 | 地產 | 原支配國（地區） | 總面積（英畝） | 價格（萬美元） | 每英畝單價（美分） |
|---|---|---|---|---|---|---|
| 1803 | 路易斯安那購買協議 | 路易斯安那 | 法國 | 559,513,600 | 1,500 | 3 |
| 1819 | 亞當斯-奧尼斯條約 | 東佛羅里達 | 西班牙 | 46,114,640 | 1,500 | 33 |
| 1846 | 奧勒岡條約 | 美國西北，北緯 49 度線以南 | 英國 | 192,000,000 | — | 0 |
| 1848 | 瓜達盧佩伊達戈條約 | 德克薩斯、加利福尼亞、新墨西哥等 | 墨西哥 | 338,680,960 | 1,500 +500 | 6 |
| 1850 | 德克薩斯轉讓 | 新墨西哥 | 德克薩斯 | 78,926,720 | 1,000 | 13 |
| 1853 | 加茲登購買條約 | 南部亞利桑那、新墨西哥邊界 | 墨西哥 | 18,988,800 | 1,000 | 53 |
| 1867 | 阿拉斯加購買 | 阿拉斯加 | 俄國 | 375,296,000 | 720 | 2 |
| 1898 | 巴黎條約 | 菲律賓 | 西班牙 | 74,112,000 | 2,000 | 27 |

Source: Richard B. Morris (ed.), *Encyclopedia of American History*, p. 599; Charles Arnold-Baker, *The Companion to British History*.

成大英帝國建立「加拿大聯邦自治領」（一八六七年）。到一八七一年，加拿大已從大西洋擴展到太平洋（其經濟成就證明了「否定英國政治體制」並不是在北美大陸發展成功的先決條件）。美國的北部邊界過去和現在都不存在什麼自然地理界線，其大部分都是沿一個緯度劃定的。這道邊界將五大湖區一分為二，甚至與聖羅倫斯河的河道也不吻合。這條人為劃定的邊界線長達兩千五百英里，並完美詮釋了美國在十九世紀的國力限制。赤裸裸的現實是，美利堅合眾國獨立後的百年之間，美國人為了在美洲大陸上打造「生存空間」所流下的鮮血，其實還遠遠少於美國人兄弟鬩牆的內戰（實際上是他們的統一戰爭）。到了一八六〇年代，願意參加內戰和流血犧牲的美國人在乎的已不是共和國的版圖該有多大，而是這個國家的人民能有多自由。

## 海上帝國

美國早在內戰爆發前就已有一些小規模的海軍遠征與軍事突襲，例如一八〇一到一八〇六年打擊巴巴里海盜（Barbary pirates，準確說是的黎波里的帕夏），[34]但兼併海外領土則是另一回事。這麼做是否符合憲法？聯邦首席大法官羅傑．布魯克．托尼（Roger Brooke Taney）在惡名昭彰的「史考特訴山福特案」（*Dred Scott v. Sandford*, 1857）[35]判決中闡明：「憲法當然沒有賦予聯邦政府在美國毗鄰地區或海外隨心所欲建立殖民地的權力，也沒有給聯邦政府隨意擴張領土的權力，也不能以任何形式擴大其疆域。但以吸納新州的方式進行領土擴張除外。」[36]這話說得直白，也就是只能有新加盟的州，不該有殖民地或其他形式的附屬疆域。部分出於這個原因，當聖多明哥（日後的多明尼加共和國）於一八六九年主動要求被兼併時，這個提議被美國國會否決了。[37]然而三十年後，哈佛大學校長羅威爾（A. Lawrence Lowell）卻發表了非常不同的觀點。他在《哈佛法學評論》中寫道：「美國也可以用非領土的形式獲取新土地，這些地方並不適用於憲法規定的限制，好比須向聯邦繳稅和遵循大陪審團審判的法律程序等。」[38]羅威爾寫下這些文字的時機格外有意義，因為美國到了一八九九年時已獲得一連串領地，而這些領地很少能符合被吸納成為新州的條件。

從許多方面來看，十九世紀晚期的美國帝國主義與同時期的歐洲帝國主義頗有相似之處。美國擴張的前一階段是受到大規模移民與對人煙荒蕪之地進行殖民的政策促成，而推動第二階段擴張的則是戰略、商貿利益與意識形態刺激這三個因素的結合。美國大戰略的本源是某種「英雄式的否定」，也就是詹姆斯·門羅總統（James Monroe）一八二三年宣布的「門羅主義」。門羅總統此份宣言堅稱：「原則上，根據美洲人所設想與維繫的自由與獨立，歐洲列強們從此不能再將美洲大陸視為未來殖民的對象。」[39]有幾十年的時間，這個宣言不過只是美國佬的虛張聲勢。[40]英國仍舊從原先屬於荷蘭的三塊領地上建立起了英屬圭亞那（現在的蓋亞那共和國），並且繼續在北緯四十九度線以北毫無顧忌地開拓殖民地，好像全然忘記了門羅總統大張旗鼓的宣言。英國在一八三九年佔領了宏都拉斯海岸線附近的羅丹島，一八五〇年代又暫時佔據了附近的海灣群島，一八六二年更將貝里斯城變成了英屬宏都拉斯殖民地。[41]法國人也不理會門羅主義，他們在一八六〇年代試圖將墨西哥變成衛星國，由哈布斯堡家族的馬西米連諾一世統治。可惜這位皇帝運氣不佳，但其失敗並無法完全歸咎於美國的反對。在美國內戰前後乃至戰爭期間，歐洲列強經常以討債的名義多次軍事干涉拉丁美洲事務。[42] 一直要到十九世紀末，美國才被認為是「這塊大陸上實際的主權國家」。說出此話的美國國務卿奧爾尼（Richard Olney）認為：「這不是因為單純的友誼或良好願望……也不是單憑美國作為文明國家的高尚特質，更不是因為美國對外關係總是基於智慧、正義和公平這幾項特點……而是因為在前述所有基礎之上，美國還擁有無盡的資源以及與世隔絕的獨特地理位置，使其能夠掌控局勢而不受外患威脅。」[43]

即便是前述分析也忽略了一項關鍵：美國只有在擁有世界級的海軍後，才能真正強加自身意志，將西半球化為不容他人染指的禁區。美國海軍在一八八〇年代仍小到微不足道，實力甚至還不如瑞典。[44] 但受到馬漢（Alfred Thayer Mahan）影響深遠的著作《海權對歷史的影響》（*The Influence of Sea Power History*）啟發，美國走上了建造海軍之路，其野心之大甚至超越德國，取得的成果更是令人震驚：到一九〇七年，美國海軍的實力已僅次於英國皇家海軍。[45] 正是由於美國擁有這樣的艦隊，人們才對門羅主義刮目相看。[46] 當委內瑞拉攻擊歐洲船隻、拒不償還對歐洲的債務，導致一九〇二年英國和德國海上封鎖委內瑞拉時，正是西奧多・羅斯福（編按：後文統稱為「老羅斯福」）總統威脅將從波多黎各派遣五十四艘戰艦，才說服英、德兩國接受國際仲裁。[47] 到了二十世紀初，英國終於正式將美國視為一位需要安撫的帝國競爭者。[48]

就像歐洲人熱衷於戰艦是出於海外商貿利益，美國增強海權之舉也與海外商貿拓展有關。一八八〇年代之前，很少有美國商人會考慮到國外尋求機會，因為國內顯然就已足夠賺錢。部分美國南方人的確曾在一八五〇年代夢想著將邊界拓展到德克薩斯以南，以在中美州建立新的奴隸制國家——田納西冒險家威廉・沃克（William Walker）正是懷抱這樣的想法而在一八五〇年代中期成功控制了尼加拉瓜。[49]一八五九年，甚至有一份呼籲兼併古巴的議案被遞交給國會。[50]但是，隨著內戰爆發與北方聯邦軍勝利，這類想法即成過眼雲煙。直到一八八〇年代，共和黨黨魁暨國務卿詹姆斯・布萊恩（James G. Blaine）才主張：「南美礦井、墨西哥鐵路……甚至海洋」對美國北方工業而言也存在著「有利可圖的事業機會」。[51]「當歐洲列強在亞洲和非洲穩步擴大殖民統治時，」布萊恩宣稱：「我國的特殊使命是促進及擴大與美洲各國的貿易。」[52]一八九〇年代早期，印第安那州的參議員阿爾伯特・貝弗里奇（Albert J. Beveridge）則更進一步指出：

> 美國工廠生產的產品超出了美國本土的需求，美國土地出產的農作物也超過了美國本土的實際消耗量。命運為我們制定了政策，我們必須在全球開展貿易……我們將在全世界建立貿易樞紐，作為分發美國產品的配銷點……偉大的殖民地能夠自行治理，飛揚著我國國旗、同我們做貿易，並圍繞著我們貿易樞紐的建設而共同促進經濟增長……美國法律、美國秩序、美國文明以及美國國旗都會自行在那些先前滿是血腥與愚昧的土地上扎下根來。上帝透過這些媒介使這片土地變得美麗而輝煌。[53]

在《諾斯特羅莫》（*Nostromo*）這部作品中，作家約瑟夫・康拉德（Joseph Conrad）筆下的人物霍洛伊德是一位唯利是圖又傲慢的東岸富豪。他在書中說道：

> 科斯塔瓜納是什麼地方？它是百分之十的貸款與其他愚蠢投資的無底洞。歐洲多年來一直雙手奉上其資本——雖然不是我們的資本。在這個國家裡，我們太懂得下雨天得待在家裡不出門的道理了，我們坐觀其變。當然，總有一天，我們會介入的，而且一定得介入。但是不必著急，在上帝創造的萬物中，這個最偉大的國度得靜待時機。到那時我們就會對任何事物都有發言權：工業、貿易、法律、報章雜誌、藝術、政治以及宗教信仰，從合恩角到史密斯海峽，還要超過這些地域。北極如果出現值得擁有的東西我們也要有發言權。接著我們應當接管地球上偏遠的島嶼和陸地。世界商業將由我們經營，不管世界上其他國家是怎樣想的，喜歡還是不喜歡。我想，世界阻擋不了——我們也同樣阻擋不了。[54]

這種論調早就可能在倫敦的某家俱樂部裡聽到，儘管會更具英式傲慢些。大西洋兩岸的經濟帝國主義組成基本上是相同的：一來降低他國關稅（所謂「門戶開放」）[55]，希望海外投資能夠產生新的出口市場（這對一八九三到一八九六年發生經濟蕭條的美國尤其重要），二來要做好使用政治和軍事手段在競爭中取勝的準備。[56]當時還有另一個意識形態潮流也在此發揮作用，即研究歐洲帝國主義者十分熟悉的社會達爾文主義。這種社會達爾文主義能在約西亞・斯特朗（Josiah Strong）的《新世界環境下的擴張》（*Expansion Under New World-Conditions*, 1900）[57]一書中見到；同時也呈現在當時赫斯特媒體和普立茲報業集團所展現的尖銳沙文主義中。[58]

在許多英國觀察家的眼中，當年美國對海外市場的爭奪，其實與英國在十九世紀末「搶奪」更多殖民地的行為有許多相似之處。從吉卜林到約翰．布肯（John Buchan），從張伯倫到邱吉爾，皆抱持這樣的看法。這畢竟是個《紐約時報》可以宣稱「更大的不列顛帝國註定主宰這個星球，我們是它的一份子，而且是重要的一份子」的時代。[59]但是有兩個彼此相關的因素使美國經驗不同於大西洋彼岸的對手。首先，美國帝國主義的政治根基更為狹窄：帝國的概念只對工業化的北部精英們有吸引力，對美國其他人則缺乏同樣地吸引力。其次，獲取殖民地的經濟原因在美國更易受到公開質疑。英國早在一八四〇年代就開始信奉自由貿易。是以當輪船、鐵路和冰箱融入世界穀物與肉製品市場時，英國並沒有對國內農民採取保護措施，使其免受廉價食品帶來的衝擊。英國自有其需要打造全球帝國的理由：確保國內的貨物市場也能供應自己所不能生產的物品。也由於倫敦金融城的銀行家們的主要業務是海外投資，所以他們能持續對自由貿易與維繫帝國有興趣。如果新大陸債務國出口的初級產品不能夠自由地進入英國市場，又如何指望這些債務國能夠履行償債義務呢？如果他們真的威脅不履行債務，那有什麼方式比攻佔他們的國家、以合理的經濟法則統治他們，能夠更好避免他們這麼做呢？[60]美國不是沒人抱持相似觀點，但採行貿易保護的遊說團體卻十分強大：他們竭力反對自由貿易。保護主義的觀點是，如果殖民地的作用只是單純使美國市場充斥著美國人自己就能生產的產品（而且殖民地的產品還更廉價），則美國根本不需要這種英國式殖民地。本土主義的反對者則對美國新移民的膚色變化感到沮喪，因為他們將殖民地看作另一個劣等種族的來源。[61]然而，儘管保護主義與本土主義有著部分與帝國主義相似的偏見，但這兩者的意義其實與帝國主義不同。[4] 用吉卜林的概念來說，保護主義與本土主義的支持者對帝國主義承擔「白種人的負擔」並無真正的興趣。

美國最早的海外領地，原本只是一些適合作為海軍基地或海鳥糞來源的島嶼。中途島環礁是這些最早的海上補給站其中之一，一八六七年美國海軍「拉克瓦納號」（*USS Lackawanna*）艦長威廉・雷諾茲（William Reynolds）正式併吞該島。十年後，美國得到對薩摩亞群島的圖圖伊拉島上帕哥帕哥港的使用權。然而直到一八九九年薩摩亞內戰之後，整個群島才成為美國領地。[62] 一年之前，美國也一併佔領了關島與威克島。這些新的前哨基地除了面積小之外（即使是最大的關島也只有兩百平方英里大），距離美國本土也極其遙遠。距離美國最近的中途島，其位置正好在洛杉磯與上海兩地的中間；距離最遠的關島則坐落於日本與新幾內亞中間，距離舊金山將近五千五百英里。美國第一個真正的殖民地也位於太平洋，那就是夏威夷。

距離美國本土兩千多英里遠的夏威夷群島，竟然會成為美利堅合眾國第五十州，這確實是個歷史之謎。尤其是考慮到本來還有其他更明顯的候選地都沒有被美國合併，而夏威夷卻被選中。將夏威夷美國化的動力有三：傳教士、蔗糖種植園主以及海軍至上論者。最後一種人的思維可以用國務卿漢

[4] 編註：原文此處是使用「假朋友」（false friend）一詞。這個詞在語言學上是「同形異義詞」的意思。也就是說，保護主義與本土主義雖然時常會被與帝國主義聯想到一塊，但它們其實並不是同一回事，彼此仍有很大的差異。

彌爾頓・菲什（Hamilton Fish）的話總結：夏威夷「為他們在太平洋海岸和廣大亞洲領域之間，提供了一處具有吸引力的落腳點。這片領域現已向通商和基督教文明打開大門」。更不用說，控制夏威夷還可以抑制已明顯崛起的日本。[63] 對於島上的蔗糖製造商而言，如果可以獲得免關稅的自由貿易權，美國就會是潛在的巨大市場。此外還有教會學校，他們積極培養願意接受美國統治的夏威夷人。一系列相關舉措很快到位：一八七五年雙方簽署了一項自由貿易條約、[64] 一八八七年一座海軍加煤站建在了珍珠港、一八九三年夏威夷女王利留卡拉尼（Queen Liliuokalani）政權被美國公使史蒂文斯（John L. Stevens）策畫的政變推翻。然而美國國會卻在此緊要關頭退縮了，彷彿德克薩斯的情況重演。儘管史蒂文斯警告，若美國不採取行動，則夏威夷將「很有可能淪為英屬殖民地，成為又一個新加坡或香港」。[65] 然而，他的兼併計畫還是遭到國會否決。[66] 蔗糖生產商擔心競爭，[67] 種族主義者們害怕「不良血統以及不良習俗」（因為在夏威夷群島中僅有百分之二的人口是美國人），而自由派則懷疑在夏威夷的少數美國人並沒有多少民主意識。一八九七年一項新的兼併草案再度遭到朝野兩黨一致反對，老羅斯總統福哀嘆道：「不可思議，我國人民居然如此缺乏帝國主義天性。」[68] 直到美國在菲律賓擊敗西班牙軍隊的消息傳開後，兼併夏威夷的決議才終於得到通過。[69]

夏威夷人反抗——採用和平抗爭策略。在地方首次立法機關的選舉中，夏威夷自治黨成功動員本土選民，獲得了多數席位。這些選民反對《組織建制法案》（Organic Act）[5] 規定所有正式辯論都必須使用英語的條文。[70] 夏威夷當地的共和黨為了與自治黨競爭，只得拉攏夏威夷王子庫西歐（Jonah Kuhio Kalanianaole，起初這位王子還抵抗美國接管）。庫西歐王子自此成了檀香山商會和夏威夷蔗糖種植園主協會的掛名領袖，只能無力地感嘆其人民的軟弱。[71] 當五大糖業公司加緊對島上最富饒區域的掌控時，原住民則被「強行搬遷」到缺乏農業價值的邊緣土地去。[72] 然而，這個殖民老套路並沒有完全按照計畫實施。夏威夷原住民的地位雖然被殖民當局加以削弱，但他們的土地並不是被美國殖民者搶走，而是被日本人和後來的菲律賓人移民給佔據了。這個移民傾向早在美國兼併夏威夷前就已十分明顯。儘管當局採取相關措施來阻止新移民，日本社區還是迅速成長。一九二〇年代早期，每一百位夏威夷選民中還只有三位是日本裔，但是到了一九三六年，這個比例已達四分之一。[73] 夏威夷也許對美國具有戰略價值，但它對美國的企業家並沒有提供與美國本土相同的經濟機會。

那麼，為什麼夏威夷最終可以成為美國一州，在一八九八年由西班牙割讓給美國的波多黎各卻沒有呢？這當然與距離無關，因為後者離美國本土更近（距離邁阿密只有一千多英里）。顯然也不是經濟因素，因為夏威夷的蔗糖產量並不比波多黎各的蔗糖產量高。答案其實是法律上的技術問題。當美國對波多黎各商品課徵關稅時，波多黎各的生產商對此提出挑戰，意外揭露此中關鍵。一九〇一年在兩起同時進行審判的訴訟中，聯邦最高法院認為波多黎各不是另一個國家，但也不屬於本國領土，因此對其商品徵收關稅是符合憲法的。尤為重要的是大法官愛德華・道格拉斯・懷特（Edward Douglass White）的結論：他認為「兼併」（annexation）與「合併」（incorporation）兩者不同，後者

---

[5] 編註：《組織建制法案》（Organic Act）是美國國會在十八世紀末到十九世紀中葉的一系列法案，旨在規範特定的美國新增領土應該如何治理。

需要取得國會授權。在他看來，「波多黎各並沒有合併入美國，它僅僅只是美國的附屬財產」。因此它只適用於美國憲法的部分「基本」條款。這項判決的意義重大，其從此界定了波多黎各所處的奇怪狀態：介於獨立和美國一州之間。這項判決同時也可當作看待其他海外領土狀態的例子。由於阿拉斯加和夏威夷在成為美國領土後都「正式」適用於憲法的「基本」條款，所以這兩處從定義而言已被合併，進而能成為美國的一州。這兩處領地最終於一九五九年各自成為美國一州。[74]

乍看之下，一九〇一年的裁決在法律上替美國兼併更多殖民地鋪下了坦途，因為兼併類似波多黎各這樣的殖民地可以被視作「附屬財產」而非須受憲法約束的「合併」。那麼美國為何沒能取得更多這類殖民地呢？答案可以用三個字來回答：菲律賓。

對美國而言不幸的是，美國海外擴張的典型經驗並非夏威夷或波多黎各，而是菲律賓。為了更確切理解此事，我們可以將美國在菲律賓的經驗分成七個階段：

一、初期的重大軍事勝利。
二、錯誤估計當地人的情感。
三、採行有限戰爭策略，逐步升級武力鎮壓。
四、國內人民在看到美軍涉入當地曠日廢時和殘酷的衝突後心生幻滅。
五、讓當地過早民主化。

六、決策者優先考慮國內經濟。

七、於是最終決定撤離。

毫無疑問，美國在一八九八年以驚人的速度擊敗了西班牙。從宣戰（美國「緬因號」〔*USS Maine*〕戰艦在哈瓦那灣意外爆炸，美國認定責任在西班牙一方，並以此為口實發動戰爭）到擊敗加勒比海地區與菲律賓的西班牙軍隊，僅用了短短三個月的時間。然而，美國人拒絕承認與之並肩抵抗西班牙人的菲律賓人民是為了獨立而戰，而非只想換來一個新的殖民者。[75] 美國時任總統麥金利（William McKinley）為兼併菲律賓諸島的正當性所做之演講，是總統級假仁假義的經典之作，完全符合其聽眾衛理公會神職人員的胃口：

> 我夜復一夜地在白宮徘徊直至子夜。我不怕難為情地告訴你們……我不止一個晚上雙膝跪下向萬能的主祈禱，賜給我光明和指引。終於在某天晚上，時間已經不早的時候，我得到這樣的啟示——我不知道它是怎麼回事，但它的確就這樣來了……（一）我們不能將菲律賓交還給西班牙人……（二）不能將菲律賓移交給我們在東方的商貿競爭對手法國和德國……（三）我們也不能放任不管，因為菲律賓人不適合擁有自己的政府……（四）我們只有將菲律賓的一切接管下來，對菲律賓人進行教育，提高他們的教育水準，使其開化並使他們成為基督徒。我們藉上帝的仁慈傾力而為，也藉著他們自己，和我們一樣，基督也同樣為這些人受死。[76]

正如麥金利總統描述，兼併就是天意強加給美國一個推諉不了的責任。[77] 如此虔誠的召喚無疑引起了美國社會的廣泛共鳴，[78] 然而美國政治精英最終做出佔領菲律賓的決定，並不是那麼帶有傳教色彩，更多是出於軍事和經濟利益的考量。[79]

一八九八年美、西簽訂《巴黎條約》後，由於西班牙在條約中同意以兩千萬美元將菲律賓群島主權賣給美國（差不多相當於其五十年前購買德克薩斯、加利福尼亞和其他墨西哥割讓領土的總額，也就是說每一分美元所購買到的土地變少了），由埃米利奧·阿奎納多（Emilio Aguinaldo）領導的反抗美國兼併的叛亂旋即爆發。這使得美國最後為菲律賓群島所付出的代價遠遠超過兩千萬美元。在接下來的三年裡，美國派駐菲律賓的駐軍從一萬兩千人上升至十二萬六千人。[80] 儘管阿奎納多於一九〇一年三月被俘，戰爭也於一九〇二年七月正式宣告結束，但在此後數年間，部分島嶼上仍有零星的抵抗活動。這不是一場光彩的戰爭，也不是美軍最後一次碰到那種平民與士兵真假難辨的叢林游擊戰。[81] 美軍高級將領們很快就採用了極其嚴厲的應對措施。陸軍準將史密斯（Jacob H. Smith）命令手下士兵在薩馬島上格殺勿論，不留活口（這個命令顯然違反戰爭法）。他還補充道：「我要你們燒殺，燒殺越多，我越開心……我要所有能持槍反抗者死。」[82] 戰役結束之時，已有超過四千名美軍士兵陣亡，比與西班牙作戰的犧牲人數還多上一千人。大約四倍於此的菲律賓人死於這場戰爭，更不用說死於戰爭導致的飢餓與疾病者。[83] 與此同時，一名來自俄亥俄州的法官威廉·霍華德·塔夫脫（William Howard Taft，編按：後來成為美國第二十七任總統）被任命為菲律賓委員會主席（一個五人組的民間委員會），力求透過為當地建造學校和改善當地衛生條件來拉攏菲律賓人。正如其中一位委員率直的言論所說：「美國主權是……菲律賓人自由的另一個名字。」[84]光是戰爭本身就使美國付出了六億美元的代價，那麼戰後重建工作又會產生多大一筆帳單呢？

然而，最初引起美國國內對菲律賓戰爭的反對浪潮的，並不是戰爭的花費。這場戰爭本身就足以引起反彈。當然，我們不能說當時成立的「美國反帝國主義聯盟」足以代表大多數美國人，[85]但它的成員包括兩位前總統：克里夫蘭（Grover Cleveland，編按：美國第二十二與二十四任總統）和哈里森（Benjamin Harrison，編按：美國第二十三任總統）、十二名跨越兩黨的參議員、八名克里夫蘭內閣的前部長，更不用說還有百萬富翁暨大實業家的安德魯·卡內基（Andrew Carnegie）。對該聯盟的支持最終使民主黨把菲律賓獨立放入一九〇〇年的政綱中。[86]當時最具影響力的美國作家馬克·吐溫，也是支持者之一。

馬克·吐溫是後來反戰知識份子的先行者。他在一八九八年一封寫給朋友的信中開宗明義寫道：他歡迎美國從西班牙人手中「解放」菲律賓，「為自己的自由而戰是件很有價值的事情，但為他人的自由而戰則更值得受人尊敬。我想這麼做在世界上還是第一次」。但當他在一九〇〇年十月仔細閱讀《巴黎條約》後，他轉而認為：「我們並不打算解放菲律賓人，我們不過是想要征服菲律賓人而已……因此我是一個堅定的反帝國主義者，我反對這隻自由之鷹將爪子伸到別人的土地上去。」馬克·吐溫的聲音被壓制了。《哈潑時尚》雜誌拒絕刊登他的短篇故事〈戰爭祈禱者〉。故事裡有一位年邁的陌生人在教會公眾前說著如下的禱詞：「哦，上帝，我的父，我們心中的偶像，年輕的愛國者們奔赴戰場——願你與他們同在！……哦，神啊，我的上帝，請幫助我們的炮彈將敵人士兵炸成血淋淋的碎片，幫助我們使他們美好的土地屍橫遍野，覆蓋著他們國家愛國者蒼白的軀體……幫助我們以無盡的悲慟折磨他們無辜寡婦的心；幫助我們將他們趕出去，與他們的小孩一起無家可歸，在他們一片廢墟的荒蕪土地上無依無靠地過著流浪生活。」馬克．吐溫在私底下抨擊麥金利總統，認為是他讓美軍「以一把可恥的步槍在一面骯髒不堪的旗子下作戰」，還說乾脆「把那面旗子的白色條紋塗黑，將星星換成頭骨和肋骨交叉的圖案」。[87]他的抨擊產生了影響，反戰者並不需要博得大多數人支持才能破壞為戰爭所做的努力。雖然民主黨人沒能成功阻止國會通過兼併法案，[88]他們的總統候選人沒能成功當選，但是親民主黨的新聞媒體卻留下了令人印象深刻的反對聲音。[89]而媒體揭露史密斯將軍和華勒上校（Littleton W.T. Waller）下令處決菲律賓囚犯的罪行，也給予反戰人士一個等待已久的良機來為難政府。[90]麥金利總統為了確保一九〇〇年能夠勝選，只能全面疏遠帝國主義。[91]

老羅斯福總統曾將菲律賓人比作阿帕契印第安人，還把阿奎納多比作拉科塔族的酋長坐牛（Sitting Bull）。[92]麥金利總統遇刺後，老羅斯福總統依法繼位。他私下承認自己巴不得早點退出這場美國版的「波耳戰爭」，[6]但他仍急於至少在菲律賓先創建一個民主表象。[93]由《組織建制法案》形成的全國立法機構的首次選舉中，下議院的八十個席位中有五十八名議員都是曾經參與過獨立運動的菲律賓民族主義者。不到十年，所謂的一九一六年《菲律賓自治法案》（Jones Act，又稱《瓊斯法案》）就被批准：一旦「能夠建立一個穩定的政府，就將准許菲律賓群島獨立」。然而，決定這個日子何時會到來的，並不只是民族主義者的壓力，也不是說准許菲律賓獨立的決定就是對美國本土部分地方原先的兼併做法進行完全否定。促發菲律賓獨立的決定性運動，實際上是由部分美國國會議員所結成的聯盟根據自身利益考慮下的行動：糖業、乳業以及棉花行業的生產商們要將菲律賓的蔗糖和椰油排擠出美國市場之外，與商會會員密切勾結，迫切要求訂定反菲律賓工人的移民限制。事實上，美國曾在一九三三年向菲律賓提供一個獨立方案，但由於條件太過苛刻而遭到菲律賓立法機關的拒絕。相關條件雖然在一九三四年的《菲律賓獨立法案》（Tydings-McDuffie Act，又稱《泰丁斯－麥克杜飛法案》）放寬，也就是替將來美軍在島上軍事基地的正當性留下了可供商榷的餘地，但有關經濟方面的條件基本上還是保持不變。獨立將意味著對菲律賓產品定向強徵美國關稅，對此時四分之三出口產品完全依賴美國市場的菲律賓經濟而言，無疑是一個巨大打擊。[94] 當菲律賓終於在一九四六年獨立時，菲律賓人已沒什麼可慶祝的了。

也許以失敗來定義美國對菲律賓的統治太過嚴苛，但這肯定與富蘭克林．羅斯福（編按：後文統稱為「小羅斯福」）總統後來取得的成就相去甚遠。[95] 除了被排擠出美國市場的菲律賓人所面臨的經濟窘境外，美國統治菲律賓的戰略利益並不顯著。首先，美國對亞洲的宏偉經濟滲透計畫連一半都沒能實現，而這個計畫正是原先美國建立跨太平洋軍事基地的目的所在。其次，當日本在一九四一年十二月對美國發動攻勢時，從珍珠港到菲律賓蘇比克灣的美軍基地就成了容易被攻擊的目標。

[6] 編註：指大英帝國在十九世紀晚期對南非波耳人所建立的川斯瓦共和國與奧蘭治自治邦所發動的戰爭。英軍雖然成功戰勝並兼併兩者，但卻承受了相對不成比例的傷亡。大英帝國從此役後開始走向戰略收縮。

## 強加民主

相較於採行「直接統治」的歐洲式帝國主義，美國有自己的一套替代方案。實際上，美國授予菲律賓政治上的自由（但缺乏商貿上的自由）就是這替代方案的一部分。美國可以利用其經濟和軍事的強大力量，在一些具有重大戰略意義的國家裡培養出「良善政府」，而無須直接佔領、管理一個完全成熟的殖民地。這個做法最初不只意味著一個親美政府，還意味著一個美國式的政府。這種管理帝國的新模式，與英國的「間接統治」概念有異曲同工之處。這頗可歸功於威爾遜總統任期期間，但其實這個觀點早在其前任老羅斯福總統時就已透過其增補「門羅主義」內涵的《羅斯福推論》（Roosevelt's Corollary）一文定調（一九〇四年十二月）。在這篇國情咨文裡，老羅斯福總統寫道：「長期瀆職與無能將導致文明社會紐帶的鬆懈，在美洲或者其他地方皆然，最終都將需要更文明的國家來進行干涉。門羅主義將迫使美國干涉西半球那些公然的惡行惡狀和無所作為，迫使美國行使國際警察的權力，無論美國自身是否情願。」[96] 威爾遜總統則更進一步。僅僅入主白宮一個星期後，這位新總統就對媒體宣布：未來拉丁美洲國家要與美國合作，「只有基於法律而非專斷或不正規的政府暴力才有可能……對那些掌權只為實現個人利益和野心之人，我們不能給予同情」。這則宛如「威爾遜推論」的說法暗示拉丁美洲只有幾種特定的政府形態是能夠被美國所容忍的。美國不能容忍軍事獨裁政權，也不能容忍革命政權。威爾遜總統說：「某些國家的政治煽動者想要搞革命，想在新政府頭上動土，只要我還能夠阻止，我就不會讓這些人得逞。」[97] 因此，只有那些能將自己定位成介於「專斷暴力政府」與「革命政府」之間的拉丁美洲國家，才能擁有與美國和平往來的未來。美國保有對那些自己無法接受的政權使用武力的權利。[98]

當威爾遜在一九一三年宣布他不打算承認墨西哥的韋爾塔政權（Victoriano Huerta）時（這位軍事領袖暗殺了墨西哥自由黨總理馬德羅〔Francisco Madero〕，奪取了墨西哥政權），英國外相愛德華．格雷爵士（Sir Edward Grey）頓時明白了美國這項政策意味著什麼。當美國駐英國大使佩奇（Walter Page）向格雷說明美國政府的立場之後，下面這段談話接踵而至：

**格雷：**假如你們不得不進行干涉，接下來呢？

**佩奇：**讓他國人民按照自己的意志投票和生活。

**格雷：**但如果他們不願這樣過生活呢？

**佩奇：**那我們就得參與進去，讓他們再次選舉投票。

**格雷：**然後將這樣的狀況維持兩百年？

**佩奇：**是的。美國將在此待上兩百年，為了這塊彈丸之地動武殺人，直到他們學會如何投票與自我統治。[99]

民主、自由與解放皆為強加而來，自相矛盾的悖論就此誕生。這個悖論將成為往後一百年美國外交政策的典型特色。

同時也該指出的是，與這個「新政策」並行的舊帝國主義也仍在運行。經濟和戰略考量，加上當時常見的種族優越觀，都影響著美國與拉丁美洲的關係。從許多面向來看，威爾遜的做法在實際上只是結合了拉丁美洲地區原本既存的政策。

美國在拉丁美洲的戰略關鍵，就是中美地峽和從佛羅里達海峽到千里達島的長月形島群。這個區塊分隔了加勒比海地區與大西洋，被老羅斯福總統的心腹亨利．卡波特．洛奇（Henry Cabot Lodge）稱為「對美洲大陸這座城堡而言十分重要的外圍防禦工事」。[100] 該地區最重要的國家包括尼加拉瓜和巴拿馬，還有古巴以及海地島。海地島在一八四四年被分為海地和多明尼加共和國兩個國家。[101]

美國在一九〇三年透過軍事手段控制了正在開鑿中的巴拿馬運河。這是美國第三度派遣海軍陸戰隊到哥倫比亞（前兩次分別是一八八五年和一八九五年）去支持巴拿馬分離主義者，最終獲得了重要成果。在哥倫比亞參議院拒絕批准把土地租借用於建造巴拿馬運河後，老羅斯福便以美國海軍之力建立了一個獨立的巴拿馬政府。[102] 這場分離主義政變僅持續了九十分鐘，美國隨後正式承認巴拿馬共和國，而巴拿馬政府則將一條寬約十英里的領土殷勤地獻給美國政府用於運河修築。[103] 這一切幾乎可說只靠一場可笑的小規模軍事表演就達成了。被報導的傷亡僅有：「一名在薩爾斯皮德斯街上的華人……和一頭驢子。」[104]

巴拿馬運河在一九一四年開通，但它直到一九七九年都被控制在美國人手中。美國還曾計畫要在更北方建造一條通過尼加拉瓜的運河。直到當地在一九〇二年因火山爆發引起美國參議院驚恐之前，美國本來已經打算要透過尼加拉瓜湖打造一條新的運河路線。[105] 但美國企業在尼加拉瓜並沒有很大的利益：相較於在整個拉丁美洲達十七億美元的總投資來說，一九一二年美國在尼加拉瓜的投資金額還不超過二五〇萬美元。[106] 然而，當美國發現尼加拉瓜獨裁者塞拉亞（José Santos Zelaya）把目光投向英國與法國的財團，且有兩名美國人因捲入一場動亂而被處死時，美國便中斷了與該國的外交關係。塞拉亞被迫辭職，一個以迪亞茲（Adolfo Díaz，拉盧茲－洛杉磯礦業公司的前財務主管）為首的新政府便在美國支持下成立了。[107] 一九一二年，美國在迪亞茲要求下派出三千名美國海軍陸戰隊，到尼加拉瓜協助平息一場反政府叛亂。其中一支百人的特遣隊在那裡一待就是十三年，以幫助迪亞茲穩固政權。[108] 這次軍事干涉的成果就是一九一六年簽訂的《布萊恩－查莫羅條約》（Bryan-Chamorro Treaty），該條約使美國得以用三百萬美元的金額，換取在尼加拉瓜境內開鑿運河以及在豐塞卡灣建立海軍基地的專屬權。[109]

古巴的狀況也一樣。在商業利益與戰略考量下，美國選擇反覆干涉而非兼併該國。美國無須佔領古巴，只要使古巴依賴美國。雖然一八九八年擊敗西班牙曾替美國接管該島提供良機，但美軍只在那裡短暫停留。麥金利總統僅說古巴與美國之間有著「特別的親密和支持關係」。[110] 而這些所採取的形式在參議員奧維爾・普拉特（Orville H. Platt）的修正案中做了詳細說明，並與一九〇二年古巴憲法合為一體。古巴憲法給予美國在必要時進行干涉的權利：「為保全古巴的獨立，維繫一個足以保障生命財產安全和個人自由的政府。」[111]《普特拉修正案》禁止古巴與任何美國的競爭對手締結雙邊戰略協議，從而給予美國對古巴外交政策的否決權。該修正案還限制了古巴在未來借款的能力，並且給予美國在古巴海岸線上建立海軍基地的權利：第一個被租借的地方就是位於古巴東部最南端的關塔那摩灣。[112] 沒過多久，美國就實行了自己干涉古巴政治生活的權利。一九〇六年九月，古巴發生企圖推翻新任總統的叛亂，美國便部署了一支海軍陸戰隊到古巴，並成立了一個以美國人當總督的臨時政府。但是，就連曾經一度對古巴懷有狂熱的老羅斯福總統，現在也公開宣稱自己「厭惡任何想要像控制波多黎各與菲律賓那樣控制該島的想法」。他已不大相信像古巴這樣「人口密集的熱帶地區」，能夠由「具備自治能力的北方民主國家來治理」。[113] 兩年半後，美軍撤離古巴，只留下一位剛任命的新總統。[114] 一九一二年，美軍再次回到古巴，為了平息一場由前奴隸組織的暴動。之後又於一九一七到一九二二年重返此處，因為選舉失敗的一方拒絕接受民選總統馬里奧·梅諾卡爾（Mario Menocal）。梅諾卡爾是古巴－美國糖業公司的執行董事，這絕非巧合。[115]

至於多明尼加共和國，則處在一個政治經濟全盤依賴美國的情況，只差沒有被直接兼併。老羅斯福總統說：「我也曾想兼併該國，好比狼吞虎嚥的巨蟒可能會想從錯誤的一端（編按：有刺的那端）吞下豪豬一般。」[116] 他轉而採行已證明有效的帝國手段：控制關稅收入，這是該國政府的主要收入來源。美國與多明尼加在一九〇五年達成「權宜的妥協」（modus vivendi），讓美國能夠保留高達百分之五十五的多明尼加關稅收入以抵償其債務。於是，約翰霍普金斯大學的雅各·荷蘭德教授（Jacob H. Hollander）就像英國當年在十九世紀末主導埃及財政的克羅默勳爵（Lord Cromer）一樣，也開始負責對多明尼加的債務與關稅收入的支配情況做裁決。[117] 然而，就像在古巴和尼加拉瓜的情況一樣，美國要在此找到一個適合的傀儡並不容易。多明尼加總統卡塞雷斯（Ramon Caceres）在一九一一年遭到刺殺，使政府陷入一片混亂，促使美國趕走即將繼任的新總統人選，另立其他人選。[118] 一九一四年，多明尼加的新總統公然拒絕了美國更為苛刻的財政控制。眼看一場革命即將爆發，美國別無他法只得再次派遣海軍陸戰隊前往該國。最終在一九一六年十一月，多明尼加完全處於美國軍政府的控制下，時間長達六年之久。威爾遜總統嚴肅地說：「在眼前這個令人困惑的形勢下，美國這個做法產生的罪惡最小。」[119]

與此相似的故事，也正在多明尼加西方的鄰國海地上演著。美國在一九〇〇到一九一三年間，向該國派遣軍隊的次數不下十六次，但海地的政治形勢仍然危機四伏：一九一二到一九一五年的四年間更換了不下六位總統。一九一五年，海地總統紀堯姆．薩姆（Guillaume Sam）遭到殺害，威爾遜再次向海地派遣海軍陸戰隊，經歷一番血戰後才重建秩序。[120] 美國在那年九月幫海地扶植了一位新總統，條件是他必須接受一份類似「普拉特修正案」的條約。這使海地的經濟、警政、新聞出版和公共建設都處於美國監控之下。美國海軍指揮官則負責在海地沿海城鎮實施實質上的軍事統治。[121]

這就是美國間歇性干涉中美洲和加勒比海地區事務的歷史濫觴，且持續至今。溫和點說，這著實是項令人失望的政策。人們只要拿波多黎各與維京群島（一九一六年從丹麥人手中購得）這兩塊加勒比海地區裡正式被美國兼併的領土，與該地區其他被美國間接統治的國家，就免不了會得出這樣的結論：對後者而言，被直接兼併可能會更好一些。美國人對《羅斯福推論》的熱情在戰間期開始減弱，威爾遜總統對該地區人民終究能「學會……選賢舉能」的信念也終歸破產。美國在一九二四年撤走位於多明尼加的海軍陸戰隊，[122]並在一九二〇年代放棄了在宏都拉斯建立民主政府的嘗試。到了一九三二年，主宰該國香蕉生產的「聯合水果公司」（United Fruit Company）同意與獨裁統治者安蒂諾（Tiburcio Carías Andino）和平共處，利益均霑。安蒂諾統治該國直到一九四八年。[123]赫伯特・胡佛（Herbert Hoover）當選美國第三十一任總統後對記者說：「干涉手段從來不曾是美國的既定國策，將來也不會是。」[124]結果他的繼任者小羅斯福總統就迫不急待地再次干涉古巴，結果就是造成另一個以年輕的巴蒂斯塔（Fulgencio Batista）中士為首的軍事政權上臺。該政權在一九三四年形同撕毀「普拉特修正案」，使美國對古巴的控制僅剩下位於關塔那摩灣的軍事基地。同一年，小羅斯福總統也從海地撤軍了。

或許最讓人沮喪的還是尼加拉瓜，這個地方直到一九二〇年代中期都還深陷自由黨和保守黨派系的內戰中。雖然美國海軍陸戰隊再次介入，這次是為了阻止由埃米里奧・查莫羅（Emiliano Chamorro）策畫的政變（他推翻了前任總統索洛薩諾〔Carlos José Solórzano〕），支持迪亞茲重返總統府。一九二七年四月，美國派遣亨利・史汀生（Henry L. Stimson）到尼加拉瓜協調各方勢力。史汀生原本可以達成任務，但由於自由黨指揮官桑地諾（Augusto Cesar Sandino）在那年夏天的頑強抵抗而功敗垂成。[125]尼加拉瓜分別在一九二八與一九三二年舉行大選，但美國海軍陸戰隊卻發現自己陷入了桑地諾民族解放陣線的累人游擊戰之中。即便美軍擁有略具雛形的空軍優勢，也無法將敵軍從山區據點中趕出來。到了一九三二年，有來越多美國人開始問：「我們為何要派兵到尼加拉瓜去？天殺的我們究竟去那裡幹嘛？」[126]《紐約時報》發表了一篇特別能引起共鳴的報導：「我們該去那把狀況搞定，然後離去不再插手干涉。我們把一撮撮的士兵送到那裡任人宰割是毫無用處的。」（事實上美軍陣亡總數是一百三十六人。）[127] 一九三三年一月，美國將最後一批海軍陸戰隊從尼加拉瓜撤出。桑地諾在十三個月後被蘇慕薩（Anastasio Somoza García）處死，後者是第一個由美國訓練的尼加拉瓜裔國民兵指揮官。蘇慕薩在兩年後任命自己當了總統。蘇慕薩的專制時代歷經兩代人，直至一九七九年。

這個結果完全不符合威爾遜總統原先的設想。他夢想美國能用軍事武力支持中美洲成立美式政府，結果最終均以悲慘的失敗收場。到一九三九年為止，整個地區只有一個真正的民主國家，就是哥斯大黎加，而美國從未對那個國家進行干涉過。當然就某些角度來看，美國已經如同過去一貫聲稱的那樣，成功奠定自己身為西半球霸主的地位。作為投資者，美國的重要性雖然還未超越佔主導地位的英國，但已相當接近。作為南美各共和國間的外交仲裁者，美國也起到舉足輕重的作用，尤其是在一九二〇年代。[128] 但是作為希望向拉丁美洲輸出自身政治體制的自由帝國，美國的成果可謂乏善可陳。小羅斯福總統也只能將這個失敗粉飾為美國「容忍」拉丁美洲的「好鄰居」。蘇慕薩也許是狗娘養的，但據小羅斯福的國務卿說，「他仍是我們自己的狗娘養的」。[129] 對美國政策批評最厲的是斯梅德利．巴特勒將軍（General Smedley D. Butler），他是當年獲得最多勳章的海軍陸戰隊軍官。他在一九三五年為《常識》雜誌撰寫的一篇文章中說：

> 我幫花旗銀行的小夥子們把海地和古巴打造成體面的收稅之地，我幫華爾街掠奪了半打中美洲共和國。這場敲詐勒索有著漫長的歷史。一九〇九至一九一二年間，我幫布朗兄弟的國際

銀行淨化了尼加拉瓜。我在一九一六年幫美國糖業公司替多明尼加共和國帶去光明，在一九〇三年又為了美國水果公司而幫忙「導正」宏都拉斯……回首過往，我覺得我可以給黑幫老大艾爾・卡彭（Al Capone）幾個提示：他最多只能在三個城市施展拳腳，我們海軍陸戰隊卻可以在三個大陸上為所欲為。[130]

這永遠都會是對美國帝國主義最具毀滅性的指控——那些崇高的聲明背後，不過只是華爾街的敲詐勒索。

那墨西哥呢？這個曾激發威爾遜總統採取民主干涉路線的國家又如何了呢？美國在一九一四年對韋爾塔政權失去了耐心，改派一小支海軍陸戰隊奪取了維拉克魯斯的重要港口和儲油設備，並阻止德軍進入墨西哥。韋爾塔在美國支持的叛軍和美國石油公司抗稅的雙重夾擊下被迫辭職，向叛軍領袖卡蘭薩（Venustiano Carranza）投降並交出權力。[131] 卡蘭薩政權是美國一手炮製的產物，但美國卻在接下來兩年裡的舉措卻像是要破壞卡蘭薩政權的統治。美國為了追擊龐丘・維拉（Pancho Villa）這位卡蘭薩政權的前盟友，遂派遣約翰・潘興將軍（John J. Pershing）率軍越過墨西哥邊境，執行「懲罰性遠征」。[132] 深入墨西哥領地的潘興將軍沒有找著維拉，卻與墨西哥正規軍爆發衝突。[133] 威爾遜總統擔憂美、墨恐因此爆發全面戰爭，遂下令潘興撤軍。潘興被迫「找了個藉口溜回家，好像一條被鞭打的惡狗夾起了尾巴」。[134] 這不會是美國歷史上最後一次發生追捕某要人未果，結果卻以得罪前盟友收場。[135]與此同時，墨西哥政治中，地方暴力仍然沒有減退。[136]不久後，一個新的帶有預示性質的詞彙，「布爾什維克主義病毒」，開始用於墨西哥革命的繼承人身上：美國觀察家們開始發覺一些布爾什維克主義症狀（雖然此時像卡洛斯．卡爾沃〔Carlos Calvo〕這樣的民族主義者仍會比列寧有更顯著的影響力）。[137]一九一七年，墨西哥在新制定的憲法第二十七條中，聲稱所有地下礦藏都屬於墨西哥共和國所有，這等於是以國有化威脅美國石油公司。[138]巴特勒將軍設法「使墨西哥成為美國一九一四年石油利益的保險箱」這一做法實在夠糟糕的了。更糟糕的也許是他已經失去了任何可能的機會。

「我們美國人是被上帝選中的獨特子民。」赫爾．梅爾維爾的《白外衣》（*White Jacket*）中這樣寫道：「是這個時代的以色列，是承載世界自由的方舟。」[139]美國領導人在二十世紀更頻繁地採用這類聖經語言，努力拉抬（乃至神聖化）美國的外交政策。他們藉此效法早期帝國締造者們的榜樣，尤其是麥金利總統。美國人不只將領土擴張視為「昭昭天命」，也把對外擴展美式政治與經濟價值觀視為「昭昭天命」。然而這長期有執行上的問題。美國越是深入熱帶地區，其控制力就越薄弱。「自由的帝國」顯然有很多東西可以提供給古巴、尼加拉瓜和墨西哥等地，更不用說是多明尼加和海地，但美國人獨獨缺少將這些地方併入自己國家的意志。夏威夷和波多黎各是被併入美國了，但這主要是因為它們是最聽話的殖民地。其他地方只能得到各種與政治和財政廉能有關的說教，以及間歇性地軍事掠奪。墨西哥是最能完美呈現出美國高尚目標和實現手段之間存在矛盾的地方。美國可以動武殺人，直到當地人學會如何投票與自我統治。潘興將軍執著於追捕龐丘．維拉而在墨西哥境內快馬加鞭，諷刺的是此舉卻沒能迎來故事最終的高潮對決。宛如梅爾維爾那部諷刺作品《白鯨記》的翻版。

也許潘興將軍是對的。倘使還有一次遠征機會的話，他最終可能會像《白鯨記》的亞哈船長一樣逮到那條「逃跑的魚」。但這已無緣實現了。一九一七年五月二十八日，潘興將軍擔任美國遠征軍指揮官開赴歐陸西線戰場，受命追捕一條「更大的魚」。美國為實現其成為西半球霸主的宣言而奮鬥。矛盾的是，當美國碰上來自全球強權的更大挑戰時，美國對帝國主義的態度卻變得更加堅定了。

# 第二章　反帝國主義的帝國

彈痕纍纍的美國飛機滿載著傷患和屍體從一座英國機場掉頭起飛了……隊形朝後飛過一座燃燒中的德國城市。轟炸機打開炸彈艙使用非凡的磁力減小火勢，將它們收進圓柱形的鋼罐中，然後將鋼罐收入飛機腹艙內……轟炸機返回基地後，汽缸被從架子上卸下，然後運回美國。在那裡，工廠日夜工作拆除汽缸，將危險的成份分成礦石。

——馮內果，《第五號屠場》1

美國的主要武器是股票、香煙和各種商品。他們想要征服世界，卻連區區朝鮮都制服不了。

——約瑟夫・史達林2

我們可以這樣說，美國之所以從一個不大情願的美洲霸權國家轉變成現在時常被認為的全球主義國家，是因為發生了兩次災難。[3]第一次發生在一九一五年五月七日，卡納德公司的「盧西塔尼亞號」（*RMS Lusitania*）郵輪被德軍U-20潛艦擊沉於愛爾蘭南岸的舊金塞爾角海域。近一千兩百人溺斃，其中一百二十八名為美國乘客。[4]第二次是一九四一年十二月七日日本偷襲珍珠港，這次空襲導致三艘巡洋艦、三艘驅逐艦與八艘戰列艦沉沒或重損，二千四百零三名美國人死亡，大多數是水兵。正是這兩次海上侵略行徑迫使美國直面其外交政策中最古老的問題：「是要在大洋此岸保衛美國的安全，還是要越過大洋，積極參與彼岸事務才能捍衛美國的安全？」[5]同這兩場災難類似，二〇〇一年發生的九一一事件對美國大眾的心理衝擊是不言而喻的。

當然了，美利堅合眾國打從成立之初，就已開始在現實中「越過大洋，積極參與彼岸事務」。美國老早就在一九一五年以前，就已經十分積極這麼做；一九四一年後更是有過之而無不及。美國人為什麼要冒著被潛艦攻擊的危險，在戰爭期間航越大洋到歐洲去？他們想必不是去旅遊。又有什麼地方能像珍珠港，這座距離美國本土兩千英里、擁有五十年歷史的海軍基地，更適合被當成美國早就積極跨大洋拓展的證據呢？無論如何，將美國捲入第一次世界大戰的，並不是「盧西塔尼亞號」沉沒事件，也不是德軍在一九一七年二月絕望地發動的無限制潛艇戰，而是德國外交部拉攏日本與墨西哥在美國參戰時加入同盟國的野心曝光（譯按：即「齊默曼電報」事件）。德國人對墨西哥卡蘭薩總統表示：「德國人可以理解……墨西哥想要奪回德克薩斯州、新墨西哥州和亞利桑那州的失土。」[6]

美國此時早已不再需要在全球主義和孤立主義之間二選一（不管這在實踐上的意味為何），因為美國早在兩次世界大戰之前就已開始走向世界強權之路。美國的真正問題在於缺乏自覺。正如同沃爾特・李普曼（Walter Lippmann）一九二六年在《紐約世界報》評述道：「我們一直認為自己是巨大且和平的瑞士，但事實上我們是一個偉大的世界強國……我們是不自覺的帝國主義國家。」[7] 李普曼的這番說法，意味著「美國是個自我否認的帝國」並非什麼新觀點。美國的特別之處在於：即使在歷經了長達二十年的全球衝突，美國還是能繼續自我否認。正如德國經濟學家博恩（Moritz Julius Bonn）觀察到：「美國是現代反帝國主義的搖籃，但與此同時它又建立了一個強大帝國。」[8] 這些文字是他在二戰結束後兩年寫下的。

從一九一七到一九四七年，美國外交政策的特徵就是連續幾屆總統都堅決主張美國有辦法大國崛起，而且無須為此重蹈過往列強的覆轍。德國的誤算給了威爾遜總統大好機會。這與英國首相小皮特（William Pitt the Younger）的繼任者們在拿破崙戰爭結束後所獲得的機會不無相似之處。歐洲人被連年大戰拖得筋疲力盡，美國遠征軍便有了左右大戰結果的機會，宛如一八一四到一八一五年威靈頓元帥率領的部隊，給予拿破崙致命的一擊。[9] 然而威爾遜總統並不滿足於傳統意義上的勝利果實：讓戰敗方賠款、割地，甚至更換政權。或許是受到「美國干涉只是『收錢辦事』」[10] 的指控刺激（即確保英、法兩國向華爾街的貸款能夠順利償還），威爾遜總統那過勞的腦袋深深渴望能夠重建整套國際體系。他早在一九一四年十二月就已提議：任何和平解決方式都「應當從歐洲國家的利益出發，把他們作為人民，而不應該向外族人民強加任何一個國家政府的意願」。[11] 次年五月，他告訴「強制和平同盟會」（League to Enforce Peace）的成員們：「每個民族都有權選擇自己要生活在何種主權之下。」[12] 他更在一九一七年一月明確宣稱：「每一個民族都應當被給予選擇自己政體的自由。」[13] 一年之後，他在著名的《十四點原則》第五點到第十三點中又再詳加闡述了這套觀點。[14] 正如威爾遜所設想的那樣，新的「國際聯盟」不僅要確保成員國領土的完整，還要考慮「依照民族自決權的原則」對未來領土做出調整。[15] 在歐洲人看來，這一點很有革命性；對美國人而言，威爾遜所堅持的政策就和《獨立宣言》開篇一樣是不證自明的。威爾遜總統對國會說道：「這些是美國的原則，美國的政策。我們絕不代表他人。全世界每一個現代國家，每一個文明社會中有遠見的男男女女皆奉行這樣的原則和政策。它們是全人類的原則，必定會獲成功。」[16]

威爾遜的觀點有三項難處。第一，非常表裡不一。威爾遜一九一六年起草了一篇演講，文中有句經典格言：「美國人的責任，並不包括決定另一個民族的政府應該為何……。」他的國務卿羅伯特·藍辛（Robert Lansing）簡要地在草稿旁寫下：「海地、聖多明戈、尼加拉瓜、巴拿馬。」[17] 第二項難處是，德意志顯然將能運用民族自決權來打造更龐大的國家，而這個結果勢必讓某些國家感到不快——它們曾在沒有美國軍事協助的情況下與德國人奮戰了三年。威爾遜要是具備更好的歐洲種族地理知識的話，也許就能避免這個難題。第三項難處在於，威爾遜總統無法說服持懷疑態度的參議院，這就成了威爾遜計畫的最致命缺陷。在《羅斯福推論》的大膽主張，以及《國際聯盟盟約》中不切實際的承諾之間，存在著巨大鴻溝。前者完全授權美國在拉丁美洲為所欲為，後者則要求美國必須「尊重所有成員國領土完整和獨立，反對對其進行外部侵略」。當眾議院共和黨領袖亨利．卡波特．洛奇提出「有條件批准《凡爾賽和約》」的保留議案（當時英、法兩國已經準備接受這些保留條件），威爾遜總統卻拒絕妥協，希望美國能無保留地簽署《凡爾賽和約》。威爾遜指示民主黨議員對洛奇的議案投下反對票，並冀望能在下屆總統大選時讓美國加入國際聯盟，結果一次中風打斷了他的參選活動。[1]

歐洲人要求美國人保證他們會一同維持戰後新的國際秩序，美國人卻寧願保留自己行動的自由。雙方在一九二〇年代的觀念差距大到無法逾越。這就產生了另一個亟待回答的問題：為什麼一九四五年後克服這個差距又成了可能？美國在威爾遜和杜魯門總統之間發生了什麼改變嗎？答案有兩個。第一個非常明顯：一戰結束時，美國對俄國十月革命後建立的布爾什維克主義政權還抱持著比較樂觀的態度。雖然美國和英國都承諾在俄國內戰中派兵支持白軍，但美國人卻顯得三心二意——如此表現令人驚訝，因為當時美軍已抵達歐洲準備和德國人打仗，卻發現大規模軍事行動已告尾聲。美國不像歐洲那樣對戰爭感到疲憊，它只是低估了莫斯科誕生的那個龐然大物，未能積極參與推翻布爾什維克政權的軍事行動。一九一九年威爾遜的顧問愛德華．豪斯上校（Edward M. House）派威廉．

[1] 編註：威爾遜總統希望美國能夠毫無保留地簽署《凡爾賽和約》，並加入跟著和約成立的國際聯盟。依據《凡爾賽和約》，美國必須在國際聯盟成員國遭受侵略時義務參戰，且不須經由國會同意。洛奇認為此舉將損害美國主權，因而堅決反對美國毫無保留地加入國際聯盟與簽署和約。美國最終因此沒能簽署《凡爾賽和約》，也未加入國際聯盟。

布列特（William C. Bullitt）到俄羅斯去，表面上是為了瞭解當地政治和經濟，實際上則是為了與列寧政府商榷和平條款。布列特是一位年輕的「香檳社會主義者」（編按：相當於那個年代的鍵盤社會主義者），他只看他希望看見的俄羅斯。他在三週的公費旅遊之後，對一同前往的記者總結說自己已在俄羅斯瞧見未來的樣貌：「革命有效！」布列特自信地回報：俄羅斯的經濟固然陷入可怕困境，但這只會是暫時的，就像「紅色恐怖」一樣，好歹已經「結束了」。威爾遜總統不需要太多勸說，甚至早在布列特離開莫斯科之前，他就已得出美軍「繼續待在俄國已無用處」的結論。[18] 然而，美國的態度在一九四〇年代已經完全不同。

第二個改變與美國經濟相關。一戰對美國經濟成長的刺激遠比二戰要小。如圖一所示，二戰無論從哪一方面衡量都造成了更大影響。二戰前有好幾年時間，美國都被歷史上最嚴重、持續時間最久的經濟大蕭條所困擾。二戰使美國的GNP翻了一倍多，二戰結束則導致經濟成長幅度急劇減少。相較之下，美國在一戰前後的經濟表現都明顯只有較小幅度的波動。一九〇七到一九〇九年的經濟衰退比一九三〇年代的經濟大蕭條要小得多。美國參加一戰對經濟沒有產生多少刺激作用。雖然一九二一到一九二二年有一個急劇低迷時期，一九四六到一九四八年的經濟衰退實際上則要嚴重得多。同樣至關重要的是，二戰後美國的經濟復甦很大程度上得歸功於重整軍備，但重整軍備並不是一九二〇年代經濟復甦的主因。

## 反帝國主義的帝國

在一九四〇年代，「帝國自我否定說」仍然反覆出現。即使在美國參戰之前，《時代》雜誌與《生活》雜誌的經營者亨利・魯斯（Henry Luce）已經敦促美國人「尋求與展現美國作為世界大國的願景，這才是真正的美國。美國既是不斷拓展經營範圍的企業中心，也是人類專業公僕的培訓中心；美國就像好撒馬利亞人，真正相信施比受更有福；美國還是自由和正義的泉源。這些美好理想能替我們繪製出一幅二十世紀的願景，第一個偉大的美國世紀。」[19]這些浮誇訓諭下的自信和日本襲擊珍珠港後的驚慌失措形成了最鮮明的對比。[20]用一位記者的話說：「美國人不會忘記那個星期天（編按：一九四一年十二月七日珍珠港事變）的經歷。它已深深烙印在整個國家的意識中，剝奪了幾代人懷有的美麗幻想。這次打擊帶來某種莫名的驚恐，打擊了我們最深的自豪感，撕碎了我們不受傷害的神話，破除了我們自身實力的珍貴傳奇。只剩下赤裸的我們，毫無防備。」[21]李普曼在《華盛頓郵報》上撰文寫道美國人好像成了「覺醒民族」。然而，即便這個沉睡巨人被喚醒、進行反擊，且中途島一戰之後更確信盟軍必勝無疑，美國仍不願承認自己對全球事務已有著無可推卸的責任。

小羅斯福總統的反帝國主義思想格外具有影響力，特別是因為戰後國際秩序是在他領導之下所設計的。他在一九四三年告訴兒子：「殖民體系意味著戰爭。當你壓榨印度、緬甸和爪哇的資源，奪走那些國家的全部財富，卻從不回饋諸如教育、有尊嚴的生活，以及最基礎的健康要求，這一切都將成為戰爭的隱憂。」小羅斯福赴北非卡薩布蘭卡會議途中曾在甘比亞短暫停留，他被這個「地獄不如」之地所震驚——稱其為「我此生見過最恐怖的地方」。在他看來，殖民主義就是「骯髒、疾病，以及高死亡率」的同義詞。[22]正是基於這樣的想法，小羅斯福總統才會希望戰後世界得要走向後帝國主義時代。他宣布：「當我們打贏這場戰爭之後，我將致力於樹立起美國堅定的立場，不會被誆騙或者幫助任何推進法蘭西與大英帝國野心的計畫。」[23]在小羅斯福眼中，一九四一年八月的《大西洋憲章》第三條（「尊重所有民族選擇他們願意生活於其下的政府形式之權利」）不僅適用於遭受德國和日本侵略的土地上的所有人民，還適用於大英帝國統治下的人民。他對盟友邱吉爾說：「你們的血統裡有四百年貪婪本性，當然無法理解一個國家如果可以獲得其他土地卻不想那麼做的心理。」他進一步私下抱怨道：「英國人

**圖一　美國 GNP 固定價格**（1900–1922 年以及 1930–1952 年）

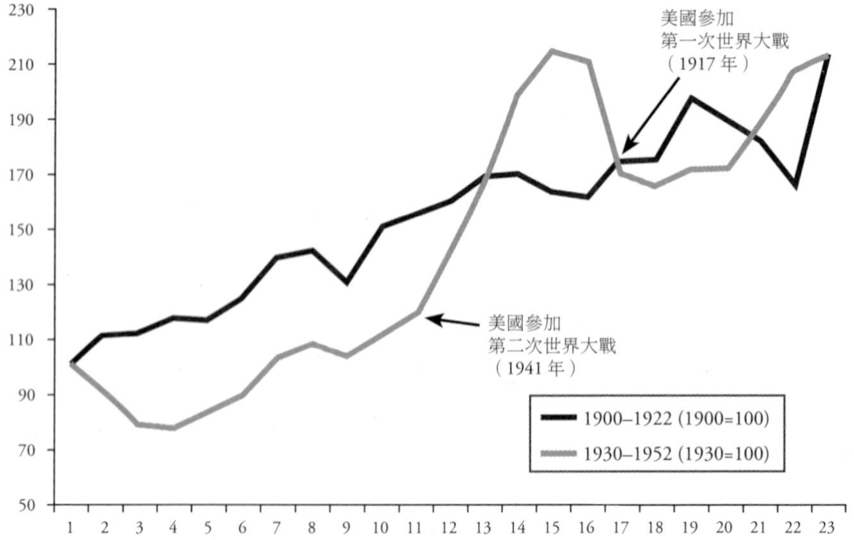


Source: B. R. Mitchell, *International Historical Statistics: The Americas*, pp. 761–74.

會去搶世界上任何一塊地，哪怕只是一塊岩地或是一片沙洲。」[24]

邱吉爾對小羅斯福的態度習以為常，他將其反帝國主義態度看作是美國獨立戰爭的遺產。正如他在《第二次世界大戰回憶錄：第四卷．命運的關鍵》（*The Hinge of Fate*）一書中所言：「這位總統的思想仍停留在美國獨立戰爭時期，在他腦中，印度問題足以和北美十三州殖民地對抗英王喬治三世相提並論……。」[25]但這麼想的絕非羅斯福一人，事實上大多數美國人都認同他的觀點。一九四二年的民調顯示，每十人中就有六人認為英國是殖民主義壓迫者。[26]同年十月，《生活雜誌》直率地表示：「有件事情是肯定的，那就是我們（美國人）並不是為了保住大英帝國而奮戰。」[27]

然而，即便當美國人信誓旦旦地向敵對帝國與盟友帝國同時開戰時，他們卻不肯承認自己的帝國正在迅速成長。美國參謀長聯席會在一九四三年十一月草擬了一份清單，列舉需要在戰後租借或交由國際託管的美國基地名單。包括大西洋的冰島、亞速爾群島、馬德拉群島、非洲西海岸以及阿森松島；在太平洋則有阿拉斯加與阿圖島、幌筵島、小笠原群島、菲律賓群島、新不列顛島、索羅門群島、斐濟、薩摩亞群島、大溪地島，不要忘記還有克利珀頓島和加拉巴哥島。小羅斯福總統還親自要求參謀長聯席會將馬克薩斯島和土阿莫土群島納入美國的勢力範圍。[28]在像密克羅尼西亞群島這樣的地方，國際「託管領土」便意味著由美國掌控。[29]海軍部長法蘭克．諾克斯（Frank Knox）告訴國會，據他所知，「所有戰爭期間被日本人攻佔的島嶼都成了日本領地，現在它們為我們所奪，就變成我們的了」。[30]對英國觀察家而言，美國的戰後計畫具有十分顯著的帝國主義特色。早在一九四四年，澳洲駐華盛頓的使團成員艾倫．瓦特（Alan Watt）就發現：「有跡象表明，這個國家正在發展出頗冷酷的帝國主義心態。」[31]歷史學家湯恩比曾是整整一代大英帝國行政官員的導師，他則認為：「美國世界帝國的第一階段即將到來。」[32]用英國政治思想家哈羅德・拉斯基（Harold Laski）的話來說，美國就快要「騎在世界的脊背上馳騁，如同巨人。無論是權力巔峰時期的羅馬帝國，還是掌控世界經濟霸權時的大英帝國，兩者的全球影響力都無法像當今美國如此全面，如此深刻，如此直接。」[33]與此同時，小羅斯福總統虔誠地敦促邱吉爾，不僅要放棄甘比亞這塊少數自己曾拜訪過的英國殖民地，還要英國放棄印度和香港。

與後來反對美國外交政策的諸多評論家不同，史學家湯恩比無須多費力氣便接受了美利堅帝國主義這一概念。正如他的評述所言：「我想，若與俄羅斯、德意志或日本帝國相比，（美利堅）她下手將會更輕柔得多。我們該感到慶幸是美利堅帝國而非其他帝國接手。」如果大英帝國的衰落不可避免，那麼對英國人來說，在二戰後把世界權力轉移到美國手上就是最好的結果。[34]美國人在兩個國家實現了英國人的期望：即日本和西方盟國佔領的西德。事實上，這兩個國家是美利堅帝國統治最為成功的案例。不意外地，這兩個國家也是小布希總統在二〇〇三年支持伊拉克的國家重建政策時最常引用的典範。「美國以前做過這種事，」他在二〇〇三年九月七日一次電視演講中這樣告訴美國人民：「二戰結束後，我們就開始扶持日本和德國這兩個戰敗國，一起並肩建立他們地代議制政府。我們為此花費多年時間和大量資源，而我們的努力已經在三代人的友誼與和平中多次得到償還了。」[35]然而，今天這套美國佔領日本和西德的歷史解釋，與當年美國佔領兩國的歷史事實之間，其實有所出入。事實上，美國一直到一九四七年都尚未下定決心要在這兩個「前流氓國家」耗費時間與鉅資。我們完全可以想像，美國本有可能會在不同的情境條件下，挪用那套慣用於菲律賓、加勒比海地區與中美洲的模式來治理日本與德國：即那套三心二意、毫無條理的干涉模式。

一九四五年八月三十日，當麥克阿瑟將軍降落在橫濱附近的厚木機場時，的確看起來有點似曾相識。麥克阿瑟的父親曾於一九〇〇年初到一九〇一年中擔任美軍駐菲律賓指揮官，那時正好是平叛戰鬥最激烈之時。一九一四年美國派軍佔領墨西哥韋拉克魯斯時，麥克阿瑟自己正是其中一名下級軍官。他在日本人於一九四一年襲擊菲律賓群島時正擔任駐菲美軍指揮官（還差一點被俘）。因此麥克阿瑟在佔領日本後的統治方式中帶有美國早期帝國締造者的影子，實在也不足為奇。

作為駐日盟軍總司令，麥克阿瑟無所不能。日後他曾回憶：「我在這個國家不僅擁有像美國總統一般的行政權，我還握有立法權。我有權發布任何法令。」[36]從他位於東京市中心第一大廈的總部，麥克阿瑟與幕僚（起初約一千五百人，後來在三年內增長了兩倍）發起並贏得了一場自上而下的「革命」，將美國「文明」強加給一個他們大多數人所認為的劣等種族。[37]

麻煩的是，美國政策從一開始就自相矛盾。一方面，在審犯與清洗完戰爭罪行後，日本精英們應該得要摒棄其軍國主義與不民主的治理模式；但在另一方面，麥克阿瑟必須得要依靠日本現有的行政體制才能統治日本。日本人得接受「再教育」來讓政治民主化，但這又得靠麥克阿瑟的絕對君主統治才能夠實現。日本經濟應該被削弱到無法再次發動戰爭，但又必須提高其生活水準才能避免極度昂貴的佔領費用。

不可否認，由此衍生的各種折衷方案是日本改革成功的主要原因。在麥克阿瑟的統治下，日本確實變成了民主的國家，哪怕是由一黨獨大和市場經濟主導，立基於比美國國內更高度的國家干涉和更趨近於企業壟斷的商業模式。但從很多方面來說，這個重大成就是一次無心插柳的成果。美國人希望能夠「從個人層面瞭解、改造日本人的思考方式與感受」，[38]最終卻一無所獲，而美國人想要促使日本人信仰基督也未獲成功，儘管麥克阿瑟本人對此很有興趣。[39]美國對日本行政體制的改造多半也未奏效。用史學家約翰・道爾（John Dower）的話來說，美國佔領日本的最主要成果，就是完全說服了日本人「擁抱戰敗」，使日本人放棄追求軍事強權，認知到軍事上不可能敵得過美國，轉而滿足於當個只追求經濟富裕的美國小夥伴。

表面上來看，日本的改變令人印象深刻。審判戰犯的東京審判將裕仁天皇以外的戰爭禍首皆定了罪，另有約四千名更低階的戰犯受到審判，其中九百名遭判處決。另有超過二十萬名資深官員被迫從軍隊體系、政黨以及大公司去職（譯按：公職追放）。教育與警察體系全面翻修，予以自由化與去中心化。公民自由、政治自由與宗教信仰自由被奉為至高無上的信條：婦女擁有公民選舉權，商會合法化，新聞媒體也逐步自由化。[40]雖然天皇制度仍然（在麥克阿瑟建議下）在一九四七年五月的新憲法中被予以保留，[41]但從此成為虛位元首。權力被授予一個需要對兩院制立法機關負責的政府，而憲法則規定日本只有在自我防衛時才能訴諸軍事武力。[42]

但若看更深一層，就會發現僅有百分之一的日本資深公務員失業，而美國的統治恰恰是透過日本原有的公務體制來實施的。[43]否則誰來運作美軍的佔領政策呢？戰後日本的美國新主人幾乎完全不懂新臣民的語言和文化。陸軍上校查爾斯．凱茲（Charles Kades）後來承認：「我完全不曉得任何日本歷史、文化或神話，我對日本一無所知……。」[44] 而他還是一九四七年起草日本憲法的關鍵人物。除此之外，多數美國人的活動範圍僅局限於他們在東京的「小美國」圈子裡。正如麥克阿瑟的一位資深幕僚所說：「在長達五年多裡，除了非常少的情況下，麥克阿瑟親眼所見的日本就只有從第一大廈到他在美國使館住所的那條交通路線，長度大約一英里。」[45] 另一名知情人士則透露：「只有十六名日本人曾與他（麥克阿瑟）說過兩次話以上。」[46] 一位美國陸軍上校的妻子後來也回憶道，她能「從（小美國的）一頭走到另一頭……目光所及都只有美國人的臉孔。」[47]

每當今人談到美國佔領日本和西德的歷史，最常強調美國對兩國引以為傲的非凡經濟復甦的貢獻。但就連此一結果都並非出於佔領者的原先意圖。恰恰相反，美國原本打算要削弱敵人的經濟實力，使其人民變得貧窮。許多美國人在戰爭接近尾聲時的心聲，都是敵人應該得到報應，而非讓其重獲新生。一名「國務院與陸海軍聯席會」（SWNCC）官員的提議幾乎是要「將日本人這個種族消滅掉」。[48] 一九四五年下半，鮑萊委員會（Pauley Commission）的一份較克制的報告則建議降低日本造船業、化工業與鋼鐵製造業的產量，還要將日本工廠設施移交到戰爭期間被日本佔領的國家去，好降低其賠償金額。一九四六年一月，統計與管理學家愛德華茲．戴明（W. Edwards Deming）提議解散部分壟斷企業，這個提議被負責戰後處理的「SWNCC」所採用，成為對「太平洋戰區最高統帥部」（SCAP）的指示。直到一九四七年五月，該提議仍是美國佔領當局對日經濟政策的重點，並被盟軍遠東委員會納入指導性的二三〇號文件裡（FEC-230）。同樣地理念也被落實在《反壟斷法案》

（Anti-Monopoly Law, 1947）和《公司解散法案》（Deconcentration Law, 1947）。[49]這兩個法案合計解散了超過三百家公司。這類措施所針對的目標是惡名昭彰的大財閥，這些財閥在一九四五年前幾乎壟斷了大部分的日本產業。[50]但這就衍生了一個難題，這個難題幾乎出現在戰後所有為美國佔領的國家裡。

從理論上來說（在歷史上多數情況下），帝國獲取海外領土是為了聚斂某種形式的租金，無論是透過向居民徵稅還是榨取當地的自然資源。但就實際情況而言，美國佔領他國其實是在花美國人的納稅錢，至少最初如此。美國佔領日本的軍隊規模龐大，達四十萬人之多。這數量雖然很快減半，但直到一九五七年都仍超過十萬人。[51]雖然美國財政部持續支付軍隊薪餉與伙食費，但美國原本是希望將安置佔領軍隊的住房、辦公、取暖、照明，以及運輸費用皆由日本人以「戰爭終止費」的名目支付。然而，剛打完仗的日本根本無力承擔如此重負。一九四六年六月，遭受戰爭摧殘過的東京居民只能在每天一五〇卡路里的溫飽線上苦苦掙扎，這個數字只是建議攝取量的十分之一。[52]戰後日本新政府的首個年度預算中，佔領費用就花去整個政府支出的三分之一。[53]美國政府在一九四五年八月到一九四六年十二月間，總計向日本援助多達一點九四億美元，主要用於支付進口食物和肥料。雖然美國人在理論上是希望「縮小」日本經濟規模，但在實踐上讓日本經濟快速復甦才更符合美國利益。

美國在西德佔領區的情況也與此相似。差別在於麥克阿瑟自視為日本的殖民總督，而在德國負責擔當此一職務的盧修斯・克萊將軍（Lucius D. Clay）對此並不像麥克阿瑟那樣熱衷。克萊是一位軍事工程師，他替艾森豪成為了美國佔領西德地區的軍事長官。「沒有人與我談論我們在德國的政策，」克萊日後回憶：「他們只是把我派到那，接一份我並不想要的工作。畢竟我軍還在打仗，太平洋戰爭還未結束。對軍人而言，沒有比在這時去擔任戰敗地區的代理軍事長官更能代表職業生涯的結束了。」[54]在一九四五年四月的「參謀長聯席會第一〇六七號指令」（JCS-1067）中，設想美國駐德指揮官能夠「公正、堅定、超然」地行使「最高立法、行政、司法權」。[55]克萊等不及想擺脫這個始料未及的職責。他打從最初就認定其軍政府只會是個短命政府，他打算在一九四六年二月一日前把軍政府雇員從一萬兩千名削減到六千名，並預計該年七月一日將權力轉移到民選政府手中。[56]同艾森豪一樣，他也認為「應盡早將德國政府的權力移交到民間組織」。[57]但克萊始終認為，在移交之前管理佔領區的工作，應該是由國務院的文人而不是交由美軍負責。

在這場國務院與戰爭部（編按：美國國防部前身）的權力鬥爭中，雙方都希望將燙手山芋丟給對方。杜魯門總統為了息事寧人，遂裁定由國務院制定佔領政策，戰爭部則負責行政管理工作。[58]然而兩造爭端仍持續到一九四七年，國務院雖然在原則上同意接手管理，但在實際操作中卻手足無措起來。直到一九四八年三月，杜魯門終於決定讓克萊全權負責對德佔領事務。整個佔領期間，克萊努力留任一批素質優秀的軍官在德國服務，但由於美國政府並未明確規定陸軍控制對德事務的期限，要留任優秀軍官絕非易事。[59]正如克萊日後回憶：「那是很艱苦的工作，毫無樂趣可言……倘使我們沒有那批軍官可用，後來又沒能說服他們以文職人員留在德國，我認為我們根本就無法執行佔領工作。」[60]像夏士達（George N. Shuster）和喬治・肯楠（George Kennan）這類更為專業的美國官員，都曾經談到過自己某些同事對德國文化一無所知，而且這種無知通常還伴隨著勝利者的傲慢。[61]

近來學界對美國佔領政策的結果已能給出不那麼苛刻的評價，但新研究所呈現出來的樣貌依舊不符合美國人理想中的佔領模式。[62]該按計畫進行之事並未發生，而意料之外的事情卻頻頻出現。與其說美國是一個「受邀帝國」（empire by invitation），還不如說美國是一個「即興帝國」（empire by improvisation）。

另一個例子是「去納粹化運動」。經過四次早期的失敗嘗試後，美國佔領當局於一九四五年七月七日確立了「任職有罪」的概念：多達一百三十六類職務因此得被強制免職。作為補充，克萊在該年九月二十六日頒布了第八號法令，規定凡被定義為「前納粹」之人若要被重新雇用，只得從事粗活。就像日本的情形一樣，罷黜所有前朝體制下的資深事務官是導致混亂的不二法門。早在一九四五年冬天，大量拘留和行政降級導致管理上的混亂，促使克萊相信必須要改變做法。[63]正如他一九四六年三月所言：「我手頭上只有一萬人，根本做不了去納粹化這項工作。這應當由德國人自己來處理。」[64]這導致了如洪水般的大量調查問卷，這些問卷被設計來讓德國人自行評判自己涉入納粹組織的程度。分級包括：主犯、從犯、輕從犯、從眾者，與被德國人戲稱為「寶瀅洗白」的無罪者（編按：寶瀅為德國一款老牌洗滌劑產品）。克萊後來把去納粹化稱為他「最大的失誤」，是透過「無可救藥地含糊程序」好在「大、小納粹之間製造出一個悲慘的『命運共同體』」。[65]雖然「參謀長聯席會第一〇六七號指令」冀望建立一套徹底消滅納粹和軍國主義教條的「協調體系，以控制德國的教育體制，並建立一套積極程序來替其重新定位」。但這個任務同樣野心太大，不可能產生預期效果。[66]事實上，西德學術界很快就回到他們所習慣的舊模式：原先信奉「納粹主義」的教授們現在改奉「北約主義」，多數人因而保全了工作。被視為文化變革第一項重要特徵的媒體自由，同樣也是由被佔領者們發起的，美國佔領者的職責便是對此予以首肯。

毫無疑問，西德的民主化是美國戰後政策取得的重大成果之一。但我們必須認知到，此事在很大程度上是出於克萊想要盡快將權力移交給平民政府。如果國務院拒絕接手，那就不得不由德國人自己來搞定。儘管「參謀長聯席會第一〇六七號指令」設想過「以民主為基礎，為德國政治生活的最終重建做準備工作」，但是佔領方的底線其實是：在可預見的未來，「除非經過批准，否則不支持任何形式的政治活動」。[67] 只不過美國駐德當局全然沒有耐心等到德國政治活動自行開始的那一天。美國人早在一九四五年八月十日的「盟國管制委員會」（Allied Control Council, ACC）上就建議設立德國中央行政機構，由各邦首長出任並行使盟國管制委員會的方針和指示。[68] 曾在一九三三年前加入保守的巴伐利亞人民黨的弗里茨・舍費爾（Fritz Schäffer），在歐戰勝利日後四週內就被任命為巴伐利亞邦總理（雖然四個月後就被解職）。戰事剛結束，美方就立刻允許人們在美國佔領區內組織各種黨派了。早在一九四五年十月，克萊就在司徒加（Stuttgart）創建了各邦總理委員會，並迅速增加其行政職權以減輕美國佔領當局的管理責任。到一九四五年末，美國佔領區內各邦（無論是新建或重新改組）都擁有了由德國人組成的邦政府與「預備議會」。地方政府則於次年上半年成立，也舉行了選舉——起初是鄉鎮的地方性選舉，接著推廣到區、市與各邦。到該年十月為止，美國控制的德意志各邦都已經有了自己的憲法。這些憲法都是經由軍政府批准，再透過公民投票產生的。與此同時，各邦還舉行了新議會的選舉。[69]

一九四六年九月，美國國務卿伯恩斯（James Francis Byrnes）在司徒加發表了一場演講，強調美國致力於加速德國民主化的承諾：

懷著對人權和基本自由的誠摯敬意，一旦德國人民能夠以民主的方式來管理自己的事務，美國政府從未打算拒絕德國人民行使這項權利……美國政府現在的觀點是，德國人民……在適當的安全措施下，應當被賦予處理自己事務的主要職責……我們應當允許並幫助德國人民為建立民主德國政府做必要的準備了……然而我們仍將堅持德國應當遵守和平、睦鄰友好以及人道主義的若干原則……美國人民希望看見和平、民主的德國人民保持自由和獨立……為自由而戰的美國人民絕無意奴役德國人民。美國人民所信仰並為之奮鬥的自由必將為所有願意尊重它的其他人民所共用……美國人民要把德國政府還給德國人民。美國人民要幫助德國人民重新屹立於全世界自由的、愛好和平的民族之林。[70]

他這番話傳達了美國早在佔領德國之前的一貫願望：希望盡快從軍事管轄轉型為民主的自治政府。但這個願望能否實現，取決於德國人是否仍記得民主如何運作——畢竟他們的民主被納粹關了十二年禁閉。畢竟，倘若當時德國人需要從克萊和其同事那裡獲得民主如何運作的說明書，他們肯定會大失所望。正如克萊日後承認：「我在民主這塊領域上沒有什麼經驗，我來自一個士兵不被允許投票的州（編按：喬治亞州），所以當時我自己都還沒有投過票。」克萊自己與國務卿杜勒斯以及一群國務院官員們，曾在一次場合中「花上一整天的時間討論民主的定義。這完全是一場美國代表團的內部辯論，而彼此對民主的定義都無法達成任何一致的意見」。[71] 克萊曾與日後成為德國總理的康拉德・艾德諾（Konrad Adenauer）交談，並試圖從華盛頓的歷史中找尋聯邦政治的指引，但他發現自己根本「找不到一個嚴謹的定義來說明國父們為何要建立一個聯邦政府」。他以感嘆作結：「我想美國人對自己的政府有一種奇特的觀念，我們確信它是完美的，儘管我們對它如何運作一無所知。」[72]

研究美國佔領德國的權威歷史學者認為：「一九四九年誕生的西德政府……是由美國陸軍構想並加以實現的。」誠然，但與其說這有賴其民主專業，不如說更出於權宜之計。[73] 無論如何，我們不需要誇大西德民主化的真實程度，這一點相當重要。儘管盟軍軍事當局在一九四九年春天將權力移交給首屆民選的西德政府，但是那年頒布的《德國佔領法》（Occupation Statute）仍然嚴厲限制德國政治家們對其外交和國防政策的掌控權。佔領當局也保留了在必要時能夠「出於國家安全或保護德國民主政府」而重新行使掌控德國的權力。[74]

相較之下，德國的經濟復甦經歷了痛苦而緩慢的過程。主要原因是美國戰後對德政策的核心，最初是希望或直接或間接地阻止而非刺激德國經濟成長（此一政策在實際上是否存在連貫性就姑且不論），就像日本的情況一樣。事實上，美國從一開始就對如何處理德國有著兩派水火不容的意見：一派是時任財政部長亨利・摩根索（Henry Morgenthau Jr.）的報復路線，他在一九四四年制定了嚴厲限制德國工業發展的「摩根索計畫」；另一派則是陸軍較為實務的路線，其想法具體展現在其「美國駐德軍政府手冊」當中。國務院、戰爭部、財政部等三大部門皆對此議題有不同意見，更不用說參謀長聯席會了。[75]「參謀長聯席會第一〇六七號指令」是一套折衷方案，但它保留了「摩根索計畫」的部分要素。因此該指令明確指示軍事佔領當局不要「（一）指望德國經濟復原，或者（二）計畫維持或加強德國經濟」。[76]克萊應當轉而將目標放在「最大程度地將德國經濟結構和行政管理去中心化」，並且「要求德國人盡一切方式最大化其農業產出」。與此同時，克萊還被告知：「必須確保經濟生產、維持商品與服務之穩定，以防止饑荒或能威脅到駐軍健康和安全的疾病與社會動盪。」[77]其結果就是全佔領區陷入一團混亂，正如眾多像井克（Harold Zink）、路易士·布朗（Lewis Brown）和卡爾·弗里德里希（Carl Friedrich）等知情人士在一九四〇年代晚期所披露的那樣。他們當中許多人回到美國大學任教，將自己在德國的經歷改寫成博士論文。

事實上，的確有許多人嘗試改變美國對德佔領區內的經濟政策方向。例如克萊的金融顧問劉易斯·道格拉斯（Lewis Douglas），他從最初就摒棄「參謀長聯席會第一〇六七號指令」，認為那是「經濟學白癡」所想出來的點子，只會「阻止歐洲最有技術的工人們生產當前歐陸最迫切所需的東西」。[78]早在一九四五年九月一份由喀爾文·胡佛（Calvin Hoover）為美國軍政府起草的一份報告中就坦承：「多個關鍵產業被工業去武裝化的極端計畫波及，這與維持德國人民最低生活水準與……提供駐軍費用的目標互相衝突。」[79]該年十一月，美國戰時輿論審查辦公室主任拜倫·普萊斯（Byron Price）在杜魯門總統鼓勵下造訪德國後，提出了徹底改變現行經濟政策的建議。[80]華盛頓當局的政策終於在一九四五年十二月髮夾彎。新政策不再以「消滅或削弱朝和平發展的德國工業」為業，反而以「期望看到德國經濟融入世界體系」作為美國的唯一目標。[81]國務卿伯恩斯於次年九月在司徒加的演講上，接受了道格拉斯最初就意識到的觀點：「如果擁有巨大煤礦和鐵礦資源的德國成了一座濟貧院，歐洲復原的速度……恐將進展緩慢。」[82] 隨著美國與英國佔領區於一九四七年一月合併，其目標變成了「只要世界條件許可……就要擴大德國產品出口」。[83] 今人時常忘記當時的經濟發展究竟有多麼緩慢，緩慢到令人絕望：克萊在一九四五年末曾用「停滯經濟」來形容德國經濟情況。[84] 十八個月後，他不得不以辭職要脅，迫使國務院同意將德國工業產出的目標改為達到戰前水準的百分之七十五。英、美佔領區一直要到一九四八年第四季才達到這項目標。[85] 與日本的案例類似，美國原本旨在讓被佔領國經濟停滯的政策，卻導致自己的佔領成本水漲船高。一九四八年末，一名德國經濟學家計算出佔領的成本將接近該年總稅收的一半；即便到了一九五〇年仍佔西德聯邦政府預算的三分之一。[86] 與此同時美國還得大量援助德國。[87] 這對美國人來說，既不得民心也非有利可圖。德、日兩國經濟都同樣出現了混亂的財政與猖獗的通貨膨脹，德國的情況更宛如一九二三年惡性通貨膨脹重演。希特勒不正是那場惡性通貨膨脹的「繼子」嗎？[88]

美國之所以能夠解決佔領德國和日本的經濟問題與重建兩國經濟，其實並非出於什麼促進和平的想法。正好相反，是出於對敵方帝國的競爭恐懼——這是整個冷戰時期的關鍵。對於自我否認的帝國而言，要能憑著良心從事帝國主義行徑，唯一的辦法就是對抗另一個帝國主義國家。美國在一九四七年誕生的「圍堵政策」（containment）中，替自己的古怪帝國找到了完美的意識形態：「反帝國主義的帝國。」

一九四六年二月，美國外交官喬治・肯楠從莫斯科發給華盛頓一封最高機密的「長電報」（Long Telegram）。這封電報描繪了美利堅帝國採納此一新策略的理由。肯楠在電報中警告：「除非美國徹底裁軍，將我國海、空軍都交給俄國人，而且現任政府必須總辭並將權力轉交給美國共產黨，否則美國不可能打消史達林的惡意猜忌。」[89] 杜魯門總統根據肯楠的警告得出結論，並在一九四七年三月十二日對國會兩院聯席會發表的演講中宣稱：「美國的國策，必須是支持自由的人民抵抗少數武裝份子或外來勢力征服之意圖。」[90] 四個月後，肯楠匿名為《外交事務》雜誌寫了一篇劃時代的文章：〈蘇聯行為的起源〉。他在該文中清楚表達美國人心中所擔憂的「外國壓力」究竟為何：「對西方世界自由體制施壓的蘇聯。」他警告：莫斯科的目的是「侵蝕……世界和平與穩定的利益」。肯楠還強調：「美國任何針對蘇聯的政策，必須是長期、耐心且堅定的，同時得警惕地圍堵蘇聯的擴張傾向。」在肯楠的分析中，「蘇維埃帝國主義」是基本預設。肯楠的意思是「蘇聯帝國主義是可以被圍堵的，只要我們隨著蘇聯謀略變動，不斷配合移動地緣與政治重點，並採取靈巧而戒慎的反制行動……就能在每一個地方都堅定不移地對抗俄國人……。」[91] 到了一九五〇年，美國官方甚至採取了比肯楠建議更大膽的政策。《美國國家安全委員會議第六十八號文件》（*NSC-68*）中以令人擔憂的措詞，明確說明美國現在所面臨的威脅：

> 蘇聯與先前的那些野心勃勃成為霸權的政權不同，更與我們恰恰相反。蘇聯是受到新的狂熱信念鼓動，尋求對世界上其他地方強加其獨裁統治的政權……我們面臨了重大的問題，不僅

涉及到共和國的存亡，還涉及到文明自身的存亡……那些控制著蘇聯與國際共產主義運動的人們，其根本目的是要保持並鞏固他們的絕對統治。首先是蘇聯，然後發展到他們現在所控制的地區。然而，蘇聯領導人的意識中認為要實現此目的，必須不斷擴大並延伸他們的權力，並最終消滅任何反對他們的有生力量……因此，要實現此目的屈從於克林姆林宮，並被其掌控的機構所取代，該機構的目標是完全顛覆或用暴力摧毀所有非蘇維埃世界的國家機器……美國作為……非蘇維埃世界的權力中心和反蘇擴張的堅定保壘，是蘇聯的首要敵人，是必須被徹底顛覆或毀滅的。[92]

真正讓上述說法具有說服力的（雖然從很多方面來講只是巧合），是美國圍堵中國共產主義的災難性失敗。當時蔣介石所領導的國民黨軍隊正被馬克思主義者毛澤東的農民軍隊趕出中國大陸。毛澤東是一場混亂大戰後的革命繼承者，就像三十年前的列寧和布爾什維克一樣。然而，儘管美國斷定自己正受到另一個邪惡帝國的威脅，但其出於「圍堵」概念而採用的所有防禦手段，本身就暗示自己正在從事帝國事業。正如杜魯門自己無意說溜了嘴，宣稱美國的責任遠遠超過「大流士一世的古波斯帝國、亞歷山大大帝的古希臘、哈德良的古羅馬，以及維多利亞女王的大不列顛」。[93]杜魯門認為，「從極權主義手中拯救世界」的唯一出路就是「全世界採用美國體系」，而美國體系「只有成為世界體系才有可能倖存」。[94]

由於美國具備了反帝國主義的政治文化自覺，「圍堵政策」就成為調和美國自身共和制道德基礎與行使全球權力之間緊張關係的方法。重要的是，該政策從三個方向加速了戰後日本和西德經濟恢復的節奏。第一，這兩國的經濟體系都受到美國的大量現金挹注。第二，原本想改變兩國經濟結構與組織的計畫被束之高閣，最大化經濟成長成為新的目標。第三，重整軍備的需求不只刺激美國的經濟發展，日本、德國這兩個前敵國也從中獲益。其成果的確能被稱為「經濟奇蹟」（*Wirtschaftswunder*）。真正非比尋常之處在於，美利堅帝國的投資首次終於能回本。

比起日本，德國的經濟復甦獲得更多關注。因為後者是國務卿喬治・馬歇爾著名的重建歐洲計畫的一部分。但日本的經濟復甦同樣重要，甚至有過之而無不及。美國對日本的援助翻了一倍多——一九四七年年度累積達四億零四百萬美元，此前一年半所累積的總額尚不足兩億美元。美援數字在一九四八年再次提升至四億六千一百萬美元，一九四九年更達到五億三千四百萬美元的高峰。[95] 美國總計在日本投入超過十五億美元的援助，強而有力地促進了日本的經濟增長。與此同時，美國也放棄了解散日本財閥的方針：諸如三井、三菱等著名財閥從未被解散；而大約八十幾個受挫財閥則迅速重整旗鼓。在一九五一年，百分之九十六的生鐵產量來自僅僅三家公司。[96] 一九四八年，特律銀行家約瑟夫・道奇（Joseph Dodge）針對日本總體經濟起草了九點原則，是為「道奇計畫」。這並不是一項經濟自由化的政策：為了抑制通貨膨脹，工資和價格受到強制管控；進口商品實施配額制，出口行業則被賦予優先權。[97] 至於清洗右翼的計畫則被刻意遺忘。[98] 用約翰・道爾的話來說，權力被委託給首相吉田茂的「大企業、官僚、保守政黨的三足統治」。[99]

西德的情況大致相同。美國擱置了拆解大工業與金融公司的計畫，並讓艾德諾總理的基督教民主黨維持其優勢政治地位，直至一九六〇年代。西德隨後締造的「經濟奇蹟」，實際上沒有日本那樣壯觀，但已比歐洲其他地方更為突出。[100] 西德在一九四八年之前，工業產出量仍未恢復至一九三六年的一半；到一九四九年三月時已達一九三六年的百分之八十九。同時期的年出口量則幾乎倍增。[101] 這有多少應歸功於美援，多少應歸功於佔領政策變更（尤其是一九四八年六月的貨幣改革），仍有待討論。一九四七年六月，國務卿馬歇爾在哈佛大學公布為期四年的「歐洲復興計畫」（馬歇爾計畫），次年四月正式實施。人們常常以為這個計畫讓美國買下了西歐，彷彿如同當年用美元買下阿拉斯加一樣。但我們必須客觀看待馬歇爾計畫：其投資總額還不到美國GNP的百分之一。無論如何，西德並非該計畫的最主要受益國，還有另外十五個國家也受到馬歇爾計畫援助，援助總額達一百一十八億美元，另有十五億美元貸款。西德只拿到了總援助的百分之十，約有半數美援流進了法國和英國（最大單一受援國）的口袋。[102] 馬歇爾計畫本身並不是經濟復甦的保證——否則英國就應當出現經濟奇蹟了，結果卻出現經濟衰退。因此，把西德奇蹟歸功於發行新德國馬克所產生的信心與隨後取消的價格管控，似乎是更合理的解釋。[103]

常有人認為，美援帶來的信心促成了西德與日本的經濟成長。可能吧。但美軍持續存在與美國將兩國併入新的安全條約框架，卻也起到同樣重要的效果。要不是克萊在一九四八年六月到一九四九年五月的「柏林危機」中，史無前例地透過長達十一個月的空中補給突破了蘇聯對西柏林的封鎖，美元與德國馬克可能無法取得這麼大的經濟成功。雖然對日本和德國的正式佔領分別於一九五二年和一九五五年結束，但是大量美軍仍舊在那兩國待了超過五十年。[104] 事實上，直到今天還有軍隊駐紮在那裡，這倒是有些始料未及。在冷戰的「寒氣」降臨之前，美國人曾提議透過條約來將德國去軍事化達二十五甚至四十年之久，但卻遭其他大國拒絕。[105] 到了一九五三年，美軍已在西德部署了六個師，另有九個師來自新成立的北大西洋公約組織的其他成員國，還包括西德自己的軍隊。重整軍備的不僅是美國，北約其他成員國的重整軍備，也進一步刺激各國軍事工業的發展。

在「圍堵政策」下所推動的新政策，不僅成為被佔領國經濟發展的動力，也降低了美國必須支付的佔領成本。日本和西德兩國的貿易愈發自由化，其經濟成長也替美國的出口產品創造了新市場。早在一九四八和一九四九年，美國銷往西德的貨物已佔總出口量的百分之七。到了一九五七年，日本和西德市場對美國貿易的重要性首次超過英國（見圖二）。簡言

圖二 美國出口所佔百分比（1946–1961 年）

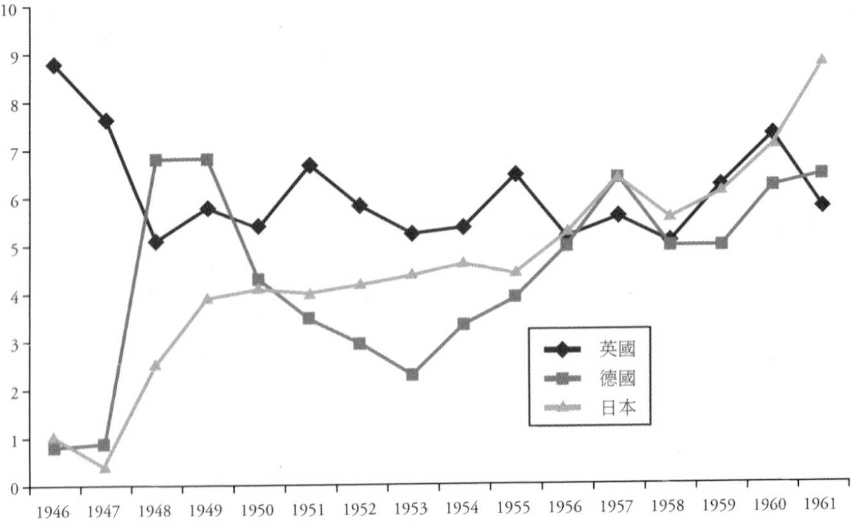


Source: *Historical Statistics of the United States*, p. 903.

之，促進昔日敵國的經濟復甦，是符合美國自身利益的理性選擇。肯楠在馬歇爾計畫宣布前，曾在寫給馬歇爾的備忘錄中提到：美國有必要金援歐洲，「如此一來（歐洲人）就能向我們買東西」，使「他們有足夠信心抵抗外界壓力」。這個判斷顯然是正確的：美國的確「在歐洲具有經濟利益」，這源於「歐洲……是美國產品的市場，也是大量商品與服務的主要供應者」。[106]

美國看來已建立了一套難能可貴的良性經濟循環。這安慰了美國傳統的理想主義，因為美國得以打著反帝國主義的名義執行帝國主義政策。不只如此，美國自身的利益也能在相對短的時間內從佔領國中獲得回報。正是基於這樣的基礎，美國才有可能將西德和日本從最糟糕的「流氓政權」，成功轉型為資本主義經濟和民主政治的典範。

只有一個難題有待解決。如果結合長期佔領和經濟互惠能在這兩國成功施行，為何要把這套辦法複製到世界其他地方卻如此困難呢？

## 韓戰：麥克阿瑟將軍的盧比孔河

一九四八年是美國開始實施「圍堵政策」的時刻，也是其經濟實力相對處於全球巔峰的時刻。美國在短短幾十年內，其實際經濟產出增長了三分之二，在當時大約佔全世界總產出的三分之一，是其競爭對手蘇聯的三倍。[107] 美國人口雖然僅佔全世界的百分之六，卻生產了相當於全球一半的發電量，更持有約百分之五十的貨幣性黃金和銀行儲備金。美國企業控制全球約五分之三的石油礦藏量，還主宰了國際汽車市場。[108]難怪杜魯門總統不無誇張地聲明：「我們是世界經濟的巨人。無論我們是否願意，未來經濟關係的模式取決於我們。世界正在看著我們的所作所為。選擇權在我們手中。」[109]

結果，美國人「選」了一種與眾不同的新穎方式。美國開始透過「關稅暨貿易總協定」下的多邊談判，來持續降低國際貿易的壁壘，優先促進國際資本的流動。美國希望恢復到當年經濟大蕭條之前的固定匯率體系，儘管美元本位已取代了先前的金本位。為了管理全世界的金融體系，「世界銀行」和「國際貨幣基金組織」因應而生。但美國「霸權」的真諦，就是其盟友將獲得貸款和援助（無論是用於發展還是軍事用途）上的優惠待遇。[110]由於美國與其最富有盟國的經濟實力差距是如此巨大，導致美援總金額儘管在美國眼中相對微不足道（見圖三），對援助接受國來說卻是相當可觀的。一九四六到一九五二年，美國對外經濟援助的總額將近美國GNP的百分之二，馬歇爾計畫就佔了約一半。哪怕甘迺迪總統就職時曾經誓言：「不管付出何種代價，承擔何種重擔，遭遇何種困苦……都要確保自由的存續與勝利。」但在接下來的幾十年間，這個對外金援數字將會跌至百分之一以下。

更為重要的是美國軍事開支。經歷了對德國和日本全面勝利直接導致的大幅軍費削減之後，一九四八年後這些軍事支出又開始急劇攀升，從低於GDP百分之四到一九五三年的高峰百分之十四，現金開銷增加了五倍多。[111]部分開銷當然是源於原子彈儲備的增加：一九四七年美國僅擁有十四枚原子彈，但到了一九五〇年已有近三百枚，一九五二年更是超過了八百枚。[112]美國常規部隊的開支所佔比重較小，但依舊也是極度增長。美軍人力在一九四八到一九五二年增加了二點五倍，達到戰後最高數字的三百四十萬。美軍即使在韓戰結束後都仍將軍備維持在一九四〇年代晚期的水準。

直到一九七三年，美國國防預算仍接近GDP的百分之六，總兵力計二百二十萬。[113] 少數軍隊派駐在海外的新舊基地裡，有些是美國直屬領土，但絕大多數軍隊都駐紮在獨立主權的美國盟國裡。一九六七年，美國在多達六十四個國家都有派駐服役人員：十九個拉丁美洲國家、十三個歐洲國家、十一個非洲國家、十一個近東和南亞國家，以及十個東亞國家。[114] 美國與至少四十八個國家簽有盟約，從英國和西德到澳洲和紐西蘭，從土耳其和伊朗到巴基斯坦和沙烏地阿拉伯，從南越和南韓到臺灣和日本。[115] 這就是美國被稱為「受邀帝國」的原因。但驚人之處在於，美國竟然接受了如此多的邀請。一項估計表明，美軍在一九四六到一九六五年間總共進行了一百六十八次武裝干涉。[116]

但有一件事很奇怪：為何擁有強大經濟、

圖三　**美國對外援助所佔 GNP 百分比**（1946–1973 年）

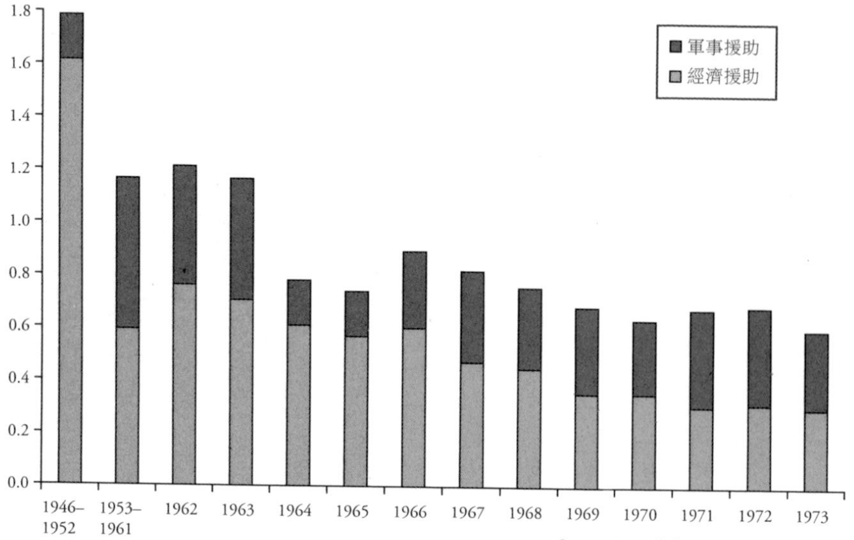


Source: *Statistical Abstract of the United States*, 1974.

軍事與外交實力的美國，海外干涉的結果卻不怎麼成功？有一項評估回顧了美國在一九四五年後以國家重建為目標的九次軍事干涉行動。若以「是否建立穩定的民主體制」的角度來看，其中只有四次行動堪稱成功。西德與日本的例子已如前述，另兩個案例則是一九八三年的格瑞那達和一九八九年的巴拿馬，但當時已接近冷戰尾聲，且美國在此之前仍在這兩國歷經了許多次重大失敗。有一種觀點認為，只有當美國採取「多邊主義」（也就是與盟友一道）並受到被干涉國國內的民主勢力支持時，才可能干涉成功，僅仰賴少數精銳軍人是無法成功的。[117] 然而，這個論點犯了時代錯誤。因為美國在冷戰時期的主要目標是圍堵共產主義擴張，而不是建設更多民主國家。更要緊問題應當是：為什麼美國無法成功「圍堵」蘇聯和中國強行滲透那麼多國家？更準確來說，為何在富裕程度上遙遙領先、應當要獲勝的美國，卻常常要面臨平局（比如朝鮮半島）與吃敗仗（特別是古巴和越南）的局面呢？

答案有四個。首先是地理因素：除了拉丁美洲和加勒比海地區，美國在其他主要競爭戰區中都需要拉出比蘇聯更長的戰線。第二是軍事科技因素：一旦蘇聯獲得核武（哪怕僅有一顆），都能對美國造成此前無法想像的嚴重威脅。而且蘇聯人為了要與美國抗衡，建造了更多武器庫和準備了一支更大的傳統部隊。第三，由於美國是個「受邀帝國」，是以其對盟國的控制力遠不如蘇聯對衛星國的控制，最為明顯的例子就是歐洲。蘇聯為了強加自身意志於東歐衛星國，不惜將坦克開到這些國家的大街上；而西歐的領袖們則幾乎每次都能獲得華盛頓接近平等地對待。[118] 最後，也可能是最為重要的一點是，與蘇聯相比，美國政策制定者需要更顧慮國內公民的看法。不幸的是，「圍堵政策」在選戰中並不那麼受選民支持。儘管美國人是如此憎恨和害怕「紅色恐怖」，但他們並不想為此打上一場曠日廢時的傳統戰爭。這種民意趨向一旦確立，美國對「支持任何朋友（並）反對任何敵人」的承諾可信度就會大幅縮水。

我們可以據此得出一個重要推論：如果美國在一九五〇年代早期動用其所有經濟和軍事手段，其實是有可能贏得一場反共產主義「熱戰」的。但是，這種勝利不可能實現，因為美國國內的政治生態並未發生根本變化。如果有這可能，美國人應該老早就會推翻三權分立憲法，轉共和為帝國。等等就會說到，美國在一九五一年曾經短暫出現這種可能性，但最終被美國人自己捨棄了。受邀帝國是一回事，邀請功臣回國稱帝則是另一回事。事實證明，美國人並不想搞出另一個凱撒。

共產主義侵略導致了韓戰。首先，蘇聯拒絕在其朝鮮佔領區舉行由聯合國監督的自由選舉。[119]然後是一九五〇年四月，史達林授意北韓領導人金日成侵略大韓民國，推翻其民選（儘管不大自由）的政府。[120]史達林決意透過代理人遂行戰爭的動機不難理解。因為美國早就暗示自己能夠接受朝鮮半島分裂，就像德國的狀況一樣。而且美軍從一九四八年起就已開始撤出朝鮮半島。一九五〇年一月，美國國務卿艾奇遜（Dean Acheson）就已經表明，他並不認為南韓對美國的安全有特別重大的意義（編按：當時美國畫下的「艾奇遜防線」並不包含朝鮮半島與臺灣）。同一個月內，眾議院也駁回了白宮提出的韓國援助法案，儘管這項駁回後來又遭到推翻。[121]即便如此，杜魯門總統完全有理由稱這場戰爭為一次「毫無預警的侵略」行徑。由於蘇聯缺席安理會，杜魯門毫不費力便使安理會通過決議，要求「會員國為大韓民國提供戰需協助，以擊退武裝進犯，重建地區和平與安全」。共有十五個國家在接下來的戰爭中派出軍隊。強權與公理看起來都站在美國這邊。[122]除此之外，美國民意起初也以壓倒性的優勢贊成軍事干涉。一九五〇年七月的民調，四分之三的選民同意杜魯門採取行動。值得注意的是，當中又有超過半數的人同意有必要「阻止俄國」。[123]麥克阿瑟決定在仁川登陸，這一從後方打擊北韓軍隊的行動讓民眾嚐到了勝利的滋味。民眾強烈支持麥克阿瑟將北韓軍隊趕回「三十八度線」以北的決定，可能的話甚至要推翻北韓政權，統一朝鮮半島。[124]就在美軍跨過「三十八度線」前夕，美國民眾對戰爭的支持率達到了百分之八十一。

讓北韓免於覆滅命運的，並不完全是一九五〇年十一月的中國參戰——儘管中國參戰的衝擊是如此富有戲劇性，使得美國領導的聯盟一時之間「慌了手腳」。[125]雖然美國完全有實力可以打敗毛澤東領導下羽翼未豐的中華人民共和國。但是，有三個因素阻止了美國。首先，美國許多盟國反對使用原子彈攻擊中國。[126]其次，杜魯門政府非常擔憂核武打擊會招致蘇聯對西歐進行核報復。[127]儘管美國擁有原子彈的數量是蘇聯的十七倍，但美國的政策是絕不增加「第三次世界大戰」的風險。[128]最後且最為重要的是，能夠克服這兩項障礙的人在政治上失勢。

美國歷史上曾經有過這麼一個時刻，差點就要重蹈羅馬共和國的覆轍。那是一九五一年。擔當凱撒角色的，就是重建新日本有功的現任聯合國駐韓部隊總司令，道格拉斯．麥克阿瑟將軍。由於深信杜魯門的「有限戰爭」戰略大錯特錯，麥克阿瑟公開宣示要跨過盧比孔河，就像當年凱撒。麥克阿瑟不僅獲得民眾的廣泛支持，還有國會共和黨領導層和勢力龐大的保守新聞媒體當靠山，足以公然違抗杜魯門總統。當麥克阿瑟遭到杜魯門解職、以英雄之姿返鄉時，美國憲法正一度處在岌岌可危的狀態。人們常說，麥克阿瑟會失敗是因為他錯誤地理解美國戰略。這一點可受公評。當然，麥克阿瑟的確錯誤地以為自己可以不理會、甚至是推翻上級命令。但凱撒也曾公然違抗羅馬元老院的指令，這並不能阻止他成功跨過盧比孔河，推翻羅馬共和。麥克阿瑟之所以沒有成為凱撒第二，真正的原因是他碰到了一位更擅長政治謀略的對手。

杜魯門總統一直都討厭麥克阿瑟，他私底下給麥克阿瑟起了個綽號：「要大牌的五星上將麥克阿瑟先生。」在這位總統看來，這位「遇事就躲的道格」（Dugout Doug，編註：因麥克阿瑟曾逃離菲律賓，而被人以「總會躲進掩體」戲稱）只不過是個自以為是的「大嘴巴」和「戲精」，這傢伙還把自己看作是「上帝左右手」與能夠為所欲為的羅馬總督。[129]早在一九四八年一月，他就預言麥克阿瑟會藉由「在共和黨全國代表大會的一個月前左右，組織一次盛大的全國巡迴遊行」來試著取代自己。[130]毫無疑問，麥克阿瑟對杜魯門的「違抗」是罪證確鑿的。麥克阿瑟的第一次違抗，是他給海外戰爭退伍軍人全國大會的一封信，原本要在一九五〇年八月二十八日公開宣讀。他在這封信中譴責「那些想在亞洲主張綏靖政策和失敗主義的人」。他雖然在杜魯門的要求下收回此信，但信中內容早已提前洩露給媒體。第二次違抗發生在一九五一年三月二十四日，麥克阿瑟提前四天得知杜魯門正小心翼翼地計畫與中國談判。麥克阿瑟於是先發制人、從中攪局。在某些歐洲觀察家眼中，麥克阿瑟此舉無異於向總統發檄文。[131]第三次違抗則是該年四月五日，眾議院共和黨領袖宣讀一封麥克阿瑟的信。麥克阿瑟在信中主張應當運用「最大反擊能量」（編按：指核武）來打擊中國，並做出如下結論：「勝利是無可取代的。」這無疑違反了白宮在去年十二月給他下達的指示：要求麥克阿瑟的所有公開演講都必須先經由國務院授權。[132]嚴格來說，杜魯門已有非常充分的理由罷黜麥克阿瑟，但政治理由仍稍嫌不足，杜魯門還必須證明麥克阿瑟的策略本身並不可取。杜魯門為了達到這個目的而孜孜不倦，最後終於成功拉攏麥克阿瑟在參謀長聯席會的上司們。

麥克阿瑟在那年四月十一日得知自己遭到解職。與原本預想不同，麥克阿瑟並不是從總統特使那裡得知此一消息，而是一名副官從收音機聽到白宮晚間特別新聞發布會後才得知的。麥克阿瑟決定返國「鬧個天翻地覆」。[133]他不用花多少功夫就辦到了。當麥克阿瑟被解職的消息一傳出來，各方都義憤填膺。共和黨高層大肆鼓吹彈劾總統，憤怒的《芝加哥論壇報》也呼應此一提議。人們向麥克阿瑟致以敬意，認為他是「自成吉思汗以來最了不起的軍事家」，是一位「巨人」，是美國人民心中「當之無愧的偶像」；而杜魯門總統則被說成是酩酊大醉的侏儒、是「受共產主義操控的人民陣線政府」領導人。[134]從紐約到加州聖蓋博，從巴爾的摩到休士頓，支持麥克阿瑟的遊行比比皆是。四個州的立法機關通過譴責總統的決議。而譴責總統的電報則如雪片般從全國各地飛來。總統支持率暴跌至百分之二十六，另一項蓋洛普民調則顯示麥克阿瑟擁有百分之六十九的支持率。白宮裡有人開玩笑說：麥克阿瑟將會遠渡重洋，在「二十一響原子彈的禮炮」（編按：二十一聲禮炮原本是最高規格的軍禮，此處調侃麥帥曾想對中國動用核武）中焚毀美國憲法。這可能已經是他們在如此嚴重的政治危機中，所能想到最好的自我解嘲了。[135]然而，「麥帥回國」並不是一件好笑的事。他在國會上的演講既精彩又壯闊，從虔敬之心到愛國情懷，感傷愁情貫穿其中。多達三千萬名觀眾在電視上收看了此次演講，演講更多達三十次遭到民選國會代表們的掌聲所打斷。「我們今天聽見了上帝在這裡說話，有血有肉的上帝，這是來自上帝的聲音！」一名國會議員在狂喜下驚呼。另一名議員則感覺到：「如果演講持續更久一些的話，白宮前面就會有示威遊行了。」[136]而當麥克阿瑟自己昂首闊步地走在紐約大街上時，據說吸引了多達七百萬名群眾圍觀，成了一場即興大遊行。這當真是可以與凱撒相媲美的榮耀。

然而，杜魯門仍舊佔了上風。他並不訴諸任何公眾情感，而是低調地一步步爭取到了麥克阿瑟底下官兵的支持。麥克阿瑟原本抱持的觀點有四：第一，「有限戰爭」會削弱駐韓美軍的士氣；第二，美國應當升高對中戰爭的層級，進攻中國東北領空並封鎖中國海岸線；第三，美國應當動員臺灣的國民黨軍隊與美軍共同作戰；最後，在中國各大城市上空扔下五十枚原子彈。[137]對麥克阿瑟來說，若以「綏靖」取代「勝利」，只會招致「新一波更為血腥的戰爭」。杜魯門對此的回應是：韓戰是蘇聯一手炮製的，旨在將美國的注意力從更重要的西歐問題上轉移走，是以全力進攻中國只會導致蘇聯侵略西歐。[138]對麥克阿瑟來說最為致命的是，杜魯門說服並爭取到參謀長聯席會的支持。接任麥克阿瑟出任駐韓美軍司令的馬修．李奇威將軍（Matthew B. Ridgway），很快就穩住了駐韓美軍的士氣，這件事對杜魯門助益甚大。[139]但真正關鍵的還是參謀聯席會主席奧馬爾．布雷德利將軍（Omar Bradley）的證詞。他在參議院外交與軍事委員會共同召開的聽證會中作證，並留下了一段讓人難以忘懷的話。布雷德利將軍認為，對中國發動全面戰爭的後果必然是讓蘇聯在西歐乘虛而入，韓戰因此只是「一場在錯誤的時間、錯誤的地點，與錯誤的對手打的錯誤的戰爭」。[140]麥克阿瑟對此無法回應。作為一名「戰區指揮官」，他對歐洲的形勢並無深入細緻的瞭解，他也從來沒有從「全球角度」來考慮問題。[141]布雷德利的這番證詞對麥克阿瑟來說是致命的。當參議院聽證會結束之時，麥克阿瑟的可信度已經消失殆盡。五月下旬的一次民調顯示，麥克阿瑟在大眾的支持度已經跌至百分之三十。他在德州的巡迴講演也以失敗告終，而另一場為「選舉麥克阿瑟為總統擬草案」的運動也有如打濕了的火藥棒，變得悄然無息了。[142]像沃爾特．李普曼這樣意識到麥克阿瑟會給共和制帶來威脅的自由派人士，此時也不禁鬆了一口氣。[143]

麥克阿瑟試圖渡過「盧比孔河」，只是還沒抵達對岸便先沉了下去。他在政治上是失算了，但在如何贏得韓戰這一戰略問題上，他是否錯誤呢？至少在這一點上，我們或許能說麥克阿瑟是有理有據的。[144]首先，有限戰爭政策並不如杜魯門所想，並未在短時間內讓美國與中國達成協議。停戰談判始於一九五一年七月，但雙方用了兩年的時間才取得成果。為什麼會花這麼久？官方說法是雙方對中國和北韓戰俘是否應被強行遣返的問題缺乏共識。[145]然而在實際上，真正導致談判困難的原因，是因為美國一邊打有限戰爭，一邊又在進行和平談判，這使得中國無須顧慮美方升級戰爭的可能。正因為如此，白宮在麥克阿瑟去職的幾個月以後，再度重新嚴肅討論了他所倡議的戰略。一九五二年一月，杜魯門本人提議發出最後通牒，警告蘇聯如果不在十天之內改變態度，美國就將封鎖中國海岸線並摧毀東北地區的軍事基地：這意味著「打一場全面戰爭，意味著莫斯科、聖彼得堡、瀋陽、海參崴、北京、上海、旅順港、大連、敖德薩、史達林格勒，以及中國和蘇聯所有製造業工廠全都將被摧毀」。三個月後，參謀長聯席會建議「使用戰術核武」。[146]當談判於一九五二年秋天再次觸礁時，李奇威將軍的繼任者，馬克．克拉克將軍（Mark Clark）給華盛頓送去一份計畫書，當中列舉了「取得軍事勝利，並獲得根據我方條件商定的停戰」所需的建議。這份計畫明確提出採用核武「打擊特定目標」的可能性。[147]杜魯門總統的繼任者艾森豪總統也企圖「以足夠大規模」的核彈頭來結束這場衝突。[148]這本是麥克阿瑟的一貫立場，也是美國公眾的立場。當被問及「如果停戰談判失敗……是否贊同對共軍使用核武」，百分之五十六接受民調的美國人給予了肯定的答覆。[149]

可能就是因為這項遲來的威脅，迫使中國主動讓步，在遣返戰俘問題上放棄了原先的主張。若此為真，則麥克阿瑟的判斷至少有一部分正確。有限戰爭無法成功確保戰爭結束，採取核戰威脅的辦法反而奏效了。杜魯門和參謀長聯席會否決麥克阿瑟的提議，無意間反而使戰事延宕了兩年多。到一九五三年七月二十七日停戰協定簽訂之時，已有超過三萬名美軍士兵因此喪生（但我們應當記住傷亡數字在一九五一年之後已經銳減）。[150]更多士兵在戰爭中受了傷，超過七千人被俘，超過三分之一沒能倖存。其他國家參戰的聯合國軍隊也有接近四千人在戰爭中喪生。大韓民國的損失更為慘重，超過四十萬人犧牲。[151]更慘的是，這場戰爭最後只打了個平手。朝鮮半島依然一分為二，北韓軍隊仍泰然處在離首爾僅三十五英里遠的地方，這個局面一直維持到今天。

從某方面來說，韓戰展現了美國共和體制非凡的自我約束。美國在一九五一年同時擁有對毛澤東的中國施以決定性打擊的軍事實力和民眾基礎。換作是其他帝國，若擁有像美國這樣在核武競賽中的絕對優勢地位的話，是斷然不會關上這扇機會之窗的。然而，杜魯門總統退卻了，反對他的將軍則被制服了。為什麼會這樣？亨利．季辛吉（Henry Kissinger）與其他政治家們從韓戰得出的教訓是：與其說美國的盟國是在幫助美國，不如說它們是在阻礙美國。正如季辛吉在一九五六年所認為的：「盟國或未能增添我軍實力，或無法形成一個共同目標，或兩者皆然……我們不得不面對事實，那就是只有美國才擁有足夠的國內經濟實力，足以承擔全世界的責任。倘若每走一步都必須事先取得所有盟國的同意，則此舉並不能導致大家共同行動，只會產生共同不作為……只要符合我方戰略利益，我們就必須保持單獨行動的權利，或是與地區性盟友一起行動的權利。」[152]無可否認的是，美國干涉朝鮮半島從一開始就具備了多邊主義性質，而這就讓美國難以不去顧慮盟國的意見。麥克阿瑟的戰略顯然不符合美國的歐洲盟友或英聯邦盟友的利益。但更

圖四　**韓戰支持率**（1950–1953年）

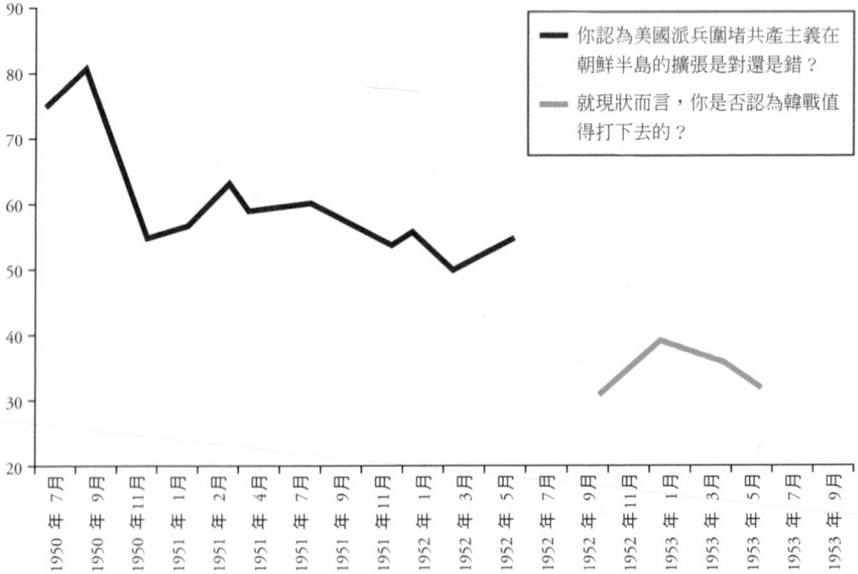


Source: John E. Mueller, *War, Presidents and Public Opinion*, Table 3.3, p. 54.

明顯擺著的是，即便美國能不顧盟國而單獨作戰，杜魯門總統還是會選擇有限戰爭的策略。最諷刺的是，杜魯門總統在面對麥克阿瑟的挑戰時，是在捍衛總統與共和國憲法的權威，但他這麼做卻反而與當時的民意背道而馳。麥克阿瑟被解職的當月，戰爭支持率大約是百分之六十三。到了一九五二年十月，僅剩不到半數的受訪者還認為韓戰是「值得打的」（見圖四）。有限戰爭的缺點，就是民眾對戰爭的耐心更為有限。美國得要透過另一場曠日廢時的戰爭（譯按：即越戰）才會汲取到這個教訓——屆時美國在那場戰爭連平手都沒能達到，而是羞辱地吃了敗仗。美國這一「帝國式共和國」的最大矛盾，就是贊同有限戰爭的主要是政治精英和部分軍方要人，而選民整體卻對此不以為然。

## 越戰：帝國大落漆[2]

我們其實已能在韓戰中清楚看到日後「越戰的教訓」的影子，但美國決策者們卻學到了錯誤經驗。他們決定未來涉入戰爭時，不僅要避免被盟國與聯合國所「拖累」，而且還要避免自己軍事涉入太深，寧願透過代理人來打下一場戰爭。這不僅無濟於事，還使情況更加惡化。至少，倘若美國以韓戰模式來解決越南問題，那也許越南還能以南北方分治的平局作收。結果他們卻選擇了更狹隘的方式

---

[2] 編註：此節原文（The Empire Strikes Out）是在致敬《星際大戰》的續集《帝國大反擊》（*The Empire Strikes Back*），以此吐槽美利堅帝國在越戰的表現。

來遂行帝國主義，那徹底失敗早已是命中註定。

此處並不需要用上後見之明。格雷安．葛林（Graham Greene）早在一九五五年就曾寫過一部預言小說《沉靜的美國人》（*The Quiet American*）。當時美國還支持法屬印度支那（編按：今中南半島）那個命運多舛的殖民政權。美國人對待中南半島的態度，被小說中派爾這號人物表現得活靈活現。派爾並沒有意識到，自己與那位憤世嫉俗的英國朋友（小說主角）一樣，其實都是「殖民者」（而且，頗具象徵意義的是，派爾同時也讓這位朋友戴了綠帽）：

> （派爾）正談論著英國和法國這兩個老牌殖民國家，認為無法期待他們能贏得亞洲人的信心。現在，美國人兩手乾乾淨淨地進到這裡（越南）來了。
>
> 「那麼，夏威夷、波多黎各、新墨西哥州又該如何解釋？」我問道。
>
> ……派爾回答……總是有「第三種力量」存在，既不屬於共產主義，也不受殖民主義侵蝕，稱之為「民族式民主」。你只需要找到一個領導人，並確保他不受老牌殖民國家傷害。[153]

派爾沒能意識到自己尋找當地人共謀的建議，正是典型帝國主義作風。他更沒能意識到，扶植這樣的「第三種力量」卻不給予該國長期承諾，則必然只會導致災難性的結果。葛林筆下的主角為了說服派爾，舉了英國在印度和緬甸的相似案例：「我去過印度，派爾，我知道自由派所造成的傷害。儘管自由黨已不復存在，[3]但自由主義仍對所有政黨都造成影響。無論是自由保守主義或自由社會主義，我們都是自由派，都懷有良心……我們去到那邊，侵略他國，並得到當地部落支援，因此取得勝利。但是……我們（在緬甸）談了和……然後就走了人，留下我們的盟友被人處死，被鋸成兩半。他們是無辜的，他們以為我們會留下。但我們都是自由派，我們不能忍受良心上的愧疚。」[154]

南越人也以為美國人會留下，至少像保衛南韓一樣保衛南越。但他們低估了美國國內日益成長的自由主義勢力與無法忍受良心愧疚的精英份子。年輕美國軍官卡普托（Philip Caputo）曾公開聲稱，他在「對抗……新的野蠻人，他們威脅到新羅馬在遙遠東方的利益」，但他卻用一種奇怪的抱歉口吻說道[155]：「大概是私立中學的公民課起了效果，所以我（在搜查越南村莊時）深感不安，好像我是入室搶劫的賊，或是在美國獨立戰爭期間闖入美國人家中作惡的英國紅衫軍人……我愚蠢地笑著，離去前煞有介事地收拾被我們弄亂的東西。看吧女士們，我們不是法國佬，我們都是好樣的美國大兵。你們應當學著喜歡我們，我們是美國佬，美國佬喜歡被人喜歡。若有必要我們可以搗毀你家，但我們會將所有東西物歸原處。」[156]正是這種否認帝國的心態阻礙著當時美國，阻礙美國好好制訂戰略。人們很快就開始認知到現實，認知到帝國主義者很少被人愛戴，正如一名理想幻滅的老兵所說：「我們應該是來拯救這些人的，但這些人並不把我們當成救星。他們並不怎麼喜歡我們。我們進村時，沒有人群揮舞彩旗歡迎我們，沒有人跑出來向我們擲以鮮花；當我們凱旋經過時，也

---

[3] 編註：英國的自由黨成立於一八五九年，曾與保守黨並列為英國兩大政黨。自由黨在一次大戰後式微，逐漸被工黨取代。

沒有漂亮姑娘出來親吻我們。他們只會說：『哦，該死的美國人又來了。主啊，他們什麼時候才能明白呀？』」[157]

美國軍事計畫的制定者判斷軍事成功的方式，是檢視敵方死傷人數與己方死傷人數的比率，令人毛骨悚然的「屍體清點」和「交換比」計算法因應而生。如圖五所示，根據美軍自己的標準，美軍的軍事成功的巔峰發生在一九六七年或一九六八年。到了一九七一年，戰事已明顯失利。當然，這種計算方式不只麻木不仁，而且還過度天真。軍事勝利其實還取決於雙方人力損失的佔比有多大，以及更重要的是取決於雙方軍民的戰鬥意志。

圖五　**屍體清點與交換比，越南**（1966–1972 年）

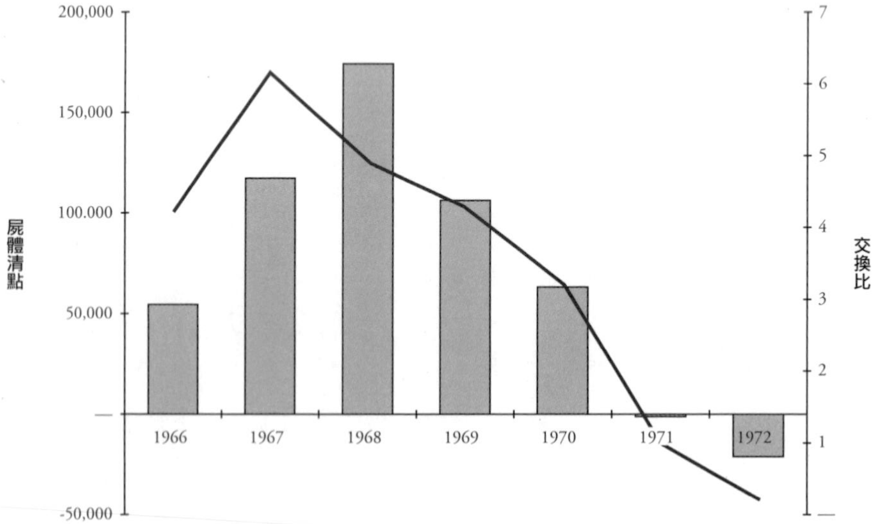


定義：**屍體清點（柱形）**：越南民主共和國軍隊加上越南共產黨部隊死亡、失蹤或行動中被捕人數，減去美國軍隊加上南越軍隊死亡、失蹤或行動中被捕的人數。

**交換比（線形）**：越南民主共和國軍隊加上越南共產黨軍隊死亡、失蹤或行動中被捕的人數除美國軍隊加上南越軍隊死亡、失蹤或行動中被捕的人數。

Source: http://www.vietnamwall.org/pdf/casualty.pdf

說到底，使敵方投降或逃跑會比單純殺傷敵方更有效。[158] 從絕對傷亡數字來講，美軍在整場越戰中當然殺傷更多北越與越共，遠大於美軍與南越的損失。但隨著美國人逐漸撤出越南，以及美國人民喪失讓子弟兵流血犧牲的意願，勝利最終偏向了更為堅定的敵方。

如果美國更冷酷無情地投入越戰，美國有沒有機會獲勝呢？許多美國軍事分析家認為，越戰暴露了「有限戰爭」概念的諸多缺陷。指揮美軍戰鬥到一九六八年的威廉・魏摩蘭將軍（William Westmoreland），他就把責任歸咎於「考慮不周」的「逐步升級戰爭」策略，認為這項策略阻礙美國採用快速與果斷的方式來解決衝突。[159] 布魯斯・帕爾默將軍（Bruce Palmer）則認為：「逐步、逐個使用空中武力的攻擊方式，違反了許多戰爭的基本原理。」[160] 陸軍上校哈利・薩莫斯（Harry G. Summers）指責美國軍事計畫的制定者採用追擊越共游擊隊的策略。這些游擊隊旨在騷擾美軍，等待更大規模的北越正規師介入戰鬥。美國在這場「平叛作戰」中耗盡了自身實力，他們本應當長驅直入，進佔寮國以封鎖敵人南下滲透的路線，從而將打擊越共游擊隊的任務留給南越來執行。[161] 國防部長詹姆斯・史勒辛格（James Schlesinger）也認同這項觀點，他後來寫道：「越戰的教訓之一是，與其直接針對敵人進攻做出反擊，不如直擊對手核心，直接從其基地下手，摧毀其軍事力量。與其捲入無止盡的輔助性軍事任務，不如直接消滅敵方有生軍力。」[162] 海軍上將湯瑪斯・穆勒（Thomas H. Moorer）認為：「美國本應當在北方打仗，那裡每個人都是敵人，這樣就不用擔心傷及友好平民了……畢竟參戰的唯一原因不就是要推翻那個你們不喜歡的政府嗎？」[163]

從戰術層面來看，這場戰爭本來也可以打得更有效率。在中歐受訓以對付蘇聯紅軍的美軍，得要花時間才能適應越南叢林密佈的山嶺和稻田，學習如何反制游擊戰。[164]然而，學習過程卻困難重重。因為為期僅一年的戰地服役制度不只挫敗部隊士氣，還破壞了團體內的凝聚力，讓好不容易共同累積的戰鬥經驗再度歸零。[165]儘管有這些不利因素，美國人最終還是克服了「作戰」（operational）和「戰術」（tactical）層面的挑戰。北越譏笑美國人的「精密武器、電子設備等裝備，在被動員起來的人民面前毫無用武之地」。[166]但美國卻能在戰爭的最後階段，運用武裝直升機和B-52戰略轟炸機的精靈炸彈與密集轟炸，對北越發動毀滅性的打擊。正是這種新式空中作戰方式，才消滅了一九七二年發動「復活節攻勢」的北越入侵部隊。[167]

這場戰爭還有許多可以改進之處。美軍當時的指揮系統缺乏清楚分工，例如美軍在南越的地面作戰是由「美軍援越司令官」負責指揮，但指揮對北越空戰的卻是人在夏威夷的「美國太平洋司令部最高指揮官」。[168]美軍的情報收集也大有改善空間。此外，考慮到美國與南越政府之間聯絡往來的重要性，美國軍方領導層和美國外交代表之間的合作應當要更為密切才是。[169]然而，即便美國能在戰略、作戰、戰術層面都發揮兩倍效率，美國要取勝仍得克服最根本的政治障礙：美國老百姓對戰爭急速下降的支持率。早在一九六七年十月，反戰聲浪就已超過了支持戰爭的聲音（見圖六），此時離首批海軍陸戰隊抵達並保衛峴港機場之後才僅兩年半的時間。[170]大眾為何會降低對越戰的熱情？公認說法是因為美軍不斷攀升的傷亡率。表面上看來，「美軍傷亡率」與「大眾對戰爭的支持率」之間一定具有統計上的關聯。[171]然而，大眾支持戰爭與否的決定性因素，遠比簡單算術的結論還要複雜得多。首先，與美國打過的其他海外戰爭比起來，越戰傷亡率並不算特別高。美軍在一九六七年共計陣亡九千三百七十八人，還不到美軍在越南總兵力的百分之二點五。美軍在整個東南亞有八百七十萬人服役，陣亡比例約為百分之一點四，受傷比率則是百分之二點二。兩次世界大戰遠比這更具毀滅性。但真正的問題在於，到了一九六七年，有越來越高比例的美國人開始懷疑美國的戰爭目標無法證成這樣的傷亡數字。美國在越南缺乏明確的目標，缺乏快速贏得這場戰爭的信心，懷疑既定目標是否值得持續為之犧牲——這些都是導致公眾對戰爭支持度下滑的原因。與此同時美軍死亡人數則無情地攀升，累計將近六萬之多（其中四萬七千人陣亡）。

很難說哪個是因，哪個是果。究竟是因為戰爭支持率下降迫使詹森總統尋求和平談判，還是和平談判導致了支持率下降？有些人認為，一九六〇年代的美國社會不可能打

圖六　**越戰：傷亡率與民眾支持率**

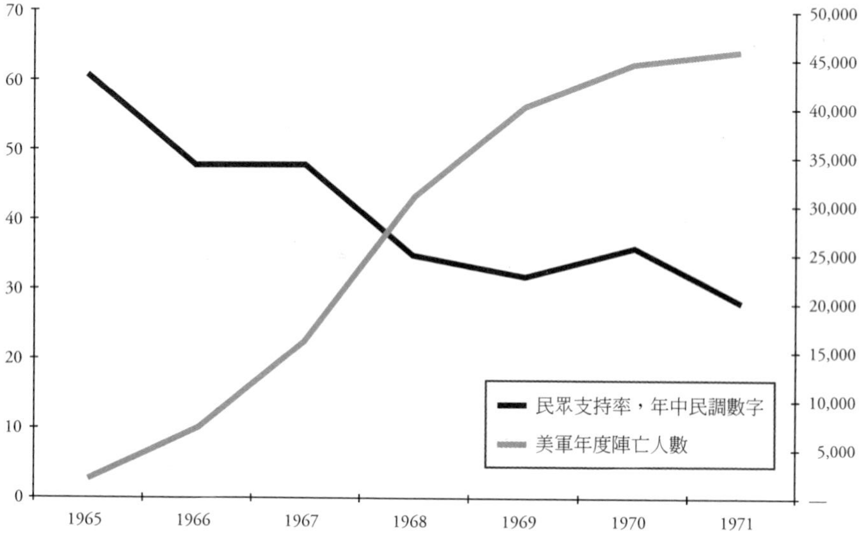


Source: John E. Mueller, *War, Presidents and Public Opinion*, Table 3.1, p. 45f.

贏這樣一場戰爭。[172]但另有一個強而有力的論點認為，缺乏有效的政治領導才是主因：詹森總統完全沒辦法向公眾或國會解釋發動戰爭的必要性。[173]更糟糕的是，詹森總統早在一九六五年耶誕節便藉由暫停對河內的空襲行動，來謀求和平談判的進展。他在一九六七年九月再次採用這個策略，但兩次的結果都證明是一場災難。這種策略暗示了美國人已準備好為了和平而妥協，反而激勵北越人民繼續抗戰，同時又燃起美國國內對戰爭即將結束的希望。反對戰爭的呼聲就在接下來一個月裡超過支持戰爭者，並非巧合。但即便是在一九六八年初，美國仍有繼續戰爭的本錢，畢竟仍有超過百分之四十的選民認為美國一旦放棄這場戰爭，「共產黨就會接手越南，繼而向世界其他地方進軍」。[174]准下士史萬德（Jack S. Swender）就認為：「在南越繼續戰鬥以阻止共產主義擴張，總比在金凱德鎮、洪堡鎮、布盧芒德鎮，或坎薩斯市（編按：皆位於堪薩斯州）這些地方阻止共產主義要好得多。」[175]有這樣想法的美國人絕對不只他一人。當魏摩蘭將軍在北越發動「春節攻勢」時重創敵軍後，新任國防部長克拉克．克利福德（Clark Clifford）卻和詹森總統一道犯下致命錯誤。克利福德拒絕調派更多軍隊前往越南作戰，詹森總統則宣布暫停另一輪局部轟炸以加速和談進程。從這一刻起，美國的政策目標開始轉為「不失顏面地退出越戰」——最後則連顏面都可以不顧了。

「不失顏面地退出越戰」正是尼克森和季辛吉不擇手段追求的目標。他們一邊祕密轟炸柬埔寨，一邊祕密與黎德壽（編按：北越共產黨領導人之一）在巴黎進行談判，展現了權謀政治家的兩面手法。但兩人從詹森總統那裡接手的局面已經糟到無法挽救。美國在一九七三年一月終於簽訂停火協定，這就成了南越政府的死亡判決書，而美國原本干涉越戰的目標就是為了挽救這個政府。美國對柬埔寨造成的「附帶損害」，同樣也無法阻止該國淪為亞洲最暴虐的共產政權掌握。金邊在一九七五年四月淪陷於紅色高棉政權之手，這事差不多與最後一批美國人搭機離開西貢同時發生。這就成了美國「帝國主義」的恥辱——「帝國主義」這詞當時已遭美國媒體濫用，就和在中國媒體上一樣常常聽見。「白種人的負擔」這個說法，到了一九六八年已被聯邦參議員傅爾布萊特感嘆地重新命名為「大國的責任」。[176]平心而論，美國人更傾向於選擇「軟弱的不負責任」。

曾有些人贊同葛林多年前的預言：美國是歐洲帝國在越南的繼承者。美軍排長坎普納（Marion Lee Kempner）在一九六六年陣亡前三個月這樣寫道：「（如果）這能夠使美國成為世界警察，那就這麼幹吧。這不過只是英國在一八一五到一九一五年間所承擔的責任罷了。我們有更多理由挑起這個擔子，因為英國當年絕對沒有面臨我們現在受到的威脅——被全盤毀滅或征服。」[177]然而，在其他許多人的腦袋裡，依舊存有對帝國的自我否定。曾任職於美國國務院的路易士．哈勒（Louis J. Halle）堅持認為：「美國非出於帝國主義的理由才進攻中南半島……我們沒有想要擴大領土或建立帝國才在那裡打仗。」[178]事實正好相反。越戰完全可以被看成是一個搞錯同情對象的例子。甘迺迪和詹森犯下悲劇性失誤，誤會北越政權只是遭到世界共產主義利用，只是美國誓言圍堵的邪惡蘇維埃帝國的魁儡。[179]甘迺迪與詹森認為，北越其實更受到狂熱民族主義驅使：胡志明自己不就十分讚許地引用美國《獨立宣言》嗎？[180]相較之下，南越的西貢政府或許反而並不值得美國如此扶持？[181]無論如何，肯楠和史列辛格（Arthur Schlesinger Jr.）等卓越分析家已清楚認知到，中南半島並未具有重大戰略意義。[182]於是結論就很清楚了，當尼克森在關島宣布「尼克森主義」時早已明白，美國只有在國家利益受到威脅時才會參戰，那些尋求美國援助、危如累卵的政權從今往後恐怕只能好自為之了。

美國干涉中南半島的不光彩結局，使得更多人接受前述這種觀點。高達五分之二的美國人在一九七四年的民調中認為：「美國在國際上應當只要管好自己的份內事，讓其他國家自己決定如何最好地發展自己。」十年之前抱持這種想法者只有百分之十八。[183] 美國人到一九七八年已逐漸形成共識，認為越戰「不僅是一次過失，而是犯了本質上的錯誤，從根本上就是不道德的」。[184] 這個共識被拍成一連串的電影。雖然按照好萊塢的標準來說，這些電影都有著十分高昂的預算（尤其是驚人的《現代啟示錄》），但這些電影卻也都證明了一點：那就是戰爭片比戰爭本身更具有經濟價值。即便是用最保守的估算，越戰的成本也超過千億美元，這些錢絕大多數是借來的。這筆花費的數字就相當於聯邦政府一九六四到一九七二年間增加的赤字總額。但無可否認的是，這

表三　越戰電影票房總收入

| 電影 | 放映日期 | 票房總收入 |
|---|---|---|
| 歸返家園 | 1978 年 2 月 | $32,635,905 |
| 越戰獵鹿人 | 1978 年 12 月 | $48,979,328 |
| 現代啟示錄 | 1979 年 8 月 | $78,784,010 |
| 前進高棉 | 1986 年 12 月 | $138,530,565 |
| 金甲部隊 | 1987 年 6 月 | $46,357,676 |
| 漢堡高地 | 1987 年 8 月 | $13,839,404 |
| 早安越南 | 1987 年 12 月 | $123,922,370 |
| 越戰創傷 | 1989 年 8 月 | $18,671,317 |
| 七月四日誕生 | 1989 年 12 月 | $70,001,698 |
| 現代啟示錄（重製版） | 2001 年 8 月 | $4,626,290 |
| 勇士們 | 2002 年 3 月 | $78,122,718 |
| 沉靜的美國人 | 2002 年 11 月 | $12,988,801 |
| **總額** | | $667,460,082 |
| 星際大戰系列總額 | 1977 年 5 月 | $1,802,544,288 |

Source: http:/www.boxofficemojo.com

筆錢跟美國後來幾十年間增加的公共債務相比並不算有多龐大。越戰期間最大的赤字莫約只比美國GDP的百分之三多一些，還低於二〇〇三年的赤字。如此看來，越戰的嚴重後果還是犧牲流血遠大於財務支出。然而，美國投入如此多金錢在海外戰場的事實，仍舊嚴重影響美元的國際地位。按布列敦森林體系的構架，美元是國際貨幣體系中的貨幣基準。一九七一年八月十五日，尼克森總統承認美國經濟霸權地位宣告終結，此時離最後一批美軍撤離越南還有一年半的時間。尼克森總統決定「關閉黃金窗口」，終止美元與黃金的兌換，並宣告浮動匯率的新時代到來。值得注意的是，正是歐洲（尤其是法國）對美元的施壓，敲響布列敦森林體系固定匯率的喪鐘，挑戰（但尚未終結）美元作為世界儲備貨幣的地位。越戰的失敗不僅重新定義了美國看待世界的方式，使許多美國人拋棄二戰後的全球主義，更改變了世人對美國的看法。越戰讓反美情緒的浪潮得以宣洩（特別是西歐知識份子），且一直持續到冷戰結束，無視共產主義在全球製造何等驚人的壓迫。反帝國主義的帝國不幸慘遭淘汰出局，因為美國看起來更像是邪惡帝國。無怪乎越戰後最成功的電影會是一部科幻寓言。觀眾將跟隨一幫衣衫襤褸的自由鬥士，幫助弱勢的反抗軍同盟對抗邪惡的銀河帝國。《星際大戰》導演喬治．盧卡斯完美傳達了美國人民抗拒帝國主義黑暗面的渴望。這部銀幕史詩在一個世代之後拍了前傳，揭露了大反派達斯．維達年輕時曾是一位十足美國化的絕地武士。這不得不說具有重大象徵意義。

## 小國獨裁者

美國在亞洲的失敗當然跟韓國和越南離美國本土相隔遙遠不無關係。但即便是在美國自己後院的拉丁美洲和加勒比海地區，反帝國主義的帝國仍然比想像中更難成功。美國屢次干涉該地，但結果總是一如既往：每當左翼政府在美國協助或授意下遭到顛覆，往往就會被軍事獨裁統治所取代，其暴行絲毫不能幫助美國爭取到西裔美國人愛戴。這樣的事情發生在一九五四年的瓜地馬拉、一九六五年的多明尼加共和國和一九七三年的智利。[185] 詹森總統為了粉飾其派遣軍隊到聖多明哥（編按：多明尼加首都）的決定，再度搬出了「帝國否定說」的經典修辭：「在我們多少的歷史中，我國軍隊去過那麼多地方，但他們總會在任務完成後回來。因為美國永不壓制自由，總會拯救自由；永不剝奪自由，總會還以自由；永不破壞和平，總會鼓勵和平；永不佔有他人土地，總會以拯救生命為己任。」[186] 然而，美國每次干涉此地後所建立的專制政權，都彷彿成了嘲諷這段說辭的歷史紀錄。最莫名其妙的例子就是古巴。比起前述其他國家，古巴在地理上更靠近美國、更具經濟前途與戰略價值，但美國一系列干涉古巴的行動都以失敗收場。美國不僅無力阻止菲德爾・卡斯楚（Fidel Castro）在一九五九年的共產主義革命，更在兩年後扶植反卡斯楚流亡人士的「豬玀灣事件」中可恥地慘敗。當蘇聯在一九六二年十月運送核武到古巴時，還差一點爆發了第三次世界大戰。[187] 甘迺迪兄弟只得暗中同意從土耳其撤出美國飛彈，世界才真正避免淪為「賭徒的地獄」（One hell of a gamble），避免美國入侵古巴，同時也確保蘇聯核武的和平撤回。[188] 古巴飛彈危機揭示了一點，當兩大超級強權面對面對抗時，會發現彼此越來越相像。我們現在已經知道，雙方當時都選擇了讓步——也許這就是所謂的相知相惜吧。[189] 事實是，這兩個反帝國主義國家都不會為了古巴而去冒互扔核彈的風險。這場勢均力敵的僵局的主要受益人又是一位小國獨裁者，這想必不是歷史上頭一遭，更不會是最後一次。只要超級強權還只能透過代理人進行對抗，這些小國就會出現宛如凱撒般的獨裁者，有時甚至更慘，出現古羅馬暴君卡利古拉（Caligula）。

# 第三章　衝突的文明

當真主之劍在八十年後落在美國人頭上的時候，這些偽善者卻站了出來，為那些踐踏穆斯林的鮮血、尊嚴和聖潔的兇手的命運哀嘆……當他們挺身而出，保護巴勒斯坦和其他穆斯林國家的弱者、保護他們的兒童、保護自己的兄弟姐妹的時候，那異端的世界裡，偽君子們卻開始聒噪。這些偽善的傢伙，他們和屠夫一起殘殺受害者，和壓迫者一起踐踏無辜的兒童……這一事件後，每一位穆斯林都應該為信仰而戰。

——奧薩瑪・賓拉登，二〇〇一年十月七日[1]

我們必須擔憂戰爭時期的人類生存狀態。有一種價值體系是不能夠妥協的——就是神授的價值。那不是由美國創造的價值，是自由、人類生存狀態、母親愛孩子的價值。有一點非常重要，我們透過我們的外交途徑和軍事行動非常清楚明白地表明一點，我們從未表現得我們在創造——（好像）我們是這些價值的創始者。

——小布希總統[2]

## 朝向聖地

綜觀世界歷史，帝國往往會尋求控制某些蘊含豐富礦藏的地區。是鉛礦和銀礦將西元一世紀的羅馬人吸引到不列顛。是金礦把十六世紀的西班牙征服者吸引到祕魯，也把十九世紀的英國人吸引到南非的川斯瓦。這些帝國通常還有一個共同傳統，也就是會在榨取礦藏後向這些國家輸入自己的文化。英格蘭被羅馬化的過程，頗可比擬南非共和國的荷裔居住區被英國化。這個模式使許多當代分析家能在美國對中東地區的關係裡看到帝國的痕跡。一方面，美國長期以來就對這個地區巨大的石油礦藏有著明顯興趣。另一方面，據說美國人也渴望改變這一地區堅決抗拒民主化的政治文化。

如果這些就是美國中東政策背後的動機，那麼這項政策也未免太遙不可及。美國對阿拉伯油田的控制，在二戰以後因為國有化政策（那些公開反美的政權的一貫政策）的影響而急速降低。根據每年「自由之家」的評鑑分數來看，在中東地區十五個國家當中，只有以色列和土耳其這兩個國家可以在今天被稱作是民主國家。這狀況與一九五〇年相比好不上哪去，差別在於當年埃及、伊朗、黎巴嫩和敘利亞的政治氛圍都比現在更自由。

一如本章開頭所示，美國領導人的措辭有時反倒坐實了阿拉伯世界最充滿敵意的反對者的指控，即美國想要對伊斯蘭進行一場新的「十字軍東征」。小布希總統本人也曾在某一陣子用上「十字軍」這三個字，來描述自己在九一一事件後所採取的反恐戰爭。然而，杭亭頓的「文明衝突論」是荒謬的，其荒謬程度並不亞於把美國的中東政策僅僅看作是石油政策。事實上，我們應該把美國想像成一個不大熱衷於參與中東地區特有的「衝突的文明」的國家，或許會更具啟發性。「衝突的文明」是一種不正常的政治文化，其信奉者會以一種特殊的方式來解決彼此為敵的宗教信仰或自然資源爭端。那種方式就是恐怖主義。

傳統觀點認為，二〇〇一年九月十一日是現代史上的轉捩點之一。我在此並不是要減損恐怖份子帶給成千上萬家庭的巨大苦痛，也不是要低估其帶給美國人民的集體精神衝擊，但我認為那天並不是現代史上的轉捩點。毋庸置疑，無論奧薩瑪・賓拉登和他的黨羽動機為何，他們都必須為自己犯下的恐怖罪行負責。對歷史學家來說，關鍵就在於那些動機都是長期歷史因素累積而成的。災難的根源早在幾十年前就已經埋下，且發展方向幾乎不曾改變過。美國對中東關係的歷史，乍看之下是在九月十一日那個陽光燦爛的夏末早晨被推到了交叉路口。但就像德國歷史上一八四八年的「三月革命」最終失敗一樣，二〇〇一年的「九一一事件」同樣無法將美國歷史推上一條不同的道路。

## 捲入中東的第一步

常有人以為，美國在冷戰期間最大的政策失敗就是在越戰被擊敗。然而，將中南半島輸給共產主義政權，最終反倒證明了此地在戰略上並不重要——儘管這讓美國在政治上陷入窘境。美國丟了面子，但也就只是這樣而已。越南人民和柬埔寨人民才是受害者，美國的失敗令他們付出了難以想像的可怕代價。反觀美國人自己卻能夠從「圍堵政策」造成的殘垣斷壁旁走開。華盛頓的決策者們漸漸地明白了現實，那就是越南其實並不重要。仔細考慮後，古巴其實也沒有那麼重要，所以美國悄悄放棄了顛覆卡斯楚政權的想法。從美國國家安全角度來看，不管共產主義在越南河內也好，在古巴哈瓦那也罷，只要是在開發中國家，其威脅性就相對較低。就古巴來講，美國就得忍受卡斯楚政權在冷戰的周邊戰場給華盛頓製造麻煩，例如積極參與安哥拉與衣索比亞的內戰。但如果說加勒比海地區對美國重要性沒有那麼高，那麼撒拉哈沙漠以南的非洲國家想必就更無足輕重了——特別是與中東地區相比。到了一九七〇年代，中東地區已成為美國心頭上無法「割捨」的一塊。

很多人都對美國的中東政策存在誤解。有一種觀點認為，美國是被與以色列的無條件「特殊關係」所驅使。另一種觀點則聲稱，美國主要是受到中東茫茫沙漠下面蘊含的巨大石油礦藏所吸引。第三種說法是，九一一恐怖攻擊事件是美國在中東地區犯下種種罪行後的自作自受。鼓吹這觀念的絕不僅局限於蓋達組織（Al-Qaeda）成員。當曼哈頓下城商業中心（編按：紐約世貿中心）的大火剛剛熄滅、混亂尚未平息之時，已有大批評論家在報紙等媒體上發表類似觀點。[3] 現實，則要更複雜得多。首先美國與以色列的關係長期以來就是愛恨交加，遠非天作之合的「婚姻」關係。第二，美國自身的石油儲量甚富，對中東石油的依賴程度還低於西歐和日本。美國早就否認要「掌控」阿拉伯的石油礦藏；如果這種「掌控」真的如某些人宣稱，是為了要保障西方世界的石油供應，那也應該是德國和日本這兩個缺乏石油的國家最熱衷此事才對。第三，恐怖主義在中東（與其他地區）早就行之有年，只不過直到最近才挑上美國。九一一事件最值得關注的地方只不過在於恐怖份子拖了這麼久才針對美國本土進行一次重大恐怖暴行。我們也很難把激發恐怖攻擊的原因歸咎於美國在當地的罪行，因為美國在沙烏地阿拉伯派駐軍是為了保衛該國免遭其鄰國入侵。那個鄰國就是伊拉克。

由於中東在美國過去三十年外交政策上具有如此重要的地位，人們很容易就會忘記美國人曾經多麼忽視中東。[4] 一九五〇年代以前，美國在中東的戰略重要性僅存在於學術教育上：在當地建立了幾所著名學府，例如開羅和貝魯特的美國大學，伊斯坦堡的羅伯茨學院和伊朗的阿爾伯茲學院。一九四六年九月，美國國務院近東及非洲事務辦公室主任羅伊·韓德遜（Loy W. Henderson）將美國在該地區的「主要目標」定義為：「防止該地區的相互競爭與利益衝突升級成公開戰爭，避免任何可能導致第三次世界大戰爆發的事態。」[5] 美國在中東扮演的角色，最多只能說是位良善和事佬，並沒有受到其他承諾的約束。事實上，美國之所以會接管中東地區的事務，最初也是一九四七年英國決定推卸其在土耳其（與希臘）的責任所致。英國在往後至少十年內仍是該地區的主要勢力，且即便在蘇伊士危機慘敗，英國仍繼續把波斯灣視為自己的勢力範圍。

不爭的事實是，美國長期從中東地區獲取經濟利益。美國石油公司從一九二〇年代以來便努力涉足當地。在一九二七年巴巴古爾（Baba Gurgur，位於基爾庫克省的油田）發現石油礦藏後，美國人就在一九二八年強迫英國人勉強讓出土耳其石油公司（後來更名為伊拉克石油公司）的部分股權。[6] 這是中東石油生產的第一步，其石油出產量到一九四〇年代時仍不到全球石油供應量的百分之五。但當時美國人已經確信當地蘊含有龐大的未開採石油礦藏。[7] 一九三〇年代，他們在聖約翰·費爾比（Harry St. John Philby）這位叛逃自英國的阿拉伯專家幫助下，努力將沙烏地阿拉伯從沙漠王國變成美國附庸。[8]二戰期間，美國乘英國之危提出一項交易：沙烏地阿拉伯給美國，伊朗給英國，伊拉克與科威特則由兩國共享。[9]美國與沙烏地阿拉伯自此已建立一套關係模式：美國為沙烏地阿拉伯王室提供金錢與武器，沙烏地阿拉伯王室則回報以石油開採特許權與軍事基地。[10]由石油財團組成的沙烏地阿美石油公司（Arabian-American Oil Company，ARAMCO），變成了沙烏地阿拉伯王室收租的重要管道。不用多久，他們就得將自己一半的收入所得支付給沙烏地阿拉伯王室（美國財政部認為這筆金額是可以免稅的）。[11]美國國務卿杜勒斯在一九五三年訪問中東（也是第一位訪問該地的美國國務卿），對該地留下深刻的印象。他宣稱當地石油等礦產資源，「對我國福祉至關重要」。[12]

但如果石油真的對美國人的福祉這麼重要，那麼美國人實在是用錯方法了：沒有什麼比堅定支持以色列更能疏遠阿拉伯人了。就許多層面來說，杜魯門總統需要對此負責：他在一九四八年五月以色列建國之初就立即承認了這個新國家的正當性，全然不顧國務院的反對意見。[13]杜魯門的承諾不畏險阻地持續下來。到一九五八年，美國與以色列關係的極端重要性已成為美國外交政策的重要基本原則。用前美國駐埃及大使的話來說：「以色列代表了我國在該地區最早的直接利益……繼續支持以色列作為一個獨立國家，代表了美國外交政策的基本承諾……。」[14]許多分析家將注意力放在這個承諾的出現原因：諸如所謂猶太復國主義遊說團體在美國的政治影響力、美國人民未能阻止猶太人大屠殺的虧欠感、以色列是中東唯一的民主綠洲、美國人對基督福音的信仰，認為猶太人重返聖地是基督復臨的徵兆……等。然而，人們並不大關注以色列和美國之間存在多少意見分歧。杜魯門對以色列的支持並不包括軍事協助，國務卿杜勒斯更不止一次暫緩對以色列的援助。一九五六年以色列佔領西奈半島和加薩走廊的舉動，引來美國的反對，美國並堅決要求以色列撤出。一九六七年「六日戰爭」前夕，儘管美國在聯合國保證會讓維持以色列船隻在蒂朗海峽的自由通行權，但是美國最終並沒有履約。此外，美國後來還贊成耶路撒冷的國際化，批評以色列在一九六七年從阿拉伯搶來的土地上實行殖民主義政策。[15] 以色列對加薩和約旦河西岸的佔領顯然不符合美國利益。

真正把美國捲入中東地區的，既不是以色列，也不是石油，而是一九五〇年代對蘇聯的擔憂。說得更準確一點，是害怕蘇聯像赤化亞洲一樣，利用歐洲各殖民帝國的危機把阿拉伯世界一舉赤化。[16] 蘇聯一開始搞砸了：史達林向德黑蘭進軍造成了事與願違的結果。[17] 相較而言，由英國發起、美國中情局執行的顛覆伊朗總理穆罕默德・摩薩台（Mohammad Mosaddegh）的「阿賈克斯行動」（Operation Ajax）卻保證了美國能以最低代價獲得優勢。[18] 摩薩台魯莽地將英國－伊朗石油公司國有化，從而給了英美干涉的理由。美國的顛覆計畫在實際上就是一場先發制人的圍堵行動。正如美國中情局一名幹員所回憶的：「那是針對蘇聯所作所為的反制，我們對他們的未來計畫已瞭然於心。」在他看來，伊朗名列蘇聯赤化的「高優先名單」。[19]

某些美國人對美國政府的做法表示懷疑，認為美國政府此舉是在支持老牌殖民主義，反對一個明顯不是馬列主義者、並且深受大眾喜愛的伊朗政治領袖。美國當年的確是在埃及反其道而行：支持一位反對英國的民族主義者和政治煽動家——也就是賈邁勒・阿卜杜勒・納瑟上校（Gamal Abdel Nasser）。美國國務院的確肯定並鼓勵埃及領導人要求英國軍方撤離蘇伊士運河的做法，但到了一九五六年，納瑟卻開始與蘇聯加深關係，且其個人風格開始吸引其他阿拉伯國家效仿。這令艾森豪和國務卿杜勒斯大為光火，他們決定迫使納瑟（與赫魯雪夫）攤牌。美國拒絕資助納瑟修建亞斯文大壩，曾而觸發了另一場轟轟烈烈的國有化運動，這次埃及矛頭直指蘇伊士運河。[20]如果美國能在這個關鍵時刻控制住英國與以色列這兩位在理論上最親密的盟友，則歷史走向可能會大不相同（不僅局限於在中東地區）。但英國首相安東尼・艾登（Anthony Eden）卻同意了法國的一項不切實際的計畫：以阻止阿拉伯與以色列之間爆發戰爭為藉口（以色列當然很樂意為其效勞），用武力收復蘇伊士運河地區。艾登不僅沒有先與艾森豪商量，而且還收到美國的明確警告，警告美國不會對英國的行動背書。原因並不難想像，美國認為這種新殖民主義行徑看起來比顛覆摩薩台政權更為過份，將冒著更大風險把以色列之外的中東國家推入赫魯雪夫懷抱。**艾森豪憂心忡忡地問道：「如果這麼做會讓我們失**去整個阿拉伯世界，我們怎麼可能支援英國和法國呢？」[21]

不幸的是，世人眼中英法聯軍撤退的原因看似是赫魯雪夫公開威脅將使用核武。[22]然而，真正的原因是英鎊價格在國際貨幣市場上的災難性下滑，而且美國半毛錢都不願意借給英國——除非艾登同意撤軍。更糟糕的是，西方世界的混亂給了蘇聯為所欲為的機會，使其有機會以極端殘忍的手段鎮壓匈牙利改革主義者伊姆雷・納吉（Imre Nagy）。到頭來，美國讓英國撤退的舉措並沒能得到埃及的稱讚。[23]反而是在僅僅兩年之後，一群受到納瑟鼓動的伊拉克軍官在巴格達上演一齣軍事政變，顛覆了親英的哈希姆王朝，殺害了國王費薩爾二世（Faisal II）與總理努里・薩依德（Nuri al-Said）。而美國卻對此無能為力。此次政變後，美國派出一萬五千名海軍陸戰隊到黎巴嫩的決定，同樣也未能取得任何結果。實在很難看出美軍耽溺在當地能夠如何影響巴格達或任何地方（畢竟此時的貝魯特還是宛如遊樂場般的大都會，與日後的戰火紛飛大相徑庭）。[24]如果美國的戰略真的是受到「掌控中東石油」的欲望驅使，這就是一次嚴重的挫敗。伊拉克政變後，新的伊拉克政府旋即取消伊拉克石油公司的特許經營權（由此也切斷了英國自一九一七年侵略伊拉克成功以來的主要收入來源）。伊拉克成了實行石油產業國有化的首批阿拉伯國家之一。[25]與此同時，沙烏地阿拉伯也停止向美國購買武器，並且拒絕美國續租達蘭空軍基地。[26]納瑟與古巴的卡斯楚不同，他對蘇聯式經濟沒有多大興趣，但他仍樂於接受莫斯科的慷慨援助，並以此來譏笑華盛頓的無能。[27]

## 加薩與波斯灣之間

美國在一九五〇年代末中東面對的嚴峻形勢，具體表現在下列三件事上。第一，以色列認為美國人會無限制支持自己，因而可以在中東隨心所欲。第二，美國石油公司在面對阿拉伯政府的國有化政策上，就和英國在蘇伊士運河上的利益同樣脆弱，因為這些阿拉伯國家並沒有多少興趣與外國人分享石油收入。第三，當時以色列與阿拉伯鄰邦和平共處的機會不高，趨近於不可能。因此美國不得不設法將兩造矛盾所導致的損害降到最低。好消息是，從美國的立場來看，蘇聯對中東地區的滲透遠不如一九五八年所擔憂的那樣成功。但壞消息是，中東地區卻在阿拉伯世界與以色列的衝突下，催生出遠比蘇聯滲透更可怕（至少更難以預測）的危險後果：那就是恐怖主義。恐怖主義是現代中東的原罪。猶太復國運動的極端份子曾經為了把英國人趕出巴勒斯坦而搞過恐怖主義。現在巴勒斯坦極端份子也因為借助阿拉伯聯軍擊敗以色列的希望破滅，遂改用同樣地恐怖主義手法來對付以色列。某方面來說，阿拉伯國家的失敗可謂咎由自取。因為最初英國人是希望對其託管的巴勒斯坦地區採行「以、巴兩國分治」的方案，來解決猶太人與阿拉伯世界的衝突，此方案並體現在聯合國大會一八一號決議案中。然而，阿拉伯世界卻選擇了戰爭。在沙烏地阿拉伯的支持下，黎巴嫩、敘利亞、伊拉克、約旦與埃及的軍隊聯手要將以色列扼殺於搖籃之中，結果卻面臨了慘敗。蘇伊士危機對英國與法國來說是一場羞辱，對以色列來說卻是一場勝利：他們佔領了加薩走廊和沙姆沙伊赫（Sharm El Sheikh），雖然該地區後來置於聯合國之下。戰爭給埃及軍隊帶來慘重損失，以色列國防軍的損失則相對輕微。一九六七年的「六日戰爭」（第二次中東戰爭）則完全是以色列對埃及的正當回擊，並暴露了埃及入侵以色列的意圖。就在以色列發動第一波空襲的十天以前，納瑟曾公開號召阿拉伯世界將以色列從世界地圖上抹掉。結果是阿拉伯世界又一次被輕易打敗，以色列則再一次佔領西奈半島和加薩。以色列還佔領了約旦河西岸地區包括耶路撒冷和撒馬利亞在內的地區，以回應約旦加入埃及一方的決定，並從敘利亞手中拿下戈蘭高地。埃及和敘利亞並不死心，兩國在一九七三年十月對以色列發動「贖罪日戰爭」。雖然埃及一方最初取得戰果，但戰爭最終仍以失敗告終，為其攻擊以色列的紀錄增添了拙劣的一筆。即便有伊拉克的幫助（後來還有蘇聯），阿拉伯軍隊還是被趕回了自家領土。到一九八二年，以色列已經是躊躇滿志，準備入侵黎巴嫩。

以色列在回應這些外來威脅時，並不認為自己有向美國請示的義務。美國人因此並沒有在「六日戰爭」爆發前先收到通知，也沒有為以色列取得的一系列勝利而歡呼鼓舞。正如一九七〇年尼克森在一次訪談中所說，中東地區已經變得「十分危險，變得像第一次世界大戰前的巴爾幹一樣——當地分歧可能會將美、蘇兩大超級強權捲入一場雙方都不想發生的衝突」。[28]冷戰在當時已經由「圍堵政策」時期轉而進入「緩和政策」（détente）時期，因此兩個超級大國都不希望看到阿拉伯與以色列爆發另一場戰爭。只有當美國人很確切得知蘇聯人正在幫助阿拉伯時，美國才敢在一九七三年的贖罪日戰爭中支持色列。即便如此，美、蘇兩個超級大國其實都希望透過「提供協助」來促成停火協議。然而，要促成和平被證明是極度困難的。[29]美國與以色列政客繼續念著「特殊關係」與「深厚友誼」等現在廣為人知的咒語，[30]而美國對以色列的援助則達到了前所未有的高度：一九七六到一九八五年間，以色列就佔了美國對外經濟和軍事援助的四分之一——總共大約二五〇億美元，大約相當於以色列GNP的百分之十三（見圖七）。然而，美國越是想在埃及與以色列之間扮演公正的和事佬，這些花出去的錢就越是買不到什麼好結果。[31]

誠然，美國總統吉米・卡特（James Carter）說服了以色列總理梅納罕・比金（Menachem Begin）放棄西奈半島，好促成與埃及的和平。然而，那已是卡特總統力所能及的極限了。美國對以色列剩餘佔領區未來何去何從的談判，最終仍是化為了泡影。一九八一年十二月，以色列決定將戈蘭高地納入自己的法律、司法與行政管理體制下，美國在此一問題上支持了聯合國的譴責決議。[32]當以色列在七個月後入侵黎巴嫩，美國也派兵加入維和部隊以防止雙方衝突升級。同年，以色列人也形同在實質上拒絕了雷根總統提議的「嶄新開始」和平進程。美國人的確從未考慮破棄對以色列的關係，雷根總統在一九八三年還與以色列總理伊札克・沙米爾（Yitzhak Shamir）達成協議，追加了大量軍事合作與經濟協助。[33]然而，以色列仍然不願屈從於來自於美方的壓力，不願與巴勒斯坦人談判。早在一九八八年十二月，巴勒斯坦領導人亞西爾·阿拉法特（Yasser Arafat）就接受了美國的雙邊對話條件（包括棄絕恐怖主義、承認以色列的現存狀態、接受聯合國安理會第二四二號與三三八號決議），[34]然而以色列早已不願意回到一九六七年時的疆界了。隨著每一年的過去，以色列移往佔領區定居的新移民都在不斷增加（到一九八三年已有將近三萬名定居者），加上當地的巴勒斯坦人已重新恢復暴力手段，對以色列人而言要回到戰前過去的現狀已是越來越難以想像。美國反對以色列定居巴勒斯坦的政策，也抗議以色列使用實彈鎮壓巴勒斯坦示威者，但以色列卻仍不為所動。[35]

**圖七　美國對以色列援助相當於以色列 GNP 的百分比（1966–2000 年）**

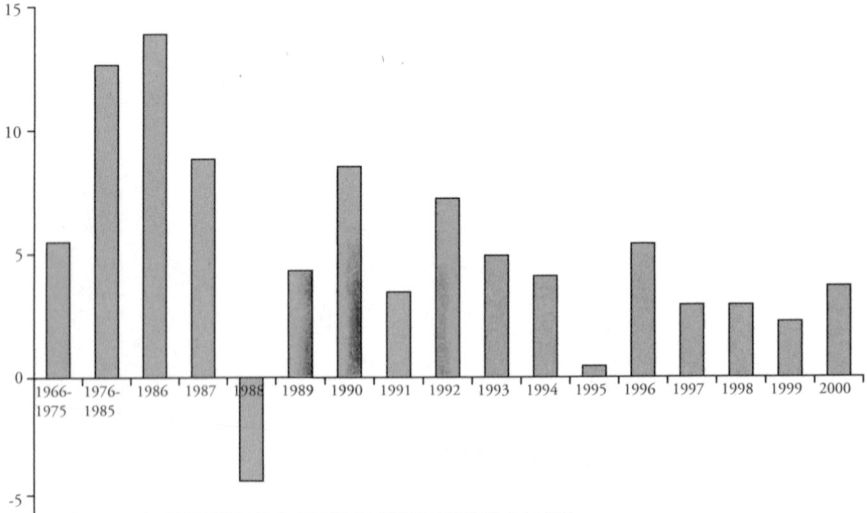


註：1988 年基金回報以及主要償還款項超出了新的基金和貸款。

Source: Calculated from data in various issues of the *Statistical Abstract of the United States* and the World Bank *World Development Indicators* database.

美國的兩難之處在於，當以色列軍事優勢遠遠凌駕於其他阿拉伯國家之上、且巴勒斯坦人只能被迫訴諸恐怖主義來取代傳統戰爭時，與此同時阿拉伯國家在經濟上的重要性也在不斷增長。美國在一九五三年時仍然擁有超過世界一半的石油產量，到一九七三年只佔到百分之二十一。美國的石油進口一度無關緊要，但到了一九七七年，石油進口佔國內石油總消耗量已上升到百分之四十六，而增長的石油進口全都來自於中東。[36]這對美國來說是件利弊參半的事。好的一面是，富裕起來的石油輸出國不斷增加購買美國商品的投資金額，將大量的石油美元（petro-dollar）投資到美國。[37]例如一九七〇到一九七二年間，沙烏地阿拉伯從美國購買的武器量增加了二十倍。[38]美國在隨後的幾年內，將等值於八三〇億美元的武器出售給沙烏地阿拉伯。[39]無論如何，美國畢竟仍握有相當部分的中東石油產業，雖然這一比率在沙烏地阿拉伯國有化沙烏地阿美石油公司後有所下降。[40]此外，仰賴阿拉伯石油供應的並不只有美國，還有美國的主要同邦。[41]這讓中東地區在冷戰期間多了分戰略與經濟前景。正如美國國務院政務次卿尤金．羅斯托（Eugene V. Rostow）所說：「美國在中東地區首要與最重要的利益，就在於中東地緣政治上對歐洲防務的重要性。我國與西歐的同盟關係對世界權力的平衡至關重要，也是美國安全最基本的依託……蘇聯霸權一旦控制中東的石油、空間與人民，就能夠支配整個西歐。北約將被解體。」[42]到目前為止，實在看不出美國有什麼理由需要擔心此事。自從一九七二年蘇聯軍事顧問團被逐出埃及以來，蘇聯多少已經逐漸停止對開羅施加影響力了。蘇聯的確在敘利亞還有一些優勢，但也算不上是什麼「霸權控制」。反觀美國，美國接管了英國先前對波斯灣國家的統治地位，控制了包括科威特、阿拉伯聯合大公國、巴林、卡達與阿曼等富裕到堪稱「黑金」的小國家們。[43]與此同時，季辛吉的「穿梭外交」（shuttle diplomacy）不僅說服了埃及與以色列於一九七三到一九七四年擺脫交戰狀態，還讓沙烏地阿拉伯終止了對西方的石油禁運。

然而，並不是只有蘇聯控制中東石油才會對美國及其盟邦造成經濟困擾，阿拉伯國家控制石油本身就已足夠西方國家頭疼。在一九六七年的「六日戰爭」後，利比亞獨裁者穆安瑪爾・格達費（Muammar Gaddafi）就已經證明他能夠充分利用西方對利比亞石油需求的增長，提高油價和贏利份額，並最終實現石油公司資產的國有化。美國直到一九七二年前都有辦法同時支持以色列與沙烏地阿拉伯國王——這絕非易事，沙烏地阿拉伯國王對猶太復國主義的痛恨程度並不下於對共產主義的痛恨。[44]然而，沙烏地阿拉伯卻在一九七三年支持埃及人攻擊以色列。沙烏地阿拉伯的支援方式不是派遣軍隊，而是將油價上漲百分之七十，並以每月減少百分之五的禁運方式，逐步切斷以色列支持者們的石油供給。當美國對以色列的援助加倍時，沙烏地阿拉伯便強行封鎖了對美的全部石油出口。當美國與西歐的貨幣機構還在學習如何操作浮動匯率、財政機構還在擁護凱因斯那套庸俗化的需求管理時，突然飆漲的油價便導致了嚴重後果：通貨膨脹大幅上升、政府財政出現全面赤字、失業率也跟著水漲船高（見圖八）。更糟糕的還在後頭，那就是「停滯型通貨膨脹」（stagflation）[1]——這場災難出現在一起堪稱美國外交史上最慘敗的事件之後：那就是一九七九年的伊朗革命。曾經十分自負但如今卻處境艱難的伊朗國王穆罕默德・李查・巴勒維（Mohammad Reza Pahlavi），在這場革命中被趕下臺。不過取代巴勒維的並不是蘇聯扶持的傀儡，而是另一個意想不到的勢力：激進神權的伊斯蘭基本教義派。

伊朗國王巴勒維並不是美國在冷戰期間所扶植獨裁者中最糟糕的一位。誠然，這個政權離自由相去甚遠，而且這位國王還有揮霍無度的不良嗜好。然而，與美國在尼加拉瓜或智利扶植的統治者相比，巴勒維還算得上一位開明君主。毫無疑問，若按照美國與西歐的標準來看，巴勒維國王統治的伊朗是一個相對不平等的社會。但是，伊朗的情況並不比土耳其更糟，甚至還比許多拉丁美洲國家還好一些。非比尋常之處在於，當巴勒維政權瀕臨革命邊緣時，當年扶植他上臺的美國人卻對此事漠不關心。從地緣政治學的角度來看，丟掉越南算不上什麼大失敗。但將伊朗交給伊斯蘭教什葉派領袖魯霍拉・何

[1] 編註：指高度通貨膨脹與高失業率並存的狀況。

圖八　油價和美國「受難」指數（1970–2002 年）

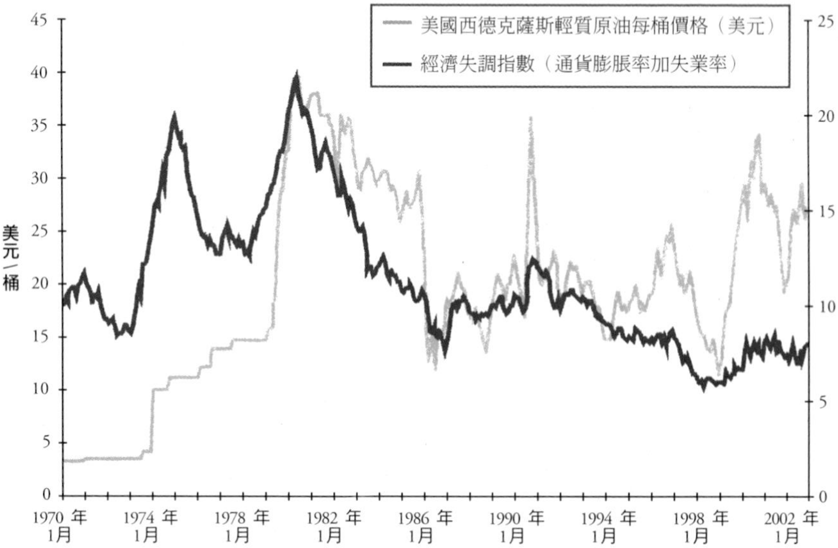


Source: Economagic.

梅尼（Ruhollah Khomeini），交給這位宛如伊斯蘭宗教革命的「列寧」，則是災難一場。後者造成的後果在當時與現在都無法估算。伊朗是僅次於土耳其的中東大國，人口達伊拉克三倍。最關鍵的是，伊朗還是僅次於沙烏地阿拉伯的產油大國，佔一九七三年全世界產油總量百分之十以上，是全世界第三大產油國（美國當時仍然是世界第一大產油國）。[45]

一九八〇年伊朗人質危機爆發，卡特總統為了仍被困在德黑蘭大使館裡的五十二名美國人質憂心忡忡、舉棋不定，他因此迫切希望重新定義美國在中東的戰略。他隨即宣布：「若有任何外部力量企圖獲得波斯灣的控制權，都將被視為對美國根本利益的攻擊……我們將採取任何必要手段抵制此種攻擊行徑，包括軍事武力。」[46]這是給蘇聯的警告：不要利用伊朗危機來遂行政治意圖，因此蘇聯剛好在此時入侵阿富汗（最終結果對蘇聯而言可真是損筋傷骨）。這是美國在冷戰時期的新低點，卡特總統自己將蘇聯的入侵行動描述成一九四五年以來對世界和平最大的威脅。這件事使歐洲的軍備競賽進入了最危險的階段。蘇聯首先部署了中程核彈道飛彈，然後美國也在一片抗議聲中跟進。因此，美國擔心莫斯科會從德黑蘭的混亂狀況中漁翁得利一事，並非沒有道理。俄國人長久以來都把波斯灣看成具有戰略重要性的區域，並且從十九世紀晚期開始就與英國一道非正式地瓜分該地區的權益，直到一九四〇年代。然而，卡特總統心中所擔憂的「外部力量」最後並沒有成為中東的大問題。真正從這時開始嚴重威脅美國利益的，其實是來自中東地區的內部力量。

如同所有革命政權一樣，何梅尼的伊朗也很快就陷入與其鄰國的戰爭中。伊拉克獨裁統治者薩達姆・海珊（Saddam Hussein）由於害怕國內親伊朗的什葉派民眾會起來反抗他，遂於一九八〇年決定入侵伊朗。季辛吉的諷刺評論，恰好反映了美國所面臨的困境：「遺憾的是他們雙方都不能戰敗。」一邊是把美國視為「大撒旦」的伊朗政權，幾乎不可能成為美國的政治工具。但另一邊則是由海珊領導的阿拉伯復興社會黨暴政，雖然期採取世俗式的老派阿拉伯民族主義形式，但對美國的吸引力也不會比伊朗大多少。一九七〇年代的權力政治考量令季辛吉都相形失色，因為美國最終對交戰雙方都提供了援助。美國一方面將武器祕密出售給伊朗，先用這筆交易換取伊朗釋放大使館人質，同時也替美國在中美洲的祕密行動募集資金。美國另一方面也提供大量商業信貸給海珊，金額在一九八九年來到超過十億美元——儘管伊拉克軍隊不僅使用化學武器，還一度攻擊美國戰艦。[47] 如果兩伊戰爭的結果是雙方都沒有戰敗，那麼這至少得部分歸功於美國馬基維利式的謀略。正是這套不坦率的策略啟發了雷根政府，使其另闢管道將金錢與武器送給了在阿富汗與蘇聯紅軍作戰的反蘇聖戰游擊隊。

然而，無論美國想在波斯灣地區施加怎樣的直接影響，先決條件都是美軍必須在當地存在。這才是美國所面臨的真正難題。伊朗革命的結果之一，就是沙烏地阿拉伯政府對提供美軍基地一事不再熱衷，使得美軍難以借道進入波斯灣。雖然沙烏地阿拉伯在伊朗革命發生時向美國購買了F-15鷹式戰鬥機中隊，又在一九八〇年十月購買了空中預警機，但沙國政府對美國國務卿海格（Alexander Haig）所暗示的「戰略共識」卻不感興趣，並不打算提供美軍進入波斯灣地區的軍事基地。具有指標意義的是，旨在執行「卡特主義」的聯合快速反應部隊指揮部最初是設在遠離中東的佛羅里達州的坦帕（Tampa）。一九八一年五月，沙烏地阿拉伯主導的「阿拉伯海灣國家合作理事會」（Gulf Cooperation Council）宣布，整個波斯灣地區都應當保持「免於國際衝突，尤其不應出現艦隊與外國軍事基地」。[48]只有當後來伊朗與伊拉克都明顯準備攻擊經過波斯灣的中立國船隻時，沙國政府才接受美國海軍出現在波斯灣。一九八七年，科威特油輪重新插上美國旗幟，替美國海軍的保護行為提供正當性。[49]沙烏地阿拉伯政府一直要到一九九〇年才變得溫和起來，允許美軍踏上他們的土地。事實證明，那是一個對雙方都充滿危險的決定，並讓美利堅帝國在不經意之間，結下了一個危險的新仇敵。

## 恐怖的邏輯

為什麼身為沙烏地阿拉伯人的奧薩瑪・賓拉登，會命令二十一名追隨者（多數也是沙烏地阿拉伯人）劫持四架飛機去撞紐約世貿中心、華盛頓五角大廈與（十之八九會是）白宮呢？一九九八年二月二十三日，在「世界伊斯蘭陣線對猶太人和十字軍聖戰的宣言」這份惡名昭彰的伊斯蘭裁決書上，賓拉登和其他署名者對「殺害美國人與其盟友」給出了三條理由：

首先，美國佔據伊斯蘭的至聖之所「阿拉伯半島」長達七年多。美國人掠奪這裡的財富，對此地統治者發號施令，羞辱此地人民，恐嚇四周鄰國，並利用其在阿拉伯半島的軍事基地將矛頭直指鄰國的穆斯林人民。

第二，儘管西方世界的十字軍與以色列的猶太復國主義的聯盟已經對伊拉克人民帶來巨大的毀壞……美國人還要試圖在此上演恐怖的大屠殺……

第三，如果美國在這些戰爭背後的真正目的是宗教信仰和經濟利益，這些目的也是為猶太人那個彈丸小國服務，以此轉移人們的注意力，忘記猶太人正佔據耶路撒冷，謀殺那裡的穆斯林。最有力的證據，是他們急於摧毀最強的阿拉伯鄰國伊拉克，以及致力於瓦解這個地區的所有國家，例如伊拉克、沙烏地阿拉伯、埃及和蘇丹等，把它們變成紙糊的弱國，再利用其分裂和軟弱來保證以色列的生存，並繼續在半島上進行其殘忍的十字軍佔領。

因此，消滅美國人的原因非常明顯：為了「從他們的魔爪中解放阿克薩清真寺與聖地麥加的清真寺，為了把他們的軍隊從伊斯蘭土地上趕出去，擊敗他們，使他們不能再威脅穆斯林」。[50]十一個月後，也就是九一一事件發生僅八個月前，賓拉登再次於《時代》雜誌的訪談中重申了前述這些話。[51]簡言之，賓拉登的目的就是要把美軍趕出沙烏地阿拉伯，從整個中東地區統統趕出去，消除阿拉伯各國政府對美國的同情心，最後還要摧毀以色列。賓拉登在隨後的聲明中也始終堅持這些觀點。[52]

一些西方評論家被賓拉登的泛伊斯蘭主義、全球聖戰的花言巧語所欺騙，把他想像成一位誠懇的「文明衝突論」預言家。[53]這些都是為能看清楚賓拉登的本質。我們應該把賓拉登視為中東地區獨特的「衝突文明」的文化產物。這是一種有缺陷的政治文化，長期以來就慣於使用恐怖主義來取代和平的政治手段與傳統戰爭。當然了，把穆斯林想像成「對歷史感到幻滅的群體」無疑非常具有吸引力：在這種想像之下，穆斯林對過去懷有一種古老而高傲的情結，卻在歷經好幾世紀的歷史衰落後，最終轉化為「一股由仇恨與敵意、狂暴與自憐，貧困與壓迫的複雜情緒交織而成的無底洞」。[54]然而，蓋達組織的意識形態與大部分穆斯林國家的絕大多數穆斯林的信仰體系是很不一樣的。蓋達組織的意識形態完全不同於印尼或土耳其，更不用說西方社會的穆斯林移民社區。賓拉登自己的宗教信仰就具瓦哈比教派（Wahhabism）的特質，該派在歷史上源於孤立於世界之外的阿拉伯沙漠地區。我們最好還是把蓋達組織理解成一種特殊的阿拉伯政治宗教「極端派」（extremist wing），這個詞近年被史家麥可·伯利（Michael Burleigh）用來解釋納粹主義的基本特徵：救世主般的領導人、灌輸教義的必要，以及迫害他人的強烈欲望。[55]

必須要說明的是，這並不是在說蓋達組織是「伊斯蘭法西斯主義」（Islamo-fascism）的產物，雖然兩者都有暴力與反猶主義的共同點。[56]一九二〇到三〇年代的法西斯運動從未特別熟練於恐怖主義，反而更傾向於奪取現有國家的控制權，並利用傳統軍事武力發動戰爭。蓋達組織其實還比較像「伊斯蘭虛無主義」（Islamo-nihilism），甚或是「伊斯蘭布爾什維克主義」（Islamo-bolshevism）。畢竟我們不該忘記列寧與史達林早年都曾當過恐怖份子。列寧與賓拉登還有一個相似之處：青年列寧喜歡擺出「世襲貴族烏里揚諾夫」（Ulyanov，列寧的姓氏）的派頭，然而當他流亡到瑞士的骯髒小旅館時便著手策畫要推翻沙皇政權；賓拉登也曾經是沙烏地阿拉伯百萬富翁，然而當他隱匿在阿富汗的偏僻洞窟裡時也策畫著要擊敗美國。這則相似之處提醒我們，所謂「西方文明」（除非我們覺得這個詞只代表著某種新穎的「新教／自然神論／天主教／猶太教混合體」，就像今日的美國文化）在過去也曾生出不容異己並且嗜血的政治信仰，就像今日的伊斯蘭布爾什維克主義。

恐怖主義，指的是透過非國家、無預警的暴力手段來達到政治目的。這本身並不是什麼新鮮手段，特別是對中東地區來說。而利用恐怖主義來反對帝國主義強權，在歷史上同樣也不陌生。一九四〇年代的英國人就對此相當熟悉，其治下愛爾蘭與孟加拉的少數極端派人士早就在為了獨立而從事恐怖暗殺活動。恐怖主義手段在打倒哈布斯堡皇室的奧地利帝國與沙皇羅曼諾夫家族的俄羅斯帝國時也起到了決定性的作用。像謝爾蓋・涅恰耶夫（Sergei Nechaev）這樣的俄羅斯無政府主義者，從一八六〇年代以來就長期散布與鼓吹恐怖主義信念。雖然名義上是為了深化「革命」，但使用暴力本身漸漸從手段變成了目的。正是涅恰耶夫寫了那本《革命者教義》（*Revolution Catechism*, 1868），並且宣稱：「革命所知的唯一科學，就是毀滅的科學……目的只有一個：以最快、最有把握的方式毀滅這個醜惡的政治體系。」[57]還有一位歐洲人，義大利的卡羅・皮薩卡納（Carlo Pisacane）則是創造了片語「用行動宣傳」（propaganda by deeds）。[58]小說《密探》（*The Secret Agent*）的作者約瑟夫・康拉德，想必也能立刻聯想到賓拉登選擇目標的動機。這本小說描繪了一位危險的陰謀家佛拉迪米爾先生，他密謀要炸毀格林威治天文臺，並要「在這個國家實行一系列暴行」的。佛拉迪米爾向讀者解釋道：「這些暴行必須要具有引起足夠震驚的效果。比方說，挑建築物下手……為了達到最具衝擊性的效果，這類攻擊必須看起來像是無目的、無端的褻瀆，用最具警示意味、最兇殘易懂的形式表現出來。」簡言之，攻擊本身就必須具有象徵意義。「資產階級以迷戀什麼出名呢？維洛克先生？」佛拉迪米爾向準備執行爆破任務的炸彈客問道。[59]百年前的資產階級最迷戀科學，因此佛拉迪米爾就想挑格林威治天文臺下手。百年後的二〇〇一年則是最迷戀經濟，或說是經濟全球化。因此我們也許可以主張，這就是對世貿中心發動恐怖攻擊的動機。

然而，現實世界中的恐怖主義具備的並不僅僅是象徵意義。它還是一種無力發動常規戰爭、遂改以其他方式延伸戰爭以達到政治目標的手段。恐怖主義的特性有三：一是偶發暴力，二是技術簡單，三是在反抗措施面前極其脆弱——尤其當恐怖份子要在沒有根基的外國國土上發動恐怖攻擊時，更是如此。最後這一點與多數人所認為的恰好相反。恐怖份子的資源通常遠比自己對抗的國家要少得多，所以大多數恐怖組織只能依賴偷竊與乞求外部金援來維持經費。恐怖組織的確有可能在沒有外援資助的情況下，在一個國家裡面進行運作，但這會需要非常安全的地理條件，好讓恐怖份子成員在預謀攻擊時能免於國家禁令的干擾。但如果沒有良好地理條件，恐怖份子肯定得尋求外國協助。一般來說，向恐怖組織提供支援的國家（或甚至僅僅是對其表示同情的國家），比較不可能成為其暴力攻擊的目標。反過來說，那些支持圍剿恐怖份子的國家，很可能也會發現自己被捲入這場衝突裡。

由於阿拉伯國家在戰場上受到以色列羞辱，它們一開始選擇訴諸資助巴勒斯坦流亡者的恐怖主義活動。一九四九年後，巴勒斯坦突擊隊員（其實就是「人肉炸彈」）在位於埃及、黎巴嫩與約旦境內的基地進行活動，對以色列平民發動了不計其數的攻擊。在一九五一到一九五六年這六年內，有超過四百名以色列人遭害，九百人受傷。「六日戰爭」之後，巴勒斯坦解放組織（編按：簡稱「巴解」）便開始不受懲罰地於約旦境內進行活動，直到一九七〇年迫於以色列的壓力，約旦才不得不將他們驅逐出境。[60]巴解接著便轉戰黎巴嫩南部，因為該國正陷入內戰之中，成為恐怖組織絕佳的溫床（一九七六年敘利亞入侵黎巴嫩後仍然依舊）。巴解游擊隊將基地設在黎巴嫩，不斷進行恐怖攻擊，導致以色列入侵該國，結果便發生一九七八年三月極為血腥的劫機事件（編按：德國漢莎航空一八一號班機劫機事件）。雖然黎巴嫩隨後同意將邊界區域交由聯合國部隊接管，但以色列仍然在四年後的一九八二年六月全力侵略黎巴嫩。以色列圍攻巴解在西貝魯特的要塞，再次將該組織的領導人趕出黎巴嫩——這次趕到了遙遠的突尼斯。以色列時任國防部長艾里爾・夏隆（Ariel Sharon，編按：日後成為以色列總理）對此並不滿意，他憤世嫉俗地決定放手讓以色列的黎巴嫩盟友，馬龍尼禮教會（Maronite Christian）來對付巴勒斯坦人，屠殺黎巴嫩在薩布拉與沙提拉兩座巴勒斯坦難民營內的七百到一千名無辜難民。在包含美國在內的國際聲討中，聯合國再次部署了維和部隊，這回還包含了數百名美國海軍陸戰隊士兵在內。

巴勒斯坦解放組織與它的盟友多年來一直在兩條戰線上發動攻勢：不僅直接對以色列發動戰爭，而且也間接打擊旅居國外的以色列公民與外國籍的以色列同情者。恐怖主義就像是條多頭蛇：雖然巴解在黎巴嫩之役中遭到重創，但是一九八〇年代裡卻出現了好幾個新的恐怖組織，例如阿布・尼達爾組織（Abu Nidal Organization）、解放巴勒斯坦人民陣線（Popular Front for the Liberation of Palestine）、黎巴嫩真主黨（Hezbollah）與哈馬斯（Hamas）。巴解主要是受到民族主義與馬克思主義的影響，而新一代的恐怖組織則主要認同於伊斯蘭極端主義。他們選擇採用與一九六〇到一九七〇年代不同的戰術，更常運用自殺式炸彈，也更願意攻擊美國人——也許後者又比前者更重要。因為在多數國家的多數案例裡，大多數犯了謀殺罪的恐怖份子就是在「找死」，要麼身為現行犯而遭格殺，要麼之後會獲罪而被處死。那些一度為九一一事件中「為了殺死別人而甘願自殺」的恐怖份子行為所困惑的專家們，忘記了歷史上早已有許多先例。[61] 但真正重要的是，恐怖份子現在已經把美國人視為合理的攻擊目標。這一現象的轉捩點發生在一九八三年四月十八日，一名自殺人肉炸彈襲擊了美國駐黎巴嫩貝魯特的大使館，造成六十三人死亡，包括美國中情局在中東地區的整個情報小組。[62] 六個月之後，一輛滿載TNT炸藥的自殺卡車衝入美國海軍陸戰隊駐紮的黎巴嫩兵營，造成兩百四十一人死亡。同樣地戰術在襲擊美國駐科威特大使館時又導致了四人喪生。

九一一恐怖攻擊事件的衝擊實在太大，以至於人們很容易就忘記，國際恐攻的頻率高峰其實是在一九八〇年代中期，此後便一路下降至今（見圖九）。一九八七年的恐攻數量是二〇〇二年的三倍（雖然此數字在一九九四到一九九五年間些微下降）。但與此同時，以美國人與美國利益為目標的恐攻比率正在上升。如表四所示，一九九一年來跨國恐攻的傷亡人數已超過十分之一是美國人。紐約世貿中心其實曾在一九九三年就首度遭到恐怖攻擊，接著是一九九六年美國駐沙烏地阿拉伯的兵營被炸，一九九八年八月美國駐肯亞首都奈洛比（Nairobi）與坦尚尼亞首都三蘭港（Dar-es-Salaam）的大使館先後被炸，以及二〇〇〇年十月停泊在葉門亞丁港的美國「科爾號」驅逐艦（*USS Cole*）被炸。一九九九年九月，由哈特（Gary Hart）與魯德曼（Warren B. Rudman）兩位聯邦參議員擔任主席的美國國家安全委員在報告中警告：「恐怖份子與其他不滿美國的勢力即將獲得大規模毀滅性武器，某些人會使用這種武器。有可能會發生大量美國人死於美國土地上的事情。」這個警告絕非危言聳聽。[63]

再次重申，九一一事件的驚奇之處只是在於這類攻擊尚未在美國本土發生過。美國多年來資助以色列，也在伊朗支持過伊朗國王的政權，還在阿拉伯半島部署軍隊。不管是哪一個中東恐怖組織，都不乏攻擊美國的動機。

二○○一年九月十一日讓普通美國人認識到的事實，早在好多年前為專家們意識到了。美國不僅僅是恐怖份子的攻擊目標，而且是一個非常容易攻擊的目標。恐怖主義本身並不新，但恐怖份子在今天有著驚人優勢。科技進步讓恐怖份子能以極低的成本造成巨大破壞，因此恐怖攻擊的傷亡只會越來越多。[64]卡拉希尼柯夫自動步槍（ＡＫ47）只要幾百美元就能在市場上買到。核彈頭的真實成本（當然是指產出相當於千噸ＴＮＴ炸藥的能量）已經

圖九　**國際恐怖事件總數**（1977–2002 年）

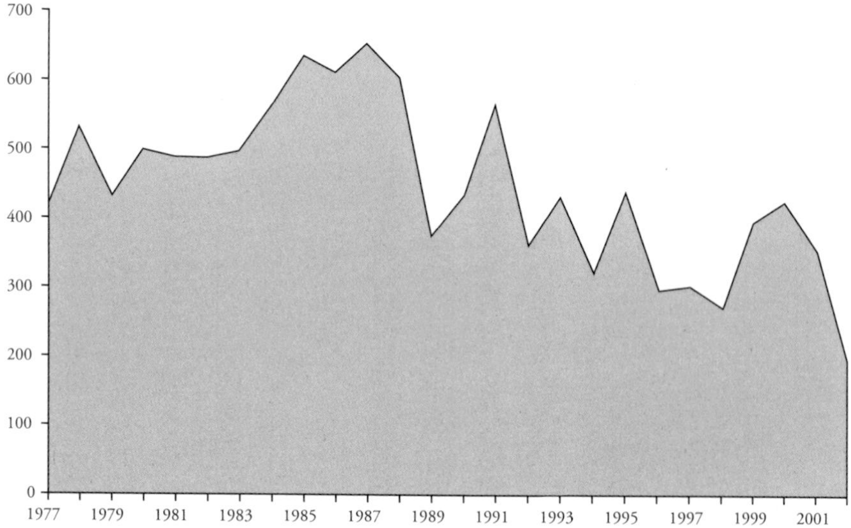


Source: Department of State, *Patterns of Global Terrorism*, various issues, http://www.usis.usemb.se/terror/.
There was no shortage of motivations for an attack by one or other of the Middle East's terrorist groups.

下降到了自「曼哈頓計畫」以來的新低。一九四五年第一枚原子彈的造價約二十億美元。轉換成一九九三年的價格，這個數字要再上升十倍，足以購買四百枚三叉戟二型彈道飛彈。[65] 法國人能夠只增長不到百分之七的國防預算，就加倍其核武儲存量（從一九八五年的二二二枚核彈頭上升到一九九一年的四三六枚核彈頭），這一事實本身就足以說明核武價格不斷下降的問題。[66] 然而，蓋達組織並不需要如此精密複雜的武器，就能夠摧毀紐約曼哈頓最高的建築物：他們只需要上幾節飛行課與準備幾把美工刀。在本書寫作之際，只要不到九千美元就能租到一架飛機、飛上八十小時外加飛行指導。而一把附有六枚刀片的美工刀，市價只要二點一一美元。一小夥人以微不足道的現金花費，就能夠殺死三千一百七十三人，[67] 造成二七二億美元的直接經濟損失。與事件當下預估會導致GDP下降百分之五相比，這樣的損失其實只佔國民收入累計損失的一小部分。根據保險業的估計，這場災難的最

表四

| 年份 | 總攻擊次數 | 總傷亡人數 | 每次攻擊傷亡人數 | 北美攻擊次數 | 北美傷亡人數 | 美國公民傷亡人數 | 傷亡人數中美國公民百分比 |
|---|---|---|---|---|---|---|---|
| 1991 | 565 | 167 | 0.3 | 2 | — | 23 | 13.8 |
| 1992 | 363 | 729 | 0.2 | 2 | 1 | 3 | 0.4 |
| 1993 | 431 | 1,510 | 3.5 | 1 | 1,006 | 1,011 | 67.0 |
| 1994 | 322 | 988 | 3.1 | 0 | — | 12 | 1.2 |
| 1995 | 440 | 6,454 | 14.7 | — | — | 70 | 1.1 |
| 1996 | 296 | 3,225 | 10.9 | — | — | 274 | 8.5 |
| 1997 | 304 | 914 | 3.0 | 13 | 7 | 27 | 3.0 |
| 1998 | 274 | 6,059 | 22.1 | — | — | 23 | 0.4 |
| 1999 | 395 | 939 | 2.4 | 2 | — | 12 | 1.3 |
| 2000 | 426 | 1,196 | 2.8 | — | — | 70 | 5.9 |
| 2001 | 355 | 5,534 | 15.6 | 4 | 4,091 | 1,530 | 27.6 |
| 2002 | 199 | 2,738 | 13.8 | — | — | 61 | 2.2 |

Source：同圖九。

終成本據說介於三〇〇到五八〇億美元之間，同時重創美國航空業與旅遊業。納稅人不僅要替重建工作買單，還要替航空業緊急援助與遽增的國防開支買單，同時需要支付維護「國土安全」所產生的巨大花費。[68] 由於市場多變性與不確定性增加，安全成本與保險風險成本上升，九一一事件的長期成本恐怕難以實際估算。[69]

與許多人曾擔憂的不同，美國經濟最終承受住了這個打擊。從嚴格的經濟角度來看，我們可以拿九一一事件與嚴重的自然災害相比：昂貴，但並非負擔不起。這起事件的影響，也遠遠小於一年半前股市泡沫導致的通貨緊縮。[70] 若再與美蘇爆發衝突的成本相比（如果冷戰轉熱的話），這些損失數字也的確微不足道。我們不能因為第三次世界大戰沒有爆發，就誤認蓋達組織是比蘇聯共產主義更危險的敵人。我們已經看到，美、蘇兩大集團的意識形態間存在某些相似性，但史達林、赫魯雪夫與布里茲涅夫的軍事實力遠遠不是賓拉登可以相提並論。蘇聯的攻擊可以造成數十萬、甚至數百萬計的美國人死亡，更不會僅止於摧毀兩座高樓，而是能毀滅好幾座城市。蓋達組織的問題不在於它是個巨大威脅，而在於它是一個又小又有組織，且具擴散性的威脅。這些特性讓我們難以將其定位，難以消滅，也難以與之談判。於是，雖然我們對「絕不允許九一一事件這樣的人禍再度重演」有著高度共識，但同時卻也不禁要懷疑，我們也許不可能完全避免類似的災禍再度發生。

## 九一一事件並不是歷史轉捩點

一九三〇年代的人們曾經有過一個迷思：「轟炸機總是能突破一切障礙。」[2]今天的恐怖份子也一樣，其「總能得手」的神話也同樣只是迷思。只要能透過強化警力與談判手腕雙管齊下，就算無法完全根除國內的恐怖活動，至少也能夠使其趨緩。以歐洲為例，歐洲在一九七〇年代也曾出現相當嚴重的恐怖主義活動：從少數民族的分離主義（愛爾蘭和西班牙），到極端馬克思主義者也好（義大利、德國和希臘），都曾利用恐怖主義手段發動暗殺或毀滅行動。而到了今天，除了簡稱「埃塔」（ETA）的西班牙巴斯克分離組織之外，歐洲絕大部分犯有恐怖主義罪行的組織若非已遭逮捕，就是被排除在社會之外或已棄絕暴力。恐怖主義事件的數量已經大幅下降。[71]儘管離統一全愛爾蘭的目標尚遠，但北愛爾蘭共和軍仍已遭到裂解，其領導階層最終也被迫在彈藥箱與投票箱之間二選一。一九六八年那世代的極端左翼份子皆已陸續過世、進了監獄或是被政府收編（他們面對權力的誘惑時就神奇般地溫和起來）。當面臨鎮壓和接受談判的選擇就擺在眼前時，沒有任何恐怖主義運動能夠逃脫分裂的命運。

這種對付恐怖主義的方式也能用在中東嗎？很難，因為目前看來以色列在中東只想尋求軍事手段來解決問題。[72]以色列和巴勒斯坦之間的暴力衝突自二〇〇〇年九月「阿克薩」群眾起義以來（到本書撰寫之時），已在以色列及其佔領土地上奪走了將近三千條生命，包括兩千多名巴勒斯坦人與七百多以色列人死亡。[73]艾里爾．夏隆政府在絕望之餘，被迫在巴勒斯坦人定居地周圍建造城牆。烏布利希（Walter Ulbricht）的東德政府與維沃爾德（Hendrik Frensch Verwoerd）的南非政府，顯然啟發了夏隆政府的政策。「柏林圍牆」貫穿聖地，留下了新的種族分離政策印記。

然而，只要有國家願意資助，中東的恐怖主義就不會停止。國際恐怖份子主義（或者說得更為準確些，是針對美國的國際恐怖主義）的前提就是跨國援助。阿富汗、古巴、伊拉克[74]、伊朗、利比亞、蘇丹和敘利亞均曾支持恐怖組織活動，這早在九一一恐怖攻擊事件發生以前就已不是祕密。要阻止恐怖主義，就必須透過干涉這些國家的內部事務。這種干涉在冷戰期間並不容易，因為美國在那個時候的任何舉動都會引發蘇聯反制。但即便蘇聯垮臺後帶給美國意想不到的「獨霸」地位，[75]美國決策者仍然僅能對那些國家施以象徵性懲罰。一九八六年四月，雷根總統下令對利比亞的五個目標進行空中打擊，用國防部長溫伯格（Caspar Weinberger）的話來說就是「給格達費上一課，讓他知道以國家形式支持恐怖主義得要付出很大的代價」。[76]十二年後的一九九八年八月，柯林頓總統還在採用同一套方法，來回應肯亞與衣索比亞美國大使館遭到恐攻的事件：發射飛彈攻擊阿富汗與蘇丹境內那些與「恐怖份子有關的設施」。[77]這些舉動收效甚微。事實上，發射巡弋飛彈去攻擊一頂（空的）帳篷的畫面似乎成了美國無能的象徵，這種戰術後來被柯林頓的繼任者小布希總統看作「笑話」。[78]

美國從一九八〇年代開始，對自己軍事實力的信心與日俱增。一九八〇年四月是美國人信心的

[2] 編註：此語出自英國首相史丹利．鮑德溫，意在突顯倫敦面對空襲時的脆弱。他這番話呈現了當時英國人如何想像空權在未來戰爭中所扮演的角色。

最低點：當時美國企圖空降營救在德黑蘭被劫持的美國人質，結果卻恥辱性地失敗。五角大廈於是進行了重要改革。美國在中美洲繼續從事一系列反共的祕密行動：援助尼加拉瓜反對派挑戰一九七九年上臺的桑地諾政權、資助薩爾瓦多反共政府、把宏都拉斯變成一座美國軍營。[79]總而言之，美國隊中美洲地區仍然採用老一套的「我們自己的狗娘養」方式，只是以冷戰式的花言巧語當點綴，新瓶裝舊酒。大眾很明顯對此缺乏興趣；一項民調顯示，近三分之一的美國人以為反桑地諾戰爭發生在挪威。[80]比較有新意之處，是一九八〇年代美國開始了更赤裸裸的干涉行動。一九八三年十月，為了阻止當地左翼發動的政變，雷根總統下令全面入侵加勒比海地區一個非常小的島國格瑞那達。此次行動代號「緊急憤怒」（Urgent Fury），暗示美國採取軍事行動的心態已發生了微妙變化。[81]干涉格瑞那達的六年後，老布希總統下令推翻曼紐・諾瑞加將軍（Manuel Noriega）在巴拿馬的獨裁統治。雖然美國先前的確曾經同意在一九九〇年以前將巴拿馬運河移交給巴拿馬政府，但諾瑞加宣布前年五月的大選結果無效一事，最終成了兩萬五千名美軍全面入侵巴拿馬的正當理由。[82]這個命名為「正義之師」（Operation Just Cause）的軍事行動標誌著全新開端：使用壓倒性的軍事力量，以單邊行動推翻（而不再是扶持）一個獨裁政府。

美國這份全新的自信，至少有部分來自國內。美國國防部在一九八六年推動《高華德－尼可拉斯法案》（Goldwater-Nicholas Act），重構了美國軍方的指揮結構，將美國參謀長聯席會主席提拔為總統的主要軍事顧問。更重要的是，美國在五大戰區都新設了「聯合作戰司令部」，每個司令部皆對其地理區域內的所有軍種全權負責。[83]尤其需要指出的是，美軍原先的聯合快速反應部隊如今被轉型成全新的中央司令部。所謂「中央」，其所指已經超出一般地理的範疇。[84]這波國防結構重組描繪出一幅具有深意的圖像。美國顯然並沒有打算把軍隊均勻部署在五大戰區，例如負責非洲之角到中亞這塊重要區域的中央司令部，就沒有多少可供調派的部隊。結果之一便是擁有高度機動性的特種行動部隊的重要性不斷上升。[85]值得注意的是，當這些新單位獲得大量預算時，正好也是國務院經費被大幅刪減的同一時間。[86]這意味著美國重新思考戰爭之道的嘗試（或者說，從越戰中學到教訓），已化為軍事教範的成果。小布希時期的參謀長聯席會主席科林·鮑爾清楚說明美國記取了哪些教訓：未來指揮戰事的將官們將不用「再默默忍受一場三心二意、缺乏理由讓美國人民能夠理解與支持的戰爭」，這種越戰般的情景絕不能再今後重演。從今以後，「只有在美國或盟友利益生死攸關時才會考慮出兵海外」。而一旦需要動用「出兵海外」這個最後手段，美軍就必須「全力以赴，並懷有制勝的明確意圖」，並應當被給予「明確的政治與軍事目標」。但「如果有必要」，其方法與目的都「必須不斷進行評估和調整」。而且，美國必須「合理保證美軍會獲得美國人民與國會代表的支持」。（鮑爾後來為了確保國會支持，便增加了一條美國所有干涉行動都應當要有「退場策略」的但書）。[87]

鮑爾強調有必要設定明確目標的想法是誠摯且有益的。他直白表明，美軍不會在他的領導下重演一九八三年遠征黎巴嫩那般可恥的失敗。但我們不該忘記，鮑爾心中所想的對外干涉，其實有賴於全球戰略背景發生根本的改變。柏林圍牆才倒塌一個多月，美國就入侵了巴拿馬。這兩件事情會幾乎同時發生，根本不是巧合。[88]在過去，是蘇聯的威脅才迫使美國傾向於低調干涉，通常是為了保護可信賴且反共的拉丁美洲獨裁者。但隨著蘇聯崩潰，美國已經可以採行公開干涉的策略，或至少高調地代表全世界任何地方的民主勢力進行干涉，而無須局限於拉丁美洲。無論從哪個角度來看，「九一一」都不是歷史的轉捩點；歷史真正的轉捩點是「一一九」：一九八九年十一月九日東德革命後，蘇聯領導人戈巴契夫顯然不願（也不再能）靠著把坦克開進東歐城市來維持蘇聯帝國了。考慮到德國的重要性，兩德在西德主導下統一曾經是蘇聯前領導人們最黑暗的夢魘，但如今卻現正上演著。這意味著美國已經不必太顧慮蘇聯，而能放手干涉世界。一九八九年十二月二日，美國總統老布希與蘇聯總書記戈巴契夫正式宣布冷戰結束。十二月十九日，入侵巴拿馬於焉開始。

當海珊在一九九〇年八月二日入侵科威特時，他無意間替美國製造了一個機會，能夠用稍早前對付巴拿馬的辦法來對付他。但真的只是如此單純嗎？中東畢竟不是中美洲，即便面對處於危機之中的蘇聯，前者的爭議性仍然高出很多。美國單方面政變巴拿馬的舉措，僅在國際上激起幾聲嘀咕般的抗議。但干涉伊拉克則不同，關鍵理由有二：首先，人們普遍認為（在一九九〇年幾乎是全世界公認）干涉中東會需要取得聯合國的批准和認可。其次，即便聯合國一致批准和認可，此決議的正當性也不會被蓋達組織等無政府「伊斯蘭布爾什維克主義者」接受。因為，美國並不是這場抗蘇冷戰中唯一的勝利者。在那遙遠、幾乎被人遺忘的阿富汗首都喀布爾的廢墟裡，蓋達組織也獲得了勝利。[3]

在整個二十世紀裡，美國的地緣政治焦點反覆變化了好幾次。美國在二十世紀初是個西半球帝國，影響力東至加勒比海，南入中美洲，西達太平洋。到了二十世紀中葉，美國被迫勉強將勢力範圍延伸到歐洲。在冷戰的大部分時間裡，保障西歐的安全看起來比亞洲或加勒比海更加重要。然而，出於以色列、石油與恐怖主義等原因，中東正逐漸轉變為美國戰略中心。冷戰結束後，軍事實力強大的美國得以有機會對付一個或多個該地區的危險國家，這些國家不只威脅以色列，還佔據石油與資助恐怖主義。問題已經不是美國要不要對這些公開宣稱的仇敵採取行動，而是美國究竟會自己硬幹，還是會與傳統盟邦們合作。

[3] 編註：蓋達組織本身就是一九七九年蘇聯入侵阿富汗的產物，其帶領阿富汗人抵禦蘇聯入侵長達十年。所以他們自然也認為自己促成了蘇聯瓦解。

# 第四章　光榮多邊主義

一個沒有視野的地方。

——前駐聯合國大使兼安理會主席、委內瑞拉外交官阿里亞（Diego Arria），他如此形容那間永遠拉上窗簾的安理會祕密會議室。[1]

我們能夠自己單邊硬幹當然好啦，但就是做不到。

——國務卿鮑爾對小布希總統如是說，二〇〇二年八月五日[2]

## 美利堅合眾國和聯合國

真正的帝國需要同盟嗎？或者說，它能否隻手獲得世上任何想要的東西？在許多評論家看來，伊拉克海珊政權對世界的威脅塑造了「單邊主義」和「多邊主義」的二分法。美國在整個一九九〇年代都是透過「國際社會」的體制在與海珊政權打交道。「國際社會」是個模糊詞彙，原本是指聯合國，但在現實中卻時常被用來稱呼「那幾個反美的國家」。批評老布希總統的意見認為，老布希總統太過在意國際社會的反應，才會在一九九一年把伊拉克趕出科威特後未能按照聯合國授權接著入侵伊拉克與推翻海珊政權。十二年後，批評小布希總統的意見卻完全反過來，批評小布希總統對國際社會的反應太掉以輕心，才會在沒有獲得聯合國明確授權前就下令入侵伊拉克、推翻海珊統治。在這些評論家眼中，美國應該要學習法國政府的一貫立場，也就是以多邊主義途徑來解決伊拉克問題。

但這個二分法是錯誤的，原因有好幾個。首先，美國在二〇〇三年入侵伊拉克其實擁有國際法的合法基礎，這場行動還得到大約四十個國家以各種方式支援。[3] 沒有任何國家強烈反對推翻伊拉克政權，或是站在伊拉克政權這邊，頂多只能用「修辭」這項最廉價也最無效的武器來反對美國。第二，我們很難把法國政府描述成「多邊主義」的道德典範，此舉的荒謬程度不下於把聯合國安理會看作是國際關係裡正當性的唯一來源。事實上，伊拉克危機的起源就是聯合國，尤其是聯合國安理會在過去十三年來對伊拉克抱持的模糊態度。隨著冷戰結束，這十三年來能夠在「國際新秩序」中扮演重要角色的，就是在美國支持下的聯合國。那些在今天故意抬高聯合國地位、批判美國做法的人，實在是選擇性記憶。忽略聯合國該負的滔天大罪，而對美國所犯的小錯加以苛求，[1]實在是有欠公允。

維多利亞時代的英國政治家曾以「光榮孤立」來反諷英國在十九世紀晚期的外交政策，認為孤立對帝國來說並非理想的外交處境。[4] 然而，一九九〇年代的歷史卻告訴我們，過度依賴國際體制也有不利的一面。多邊主義同樣也沒有多「光榮」。

整體而言，聯合國可說是由美國創立的。「聯合國」三個字是小羅斯福總統在一九四一年底提議的，當時美國等二十六國正在為對抗軸心國而草擬共同宣言。三年半後，《聯合國憲章》在舊金山歌劇院被來自五十個創始會員國的代表們正式採用。聯合國會議的地點起初是在倫敦，但自一九五〇年代以後，安理會和聯合國代表大會便開始在紐約一棟由洛克斐勒家族捐獻的大樓辦公。雖然美國在一九九六年暫停繳納聯合國成員國會費（當時是由共和黨主導的國會發起），但美國仍在一九九九年恢復繳納，並付清部分拖欠的款項。[5] 直到今天，美國仍舊是聯合國最大的單一捐助者，這個狀況從聯合國成立以來始終未變。為期兩年的二十五點四億美元的聯合國預算中，有超過五分之一（百分之二十二）是由美國買單，這數字只比一九九九年之前的百分之二十五略低一些。此外，世界糧食計畫署的預算有一半是來自美國；聯合國維和行動、國際原子能機構、聯合國難民署的預算中，美國也出

---

[1] 編註：原文以聯合國犯下了「七宗罪」（cardinal sins）來對比犯下「可寬恕的輕罪」（venial sins）的美國。

了四分之一；世界衛生組織、聯合國兒童基金會和聯合國發展委員會中約五分之一的預算還是由美國貢獻的。光是二〇〇二年，美國就宣稱對聯合國體系下的國際組織捐款總計達三十億美元。[6]

重點是，聯合國這個機構並無法取代美國。聯合國是美國創造的，其資源要比美國政府少得多，因而其僅能被視作美國權力的補充。確切來說，聯合國的年度預算約僅相當於美國聯邦政府預算的百分之零點零零七、美國國防預算的百分之零點零零四與美國國際發展和人道主義援助預算的百分之十七點六。套句美國前國務卿歐布萊特（Madeleine K. Albright）的比喻，聯合國年度預算僅相當於「五角大廈每三十二小時的花費」。[7] 歐布萊特是美國在一九九三到一九九六年的常駐聯合國大使。因此，聯合國永遠也不希望與美國對立，也不指望會贏美國。只要雙方出現意見分歧，例如在國際法院的管轄權上，美國就只會按照自己的原則行事。[8] 雖然美國在小布希總統任內更常這樣幹，但這種事在過去早有先例。[9] 美國需要聯合國，但這並不表示美國需要簽署聯合國的所有國際協定。聯合國更需要美國，所以它必須容忍美國這位主要贊助者。如果美國徹底斷絕與聯合國的關係，聯合國在實務上將難以為繼。

然而，聯合國在今天的確有辦法制衡美國，答案就藏在「多邊主義」的面紗之後：透過安理會其他四名常任理事國的代表——或者該說是「過度代表」。它們是英國、法國、俄國等三個前帝國，以及一個至今仍存在的帝國：中國。是這四個國家，而非聯合國本身，擁有否決美國外交政策的權力，或是以「安理會決議」的形式來批准或認可所謂的「國際社會」。這項權力可以被單獨行使，也可以集體聯合行使。因此有些諷刺的是，只要有一個安理會常任理事國採取單邊行動，就可以否定多邊共識。美國之所以在二〇〇三年伊拉克議題上容忍這樣的事情，一方面是其自我約束的展現，另一方面也是出於自身利益的考量。聯合國安理會其實就像十九世紀大國外交部長的例行會議，是今天某些（但並非全部）大國追求自己利益的便利工具和交易場所。當美國的政策受到安理會認可時，安理會就是美國有用的工具。然而當安理會反對美國的政策時，安理會就只是美國麻煩的眼中釘。也許是因為安理會提供了一個舞臺，才讓那些前帝國安於自我感覺良好之中——這大概是因為常任理事國這個位置讓那些經濟正在崛起、但出於歷史原因而無法成為常任理事國的國家們感到刺眼。截至二〇〇四年，安理會其餘四個常任理事國的GDP總合約為四點五兆美元，略低於美國GDP的一半，也不到日本、德國、印度這三大非安理會成員國GDP總和的四分之三。

## 波斯灣戰爭

當海珊的伊拉克軍隊於一九九〇年八月二日入侵科威特，就此碰上歷史上的罕見時刻：聯合國安理會幾乎無條件支持美國反制伊拉克，儘管美國就算沒有安理會背書也會採取行動。接下來的六天之內，老布希總統宣布將在沙烏地阿拉伯部署美軍以保護該地區免遭伊拉克的進一步侵略。大批美軍於次年一月集結完成，老布希總統遂下令將伊拉克軍隊趕出科威特。經過六個星期的空戰，海珊的部隊在聯軍的壓倒性優勢下被趕回伊拉克，地面戰鬥幾乎只持續不到一百小時。

這場戰爭有五項重點值得強調。第一，很顯然蘇聯正處於瓦解的陣痛之中，因此美國在安理會的傳統障礙也就消失了。要不然蘇聯一定會像韓戰一樣反對美國的干涉政策。即便海珊的侵略行為明顯違反了《聯合國憲章》，但戈巴契夫之前的克林姆林宮一定會本能地反對「沙漠之盾行動」（Operation Desert Shield）與「沙漠風暴行動」（Operation Desert Storm）這樣大規模的美軍部署。而這回美國則不費吹灰之力就讓安理會通過一系列決議，要求伊拉克從科威特撤兵，對伊拉克的石油出口實行禁運，封鎖該國進口，更在最終授權了美國與其他成員國使用「一切所需的手段與方式來解放科威特」。第二，海珊低估了美國想要以決定性勝利來「一勞永逸地消除越南症候群」（如小布希總統所言）的堅定決心。[10] 結果就是毀滅性的地毯式轟炸加上四天的閃擊戰攻勢，就讓美軍以最少傷亡殲滅了伊拉克軍隊。美軍這次行動在於波斯灣地區部署超過一一〇萬大軍，傷亡僅一四八人。[11] 用中央司令部前司令安東尼・濟尼將軍的話來講：「沙漠風暴一舉成功……我們成功制裁了這個星球上唯一的蠢蛋。這傢伙實際上什麼都缺，卻還想跟我們抗衡，而且還對科威特做出沒有道德之事。」[12]

第三，正是由於害怕「越南症候群」再現，美國人才未選擇乘勝追擊，趁勢入侵伊拉克。參謀長聯席會主席科林・鮑爾敦促老布希總統停止地面作戰，使得至少半數以上忠於海珊的伊拉克共和國衛士得以逃出生天。美國在教唆伊拉克北方的庫德族和南部的什葉派穆斯林反叛海珊政權後，便袖手旁觀，坐看海珊政權輾壓庫德族與什葉派穆斯林反抗軍。[13] 美軍在波斯灣戰爭勝利後，至多只先替庫德族強行開闢一個安全區域，後來才在北緯三十六度和南緯三十二度之間建立兩個禁航區。這兩次行動（「安撫行動」〔Operation Provide Comfort〕與「南方守望行動」〔Operation Southern Watch〕）[14] 都是由聯合國安理會授權的多邊行動——並得到法國、英國與土耳其的參與。美國始終沒有放棄終結海珊統治的希望。一九九三年六月，由於先前伊拉克資助一項陰謀，意圖以自殺汽車暗殺正在訪問科威特的老布希總統，新任總統柯林頓遂下令針對巴格達施以導彈攻擊。[15]美國也積極執行聯合國限制伊拉克戰後軍事活動的決議。美國在一九九六年再對伊拉克發動進一步的導彈攻擊，以懲罰伊拉克侵犯北方庫德族安全區的行徑。一九九八年十二月，美國又因為伊拉克拒絕與聯合國特別委員會（UNSCOM）的武檢小組合作，再度以「沙漠之狐行動」（Operation Desert Fox）為名空襲伊拉克。[16]然而，局勢到了一九九〇年代末已經十分清楚：除了進行全面入侵之外，已經別無他法可以徹底剷除海珊政權了。美國也有理由懷疑國際武檢作業是否有效，是否真的能夠清除海珊政權努力獲取或囤積的「大規模毀滅性武器」（核生化武器的簡稱）。

第四，波斯灣戰爭對伊拉克以外的地區也造成了更深遠的影響。美軍在波斯灣戰爭勝利後，並沒有完全從中東撤兵。正好相反，如表五所示，美軍於一九九〇年代在當地的駐軍有增無減，從一九九三年的六千多人到二〇〇〇年的一萬六千人。作為美國海外駐軍的一部分，這個數字是美國承諾向該地派軍的三倍。尤其值得注意的是，美國派駐沙烏地阿拉伯的人員數量也不斷上升。與這些阿拉伯皇室邀請的臨時「賓客們」碰巧一起出現的，還包括一、兩百架軍用飛機。[17]這些數字低估了美國在該地的軍事存在感，因為這份數字還沒有把部署在波斯灣周圍的美國海軍船隻計算在內。這些數字也沒有算上沙烏地阿拉伯對美國與日俱增的軍事依賴：一九九〇年八月到一九九二年十二月間，沙烏地阿拉伯向美國軍火商簽訂了價值超過二五〇億美元的訂單。由於沙烏地阿拉伯的政治體制下的軍事參與度十分之低，其首都利雅德的安全得完全依賴美國的人力與軍力。[18]但正如同我們所見，沙烏地阿拉伯對美國日益依賴這件事，對於激進的伊斯蘭極端主義者來說，無異是火上澆油。早在一九九一年，包括薩法爾·哈瓦利（Safar al-Hawali，他是經常被賓拉登援引的權威人物）在內的沙烏地阿拉伯神職人員，就屢屢公開抨擊「西方世界企圖主宰整個阿拉伯與穆斯林世界的陰謀」。賓拉登正是出於對沙烏地阿拉伯當局過度依賴美國保護的憎惡（沙烏地阿拉伯政府拒絕了賓拉登的提議，不讓他帶領一支阿富汗式的游擊隊去對抗海珊），才會在一九九一年四月離開沙烏地阿拉伯，途經巴基斯坦與阿富汗到達蘇丹境內，抵達蓋達組織新建的大本營。[19]

波斯灣戰爭的第五項特點與伊拉克關係不大，而是以色列的邊緣化。老布希政府認為，美國不該把以色列當成對付伊拉克的軍事重心——甚至不該負擔補給、儲藏甚或醫療任務。[20]當海珊向以色列首都特拉維夫發射飛毛腿飛彈，以彰顯自己身為猶

表五　**美國在中東的現役軍事人員**（1993 年和 2000 年）

| | **1993 年** | **2000 年** |
|---|---|---|
| 海外駐軍總共人數 | 308,020 | 257,817 |
| 巴林 | 379 | 949 |
| 埃及 | 605 | 499 |
| 以色列 | 42 | 36 |
| 約旦 | 21 | 29 |
| 科威特 | 233 | 4,602 |
| 阿曼 | 26 | 251 |
| 卡達 | | 52 |
| 沙烏地阿拉伯 | 950 | 7,053 |
| 敘利亞 | 10 | |
| 土耳其 | 4,049 | 2,006 |
| 阿拉伯聯合大公國 | 25 | 402 |
| **總計** | 6,340 | 15,879 |
| 佔海外國家中所有部隊的百分比 | 2.1 | 6.2 |

Source: *Statistical Abstract of the United States, 1995* and *2002*.

太復國主義的頭號敵人時，美國更是積極阻止以色列的任何復仇行動。此外，老布希總統在「沙漠風暴行動」之後便立即向以色列施壓，希望打開巴勒斯坦問題上的談判僵局。為了達到此一目的，他再次重申美國信念，即任何和平都「必須基於聯合國安理會二四二號與三三八號決議，以及地區和平的原則」。[21]兩個月後，美國國務卿貝克（James Baker）語氣尖銳地指出：「對和平最大的障礙，就是以色列人移居巴勒斯坦的行為不但沒有趨緩，還在不斷加快步調。」由於以色列拒絕接受美國的條件，連帶使得美國價值一百億美元的擔保貸款化為烏有。[22]一九九一年之後，美國在實際上凍結了對以色列的援助，已展開的援助項目金額也逐步下降。曾經作為以色列GNP一部分的美援，到一九九九年已下降到只有一九九二年的三分之一強了。

## 別再說「絕不讓歷史重演」

在聯合國安理會的庇護之下，老布希總統極其嚴格地實現其創建「世界新秩序」的承諾。根據安理會決議的字面意思，伊拉克被從科威特驅逐，並受到圍堵遏制；以色列則被迫與巴勒斯坦和解。然而，美國已經在老布希總統於一九九三年卸任時走到了重要關口，迫使老布希的繼任者有必要重新審視美國與聯合國的關係——無論有多麼不情願與躊躇。

老布希總統遺贈了一顆定時炸彈給柯林頓政府，那就是美國捲入索馬利亞內戰。至少有五個不同派別的武裝團體參與了這場不斷惡化的衝突，試圖在一九八〇年代的大部分時間裡爭奪索馬利亞的控制權。但一直要到一九九二年末，眼看饑荒即將爆發，美國才真正牽扯進來。這回美國再一次帶著聯合國安理會的授權書（七九四號決議），派出一支由陸軍、海軍與海軍陸戰隊的混編特遣部隊。但美國人不是去打仗，而是去協助運送救援物資給最需要的地區。柯林頓總統最初的外交政策，是希望逐漸縮小這支部隊的規模，從兩萬六千萬人減到五千人。然而，當效忠於自詡為「索馬利亞聯合大會」領袖艾迪德（Mohammed Farah Aidid）的槍手謀殺了二十四名來自巴基斯坦的聯合國維和士兵後，安理會便發布最新的八三七號決議，批准逮捕艾迪德。出於對聯合國的責任，美國派遣了一支陸軍遊騎兵分隊，在精英三角洲部隊的支援下進入索馬利亞。

柯林頓總統就跟所有美國人一樣，都從越戰中學到教訓。只不過他所學的教訓與科林．鮑爾學到的不同。鮑爾認為，美國若沒有具備軍力上足以快速致勝的壓倒性優勢，也沒有取得國內民眾支持，就不應當出兵參戰。但柯林頓學到的教訓則更簡單明瞭：總統若要連任，任內就不能發生傷亡慘重的戰爭。「柯林頓主義」雖然未曾被直接言明，但這項準則就與「鮑爾主義」一樣簡單而激進：美國不應該從事任何有可能危及現役士兵生命安全的軍事干涉行動。柯林頓在整整八年任期內始終恪守此一信條。如圖十所示，在柯林頓總統任內，美軍現役士兵在敵對行動中因公殉職的機率小於十六萬分之一。他因而有五倍機率會被同袍殺死，十八倍的機率死於自殺，更有高達四十九倍的機率死於意外事故。事實上，一九九九年的美國年輕人待在中學裡還比待在軍隊裡更有可能因為遭遇槍擊而死。對柯林頓來說非常不幸的是，他所授權的第一場軍事干涉行動就已大敗而歸收場，並造成十八名美國人陣亡。人們如今稱這起在索馬利亞首都摩加迪休發生的慘敗為「黑鷹擊落事件」。

電影《黑鷹計畫》的編劇馬克・博頓認為，索馬利亞武裝份子能夠擊落兩架美軍直升機並不是僥倖，而是深思熟慮的成果。這兩架直升機被匆匆忙忙送上天，在光天化日下執行「擒獲」艾迪德與其黨羽的任務。博頓寫道：「所有敵人都會在戰鬥中暴露自己的弱點。對艾迪德的手下而言，美國遊騎兵的弱點非常明顯。他們不願意去死……要消滅遊騎兵，你得先讓他們願意面對面戰鬥，方法就是擊落一架直升機。從某種意義上講，美國人這種錯誤的自我優越感，加上不願意去死的弱點，意味著他們為了互相保護可以做任何事情。這是勇敢的行為，但有時也顯得有勇無謀。」[23]人們想必會從博頓的作品中獲得深刻印象，這些是他根據對此場夭折行動的倖存者採訪而成。但博頓前述的說法其實還不足以說明美軍的特色，那就是美國人還願意為了營救戰友的屍體而甘

圖十　執行任務過程中美軍現役軍人死亡表（按死亡方式進行分類）
（1993–2000 年）

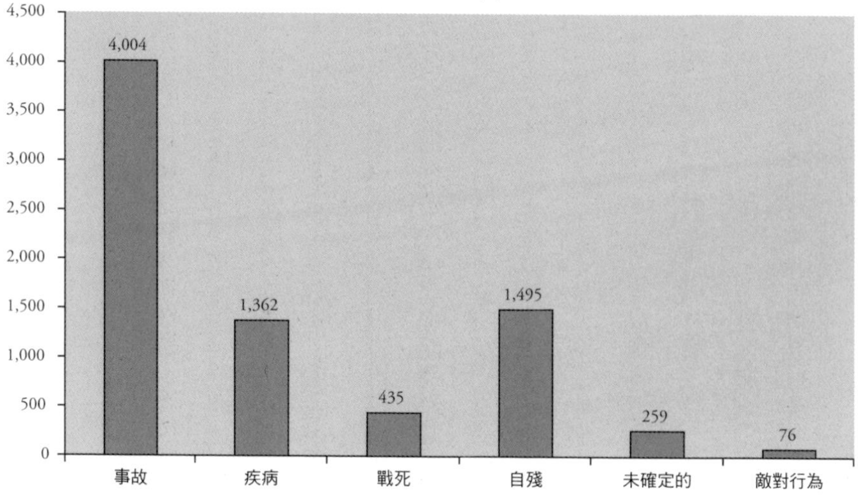


Source: U.S. Department of Defense.

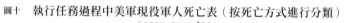

冒生命危險。[24]更讓人玩味的是這番話背後的言外之意，那就是遊騎兵甚至願意為此準備好無差別地屠殺索馬利亞人。《黑鷹計畫》最糟糕的情節不是十八名美軍戰士陣亡，而是有更多毫無防備的索馬利亞男女老少遭到驚慌失措的美軍遊騎兵殺害。

柯林頓對這起事件的回應方式，帶有著美國歷來軍事干涉的一貫特色。他先是派軍增援，但同時又明確宣布了撤離日期。六個月之後，抓捕艾迪德的計畫便被悄悄放棄了。事實上，艾迪德在黑鷹擊墜事件的幾個星期後便乘坐美製軍用運輸機到衣索比亞去參加一場和平會議了。[25]美國這種軍事干涉方式會有什麼問題，想必已是不證自明：索馬利亞的軍閥們既然確定美軍不久就要走人，這自然會打消他們任何妥協的念頭。一九九四年九月，類似的情況又再次上演。這回柯林頓政府再度執行聯合國安理會決議（九四〇號），派遣兩萬名兵力前往海地。此次行動目標是幫三年前被反政府的軍方罷黜的海地民選總統亞里斯第德（Jean-Bertrand Aristide）恢復職權。六個月後，美國將責任移交還給聯合國，僅留下幾百人在島上。這使得亞里斯第德總統得以繼續維持海地政治的常態：偷竊、謀殺、脅迫、腐敗。

海地是單一民族國家，當地百分之九十五的人口都是非洲奴隸的後裔。所以當地大概不會出現大規模種族滅絕這種事，只可能出現大規模兇殺案。「種族滅絕」（genocide）一詞，意味著殺害一整支民族或一整個部落的人，其嚴重性在一九九〇年代期間變得越來越突顯。這個詞彙的誕生可以追溯到一九四四年，是由拉斐爾・萊姆金（Raphael Lemkin）在《軸心國在淪陷歐洲的統治》（*Axis Rule in Occupied Europe*）一書中率先使用。萊姆金是納粹所迫害的一名波蘭裔猶太難民，他的家族成員幾乎全都喪命於猶太人大屠殺（包括雙親在內的四十九名親屬都遭到殺害，只有他兄弟與兄嫂一家倖存）。萊姆金單槍匹馬發起一場運動，讓這個全新辭彙成為戰後國際法的重要基礎。到一九四八年時，萊姆金似乎已經成功了。聯合國大會不僅在一九四六年口徑一致地譴責種族滅絕，更在一九四八年再次全體通過《防止及懲治殘害人群罪公約》（Convention on the Prevention and Punishment of the Crime of Genocide）。[26]

然而，萊姆金的計畫出現了一個致命缺陷。那就是美利堅合眾國這個收容與庇護他的國家，居然拒絕批准這條聯合國公約。無論是透過經濟施壓還是軍事干涉，美國都應當是最適合採取行動阻止大屠殺發生的國家。但在實際上，美國一直要到一九八五年才克服參議院對此公約的反對（雷根政府企圖藉此修補與參議院的關係，因為雙方關係在雷根訪問西德時惡化。當年雷根思考不周地造訪比特堡戰爭公墓，當時那裡還埋葬了四十九名納粹黨衛軍軍官的遺體）。如今強硬派的現實主義者們仍然主張美國不應當批准聯合國這項公約，因為這樣只會提高國際法庭的地位。議員赫爾姆斯（Jesse Helms）甚至試圖用所謂的「保留、理解與宣稱」等詞語來淡化這條公約裡的條款。但隨著對猶太人大屠殺的研究與紀念活動在美國文化領域變得越來越重要，這種現實主義觀點便不那麼受到尊敬了。民主黨與共和黨的總統們都爭先恐後地宣稱，種族大屠殺的歷史絕不能再度重演。卡特總統在一九七九年如是說：「我們必須與全體人類攜手，發起不可動搖的誓言：世人絕不能再對種族滅絕的恐怖罪行保持沉默，我們必須防止這類罪行再度發生。」雷根總統則在一九八四年對猶太人說：「像你們一樣，我就直截了當地說，絕不讓歷史重演！」柯林頓總統一九九三年在華盛頓猶太人大屠殺紀念館的開幕儀式上也說：「我們絕不讓這種事情再次發生。」不幸的是，「絕不讓歷史重演」在一九九〇年代最終變成了「每十年不得重演超過一兩次」。

一九九〇年代初期，南斯拉夫的多民族聯邦開始瓦解成十二個支離破碎的國家。我們沒有必要在此細說其原因，但仍有必要點出一項重要關鍵：南斯拉夫的崩解過程是如此暴戾，以至於對所有誓言不再允許另一場大屠殺發生（尤其不能在歐洲發生）的人們構成了重大挑戰。尤其是（雖然不完全僅限於）在波士尼亞與赫塞哥維納、克拉伊納（Krajina）與科索沃。一九九一年三月，塞爾維亞領導人米洛塞維奇（Slobodan Miloševic）與克羅埃西亞領導人圖季曼（Franjo Tudjman）達成了瓜分波士尼亞的協議（雙方長期以來一直有此打算），並導致了該地的穆斯林慘遭「清理門戶」（也就是種族大清洗）。正如圖季曼後來所說，當初的確打算「消除國內的穆斯林」，儘管穆斯林佔了波士尼亞人口的五分之二。自從原居於波士尼亞境內的塞族人在帕萊市（Pale）宣布獨立成塞族共和國（Republika Srpska），並開始攻擊波士尼亞首都塞拉耶佛的那一刻起（一九九二年四月），全世界就面臨了一場完全符合聯合國公約定義的種族大屠殺。[27]儘管衝突中的三方（編按：波士尼亞、塞爾維亞與克羅埃西亞人）都犯下了針對平民的暴行，但從最開始就有證據表明，大多數種族屠殺的行為是由塞族共和國政權與其在貝爾格勒的主子所為（編按：即指塞爾維亞共和國領導人米洛塞維奇）。根據美國國務院的資訊，戰爭期間有案可循的暴行中，只有百分之八是由波士尼亞穆斯林所犯下，且其所有罪行都無法與塞爾維亞預謀的大屠殺相提並論。這場最令人髮指的殘暴罪行是由塞族武裝部隊在斯雷布雷尼察（Srebrenica）犯下，七千多名波士尼亞男性穆斯林慘遭屠殺。

種族屠殺正在上演，聯合國去哪兒了？答案是聯合國就在那裡。事實上，聯合國維和部隊就在現場目睹這場慘烈的種族滅絕暴行。這個諷刺實在是離奇得很。

事實上，聯合國想要避免南斯拉夫內戰的努力，最初是交由英國前外相卡靈頓勳爵（Lord Carrington）主持的臨時國際會議負責。但到了一九九一年，聯合國轉而向美國人求助，向美國前國務卿范錫（Cyrus Vance）商榷聯合國維和部隊的部署問題。這支維和部隊將按時開赴克羅埃西亞，之後是波士尼亞。聯合國將特定城鎮標明為「安全地區」，並由維和部隊負責保護。與此同時，聯合國對包含波士尼亞在內的南斯拉夫全境實施武器禁運。這項舉措對波士尼亞的穆斯林極為不利，因為他們沒有辦法從內部獲得足以自衛的重要武器與其他必需物資；反觀波士尼亞境內的塞爾維亞人則能夠從貝爾格勒獲得可觀的協助。

我有必要在此提醒讀者，聯合國這種既悲慘又計畫不周的做法，歐洲大國得要負上很大一部分的責任。因為這些歐洲國家原先聲稱自己有能力解決南斯拉夫危機，而無須美國插手。照理說這就是所謂「歐洲時刻」，但歐洲一如既往地陷入意見分歧。德國外交部長根舍（Hans-Dietrich Genscher）還沉浸在一九九〇年德國統一所帶來的愉悅祥和氛圍，但他卻在隔年秋天突然承認了斯洛維尼亞與克羅埃西亞的獨立，正是此舉加速了南斯拉夫聯邦的瓦解。英國政府的態度與此相反，採取一種較為謹慎（或說恬不知恥）的中立姿態，並在衝突不斷升級時仍堅持拒絕在這場內戰中選邊，認為雙方誰也沒有取得道德高地，認為雙方的心靈都只是被「古老仇恨」佔據。接下來一連幾任英國外相都刻意忽略米洛塞維奇煽動塞族嗜殺成性的民族主義的確鑿證據，轉而全力阻礙任何有效的國際干涉——不管干涉來自何方。

事實上，老布希政府原本早在一九九一年冬季就已經擬好了一個「類似小伊拉克」的計畫，為軍事打擊塞族備妥方案。但美國最終仍決定相信歐洲人一回。美國國務卿伊格爾伯格（Lawrence Eagleburger）評論道：「歐洲人會把事情搞砸，然後就會學到教訓。」[28] 伊格爾伯格的繼任者克里斯多福（Warren Christopher）也傾向於在這個「來自地獄的難題」置身事外。一九九二年總統競選期間，柯林頓自己也認為不應當派遣美軍進入那片「內戰肆虐的險境」。[29] 這句話隨後在無數場合受到許多大人物附和，包括當時仍舊擔任參謀長聯席會主席的科林・鮑爾：「沒有一位美國總統會為了解決這樣一場莫名其妙的衝突而犧牲美國人的性命。」國防部長威廉・科漢（William Cohen）宣布美國不會只因為波士尼亞的戈拉日代城（Gorazde）失陷就介入戰爭，從而在無意間替塞族軍隊拿下該城開了「綠燈」。[30] 然而，建議軍事干涉的呼聲並沒有在華盛頓內消失。[31] 隨著波士尼亞陸續傳來悲慘的新聞報導，這樣的呼聲越來越高。

然而，憤慨的美國人仍舊花上好些時間才說服了綏靖的歐洲人。一九九三年五月，英國政府阻止了美國想要「解除武器禁運與對塞族發動空中打擊同步」（lift and strike）的提議。次年十一月，當美國單方面解除武器禁運時，英國外交部還表達強烈抗議。[32] 美國軍機開始將醫藥物資送往塞拉耶佛，並執行聯合國授權的禁航區決定（聯合國此舉彷彿種族清洗是由戰機執行的一樣）。但空襲塞族的立場仍舊遭到英國反對，因為英國人擔心空襲有讓聯合國維和部隊受到塞族報復的風險。一直要到斯雷布雷尼察這座本應受荷蘭維和部隊保護的小鎮發生大規模屠殺後，英國才（姍姍來遲地）改變立場支持美國干涉。如今，美國熱切堅持北約必須空襲塞族共和國。這項名為「慎重武力行動」（Operation Deliberate Force）的空襲計畫果然奏效。此時克羅埃西亞政府也向塞族軍隊發動攻勢，而米洛塞維奇卻與波士尼亞塞族領導人拉多萬．卡拉季奇（Radovan Karadzic）陷入意見分歧，所有這些因素都迫使塞族最終撤軍。

美國對波士尼亞的政策需要與眾多國際組織打交道，其框架之複雜堪稱疊床架屋。不僅要考慮聯合國，還要算上北約、歐洲安全與合作組織（Organization for Security and Co-operation in Europe, OSCE），以及西歐聯盟（Western European Union）。所有組織都想爭取自己在波士尼亞議題上的發言權。[33] 但人們仍有個深刻印象，認為聯合國才是要對誤判波士尼亞狀況負上最大責任的組織。而聯合國的失敗，在很大程度上是因為受到英、法這兩大安理會常任理事國的誤導，特別是英國（但我們仍須謹記聯合國是在法國總統席哈克的堅持下，才將所謂「安全區」交給一位法國將領指揮——結果該地就發生屠殺）。[34] 最後，草擬《岱頓協定》（Dayton Agreement）並具體落實、強迫頑強的塞族共和國在與克羅埃西亞和穆斯林停火後接受這份和約的，也不是前述任何國際組織的功勞。真正有功的是美國外交官李察．郝爾布魯克（Richard Holbrooke）所領導的美、英、法、德、義、俄六國聯絡小組。這個非正式組織就代表了十九世紀列強仍舊在今天行使其權力。[35] 法國外長事後以極其不在乎的語氣堅持道：「我們不能管那叫美國的和平。」他甚至要求把《岱頓協定》的名字改成《愛麗舍條約》。[36] 現實與法國外長所稱的完全不同。正是美國的空襲威脅才迫使塞族接受被分割後的波士尼亞中較小的部分。正是兩萬名美軍（囊括三分之一的北約執行部隊）的存在，才確保了塞族人沒有違背這項和平協定。

南斯拉夫聯邦的解體始於科索沃，也終於科索沃。正是在一九八九年慶祝科索沃波爾耶戰役（Battle of Kosovo Polje）六百週年紀念的集會上，南斯拉夫領導人米洛塞維奇揭露其已經從共產主義者變成了激進的民粹主義者。但日後發生在科索沃的情況有別於波士尼亞的戰爭，因為科索沃的民族組成絕大部分都是阿爾巴尼亞人（超過四分之三人口都是阿爾巴尼亞人，且由於其高出生率，這個比率在一九八〇年代還在上升）。儘管前南斯拉夫獨裁者狄托（Josip Tito）已在一九七四年授予該地居民自治權，科索沃依舊被視為塞爾維亞的一省。而雖然歐盟與美國在承認波士尼亞獨立上未見遲疑（這等於允許南斯拉夫聯邦的一個共和國分離出去），但他們卻覺得不能在科索沃獨立上如法炮製。麻煩的是，即便塞爾維亞人在波士尼亞問題上最終被迫妥協，他們卻選擇持續升高對科索沃阿爾巴尼亞人的暴力鎮壓，甚至再度訴諸於種族清洗：一九九八年三月，有八十五名科索沃阿爾巴尼亞人在德雷尼察（Drenica）遭到屠殺；十個月後在拉卡克鎮（Racak）又有四十五人遇害。當地主戰派的科索沃解放軍（KLA）因此獲得越來越高的支持，而不願為戰的阿爾巴尼亞人則開始出逃邊境尋求避難。

在歐洲安全與合作組織的努力斡旋下，各國在法國朗布耶（Rambouillet）擬定了折衷方案：將科索沃交由北約控制，三年後透過公民投票來決定科索沃的未來。換言之，這是一項暫緩裁決科索沃的憲法地位，以阻止當地暴力升溫的計畫。[37] 結果塞爾維亞當局拒絕這項提議。美國於是決定要「強迫」他們改變主意，美國空軍決定要傾盡全力空襲塞爾維亞（而非僅僅打擊位於科索沃的塞爾維亞部隊）。然而，這次空襲與波士尼亞事件相比有著三處不同。第一，柯林頓政府並沒有尋求聯合國安理會的批准。因此美國是以北約而非聯合國的名義參戰。第二，這次干涉行動很明顯侵犯塞爾維亞的主權，這也是為何美國沒有尋求安理會許可的原因所在。當時有許多評論家（包括我自己在內）都擔憂這場戰爭不僅違反了《聯合國憲章》第二條與《赫爾辛基協議》，[2]並且在實際上也違反了北約自身的防禦原則。[38]美國有絕對充分的理由進行干涉，因為是為了種族屠殺，但其正當性需要藉由聯合國的決議授權。第三，空襲導致了一項意料之外的後果，也就是使科索沃阿爾巴尼亞人的處境更為惡劣（本來應該是為了他們的利益而介入）。一九九八年十二月到一九九九年五月間，估計約有三萬名阿爾巴尼亞人被殺，並有多達一百萬人被迫流離失所——大多數都發生在一九九九年三月二十四日空襲行動開始之後。聯軍介入與宣戰之後，米洛塞維奇懷抱著希特勒式的決心繼續推行種族清洗，但他卻低估了美國的決心。在為期七十八天的空襲行動後，米洛塞維奇被迫投降。空中武力再一次證明自己，成功消滅了塞爾維亞的兵力。美軍地面部隊未發一彈便進入科索沃（五萬五千名科索沃維和部隊中有七千名美軍）。米洛塞維奇之所以願意屈服，很可能只是為了避免美國地面部隊真的發動攻擊，以支持科索沃解放軍。[39]

到了二〇〇三年人們多半已經忘記，那就是北約對塞爾維亞的戰爭其實並沒有獲得聯合國同

[2] 編註：皆明文寫到會員國與簽署國應尊重彼此主權、不該干涉他國內政。

意。聯合國是一直到戰爭結束後的六月十日（米洛塞維奇投降後的第二天），才透過聯合國一二四四號決議同意北約對科索沃的軍事佔領，並成立「聯合國駐科索沃代表團」（UNMIK）來管理科索沃省。另外一個普遍被人遺忘的事實就是，科索沃問題到本書寫作的當下都還沒有找到解決之道。儘管科索沃維和部隊贊助了「募捐長跑」，並發起其他幾項有益和平的活動，該省的暴力依然沒有完全停止：二〇〇三年八月兩名阿爾巴尼亞年輕人在格拉茲德巴奇（Gorazdebac）的一座塞爾維亞人聚居地遭到殺害。[40]目前也沒有任何跡象表明，塞爾維亞政府會放棄其對科索沃主權的聲稱。科索沃內戰只是暫時停火而已。[3]

無論如何，科索沃仍舊有幾件非常重要的事情值得進一步討論。容我在此引用葉禮庭這位科索沃戰爭中最敏銳的觀察家：「科索沃的人道干涉……案情並不如表面看來單純。這起人道干涉從來不只是為了阻止米洛塞維奇在歐洲後院羞辱人權這麼簡單，更是（美利堅）帝國為了支持一國少數民族的民族自決權主張——其主張包含透過暴力手段來確保國際社會的關注與注意力。」[41]誠然，正如馬克斯·布特所言，由於美國仍然受制於柯林頓政府的「零傷亡的思維模式」，美國其實只能「一邊貪小便宜一邊扮演帝國角色」，同時漠視空襲導致的「附帶損失」引發的國際糾紛（編按：指一九九九年美軍空襲南斯拉夫期間誤炸中國大使館事件）。[42]整起事件中最具有啟示意義的地方在於，美國人發現自己可以先斬後奏，即先以北約對塞爾維亞發動攻勢，回過頭來再尋求聯合國安理會的決議。幾乎同等重要的啟示是，美國負責統率北約歐洲盟軍司令部的衛斯理·克拉克將軍（Wesley Clark）意識到在北約框架底下辦事就像在聯合國框架下一樣棘手。[43]顯然，美國早在「九一一事件」前兩年的科索沃戰爭中，就已經展露其想要無拘無束進行軍事行動的念頭。

表面上看來，南斯拉夫內戰與伊拉克危機有許多共同之處。兩者都是一次大戰建立的多種族國家，皆由一九八〇年代下違反人權的殘暴獨裁者硬是給整合在一起。對這兩國實施經濟制裁同樣沒有令人滿意的結果。兩個案例同樣揭示了聯合國做為一個政治實體的局限，也都展示了美國令人畏懼的強大軍事實力。對許多觀察家來說，塞爾維亞戰爭的結論十分明確：只要米洛塞維奇與海珊繼續在位，塞爾維亞與伊拉克就仍會是暴力與動盪的根源。只有美國能夠實施顛覆這兩人統治的任務，但美國似乎又必須在沒有聯合國授權的情況下採取行動。44

一九九〇年代有許多對外干涉皆以人道主義之名行事，於是有些懷疑論者開始抱怨美國是在採取「人權帝國主義」。然而，真正違反人權的慘烈種族大屠殺卻遭到美國與聯合國令人痛心的漠視。那就是盧安達大屠殺：盧安達在胡圖族領導人的煽動下，對國內的少數族裔圖西族進行了系統性的大屠殺。

那些對聯合國這一國際組織抱持天真期待的人們，都應該被強迫去研究一下聯合國在一九九〇年代中葉的悲慘案例，好瞭解聯合國在面對盧安達發生一系列駭人聽聞事件時無所作為的態度，是如

[3] 編註：二〇〇八年，科索沃正式宣布獨立。二〇一〇年，國際法院判決科索沃的獨立並未違反國際法。如今全球已有接近一百個國家承認科索沃的獨立地位，而塞爾維亞迄今未放棄對科索沃的主權。

何導致這起至少五十萬人喪生的悲劇。眾所皆知，柯林頓政府害怕美國人傷亡的態度一如既往。美國人在一九九四年僅派出兩百名少得可憐的部隊抵達盧安達吉佳利機場，此一決定是基於「一名美軍士兵的生命大約等同於八萬五千名盧安達人」這一醜陋的計算。[45]美國堅持聯合國僅能派出盡可能少的部隊到盧安達。美國在聯合國決定是否派兵增援這一議題上採取拖延策略。美國堅持聯合國必須預付美軍派遣開支。美國拒絕干擾胡圖族電臺播送屠殺指令——當盧安達發生規模遠遠超出南斯拉夫內戰的種族大屠殺時，美國此項過失的確可恥。[46]然而，今天那些把法國總統席哈克視為「國際社會的良心」的人們，都應當反思一下法國在這起惡夢般的屠殺中扮演了何等角色。自一九九〇年代早期以來始終支持朱韋納爾・哈比亞利瑪納（Juvénal Habyarimana）領導的胡圖族政府、給予其軍事支持的，不是別國，正是法國。法國把盧安達鄰國烏干達對圖西族「盧安達愛國戰線」伸出的援手看作是「盎格魯撒克遜的陰謀」，認為烏干達人的救援干涉是為了打擊非洲的法語區。法國派軍幫胡圖族（包括大屠殺的作惡者們）在盧安達西南部創建了「安全區」。最後，當盧安達危機襲捲鄰近的法國附庸國薩伊共和國（編按：剛果民主共和國的前身），並且有機會拉下蒙博托元帥（Mobotu Sese Seku）這位後殖民時代最惡劣的暴君時，表達強烈反對並支持蒙博托的惡劣政權的，也正是法國。[47]一九九五年夏天，法國總統席哈克訪問紐約。他告訴聯合國官員說：「如果你想見識何謂愚蠢行徑，看看美國人就行了。」[48]這番話讓官員們大為尷尬。席哈克居然能夠如此大言不慚，實在勇氣可嘉。

## 克勞塞維茨再現

小布希政府早在九一一事件之前就對聯合國授權的軍事行動缺乏耐心。這位新總統闡明其意圖是避免「沒完沒了的軍事部署與目標不明的軍事任務」，以達到落實「井然有序且按部就班地從像科索沃與波士尼亞這樣的地方撤離」。小布希認為自己的政策是在「謙恭地提議我們的原則」，而不是「傲慢地強加我們的文化」。[49]當小布希還是總統候選人時曾經批評柯林頓政府的海外干涉，他並不是在批判海外軍事干涉本身，而是認為美國的干涉沒有必要在聯合國框架下進行。他在二〇〇〇年競選總統時說：「我認為美軍不應當被用在國家重建，而應該被用來打仗，贏得戰爭勝利。我軍應該要在對我方最有利的情況下，被用來推翻獨裁政權。但在這裡（指索馬利亞）卻被運用在國家重建上。」[50]對小布希來講，「國家重建」宛如髒話，因為它與聯合國聯繫在一起。而由美國領導的「政權變更」則是另一回事。

這兩者的重大區別在九一一恐攻事件之後變得更加明顯。小布希總統從一開始就堅決主張，無論是「策畫恐攻者還是收容恐攻者的政權」，都是美國進行報復的目標。如果阿富汗的塔利班政權不交出賓拉登與其他位於阿富汗境內的蓋達組織成員，美國就將推翻這個政權。小布希本人是美國政府的高級官員中最「衝動」的，他急切要求快速與果斷地推翻阿富汗塔利班政權。[51]他堅持美國應當更深介入反恐戰爭，而不僅是「對價值十美元的空帳篷發射價值兩百萬美元的飛彈，還只打中了駱駝的屁股」。[52]他也向美國中央情報局與國防部施壓，立即實地揮師進駐阿富汗。小布希想要以徹底的全面戰爭來回應恐怖主義的挑戰。

卡爾・馮・克勞塞維茨（Carl von Clausewitz）在一八三二年出版了《戰爭論》，他對戰爭的定義成了這部軍事經典中最著名的一句話：「戰爭不僅是政治行為，還是政治交流的延伸，也是透過另一種手段實現的政治交流。」他認為「政治才是目的，戰爭只是手段」。[53]毫無疑問，小布希政府比其前任更奉行克勞塞維茨的這句名言，準備好使用戰爭手段以達到其政治目的。當然，克勞塞維茨難以想像敵人會劫持飛機，或是運用髒彈（dirty bomb）、炭疽熱病毒與沙林毒氣，也難以想像敵人可以從曼哈頓到蒙巴薩，想打哪裡就打哪裡。用美國二〇〇二年出版的《國家安全戰略報告》來說，這場新戰爭中的敵人是由「虛幻的個人網絡組成。這些人能夠讓大洋彼岸的我們飽受巨大混亂與痛苦，而且還只要負擔比一輛坦克車還低的成本」。要跟這樣的敵人打仗，就只能悄悄地進行：在法蘭克福機場或破舊不堪的巴基斯坦廉價小旅館拘捕可疑人士，在巴格達別墅或巴勒斯坦後街刺殺他們。某方面來說，反恐戰爭與冷戰時期的間諜戰有著異曲同工之妙，只差沒有正規作戰的武器裝備，沒有排列密集的飛彈與坦克，只有更大廣角的相機，從藏在火柴盒裡的到在外太空軌道運行的都有。這場戰爭也像是十九世紀的「大博弈」（The Great Game，編按：用來形容大英帝國與俄羅斯帝國爭奪中亞的歷史），同樣也在中東、中亞與阿富汗進行，只不過現在多了些新奇「小玩藝兒」。畢竟要與擁有新科技優勢（小巧且威力強大的爆炸裝置）的恐怖份子周旋，現代的反恐戰爭就會需要同樣現代的情報優勢（例如前所未見的現代監控科技）。

如果克勞塞維茨在辨認反恐戰爭上有困難，那他想必不會錯認小布希政府所發起的另一場戰爭：對那些「收容」或支持恐怖組織的國家發起的軍事行動。在九一一事件發生前，許多人相信美國能躲在飛彈防禦體系背後，享受著經濟生產的成果，任由世界上某些無知愚昧的國家自我毀滅。九一一事件的結果之一便是永遠粉碎了這類幻想。因為那些曾被部分共和黨人視為可忽略的「流氓政權」與衝突四起的「失敗國家」，正好就是恐怖主義形成的溫床。採取軍事干涉來推翻那些惡劣的政府本身並不新奇，也並非不可行。這種戰爭正好就是維多利亞時代大英帝國的專長。典型案例就是英國打擊蘇丹馬赫迪的戰爭。當年瓦哈比教派的狂熱信徒在喀土木圍城戰殺死了英國將領查爾斯．戈登（Charles Gordon），由於戈登在英國坊間享有高知名度與影響力，這起打擊無異於維多利亞時代的九一一事件。馬赫迪也快就受到懲罰：他的大軍於一八九八年在烏姆杜爾曼（Omdurman）一場蔚為壯觀的不對稱戰爭中，慘遭規模小巧但裝備精良的英國遠征軍擊敗。[54] 這肯定就是小布希總統腦中的如意算盤。儘管美國針對阿富汗的政權變更並沒有現成方案，但中情局與中央戰區指揮部匆忙聯手拼湊了一個。[55] 空中打擊再次取得毀滅性的成果，但真正讓這場在阿富汗的「持久自由行動」（Operation Enduring Freedom）有別於其他軍事行動之處，在於中情局投入超過百名幹員與超過三百名特戰人員促成了阿富汗當地的北方聯盟反對塔利班政權，而且成功說服其他阿富汗軍閥轉換陣營。[56] 美國的首次空襲發生在二〇〇一年十月七日，距離世貿中心被炸以後還不到一個月。不到兩個月的時間，塔利班領導人就被趕出首都喀布爾。該年年底，哈米德．卡爾札伊（Hamid Karzai）宣誓就任臨時政府領袖。

美軍若要在阿富汗複製一場烏姆杜爾曼戰役，恐怕就連聯合國也無法反對——特別是在二〇〇一年下半年的激情氛圍下更不可能。畢竟塔利班自一九九六年五月起就在庇護賓拉登。儘管九一一攻擊行動的操作細節是由賓拉登的黨徒在歐洲與美國密謀的，但他毫無疑問仍是主謀。然而，塔利班政權卻拒絕引渡賓拉登。因此在聯合國看來，美國所為乃是正當的自衛行動。聯合國安理會早在二〇〇一年七月將塔利班政權描述為「國際和平與地區安全的重大威脅」（一三六三號決議）。九一一事件發生後的第二天，聯合國又於一項新決議中再次強調：「那些負責援助、支援或收容犯罪份子、犯罪組織與犯罪贊助者都得負連帶罪責。」（一三六八號決議）美軍入侵阿富汗後，安理會也故意迴避任何有關美國的話題，只是溫和地說些「支持阿富汗人民替換塔利班政權的努力」（一三七八號決議）。但由於小布希政府掌握時機籌組了一個新的阿富汗政府，安理會的其他成員也沒有什麼理由反對。其他北約成員國也樂得接受協助佔領戰後阿富汗的邀請。綜合前述理由，阿富汗的政權更迭大體上受到「國際社會」歡迎，儘管這項顯而易見的先例早就已經確立。

二〇〇二年六月，小布希總統在西點軍校的演講中重申了「先發制人」的古老戰爭構想。三個月後，這項構想在白宮發布長達三十三頁的《美國國家安全戰略報告》中得到更進一步闡述。副總統錢尼（Dick Cheney）如此表示：「若讓恐怖組織與殘忍獨裁者手中掌握大規模毀滅性武器……將會構成最嚴重的安全威脅」，因此總統將行使他作為三軍統帥的權力，搶先防範任何會對美國國家安全構成危險的「致命威脅」。「按照常理與自衛權來說」，美國將「採取行動將任何危險苗頭扼殺於襁褓之中」。[57]許多評論家抓住這一點，認為這種「布希主義」是危險且根本偏離了一九四五年後美國的一貫做法。[58]然而，這種先發制人的想法在面對威脅逼近時也許是必要的，更不是對美國政策的重大背離。[59]布希主義的激進之處，就是行動勝於理論。當小布希總統說他準備為自由而戰，並在「世界上任何一個角落」打擊恐怖活動時，他是認真要付諸實行的。如果擊敗恐怖主義的唯一途徑就是推翻資助它的政權，則小布希總統會毫不猶豫地這麼做。

誰將成為阿富汗後下一個打擊對象？共和黨內部在整個一九九〇年代一直有要求清算海珊政權的聲音。九一一事件發生後，國防部長倫斯斐馬上就敦促要針對伊拉克與阿富汗制訂反恐戰爭計畫。這個觀點得到副總統錢尼響應。小布希本來持反對意見。他堅持應該要先把焦點放在塔利班，因為他們窩藏了攻擊紐約與華盛頓的罪犯。但是，這並不意味小布希反對未來某一天改變巴格達的政權。他在二〇〇二年一月二十九日的國情咨文演說裡，非常明確地將伊拉克、伊朗與北韓這三國視為「邪惡軸心」與主要打擊目標。現在唯一的問題只剩下，小布希總統能否依賴既有的聯盟體系與多邊國際組織——順帶一提，他並沒有在自己的《國家安全戰略報告》中否認聯盟與國際組織的重要性。

要聯合國授權對海珊發動戰爭的正當理由實在不算少（甚至可以說太多）。伊拉克政府在整個一九八〇年代不僅發展了生化武器（海珊用芥子毒氣與沙林毒氣等化學武器來鎮壓哈拉卜賈省的庫爾族人），而且還企圖獲得核武。波斯灣戰爭後，負責確保伊拉克已經銷毀大規模毀滅性武器的是根據安理會第六八七號決議建立的聯合國特別委員會。直到其武檢小組確認伊拉克落實前述事項之前，聯合國會持續禁運伊拉克的石油出口。[60]但海珊政權卻打從一開始就阻撓特別委員會的工作。一次又一次，伊拉克宣稱製造了什麼被禁止的武器，結果經證實都是假的。一九九四年伊拉克開始停止與聯合國武檢小組合作，直到面對聯合國將採取軍事手段的威脅時，才同意調查人員繼續展開工作。一九九七年聯合國調查人員再次被禁止進入某些特定區域時，眼看軍事衝突已經一觸即發。直到一九九八年二月聯合國祕書長安南（Kofi Annan）飛抵巴格達從中斡旋，才化解了這場危機，並迫使海珊再次保證調查工作繼續進行。此次合作又只維持了幾個月。聯合國武檢小組的最終檢查報告是如此嚴厲，以至於引發美、英兩國空襲疑似是伊拉克生產大規模毀滅性武器的設施（沙漠之狐行動）。一九九九年另一支新的武檢小組（聯合國監測、查核及檢查委員會）成立，但自二〇〇二年十一月開始，這個小組同樣也不再被允許進入伊拉克。[61]

其他對海珊政權的指控包括：違反人權的行徑（如果說還不是種族屠殺的話）、支援恐怖組織（特別是阿布·尼達爾組織）、違反國際生化武器協定、試圖取得核武……這份指控清單實際上早在千禧年之前就已不斷延長，就只差是否參與九一一事件的關鍵證據。有鑑於海珊違反國際法與蔑視無數項聯合國安理會決議（四年內共計十七項）[62]，真正讓人疑惑的問題在於何以伊拉克沒有在二〇〇三年以前就受到軍事制裁？

答案就藏在安理會其他成員國的態度裡。有些人或許會認為常任理事國都支持美國解除海珊武裝的想法。英國的立場確實如此。然而，法國、俄羅斯與中國都巧妙地慫恿伊拉克不配合武檢。事實上也只有美國與英國在威脅巴格達，實施軍事行動對該政權進行調查。到一九九九年末，伊拉克武檢小組主席理查·巴特勒（Richard Butler）對安理會其他常任理事國的態度深感憤怒，憤怒到指責它們意圖「扼殺」特別委員會的武檢小組。[63] 其他常任理事國肯定不會對已經解散的調查案懷抱巨大熱情。法國尤其如此：這不是它第一次、也不是最後一次利用其在安理會的權力，不僅妨礙美國外交政策，更妨礙安理會實現其曾明言的目標。

過去一年來已經有許多人評論二〇〇三年美國外交的「失敗」。當美國發動伊拉克戰爭時，多位民主黨領導人指責小布希總統不稱職。「我太傷心了，我為這位總統外交上輸得如此之慘而感到悲哀。」參議院民主黨黨魁達希爾（Tom Daschle）如此動情地說道。「這可能是過去很長一段時間來，我們對同盟關係處理最不成功的一次。」民主黨籍眾議員霍耶爾（Steny Hoyer）如此總結。「我們什麼時候變成這樣一個忽略朋友與斥責朋友的國家了？我們甚至還認為他們無足輕重。」德高望重的民主黨參議員伯德（Robert Byrd）也這樣責問道。有更多理性評論家呼應這類觀點，特別是史丹利·霍夫曼（Stanley Hoffman）與前任柯林頓政府的外交政策團隊成員們。64 但我們也可以很公平地主張，小布希與其顧問團在方法上太過注重外交了。因為小布希政府並不希望採取單邊行動，重蹈「第二份決議」[4]的覆轍（這項決議當初果通過，聯合國安理會對伊拉克做出的決議就會達到二十二項了）。然而，美國「堅決推翻海珊政權」的政策核心目標是一貫的，最終也達成了這個目標。美國也的確是根據小布希總統在《國家安全戰略報告》中所設想的方式，透過建立臨時性的「自願聯盟」而獲得部分（儘管並非全部）傳統盟邦的支持，最終成功完成這個目標。美國的外交政策並沒有失

[4] 編註：指美國、英國與西班牙在二〇〇三年提出的決議案，是聯合國針對伊拉克的第十八項決議案，但被其他成員國稱為「第二份決議案」（在第十七項決議，也就是第一四四一號決議之後才提出）。由於法、中、俄等大國否決，此決議案很快便遭撤回。

敗，失敗的是那些自以為可以阻止戰爭或至少孤立美國的其他國家。

二〇〇二年下半年，小布希政府對海珊政權的耐心已經耗盡。早在八月二十六日，副總統錢尼就公開表示已經受夠了海珊政權「玩弄欺騙與躲避的遊戲」。肯尼斯．波拉克（Kenneth M. Pollack）在其《險惡的風暴》（*The Threatening Storm*）一書中總結道：「美國眼下唯一僅剩、謹慎且現實的選項，就是對伊拉克發動全面入侵，粉碎伊拉克的武裝力量，罷黜海珊政權並且銷毀這個國家的大規模毀滅性武器。」比起繼續採取制裁、武檢、劃設禁航區與部署美軍到伊拉克的周遭鄰國等圍堵作為，這是波拉克認為最為可行的選項。[65] 然而，美國仍然再次選擇將此議題提交到聯合國安理會——部分出於對英國首相東尼．布萊爾的尊重。[66] 結果便是安理會第一四四一號決議，該項決議列舉海珊的眾多罪責，指責他無視警告繼續犯罪，公然違抗且不與聯合國合作。此決議給伊拉克「最後一次按照安理會相關決議進行裁軍的機會」，要求伊拉克「在三十天之內準確、充分、全面地向安理會報告其所擁有的各種大規模毀滅性武器，並讓武檢工作得以繼續進行」。這項決議以安理會先前對伊拉克的警告作結：「如果繼續違反決議，〔伊拉克〕將面臨嚴重後果。」這個警告顯然不大有說服力。[67] 對美國人而言，促使美國對伊拉克採取軍事行動的最後一根稻草（或者該說最後一坨稻草），是伊拉克對一四四一號決議的回應：一份長達一萬兩千頁的聲明書，一一駁回聯合國安理會決議對伊拉克的要求。美國人甚至認為「那份聲明根本不足採信」。[68]

於是乎小布希總統與他的顧問們現在有兩個很好的理由採取行動：

一、伊拉克始終不願遵從聯合國安理會的決議，而且有可能（正因為伊拉克不願合作，所以沒有人能夠確定）繼續保有或恢復其使用與出口生化武器的能力。

二、海珊是一位血腥暴君，犯下反人道罪行（根本就已經是種族屠殺）。

姑且不論這些正當理由已足以發動一場解除伊拉克武裝或解放伊拉克的戰爭，美方還有三條支持更進一步採取行動的務實理由：

三、推翻海珊政權或許有助於打破中東和平進程的僵局，因為此舉對任何膽敢違抗美國的政權釋放了明確信號，既殺雞儆猴，還能除掉海珊本人。

四、用前國務卿萊斯（Condoleezza Rice）的話來說，創建一個民主的伊拉克可能是促成大規模「改造中東」的開始，使伊拉克再次成為其他阿拉伯國家的榜樣。

五、控制伊拉克能夠讓美軍在中東擁有另一個軍事基地，好讓美軍從沙烏地阿拉伯撤離（從而至少回應了伊斯蘭基本教義派的一項要求）。[69]

並非所有小布希政府的官員都接受這三條支持軍事干涉的補充論據，甚至就連國防部內部也存在意見分歧。然而，顯然總統自己已將這三條理由視為既合理且正當。為了實現這些政治目標，是時候將克勞塞維茨的理論用在戰爭上了。

接著，美國就遭到法國政府反對戰爭的抨擊。法方此舉雖不成功，但極具破壞力，並獲得德國與俄羅斯政府支持。一月二十日，詩人兼歷史學家的法國外交部長德維勒班（Dominique de Villepin）在安理會會後的記者會上宣布，法國不會「加入國際社會所不支持的軍事干涉」。[70] 兩天後，法國總統席哈克在法、德《愛麗舍條約》簽訂三十週年的慶祝活動上呼應了這個觀點。他稱讚近期再度當選德國總理的格哈特・施若德（Gerhard Schröder），讚許他利用反對美國在伊拉克展開任何「軍事冒險」的機會來搶選票的做法。接著，法國又在二月十日於布魯塞爾召開的北大西洋公約委員會上夥同德國與比利時，封殺了美國建議在伊拉克戰爭爆發時對土耳其提供安全援助的提案。就在同一天，俄羅斯總統佛拉迪米爾・普丁（Vladimir Putin）在巴黎訪問法國總統時，也宣告了俄羅斯反對戰爭的立場。

絕大數針對美國的譴責，都如雨點般落在國防部長倫斯斐頭上，因為他輕蔑地宣稱只有「舊歐洲」才會反對向伊拉克動武。我們事實上或許該這樣說比較準確：反對動武的是四分之一的舊歐洲加上美國在歐亞大陸上的老敵手（編按：即俄羅斯）。另一方面，願意支持美國立場的國家有英國、西班牙、丹麥、葡萄牙與義大利（長期都是歐盟成員），以及波蘭、匈牙利與捷克共和國等歐盟新吸納的三個成員國。它們支持美國的信件於一月三十日刊載在《華爾街日報》，信中指責安理會容許海珊「有系統地違反」眾多決議，並強烈暗示是海珊自己斷送了「解除武裝的最後機會」。這封信贏得了十個東歐小國的響應，包括波羅的海三國與保加利亞。因此，很明顯歐洲多數國家（總共十八個）都站在美國這一邊。這並不奇怪，因為聯合國武檢首席檢查官才剛在幾天之前強烈譴責伊拉克。這些信函發表之後，席哈克總統朝東歐幾個國家發了一頓無名火，可見法國已遭全面挫敗。[71] 此外，即使是那些不支持戰爭的歐洲國家，絕大多數也願意提供有限援助，諸如允許使用領空，提供反化學武器專家或人道主義援助。可以說，美國在這個緊要關頭犯下的最大錯誤，就在於聽信英國的話——小布希總統在英國首相的勸說下，決定另闢途徑尋求聯合國安理會的明確授權，希望能獲得決議背書後才動武。這就使大多數支持美國的歐洲國家無用武之地，因為當時除了英國，只有西班牙與保加利亞這兩國也是安理會理事國。而在世界媒體的眾目睽睽之下，其他非常任理事國（包括敘利亞、巴基斯坦、喀麥隆、安哥拉、圭亞那、智利與墨西哥）都不想使自己的國家被視為支持一場「美國人的戰爭」。諷刺的是，從這個角度來看，歐洲其實是安理會各大洲代表中最支持美國的。關鍵點是法國總統席哈克的否決。雖然法國並不是在安理會上正式投下否決票，而是經由法國電視臺發表否決意見，但法方的態度仍舊決定了這項英、美發起的「第二份決議」的命運，於是該決議案就被兩國給適時地撤回了。

就在第一枚飛彈擊中巴格達後不久，席哈克總統譴責美國「為了動武而寧願破壞聯合國的合法地位」。然而，法國自身到目前為止所做的一切是否完全是為了聯合國的正當性著想，恐怕還很難說。雖然席哈克本人已經聲明法國將「不管在任何情況下」都否決「第二份決議」，但法國駐美國大使雷維特（Jean-David Levitte）卻加上了一則重要但書：「若海珊使用生化武器，則法國政府將立刻改變立場。」席哈克自己也添加上了另一條但書：如果海珊在安理會規定的三十天期限之後仍違反一四四一號決議，他也會考慮動用「一切手段，包括戰爭」。[72] 這就是法國立場的棲身之處：只要海珊首先使用生化武器，他們是樂意支持戰爭的。換言之，如果海珊只是擁有這些武器，並把它們藏起來，那就沒有發動戰爭的必要，只要再來一個空洞的最後通牒就好。法國人顯然認為，武檢專家們可以永遠留在美索不達米亞跟飛彈玩捉迷藏，而美國人在波斯灣的駐軍也能無限制的瞎耗下去。法國人唯一的目標就是要避免戰爭，就像是波士尼亞危機裡的英國人。席哈克與維勒班採取的正是所謂的綏靖政策，並且讓美國單獨承擔圍堵海珊所需支付的一切代價。

## 英國首相東尼．布萊爾的詭辯

假設海珊真的有藏匿生化武器，他會不會使用呢？這對英國首相東尼．布萊爾（Tony Blair）來說是一個至關重大的問題。他自己領導的工黨正因為是否支持「美國人」的戰爭這一問題而陷入分裂。他自己內閣的兩名成員因此辭職。如果他在三月十八日晚間沒能在下議院成功說服國會，他自己也很有可能不得不辭去首相一職。在布萊爾看來，眼下僅剩一計可施：有確鑿證據能夠證明海珊不僅擁有大規模毀滅性武器，而且海珊還已經準好備動用這些武器了。只有這樣才能夠說服猶豫不決的後座議員們：英國這麼做純粹是出於自衛。

身為首相，選擇採信支持其想法的情報資訊並沒有什麼錯。雖然布萊爾行事頗像一名只選擇最有利證據辦案的大律師，但他並沒有如一名ＢＢＣ記者所指控的那樣犯下偽證罪。布萊爾先生在一份二〇〇二年九月二十四日出版的英國情報檔案彙編的序言裡明確寫道：「我確信威脅相當嚴重而且隨時有可能發生。」薩達姆・海珊已經「有計畫且準備好能在下達命令後的四十五分鐘之內動用大規模毀滅性武器」。[73]布萊爾在同一天告訴下議院：「伊拉克擁有生化武器……海珊已經繼續在生產這些武器了……他有使用這些生化武器的軍事計畫，可以在四十五分鐘之內就付諸實施。」[74]除了最後那句模稜兩可的話之外（到底是實施生化武器還是軍事計畫？），布萊爾首相所傳達的意思與促使他做出此番評論的原始情報內容之間，顯然是存在重大出入的。二〇〇三年八月，時任大法官赫頓勳爵（Lord Hutton）要求英國情報部門具體說明自己是認為哪種武器可以在四十五分鐘之內準備就緒。聯合情報委員會主席約翰・斯卡萊特（John Scarlett）的回答透露了內情：「是與彈藥有關的武器，我們將情報詮釋為戰地迫擊炮或小口徑武器的彈藥，與飛彈相當不同。」[75]

二〇〇三年三月十八日，布萊爾首相在下議院的演講無疑是他職業生涯中最輝煌的一次演說。他如此嫻熟地將海珊暴政與伊斯蘭恐怖主義的威脅聯繫在一塊，做得遠比在白宮的小布希還要高竿。他贊成發動戰爭，不僅僅是要解除伊拉克的武裝，更要解放伊拉克的人民，恢復中東和平進程，以及挽回聯合國安理會的信譽（這或許是他最聰明的主張）。支持戰爭的理由從未如此具有說服力。然而對於這場演講最關鍵的核心部分，他卻極其巧妙地避重就輕。他只是聲稱，聯合國武檢小組至今尚未在伊拉克發現生化武器，而這很可能是因為伊拉克人正在策畫一場可以堪比九一一事件的陰謀。這段話值得在這裡被詳細引述（這段話被分成兩段，因為中間出現幾分鐘來自議員席上的干擾而幾度中斷）：

> 武檢調查人員在三月七日發表了一篇不同尋常的報告……當中詳述為何沒能找到伊拉克大規模毀滅性武器的問題。這份報告列舉了二十九處未能獲得的資訊。例如人造化學神經毒劑（VX），報告裡是這樣說的：「聯合國監測、查核及檢查委員會的證據表明，伊拉克擁有將VX武器化的長遠打算。」又例如生物武器，調查人員的報告闡述道：「根據我們發現的未列入聯合國估算的生物培養基數量來看，伊拉克生產炭疽熱病毒的潛在能力已經達到一點五萬公升至二點五萬公升的程度……根據所有可獲得的證據表明，我們可以肯定地假設伊拉克大約還有一萬公升的炭疽病毒沒有被銷毀掉……。」
>
> 請容我解釋這會有多危險。一枚能夠攜帶三千公克人造化學毒劑的火箭，將足以污染一座城市零點二五平方公里的面積。一公升炭疽熱就含有數百萬的致命毒劑，一萬公升炭疽熱的毒劑量將是天文數字。九一一事件已經改變美國人的心理狀態。[76]

布萊爾先生的機靈與雄辯取得了勝利。但我們很難不做出如下結論：布萊爾想在聽眾腦海中留下印象，彷彿海珊本人就能夠上演一場生化武器版的九一一事件——而且地點有可能就在倫敦。就算赫頓勳爵對此已經不加追究，但萬一布萊爾先生在英國選民眼中的信譽永遠都無法洗清，那他也只能怪自己了。要證成對海珊發動戰爭，並不需要借助完全不相干的蓋達組織威脅。我們早已提過前述那些很好的理由。

美國人想當然耳地認為可以指望英國人。小布希在九一一事件發生僅一個星期之後，就已經宣布「此後兩年，只有英國人可能會與我們同在」。[77]事實也的確如此。二〇〇一年九月後，沒有哪一個國家像英國這樣始終如一地支持美國的政策。這個現象既重要又令人感到驚奇。重要之處在於，這一來確保美國可以在安理會上獲得另一個常任理事國支持，二來就連美國人自己都可能沒有意識到，這讓美國入侵阿富汗與伊拉克具有更多的帝國色彩。令人感到驚奇之處，英國此前才在波士尼亞危機期間對美國軍事行動興趣缺缺。而當年布萊爾之所以會支持美國出兵科索沃，畢竟是根據較為符合自身工黨政策的理由在支持一位政治立場較為相近的美國總統：支持柯林頓為人權而戰，與支持小布希為反恐（與政權變更）而戰，這可是完全兩回事。

問題依舊，英國究竟為何這麼做呢？不難理解為何小布希總統要接受布萊爾的建議尋求聯合國決議的戰爭授權。只要有英國在安理會上撐腰，美國就可以領導反對海珊的戰爭同盟，也可確保美軍會從英軍那裡獲得可觀的增援。儘管英軍無論數量還是質量上都無法與美軍相比，但英軍在戰後必然要擔負的維穩行動上表現得比美國人更好。然而，英國首相究竟為何願意為了美軍入侵伊拉克的計畫賭上政治生命呢？這項計畫畢竟主要是從美方利益著眼，英國的好處相當有限。反觀支持美國還得要付出顯而易見的代價：英國必須分擔戰爭成本，承擔接下來的佔領任務。英國還會因此成為伊斯蘭基本教義派繼以色列與美國之後的第三大攻擊目標。假設勝利者真的有戰利品可搶，就如古往今來的例子那樣，那麼幫勝利者跑跑龍套又有什麼好處可拿呢？難道英國石油公司能在伊拉克油田的戰後重建工作中扮演重要角色嗎？這可能性看來極小。此外，如果小布希總統出於國內政治上的原因而需要提高進口關稅，那麼英國出口商想當然耳也不會因此被豁免，因為英國所有的貿易談判都必須得透過歐盟來進行。在戰爭與和平的議題上，或許真的存在有「老」歐洲與「新」歐洲之別；但在貿易上只有布魯塞爾的歐盟握有發言權。綜合前述，我們很難看出英國究竟能從二〇〇三年的「美英特殊關係」中獲得什麼樣的利益。[78]

自二次大戰以來，幾乎每一位英國首相被會被「英美特殊關係」這一想法所引誘。這是一種交織著互相鍾愛與相互怨懟的奇怪關係，完美呈現在溫斯頓．邱吉爾對待美國的態度上。當伊拉克發生流血政變，並因此結束英國在伊拉克的統治時，邱吉爾這位已屆八十三歲高齡的老政治家雖然早已退休，卻仍然很想就英、美在中東的角色發表一場演說。他的草稿被保存在其筆記中流傳後世，在多年後的今天看來還是很有先見之明：

> 美國與英國必須共同戰鬥，以團結為念。中東的複雜局勢不能只依靠力量來處理，唯有透過團結一致與共同原則才能解決。若美國與英國走向分途，我們就輸定了。[79]

這是邱吉爾的觀點，雖然他最終決定不寫進他的正式發言稿。他旨在暗示，一九五八年在巴格達發生的政變導致美國首次派軍進入黎巴嫩，可能會是未來美國版「蘇伊士危機」的先兆。「要諷刺美國實在太容易了，」邱吉爾不無戲謔地說：「但現在不是我們互相算帳的好時機。這些帳務遲早會自己打平。」[80]那麼美英特殊關係這筆帳是否也有自己打平這種事呢？

不是所有首相都這麼認為。當年哈羅德．威爾遜首相（Harold Wilson）明智地抵擋所有來自美國的壓力，沒有派一兵一卒到越南。「身為英國人，」當外相喬治．布朗（George Brown）在一九六八年一月拜訪華盛頓時，一名美國官員懇求：「你們怎麼可以背叛我們？」[81]美國國務卿魯斯克（Dean Rusk）只要英軍能派出「黑衛士兵團底下的一個營」到越南就滿足了。當就連這項要求也被否決時，魯斯克滿腹牢騷地說：「要是蘇聯侵略蘇塞克斯，不要指望我們來救。」[82]但即便是威爾遜，也沒有辦法免疫於美國的奉承與哄騙之術。他在一九七五年一次訪問華盛頓的行程結束之後告訴內閣成員芭芭拉．卡素爾（Barbara Castle）：「歡迎儀式遠遠超過我以前參加過的任何儀式。」[83]這可能給我們一個啟示，就是為何這麼多任首相都如此願意依附在美英特殊關係上頭，即使其實際成果是如此難以捉摸。但不管怎麼說，與訪問愛麗舍宮甚至德國聯邦總理府相比，訪問白宮畢竟是件更加令人興奮的事，或是訪問德克薩斯的克勞福德鎮（譯按：即小布希的農莊所在地）。如果非要在比利時布魯塞爾與美國華盛頓之間做選擇，大多數英國首相會選擇後者。或許唯一的例外就是愛德華．希斯首相（Edward Heath），他曾喜孜孜地告訴尼克森總統說，從今往後他將不得不把歐洲經濟共同體的九個成員國當作一個來應對。[84]甚至就連東尼．布萊爾也不能免俗。他原本更喜歡義大利的托斯卡尼而不是美國的德克薩斯，但結果證明他也沒能抵擋美英特殊關係的誘惑。

那麼誰贏得了勝利呢？一個答案是克勞塞維茨贏了。美國果然再次透過戰爭追求其政治目標。美國巨大的經濟與軍事優勢確保這場戰爭會快速了結，且不會有多少美國人犧牲：從三月二十日戰爭爆發到六個星期後戰爭結束，小布希總統在「林肯號」航空母艦甲板上宣布戰爭勝利之際，一共只有九十一名美軍士兵陣亡。這場戰爭與一九九〇年代的戰爭都不同。儘管人們喜歡談論「震撼與威懾」（Shock and Awe）[5]戰略，初步的空中轟炸階段短暫且帶有選擇性，多數戰鬥仍然留給高度機動靈活的地面部隊。他們橫掃伊拉克主要城市，只遭遇零星抵抗。海珊被人推翻，九個月之後被捕，被人發現躲在一個「蜘蛛洞」內。結果證明海珊只是在虛張聲勢：最初的搜查工作並沒有找到什麼大規模毀滅性武器，甚至連製造設施都不存在。不過海珊太過愚蠢，倘若他直接將實情告訴聯合國武檢人員，而不是刻意愚弄美國中情局，他或許還能在那眾多且令人厭惡的官邸中，一邊過著奢華而舒適的生活，一邊安享晚年。即便是他的傳統武器也沒能在實際上發揮多大用處，大多數裝備這類武器的伊拉克士兵並未多做抵抗，而是落荒而逃。

出乎所有人意料之外，伊拉克戰爭最終更像是一場出於人道主義的戰爭。由於伊拉克明顯缺乏大批大規模毀滅性武器，各方開始將注意力轉移到英美戰爭同盟聲明的第二項目標上頭：也就是將伊拉克人民從暴政中解放出來。在這一點上，不用多久就能看出贏家不僅克勞塞維茨，還包括了美國。根據皮尤研究中心在二〇〇三年六月進行的全球態度調查顯示，足足有四分之三的法國、義大利與德國受訪者贊同「沒有海珊的伊拉克人民將過得更幸福」。[85]更令人震驚的是，一般伊拉克老百姓看來也抱持同樣地觀點。在巴格達進行的首次嚴格民調顯示，百分之六十二的巴格達居民認為：「與趕走海珊政權帶來的好處相比，自聯軍入侵以來他們個人所遭受的艱苦是值得的。」此外，有高達三分之二（百分之六十七）的受訪者相信伊拉克的處境會在五年後變得比美軍入侵前更好，或者要好上太多。持前者觀點者佔百分之三十五，持後者看法者為百分之三十二。居住在巴格達貧困地區者尤其強烈支持推翻海珊政權。[86] 對反對這場戰爭的人來說，唯一值得安慰的或許是根據這項民調，在伊拉克人氣最高的西方政治家居然是法國總統席哈克。[87]

國際事務上並沒有感謝這回事，正如諺語所云：好心沒好報。美國在二〇〇三年對海珊政權發動戰爭。海珊政權屢次違反國際法，屢次公然違抗聯合國安理會決議。這個政權也屢屢殺害本國公民——根據人權觀察組織報告，被海珊處決並埋在萬人坑裡者也許就有三萬人之多。大多數歐洲國家支持美國推翻海珊的決定，大多數歐洲與伊拉克的有識之士也歡迎海珊垮臺。但也正是在這些人之中，有許多人抱怨美國的行動太過於「單邊主義」，彷彿美國才是真正的「流氓國家」。這簡直就是無稽之談。早在九一一事件以前，聯合國就已證明自己無力阻止與對付那些不願接受國際社會管束、從事武力侵略或種族屠殺的國家。波士尼亞與科索沃的例子證明，美國的軍事領導是面對這些挑戰時唯一有效的解決辦法。阿富汗的例子則顯示了美國多少有能力獨力取得軍事勝利。但美國從來就不想

[5] 編註：震撼與威懾戰略是一種在短時間內獲得壓倒性優勢的戰術。在衝突剛開始時就透過壓倒性力量來瓦解敵人抵抗的意願。

要完全單打獨鬥，無論在阿富汗還是伊拉克。美國需要聯合國、北約與其他國際組織，但只有在暴政被推翻之後才需要他們的協助。那是個與軍事進攻非常不同的任務，但卻也是政權變更所必然衍生的任務：那就是小布希總統與其親密顧問一向心存疑慮的「國家重建」。

當國防部長倫斯斐在阿富汗戰爭期間的一次媒體招待會上，被問到推翻塔利班政權後美國想怎麼做時，他是這樣回答的：「我不認為我們有責任解決這個問題，去幫那個國家決定該成立什麼樣的政府……我不相信別國之人會特別聰明，能夠告訴該國人民該如何自我統治。」[88]這也是小布希總統的觀點。倫斯斐發表聲明後的第三天，小布希在國家安全委員會上也如此表示：「我反對使用軍事手段進行國家重建。一旦做完我們該做的事情，我軍就應該離開，然後把那裡留給聯合國保護。我軍不是用來維持和平的。」他特別贊同國務卿科林・鮑爾的想法：「由聯合國授權美國發起武力行動，但由第三國軍隊統治喀布爾。」[89]然而，正如同單邊主義與多邊主義之間並不存在截然二分一樣，認為美國能只單單實行政權變更，然後聯合國只負責國家重建的想法，也同樣是不切實際的。在實務上來說，美國是沒有辦法一待戰事結束就抽身從阿富汗與伊拉克離開的。

即使在入侵伊拉克之前，美國就已經在至少三個國家中實施「國家重建」了。套用葉禮庭的說法，所謂的國家重建就是指「帝國指導的新方式」——他對此另外創了一個詼諧的詞：「精簡版帝國」。[90]這三次案例都是先有美國的軍事干涉（雖然沒有一次是由聯合國正式提出要求），聯合國才有辦法參與國家重建（準確來說是國家機器重建）。這三次案例中也都是由聯合國賦予與補強美國軍事存在的國際正當性。雙方的目標顯然隨著時間推移而發生變化。雙方在巴爾幹的共同目標是人道主義：阻止種族屠殺與大批難民離鄉背井。將塔利班政權趕出阿富汗顯然也有人道主義的益處，但這不過是經濟學家們所說的「外部效應」。美國的主要目標是「根除」恐怖份子與其支持者。然而，其根本傾向仍是打著國際主義旗幟進行帝國主義活動。美國與聯合國現在正以某種「半帝國」的方式進行合作，不管雙方喜歡與否，也不管敵人是種圖屠殺的罪犯還是恐怖份子。[91] 這也將會成為伊拉克的現實，儘管聯合國目前仍然懷疑美國提出的政權變更解釋。政權變更與國家重建畢竟不如小布希總統所想，並非是能夠完全區隔的行為。兩者不可避免地難分難捨。美國就算能夠單方面進行政權變更（或至少不需要聯合國協助），美國也無法獨自進行國家重建。然而，聯合國同樣也無法獨自進行國家重建，這對小布希和倫斯斐而言可謂十分不巧。[92] 到了二〇〇三年末，美國與聯合國都無法再逃避現實，逃避伊拉克戰後的國家重建工作。雙方只能盡釋前嫌，團結一致。

# 第二部　衰落？

野蠻人已經在敲門了，但是那曾經蔚為壯觀的美利堅帝國看來卻很有可能走向衰落——由內部開始，一如吉朋筆下的羅馬。

# 第五章　爲何要支持自由帝國？

帝國主義者不明白自己真正能做什麼、創造何等事物！他們掠奪這塊（非洲）大陸的億萬財富，但因為目光太過短淺，他們不知道自己所掠奪的這億萬財富跟這塊大陸的潛在價值相比不過僅是九牛一毛。潛在價值必須包括為居住在這土地上的人們創造更好的生活。

——小羅斯福總統，一九四三年[1]

對許多尚不知何時能獨立的領地談什麼完全自治，根本就是愚昧且危險的無稽之談。就好比給十歲小孩一把打開彈簧鎖的鑰匙、一本銀行帳簿和一把手槍。

——英國工黨政治家赫伯特・莫里森（Herbert Morrison），一九四三年[2]

## 對帝國說不？

與帝國相比，民族國家是種新潮的概念，因為帝國自有信史以來就已經存在了。早在有信史之前，人類即有所謂「殖民」，指的是大批移民建立新聚居地的行為。而「文明」則是以城市為中心所衍生的複雜社會結構，其誕生最早可以追溯到西元前四千年。然而，「帝國」則有著更複雜的含義：它是文明的延伸，常藉由軍事武力來統治其他地方的人民。帝國會興盛也會衰亡，這是歷史不變的真理。但人們通常不大理解，歷史上有些時期是沒有帝國得以完全稱霸的。事實上，有時候根本就沒有帝國存在：一九九〇年代的世界看起來就有這種可能性。說得更明白點，全世界在蘇聯帝國垮臺之後來到一個十字路口，是要選擇走向一個獨立民族國家林立（僅有部分是民主國家）的世界，還是一個由美國帝國主導的世界。那些在二〇〇三年高舉「對帝國說不」口號來反對小布希政府的人，理所當然地認為前者是從古至今都是世界秩序的可行選項。諷刺的是，就連小布希總統自己與大多數資深顧問們也都抱持著同樣觀點。正如我們所見，美國即便願意使用軍事武力來顛覆「流氓政權」和「失敗國家」，但美國並沒有太多興趣來搞「國家重建」。所謂「國家重建」是新型「多邊主義帝國」的委婉說法，指的是由美國和聯合國共同接管和管理政權更迭後的國家。理論上，這種國際主義化的帝國主義是可以在那些明顯無法實現穩定自治的國家之中永遠維持下去的。但對小布希總統來說，美國對波士尼亞、科索沃、阿富汗和伊拉克的干涉都不是為了柯林頓政府時期的「國家重建」理想，而只不過是一種權宜之計。其行政管理都只是過渡性質，只是為了替那些國家回歸自治鋪路。

總之，支持或反對推翻海珊政權的雙方都同意，盡快將完整政治主權交還給伊拉克是符合民心的，這同樣也適用於那些處於國際代管下的其他國家。將「國家獨立」（也就是威爾遜總統所謂的「民族自決」）視為某種全世界通用的可行模式，這種辦法究竟是否正確呢？這就是本章所要討論的問題。會不會對某些國家來說，在一段時間內接受某種形式的「帝國統治」會是比「完全獨立」還要好的選項？而且這裡所說的「一段時間」，指的不是短短幾個月或幾年，而是在好幾十年內都忽視其部分或全部之主權。[3]這就存在一個悖論：也許有些國家轉變為成功的主權國家的唯一希望，就是接受一段時期的政治依賴與代表權限制？（特別是如果我們認為「民主」是成功的一項關鍵標準的話。）[4]要回答這個問題，我們就需要比較一下「接受帝國統治」與「獨立成民族國家」這兩種模式在現代的優劣利弊。

## 從帝國到民族國家

一八八〇到一九八〇這一百年間是帝國時代的巔峰。屈指可數的幾個國家，在百年間幾乎統治整個世界。英國、法國、比利時、荷蘭、德國等國家，在第一次世界大戰前夕的國土面積還不到全球的百分之一，人口更只有全球的百分之八不到，卻統治著全球三分之一的面積與超過四分之一的人口。[5]大洋洲全境、九成的非洲和五成六的亞洲，都以某種形式遭到歐洲統治，還有加勒比海地區、印度洋和太平洋海域上幾乎所有的群島。雖然美洲大陸上只有大約四分之一的面積（主要是加拿大）

還處於類似附庸國的情況下，幾乎全美洲都曾在十七和十八世紀的不同時期裡，有過被帝國統治的經歷。在南、北美洲的共和國，幾乎都有著一段由殖民經驗所形塑的過去。

上述這些對西歐海洋帝國控制面積的計算，並不是十九世紀帝國歷史的全貌。大部分的中歐、東歐地區都在俄羅斯帝國、德意志帝國或奧地利帝國的統治之下。俄羅斯帝國的領土更是從波羅的海一路延伸到黑海，從華沙到海參崴。中東的鄂圖曼帝國和遠東的中華帝國雖然尚未被歐洲帝國佔領，但其地位相較於歐洲帝國也變得越來越弱勢。獨立的民族國家，在此時期是全球帝國統治的例外。即便是日本這個以抵抗殖民主義（雖然其經貿被美國強行開放）出名的亞洲國家，也征服了朝鮮，踏上了帝國締造的征程。美國則如前所述，雖然是由反帝國戰爭的大熔爐所造就，卻也邁開步伐踏上帝國之路。美國在一八四五年兼併德克薩斯，一八四八年兼併加利福尼亞，一八六七年兼併阿拉斯加，接著於一八九八年又兼併了菲律賓、波多黎各、夏威夷和關島。美國在十九世紀的歷史，實際上可以被看作是由美洲帝國過渡到西半球帝國。

然而，二十世紀是拒絕帝國的世紀，至少原則上如此。這種拒絕帝國說始於J．A．霍布森（J. A. Hobson）的《帝國主義論》（*Imperialism: An Essay*）。這是所有反帝宣傳冊中最具影響力的著作，該書認為：大英帝國是門詐騙生意，其存在只是為了一小撮精英資本家和其客戶的利益。這本書後來啟發列寧寫下另一本宣傳小冊子：《帝國主義：資本主義的最高階段》（*Imperialism: The Highest Stage of Capitalism*）。對列寧來說，帝國主義互相競爭的後果就是第一次世界大戰。結果就是推翻了至少四個中歐和東歐的帝王（列寧自己就確保了俄羅斯的羅曼諾夫王朝會以布爾什維克統治這種更有害的形式重生）。五個西歐帝國雖然倖存，但只能步履蹣跚地走過一九二〇和一九三〇年代，直到一九四〇年代被德、義、日在歐、非、亞洲競相建立的三個新帝國擊得粉碎。以二戰勝利者之姿出現的兩個超級大國，儘管除了名字外都是帝國，卻也都在修辭上採用了堅定的反帝國風格。小羅斯福總統根據過去威爾遜總統對「世界新秩序」的粗略想法進行詳細衍伸，把二戰視為一場終結帝國的戰爭。而蘇聯本身始終就把法西斯主義和帝國主義之間畫上等號，並在一九四五年後不久就指控美國資助法西斯主義、遂行帝國主義。這兩個反帝國主義的帝國都相信，去殖民化能夠給自己帶來戰略優勢。

小羅斯福總統曾經設想過一套體系，能暫時託管所有的前殖民地，[6] 這些地方日後會在基於威爾遜的民族自決原則（前一場大戰的戰勝國曾極力排除歐洲以外民族的自決權）而獨立。儘管邱吉爾盡了最大努力加以阻撓，[7] 小羅斯福仍然如願以償。去殖民化運動就在二戰以後一波又一波地出現了。直到美國願意資助歐洲殖民政府對抗舉著共產主義旗幟的「叛亂殖民地」（例如中東和印尼），這波去殖民化運動才遭到延緩。[8] 一戰曾經摧毀了三個帝國——哈布斯堡王朝（奧地利帝國）、霍亨索倫王朝（德意志帝國）和鄂圖曼帝國——但許多從這些帝國獨立的國家，其獨立景況卻轉瞬即逝，最終落入其他帝國手中。但情況在一九四五年二戰結束後已有所不同。不僅是英國，連法國、荷蘭、比利時和葡萄牙的帝國都逐一壽終正寢。有的地區去殖民化的速度較快，但其他地方的去殖民化過程則是緩慢而痛苦。到了一九七〇年代，只有少許的帝國痕跡被保留下來。得以繼續維持的帝國只剩下三個：蘇維埃帝國、中華帝國，當然還有心照不宣的美利堅帝國（小羅斯福總統認為前兩個帝國有別於西方帝國，因為其殖民地不在海外，或者，也因為其在意識形態上公開主張平等主義）。[9] 結果就是世界上的獨立國家數量出現了飛躍成長，增加了超過一倍。世界在一九二〇年時僅有六十九個主權國家，一九五〇年這個數字上升到八十九個。到了一九九五年蘇維埃帝國壽終正寢後，世上已有一百九十二個獨立國家。兩次最大的增長期發生在一九六〇年代和一九九〇年代（前者主要是非洲國家，至少有二十五個新國家在一九六〇到一九六四年間出現；後者則主要是東歐國家）。[10]

因戰火而筋疲力竭的歐洲，加上歐洲以外的民族主義，以及美國式理想主義三者互相結合，合力推動世界向前，開啟一場劃時代的實驗。這場實驗將會證明兩個假設：究竟是不是帝國主義導致了貧窮和戰爭，以及民族自決是不是最終通往繁榮與和平的康莊大道。

## 去殖民化運動為何失敗？

這兩個假設大致上已被證明是錯誤的。政治獨立只讓少數幾個前殖民地獲得繁榮。雖然前帝國已不再互相拚殺，去殖民化卻常常伴隨著新獨立國家之間的衝突，更常見的則是內部衝突。這就是二戰結束六十年來兩大令人失望之事，但這還沒完。自治理應與民主攜手並行，但是去殖民化經常不能導致民主。這些國家常常只在民主的短暫插曲後，變成專制政體。對於生活其中的人而言，有些專制政體甚至比舊殖民政府更糟：更多腐敗、更常漠視法律、更多暴力。事實上，這正好能解釋為什麼撒拉哈沙漠以南的許多非洲國家，實際生活水準卻在贏得獨立以後大幅惡化。[11]

大多數中東的前殖民地國家之所以比較富裕，是因為大自然賦予了其中幾個國家豐富的地下石油礦藏，而這些石油的全面開採也是其獨立後才開始。但除了少數例外，中東國家的政體幾乎都與專制無異。當然，殖民主義並非都是好的，獨立也並非都不好，但若把今天開發中國家的所有問題都歸咎於殖民統治的不良後果，這點並不能讓人信服——雖然這種說法對辛巴威暴君穆加比（Robert Mugabe）等這類人來說十分好用。讓我引用一下非洲發展銀行二〇〇三年報告中的話：「獨立後已超過四十年時間……應該有足夠時間理清殖民遺產，開始向前發展了。」[12] 一九四五年以來非洲、中東與大部分亞洲的許多經驗證明，小羅斯福對去殖民化抱持的信心是錯誤的。

就拿貧困來說。雖然人均收入的歷史統計資料尚不精確與完整，但我們仍然有可能去估算從帝國主義最熾之時到後帝國主義階段，這些前帝國和前殖民地的經濟是如何運行的。我們已知四十八個國家的長期人均GDP，包括八個戰前帝國、十四個前殖民地。表六比較了這些國家在一九一三年和一九九八年的數據，其中有兩件事情在表六中表現得特別明顯。首先，新加坡是唯一顯著提高其相對經濟地位的前殖民地。新加坡在一九一三年時人均GDP只有美國的四分之一，但到了一九九八年已超越了所有的前歐洲帝國。馬來西亞是另一個獲得進步的前殖民地，只是幅度小得多。其人均GDP從美國的百分之十七提高到百分之二十六。其他所有前殖民地在一九一三年都落後於美國，有些國家更是大大落後於美國。第二件事情是第一件事情的延伸，就是前帝國和前殖民地的差距急劇拉大。菲律賓、埃及、印度、越南、迦納和緬甸在一九一三年的人均GDP都處在美國的百分之十三到百分之二十之間。到了一九九八年，前述六國的平均收入已不到美國人均GDP的十分之一。相比之下，所有前帝國仍穩穩地跟在世界經濟領袖的身後，彼此差距不大。唯一的例外是英國。英國的相對經濟實力比一九一三年明顯要差許多。

然而，這些數字低估了全球貧富分化的程度。這些數字忽略了世界上許多最貧窮的國家，因為它們的歷史資料根本就無從考查。如果我們只聚焦於對亞、非和中東後殖民國家至關重要的一九六〇到一九八九年，可能還會得出「政治獨立與經濟失敗相關」這一更令人震驚的結論。四十一個前英屬殖民地中，只有十四個成功地在三十年內縮小了他們的人均GDP與往昔英國統治下的差距。[13]非洲總共只有兩個前英屬殖民地（波札那和賴索托），人均GDP比起當年有明顯增長。[14]

如果我們只看印度的例子，也許會說這場後殖民時代的貧富大分流並未那麼顯著，因為這個人口最稠密的前歐洲殖民國度，如今也已姍姍來遲地進入了經濟成長期。然而，多數前殖民地與富裕國家之間的貧富差距仍然持續擴大。根據世界銀行的報告顯示，世界上只有十四個國家達到或超過美國人均GDP的四分之三。其中只有兩個不是歐洲國家：日本和香港，而這兩個案例分別代表了亞洲的兩個極端。前者從未成為殖民地，後者則在英國統治下長達超過一個半世紀。然而，在天平的另一端則有二十個國家，其人均GDP只有美國的百分之三或更少。世界上有超過三十個國家，其人均收入還低於每日一美元。[15]除了六個國家以外，[16]其餘都是二戰以來獲得獨立的非洲國家。獅子山共和國是最貧窮的前英屬殖民地，其現今人均收入是每年一四〇美元。獅子山共和國與英國在一九六五年的收入差別僅有百分之八，如今英國人均收入已達獅子山共和國的兩百倍。甘比亞，那個一九四三年時震驚小羅斯福總統的國家，獨立後也只有那麼一點小進步。該國收入只有英國的百分之零點八，比一九六五年取得獨立時的差距還大得多。根據世界銀行的報告，儘管甘比亞自獨立以來就獲得了總計達十六億美元的外國援助，平均起來幾乎相當於其國民收入的百分之二十，然而其自一九七〇年以來的GDP人均增長在實際上卻只有百分之十四。

簡言之，對極端貧困的國家來說（尤其是非洲國家），政治獨立的實驗是一場災難。儘管有外國捐款、貸款與各種名目的債務減免，非洲人的預期壽命仍在不斷下降，現在已降到四十七歲。撒拉哈沙漠以南的四十六個非洲國家裡，只有波札那和模里西斯兩國成功逆轉經濟失敗的潮流。[17]

表六　帝國時代中、帝國時代後，帝國與殖民地人均 GDP 比較
（以 1990 年的國際元為標準）

| 國家 | 1913 年 | 美國＝100 | 排名 | 1998 年 | 美國＝100 | 排名 | 名次變化 |
|---|---|---|---|---|---|---|---|
| 美國 | 5,301 | 100 | 2 | 27,331 | 100 | 1 | 1 |
| 新加坡 | 1,279 | 24 | 28 | 22,643 | 83 | 3 | 25 |
| 加拿大 | 4,447 | 84 | 5 | 20,559 | 75 | 7 | -2 |
| 澳大利亞 | 5,715 | 108 | 1 | 20,390 | 75 | 8 | -7 |
| 荷蘭 | 4,049 | 76 | 8 | 20,224 | 74 | 9 | -1 |
| 法國 | 3,485 | 66 | 12 | 19,558 | 72 | 10 | 2 |
| 比利時 | 4,220 | 80 | 7 | 19,442 | 71 | 11 | -4 |
| 英國 | 4,921 | 93 | 4 | 18,714 | 68 | 14 | -10 |
| 德國 | 3,648 | 69 | 11 | 17,799 | 65 | 16 | -5 |
| 義大利 | 2,564 | 48 | 17 | 17,759 | 65 | 17 | 0 |
| 紐西蘭 | 5,152 | 97 | 3 | 14,779 | 54 | 19 | -16 |
| 葡萄牙 | 1,244 | 23 | 29 | 12,929 | 47 | 21 | 8 |
| 馬來西亞 | 899 | 17 | 36 | 7,100 | 26 | 29 | 7 |
| 南非 | 1,602 | 30 | 24 | 3,858 | 14 | 37 | -13 |
| 斯里蘭卡 | 850 | 16 | 38 | 3,349 | 12 | 39 | -1 |
| 印尼 | 904 | 17 | 35 | 3,070 | 11 | 41 | -6 |
| 菲律賓 | 1,066 | 20 | 32 | 2,268 | 8 | 43 | -11 |
| 埃及 | 732 | 14 | 45 | 2,128 | 8 | 44 | 1 |
| 印度 | 673 | 13 | 47 | 1,746 | 6 | 45 | 2 |
| 越南 | 754 | 14 | 42 | 1,677 | 6 | 46 | -4 |
| 迦納 | 739 | 14 | 44 | 1,244 | 5 | 47 | -3 |
| 緬甸 | 685 | 13 | 46 | 1,024 | 4 | 48 | -2 |

Source: Angus Maddison, *The World Economy*. Rankings are based on the forty-eight countries for which Maddison provides data. The calculations are for real GDP *per capita*, measured in constant U.S. dollars of 1990, adjusted for purchasing power parity.

為何有這麼多的新興獨立國家都無法獲得經濟成長？為何僅有少數幾國得以在脫離帝國統治後提高自身的相對地位？有些人主張，導致一九六〇年代以來人均收入發生貧富大分流現象的原因，就是全球化。但這個觀點是錯誤的。全球化僅僅意味著整合國際市場上的商品、服務、資本與勞動力，理論上這應該會最大化經濟效率，從而讓所有相關領域都能從中獲利。在我看來，二十一世紀初的真正問題不但不是全球化，而是全球化不足與對全球化的限制。這就是全球化的悲劇，也就是全球化並未真正推行到「全球」。

問題有一部分是出在世界貿易距離所謂的「真正自由化」還很遙遠。而這至少可部分歸咎於最富裕國家仍然繼續給予本國農民相當於整個非洲GDP的補貼。[18]美國對農業生產者的補貼額度仍高達其農作收入的百分之二十左右，這個數字在歐盟更達到百分之三十以上。[19]舉個簡單例子。美國給予國內棉花生產商的補貼，降低了每年從貝南、馬里、查德湖與布吉納法索地區的棉花出口價值達二十五億美元，幾乎相當於這些國家收入總和的百分之三。[20]這並不完全是富裕國家的責任，許多貧困國家也設置了各式各樣限制商貿的壁壘，從而阻礙了經濟發展。國際經濟在一九七〇和一九八〇年代之所以變得越來越不平等，一大主因其實是未開發國家或開發中國家的保護主義。一項針對開發中國家人均GDP的比較研究發現，經濟體制較「開放」的國家，經濟成長速度達到每年百分之四點五；而經濟體系較「封閉」的國家，其成長率還不到百分之零點七。[21]這些發現在今天被廣泛用來支持全球化──因為其證明了那些降低貿易障礙的國家，比傾向在經濟上閉關自守的國家更有可能在經濟上快速發展。

我們也可以從勞動力的流向得出相似的結論。我們如今已有共識，那就是國際移民（或對國際移民的限制）對國際不平等的程度起到了舉足輕重的作用。勞動力越能自由移動，國際收入就越是上升。現代全球化之所以與不平等高度相關，原因之一便是勞動力要從未開發或開發中國家移動到已開發國家，存在有太多的限制。[22] 一項近期評估表明，全球勞力市場的自由化，將能比商品與資本流動更進一步自由化帶來二十五倍以上的預期經濟效益。[23]

我們不能不考慮國際資本的流動，這是全球化另一個關鍵組成部分。發展經濟學家們花了幾十年時間，試圖替落後農業社會找出提升投資水準的方式。最顯而易見的解決辦法，就是從富有資本之處（也就是已開發國家）輸入資本。根據最基本的古典經濟學模型，這應當是自然而然發生的：資本應當自動從已開發的經濟體流動到未開發的經濟體去，這樣才能獲得更高收益。但是，正如諾貝爾經濟學獎得主羅伯特・魯卡斯（Robert Lucas）在一九九〇年所指出的，這種事在實際上似乎從未發生過。[24] 儘管國際金融整合的一些舉措表明一九九〇年代經歷了特別鉅額的跨國境資本流動，但現實是今天大部分的海外投資還是發生在已開發國家之間。一九九四年，只有百分之三十六的海外直接投資和百分之十的證券投資流向了貧窮國家（即收入相當於經濟合作與發展組織平均三分之一以下的國家），[25] 到了西元二〇〇〇年，貧窮國家所獲得的海外直接投資只剩下百分之十二，而證券投資更只剩下百分之二左右。[26] 部分赤貧國家在今天幾乎沒有從海外獲得任何投資。[27] 大部分的跨境資本實際上僅在美國、歐盟和日本之間流動。原因非常簡單，富有國家的投資者們更喜歡投資其他富有國家。近幾十年來的鉅額資本流動因此並未助長國際經濟不平等的現象，問題是出在缺乏從富國流向窮國的淨資本。

有一派學說認為，地理、氣候和疾病的發生為全球不平等現象的擴大，提供了充分的解釋。那些遠離主要海上航線，或是位於熱帶地區的國家，其人民更有可能（甚或註定）因為患上瘧疾等疾病而變得更加貧窮。[28] 然而，我們完全有理由相信，與其說經濟成功的關鍵在於地理位置、平均溫度與攜帶流行疾病的昆蟲，不如說關鍵更在於採取對投資與創新有益的法律、金融和政治制度。[29] 投資者更喜歡把資金放在私有財產權受到有效保障的國家，雖然這本來就該是投資的最低要求。大衛・藍迪斯（David Landes）在《新國富論——人類窮與富的命運》（*The Wealth and Poverty of Nations*）一書中主張：要取得「理想的經濟成長與發展」，政府就應當具備以下條件：

- 保障私有財產權，就更能鼓勵儲蓄和投資
- 保障個人自由權……反對專制與……犯罪和腐敗等弊端
- 履行合約的權利
- 提供穩定的政府……由公開法治來治理
- 提供負責任的政府……
- 提供誠實的政府……沒有濫用權力尋租
- 提供穩健、有效、不貪婪的政府……縮減稅收（並且）降低政府對社會盈餘的索求……[30]

美國經濟學家羅伯特・巴羅（Robert Barro）在一項對戰後經濟成長的跨國比較研究中總結道：與國家經濟表現密切相關的重要變數總共有六個。其中就包括落實法治、避免政府過度開支與避免通貨膨脹。[31] 如今廣被接受的觀點是，若一國統治者受到議會制約，則該國財產權便會較受尊重。[32] 而且，基於法治的憲政體制也更傾向去推行鼓勵外國投資和國內資本形成的金融改革。代議立法機構、透明的財政系統、獨立的貨幣權力機構、有秩序的證券市場，創造了各類公司（尤其是有限責任公司）能夠繁榮的制度環境。[33] 純就經濟發展而言，並不一定非要有一套擁有「普遍投票權」的民主制度，近期中國、馬來西亞、新加坡、南韓、臺灣和泰國在經濟上的成功案例便可作為佐證。因為如果太過急於擴大選舉權，屈從於公眾對整體國民經濟有害的財政與貨幣政策要求，民主化反而會減緩國家的經濟發展。但若從另一個角度來看，民主社會更有可能投資公共教育和公共衛生，這又將提高社會整體的經濟表現。[34] 儘管有部分亞洲威權主義國家在經濟發展上頗有建樹，但世界上大多數的威權政體卻難以獲得同樣地成就。當然也有例外，例如一九七三年以後的智利，其在經濟領域也許有一套法治制度，但在人權上卻仍無法治可言。在智利獨裁者皮諾契特（Augusto Pinochet）的統治下，財產居然比人有著更多的權利。

許多貧窮國家正是在經濟、法律和政治制度上失敗了。過去五十年來，世界上許多國家都想透過貸款和經濟援助來解決經濟落後的問題。一九五〇到一九九五年間，西方國家就無償贈予貧窮國家高達一兆美元（以一九八五年美元為基準）。但這些努力往往收效甚微，很大程度上是因為接受國缺乏能將這些援助化為有效經濟發展資金的必要政治、法律和金融制度。[35] 專斷而腐敗的統治者們對這一經濟失敗負有很大的責任。[36]大筆款項源源不絕地外流到國外，通常流向瑞士的銀行帳戶——因為腐敗的統治者通常將非法所得隱匿海外。[37]一項針對撒拉哈沙漠以南三十個非洲國家的研究表明，這些國家在一九七〇到一九九六年間的資本外逃總共計高達一八七〇億美元。若再算上利息，就意味著這些非洲統治階層的私人海外資產，已相當於自己國家所欠公共債務的百分之一百四十五。學者們總結道：「非洲國家每借一美元，大約就有八十美分會在同一年內以外流到國外。」[38]撒拉哈沙漠以南的非洲國家經濟會失敗，就是與缺乏法治、缺乏可受課責的政治制度有密切的關係——畢竟在今日非洲將近五十個國家裡，只有五個國家可被視為自由的民主國家。[39]

也許最能夠證明「制度論」的方法，就是找到一個地處貧脊但卻能依靠良好制度而繁榮起來的國家。這個國家就是波札那。波札那雖然比其他撒拉哈沙漠以南的非洲國家在地理、氣候和自然資源方面處於劣勢，但該國卻在過去三十五年間成為全世界人均收入增長率最快的國家。根據一份最近的研究，波札那成功的主要原因就是成功採用良好的制度：

> 法律與合約的基本體制運作良好，國家和私人的掠奪行為相當有限。雖然這個國家在鑽石產業中收益頗豐，但這並沒有引發為了搶佔鑽石資源而導致的國內政局不穩或衝突。政府保持了從英國殖民者那裡繼承來的最低公共設施結構，並發展出一套精英管理、腐敗相對少的高效政務機構……此外，政府也大力投資基礎設施、教育和衛生。政府的財政政策極其謹慎，讓匯率與經濟基本面保持緊密聯繫。[40]

表七　貧窮、不自由以及內戰

| 國家 | 人均國民收入圖表法（當前美元） | 聯合國人權發展指數值（美國＝0.937） | 「自由之家」政治權利（最好1，最差7） | 「自由之家」公民自由（最好1，最差7） | 戰爭時期 |
|---|---|---|---|---|---|
| 中非共和國 | 260 | 0.363 | 5 | 5 | 2001 |
| 烏干達 | 250 | 0.489 | 6 | 4 | 1971–1972, 1977–1979, 1981–1991, 1994–1995, 1996–2001 |
| 盧安達 | 230 | 0.422 | 7 | 5 | 1990–1994, 1998–2001 |
| 查德 | 220 | 0.376 | 6 | 5 | 1965–1988, 1989, 1990, 1991–1994, 1997–2001 |
| 塔吉克 | 180 | 0.677 | 6 | 5 | 1992–1993, 1994–1996, 1998 |
| 尼日 | 170 | 0.292 | 4 | 4 | 1990–1992, 1994, 1996, 1997 |
| 厄利垂亞 | 160 | 0.446 | 7 | 6 | 1998–2000 |
| 幾內亞比索共和國 | 150 | 0.373 | 4 | 5 | 1963–1964, 1965–1973, 1998, 1999 |
| 賴比瑞亞 | 150 | 不適用 | 6 | 6 | 1980, 1989–1996, 2000–2001 |
| 獅子山 | 140 | 0.275 | 4 | 4 | 1991–2000 |
| 蒲隆地 | 100 | 0.337 | 6 | 5 | 1965, 1990–1992, 1995–1996, 1997–2001 |
| 衣索比亞 | 100 | 0.359 | 5 | 5 | 1960, 1962–1967, 1968–1973, 1974–1991, 1996–1997, 1998–2001 |
| 剛果民主共和國 | 90 | 0.363 | 6 | 6 | 1960–1962, 1964–1965, 1967, 1977, 1978, 1996, 1997, 1998–2000, 2001 |
| 阿富汗 | 不適用 | 不適用 | 6 | 6 | 1978–2001 |
| 索馬利亞 | 不適用 | 不適用 | 6 | 7 | 1978, 1981–1996 |

Source: World Bank, *World Development Indicators* database; United Nations Human Development Report, 2003; Freedom House; International Peace Research Institute, Oslo (PRIO), Department of Peace and Conflict Research, Uppsala University.

尤為突出的是，波札那成功發展了保障私有產權的體制，保護了實際和潛在投資者的財產權，提供了政治穩定性，確保了政治精英們受到政治體制的制約，並具有廣泛代表性的社會參與。[41]

歐洲和亞洲在一九四五年以降進行了一系列政治對照實驗，有助於我們理解不同制度如何影響本來相同的人民（指就環境、地理位置與文化來說），又是如何對其經濟發展產生截然不同的影響。東西德與南北韓之間大相逕庭的經歷，證明制度確實在經濟發展上扮演著決定性的關鍵角色。同樣地狀況也發生在香港與臺灣。前者是曾經受英國自由帝國體制統治的城市，後者則是處於美國主導的政治經濟體系下的島嶼。與此同時，處在中國共產黨統治之下的中國大陸，則必須忍受毛澤東與馬列主義暴政帶來的苦難。

多數貧窮國家之所以無法擺脫貧窮，是因為缺乏正確的制度——特別是缺乏鼓勵投資的良好機制。因為這些國家的統治者不用對其臣民負責，這類威權國家比法治健全的國家更容易出現政治腐敗，而腐敗又反過頭來限制經濟發展，挪用了原本可用於資本形成的資源，也佔用了原本能提高人力資源的醫療與教育投資。根據非洲聯盟的報告，非洲各國貪腐的成本相當於其GDP總和的四分之一。[42]此外，窮國比富國更容易受到內戰影響，因而變得更加貧窮。這是因為缺乏非暴力手段來追究獨裁統治者的責任，當然就導致政治暴力更有可能發生。然而，內戰一旦爆發，就會迅速成為一種生活方式，變成貧窮國家的惡性循環。大軍閥們相互混戰，招募窮人充軍，只為了搶奪礦產、種植毒品作物，乃至海外援助資金流向的控制權。這些貧窮、沒有受教權的年輕人除了參軍，別無其他就業機會，其生命則更加短暫。[43]這類問題不僅限於非洲，諸如哥倫比亞的美洲國家也正深陷在這樣的惡性循環之中。

世界上每個「失敗國家」，當然都有其失敗的特殊原因。然而，它們也有很多共同之處。全世界最貧窮的國家，包括中非共和國、烏干達、盧安達、查德、塔吉克、尼日、厄利垂亞、幾內亞比索共和國、賴比瑞亞、獅子山、蒲隆地、衣索比亞、剛果民主共和國、阿富汗和索馬利亞。這些國家的人民除了極端貧困，預期壽命偏低（幾乎每個國家都只有四十歲左右的平均壽命），它們的共通點還包括：全都不是自由民主國家，且都曾在不久前（甚或直到今天）都經歷過某種形式的戰爭。[44]在大多數情況下，這些國家未來發展的唯一希望，看起來就只剩下借助外國力量干涉一途，才有辦法建立起一套經濟發展所必需的基礎制度。

表八　全球化：總覽

| 已知條件（或多或少） | 流動 | 機制 | 機構 | 政策 | 國際體制 |
|---|---|---|---|---|---|
| 物理定律：重利、熱力學定律等 | 疾病 | 自然 | 無 | 自由移民 | 無政府主義 |
| 氣候 | 商品 | 交通科技 | 企業 | 自由貿易 | 自由主義 |
| 地形 | 資本 | 通訊科技 | 其他非政府組織 | 自由資本流動 | 霸權 |
| 資源捐贈 | 勞力 | | 政府 | 自由資訊流通 | 帝國主義 |
| 對人類有害生物的盛行程度 | 科技 | | 法治 | | |
| 人類生物學 | 服務 | | 財政透明度 | 貨幣體系 | |
| | 體制 | | | | |
| | 知識 | | | | |
| | 危機 | | | | |

因此，我們應當把自由帝國看作是經濟全球化的政治夥伴。如果經濟開放——這裡是指自由貿易、自由的勞動力移動、自由的資本流動——有助於經濟增長，如果資本更容易在法治健全、政府廉潔的地方形成，那麼重要的就不僅僅在於如何建立一套經濟全球化的制度，更在於如何讓這套良性的經濟制度推廣到全世界。

全球化不只適用於經濟，也適用於政治，這正是表八想表達的訊息。第一欄列出了地球上的諸多已知天然條件，第二欄是那些可以圍繞這些條件流動的事物。第三欄是促進流動的機制，第四欄是運作這些機制的機構，第五欄是允許這些機制運作的政策。最後第六欄則是可能的國際體制。

當談到全球化的歷史時，經濟學家與經濟史家們很容易把焦點集中在商品、資本和勞力的流動。然而，世界上還有著其他形式的流動：不僅僅是科技與服務的流動，還有制度、知識和文化的流動。像是革命或銀行破產這樣的特殊事件也可以借助某種模仿而向全世界傳播。[45]最先全球化的其實是疾病。若不具備鼠疫知識，就無法理解十四世紀的歐洲歷史。就像歐洲如果沒有輸出傳染病到美洲，滅絕了當地大量的原住民，則歐洲人在十五世紀末到十九世紀中葉征服美洲大陸的歷史就將會改寫。美洲征服者與殖民者除了傳染病，還帶來了科技、制度和觀念：包括火藥和戰馬，基督教和形形色色的教堂，以及西歐人關於財產、法律和政治統治的理解。雖然全球民主化的過程緩慢而缺乏通則，但是自一七七〇年代以來的全球民主化進程表明，制度和思想就像是跨國交易的貨物或海外投資的金錢一樣，能夠在國際上傳播。熟悉國際金融市場的專家們都明白，一處發生的金融危機可以迅速演變成全球風暴。同樣地，在政治領域裡也有能夠迅速傳播蔓延的「革命」，就像一七八九年、一八四八年、一九一七年，以及一九八九年的歷史所展現的。

如果我們暫不討論自然界機制只有傳染病能夠自然傳播（而且也得借助人為幫助才能傳到很遠的地方），其餘所有能夠向全世界傳播的事物，都取決於交通和通訊科技的進步。首先是遠洋航行船隻的設計有所改進、數量有所增加，使得世界經濟得以在十九世紀全球化——雖然此次革命的基礎是建立在此前的航海、醫藥和推進器技術的進步之上。然而，光靠交通和通訊（飛機、無線電傳輸和太空衛星的出現）科技的持續進步，並不能確保經濟會持續全球化。全球化的持續與否，在很大一部分是掌握在控制通訊方式的民間或公共機構手中。到了二十世紀中葉，由於越來越多政權都採取了不利於國際自由交流的政策，且政府也越來越介入人們的經濟生活，一九一四年以前的經濟自由化的局面開始遭到逆轉。

經濟史家傾向把注意力放在政府如何能透過解除各種管制（例如表八第五欄的前四項）來促進全球化，反而忽略了其他能夠更積極促進全球化的方式。然而，我們必須理解十七、十八世紀國際商品市場整合的歷史，其實是無法與葡萄牙、西班牙、荷蘭、法國與英國之間的帝國競爭區隔開來的。而香料、紡織品、咖啡、茶葉與糖之所以能夠建立全球市場，也是荷蘭和英國東印度公司等壟斷公司為了國際市場而在商業與海軍上積極競爭所帶來的成果。同樣地，十九世紀自由貿易和資本市場國際化的傳播，其實是與大英帝國的帝國主義擴張密不可分。反過來說，全球化在二十世紀中葉的衰退在大致上則是德國及其盟友在一九一四年和一九三九年挑戰英國霸權地位的結果——這一結果極其昂貴、極具破壞性。世界大戰迫使各國放棄國際自由市場經濟，因為當時的戰爭頻繁針對海上貿易。而且也正是戰時各國的各種嘗試，例如控制商業和外匯，集中生產原料和配給消費品等，替蘇聯等國在承平時期的計畫經濟理論提供了靈感。國際貿易、資本流動與自由移民之所以會在二十世紀中葉衰落，最主要的原因就是二十世紀的戰爭全球化。

那麼，一個由彼此平等的主權獨立國家組成的多元化國際秩序，是否能最高度整合國際經濟，有效傳播那些有助於自由市場的制度呢？我想這點並非不證自明。[46]在理想的狀況下，自由貿易是自然產生的。但歷史學和政治經濟學告訴我們，事情並沒有這麼簡單。二次大戰以後，世界各國都在努力降低關稅壁壘——降低這些誕生於一九三〇年代經濟大蕭條時期以鄰為壑的關稅壁壘。然而，國際資本的移動仍然在布列敦森林體系之下被嚴密地規範，這些規範甚至在固定匯率體系崩潰之後仍然持續到一九八〇年代。就連當前的全球化時代，也仍然可以看見對經濟政策自由化的抵制。對勞力與農產品的流動也仍然有著相當巨大的障礙。不管支持經濟開放的論點多麼具有說服力，各國政府似乎仍然固守關稅配額與政府補貼的政策。相較之下，上一個全球化時代（從十九世紀中葉到一次大戰）的經濟開放，則是由殖民大國強行在亞洲、非洲，乃至南美與日本所實施的。[47]更確切來說，自由貿易的傳播取決於大英帝國的實力和其所樹立的典範。我們接下來就要針對由大英帝國締造的「英式全球化」進行分析，以便衡量其利弊得失。

從一八四〇年代到一九三〇年代，英國政治精英和選民一直堅持自由競爭和自由放任原則，以及進口農產品免關稅的「廉價麵包」政策。這意味著英國關稅從一八七〇年代開始就明顯低於其歐洲鄰國，同時也表示大英帝國治下也保持著較低的關稅。[48] 大英帝國如果放棄對其殖民地的正式控制，幾乎肯定會導致該地市場樹立起不利於英國出口的高關稅壁壘，或者其他形式的貿易限制；美國和印度在獲得獨立之後採取的貿易保護政策便是明證。另一項明證，則來自大英帝國的競爭對手們在一八七〇年代晚期之後所建立的關稅體制。無論是針對初級產品還是製造品課徵的稅，英國都是列強裡最反對貿易保護主義的帝國。一九一三年，進口製造業產品在德國的平均稅率是百分之十三，在法國是百分之二十以上，在美國是百分之四十四，在俄國更是達到百分之八十四。而在英國，這類關稅為零。[49]

根據一項估計，英國採行自由貿易對國內GNP有著百分一點八到百分之六點五的經濟效益。[50] 但英國採行自由貿易是否有造福英國以外呢？用鼓吹自由貿易的輝格黨人約翰．葛拉漢爵士（Sir John Graham）的話來說，英國是「全世界最大的商貿中心」。[51] 英國對國外商家敞開貿易大門，敞開國內市場和帝國的大部分市場，讓外國商家盡其所能地出售商品。在越來越多人支持貿易保護主義的世界裡，英國繼續實行自由貿易政策為其殖民地帶來好處的證據是毋庸置疑的。英國在一八七〇到一九二〇年代間的進口產品中，來自殖民地的比例從四分之一上升到了三分之一。[52] 除此之外，英屬殖民地當局並沒有因為十九世紀晚期全球化導致生產價格大跌，就做出貿易保護主義的激烈反應。[53]話雖如此，我們仍需要區分大多數殖民地和少數精英殖民政府的差別。前者的自由貿易政策是殖民母國強加，後者則被授予「責任政府」（responsible government）的地位，有權設定自己的關稅。加拿大在一八七九年開始實施關稅，澳洲和紐西蘭也跟著效法。[54]然而，在這些後來成為所謂「自治領」（Dominion）的國家裡，設立關稅和經濟增長之間似乎存在正比關係，而這對主張無條件實施「經濟開放」的人來說，無疑是個令人尷尬的結果。[55]這個現象對於大英帝國經濟史具有重要意義。如果加拿大和其他自治領確實受惠於貿易保護政策，那麼印度是否也該同樣實行關稅政策以促進經濟成長呢？所幸的是，對經濟自由派來說，上述觀點在論證上有其困難之處。首先，加拿大和其他自治領徵收關稅是為了提高收入，而不是為了排斥進口。加拿大的經濟成長來自農產品出口，而不是來自國內製造商的產品替代進口產品的結果。[56]其次，這個論點忽略了不開放初級產品貿易在一九三〇年代造成的破壞性後果。當時的經濟大蕭條讓每個人都過上苦日子，但對大英帝國特惠體制之外的初級產品生產商來說，他們的日子更加難過。

毋庸置疑，大英帝國促進了全球商品與製造業市場的整合。如果沒有大英帝國，國際勞動力的流動也不可能如此頻繁。誠然，美國才是對十九世紀移民最具吸引力的地方。但隨著美國開始加緊對移民的限制，以白人為主體的自治領就開始成為英國移民的首選。一九〇〇到一九一四年間，白人自治領吸引了約百分之五十九的英國移民，這個數字更在一九一五到一九四九年間達到百分之七十五、一九四九到一九六三年間更達到百分之八十二。[57]這自然對收入分配有重大影響。常有人主張，帝國利潤大多流入了一小群政治精英與投資人的口袋裡。但這類人大規模移民到加拿大、紐澳等土地廣袤、勞動力短缺的殖民地，其實是在縮小全球收入的不平等狀態。[58]我們當然也不該忽略那些大量作為契約勞動力而離開印度與中國的亞洲人。十九世紀時，他們大部分都在大英帝國的種植園和礦井中幹活。也許有多達一百六十萬印度移民處在這種介於自由與不自由的勞動體制之下。[59]毫無疑問，他們大部分都得承受巨大的苦難——有些人待在印度甚至可能都還能過上更好的日子。[60]然而，我們也同樣必須承認，動員廉價且半失業的亞洲人去採橡膠或挖金礦，讓英國獲得了重大經濟成果。

最重要的是，小羅斯福總統與其他批評英國帝國主義者未能明白，大英帝國其實是帶動全球資本市場整合的火車頭。一八六五到一九一四年，超過四十億英鎊從英國流向世界其他地方，給了英國前無古人、後無來者的「全球最大債權國」地位，成為了實際上的「世界銀行」（或者說得更準確些，是世界的債券市場）。到一九一四年為止，英國的海外總資產高達三十一億英鎊到四十五億英鎊，而當時英國的GDP才只有二十五億英鎊。[61]這些是真正意義上的國際投資：約百分之四十五的英國資本流向美國和白人自治領，百分之二十流向拉丁美洲，百分之十六流向了亞洲，百分之十三流向非洲，僅有百分之六的投資流向歐洲。[62]一八六五到一九一四年間，英國透過發行公共證券所籌集的資本，投向非洲、亞洲和拉丁美洲的金額就和投資自己國內的金額一樣多。[63]即便是一次大戰和經濟大蕭條也沒能改變這個模式。[64]眾所皆知，英國對發展中國家的投資主要是基礎建設的股份投資，尤其是對鐵路和港口設施的投資；但英國也投下（難以估量的）鉅資在茶葉、棉花、染料和橡膠等種植園的經濟作物上。

有些人因此認為，在第一個「英式全球化」時代裡存在有某種「盧卡斯效應」（Lucas effect）[1]——也就是說，存在有英國資本更願意流向GDP較高國家而不是貧窮國家的現象。[65]然而，若跟今天相比，當年這種偏好富裕國家的傾向還比較低。以一九九七年為例，此時大約只有百分之五的世界資本存量是投資在人均GDP只有美國五分之一以下的國家裡。反觀一九一三年，這個比率是百分之二十五。[66]開發中國家的國際債務佔比總和在一九〇〇年達百分之三十三，一九三八年提升至百分之四十七，但到了一九九五年則只剩下只有百分之十一。[67]國際資本總量在一九一四年有幾近一半被投資在人均收入只有英國三分之一以下的國家，[68]而英國本身就幾乎佔到那些貧窮國家投資總量的五分之二。與過去相比之下，今天的富裕國家更喜歡互相「交換」資本，從而迴避了貧窮國家。反觀一個世紀之前，富裕國家對世界上較窮的國家曾有過非常巨大的淨投資金額。

投資遙遠的地方總是件非常冒險的事。正如經濟學家所稱：貸方與借方離得越遠，資訊就越不對稱。[69]一般來說，經濟相對不發達的國家也比較容易受到經濟、社會和政治危機的影響。那麼，為什麼一九一四年前的投資者願意拿如此高比例的存款，去冒險購買海外的股票或其他資產呢？一個可能答案就是發展中國家在經濟上採用了金本位制，為投資者提供某種類似「良好家政認證章」。[70]在一八六八年，當時還只有英國和其經濟附庸國——葡萄牙、埃及、加拿大、智利和澳洲等國，擁有可按需求兌換成黃金的貨幣。法國與「拉丁系貨幣同盟」（編按：義大利、西班牙等）的成員國，以及俄羅斯、波斯與部分拉丁美洲國家則都是採金、銀雙本位制；而世界上其他國家大多則採用銀本位制。然而到一九〇八年，只有中國、波斯和少數幾個中美洲國家仍舊採用銀本位制，金本位制已經成為全球貨幣體系——雖然在實際上部分亞洲國家的經濟體系（特別是印度）是採用金匯兌本位制（即是將本地貨幣兌換成英鎊而非黃金），而歐洲和美洲的部分「拉丁語系」國家，技術上其紙幣與是無法兌換的。[71] 這一套國際固定匯率的體系可能促進了國際貿易。同黃金掛鉤也是貨幣和財政廉潔的一個信號，很可能促進了周邊國家進入西歐的資本市場。這是一種承諾機制，能讓政府避開不負責任的財政與貨幣政策（譬如濫印紙幣或拖欠債務）的機制。[72] 根據一項估計，承諾貨幣保持與黃金的可兌換性，可以減少一國債券收益約四十個基點。[73] 簡單來說，這意謂那些採用金本位的國家能夠用更便宜的價格去倫敦債券市場借錢。

然而，金本位體系的成員國只是把金本位視為一項附帶承諾，僅在某些特定情況下需要自我約束。當處於戰爭、革命或一場突發的貿易危機等緊急情形下，這些國家仍保留了取消黃金可兌換性的權利。而這些緊急情況在一九一四年之前實際上是屢見不鮮的。阿根廷、巴西與智利都曾在一八八〇到一九一四年間歷經了嚴重的金融與貨幣危機。到了一八九五年，這三國的貨幣對英鎊已貶值近百分之六十。這表示它們支付外債利息的能力出現了嚴重的問題，因為這些利息都必須以強勢貨幣（通常是英鎊）來支付，而無法用國內貨幣。阿根廷從一八八八到一八九三年只能一直拖欠債務，而巴西則

[1] 編註：此處係原文誤植。作者所想說的其實是「盧卡斯悖論」（Lucas Paradox），由諾貝爾經濟學家羅伯特．盧卡斯提出。這個悖論是在說，雖然開發中國家每名勞工的資本較低，但資本並未像經濟學家原先預設的一樣，從已開發國家流往開發中國家。反而，正如弗格森此處試圖指出的，更常流向其他已開發國家。

在一八九八和一九一四年陷入同樣處境。換言之，投資人如果把全部信心寄託於一個採用金本位制的國家，很難保證這個國家未來不會賴帳（事實上，一八七〇年代中期到一八九〇年代中期是黃金相對短缺的年份，這導致某些國家更可能拖欠債務。因為商品價格下跌使得它們更難以從出口產品中賺到強勢貨幣，無法支付面值為黃金的外債利息）。

除了採行金本位制的國家，還有另一種全然不同的承擔債務模式：在英國直接統治下所強加的承諾。這種模式宛如無條件的「不賴帳」保證。投資人只需要碰上一種不確定性，那就是預期英國統治會維持多久。在一九一四年以前，雖然民族主義運動從愛爾蘭到印度都有所成長，但是這些殖民地要獲得政治獨立看來依舊是遙遙無期。即便是幾個較大的白人殖民地（編按：後來的自治領），也僅被授予非常有限的政治自治權。英國人在殖民地上強加了一整套特別的制度，非常有可能提高這些殖民地對投資者的吸引力：這些殖民地不僅使用以黃金為基礎的貨幣，還有著較開放的經濟（自由貿易、自由資本轉移）與較平衡的預算，更不用說法治（特別是指英式的財產權）與較為清廉的行政管理了。[74] 換言之，如果投資人選擇把資金放在已獲得獨立的金本位制國家裡，他們僅能得到不濫印鈔票的承諾。但如果投資人選擇把資金投資到這些殖民地，他們不僅可以指望貨幣能維持可靠的價值，還可以仰仗維多利亞時代的「公共財」。因此對投資者來說，澳洲與加拿大的投資信譽，想必會比阿根廷或智利還要好上不少。

我們有兩種方式可以衡量「帝國效應」對國際資本流動的影響：流入英屬殖民地的資本量，以及那些殖民地所支付的利率。根據目前手頭上的最好估計，超過五分之二（百分之四十二）的英國證券投資量，最終流向了英屬殖民地。英屬殖民地在第一次世界大戰前夕甚至擁有比這更高比例的海外股票投資，達到百分之四十六。[75] 大帝國屬地可以比獨立國家（或者其他大國的屬地）以更低的利率借到錢。英國與帝國屬地在一八七〇到一九一四年期間是債券平均殖利率最低的國家之一。相比之下，拉丁美洲國家發行債券殖利率要高得多。儘管這些地方並沒有被英國直接統治，但這些經濟體也吸引了巨大的英國資本額注入。舉例來說，阿根廷發行的債券比印度債券的收益高出了兩百個基點。[76] 根據現有一八七〇到一九一四年間二十三個國家在債券收益上的數字，我們會發現大英帝國的五個成員國皆屬於利率最低的國家，這一點著實令人吃驚：這五國的平均利率都低於百分之四。只有挪威和瑞典能夠以低於紐、澳的利率向倫敦借款。埃及最初還不算在大英帝國以內，直到一八八二年成為英國的實質殖民地後，同樣經歷了債券平均收益從百分之十點一（一八七〇到一八八一年）大幅下降到百分之四點三（一八八二到一九一四年）的過程。[77] 這種差別在兩次世界大戰之間尤為明顯，許多獨立的債務國在此期間經歷了重大的債務積欠，包括阿根廷、巴西、智利、墨西哥、日本、俄羅斯和土耳其等國。[78] 因此，最遲在一九二〇年代，大英帝國的成員身份就變成了比金本位還要可靠的「良好家政認證章」。[79] 歷史經驗表明，把資金投資印度等法理上隸屬於英國的殖民地，或類似埃及等在事實上形同於英國殖民地的國家，比投資阿根廷這類獨立國家要來得穩當。反過來講，在倫敦籌集資本時，由於英屬殖民地償付的利息較低，因此也不大可能像其他新興市場一樣陷入債務陷阱，陷入對境外債權人支付的利息還超過新貸款和境外投資流入資金的境地。

大英帝國成員國為投資人提供了一個比金本位制獨立國家還更安全的保障，這並不是一件令人感到訝異的事。英國在十九世紀末二十世紀初曾立了新的法案：《殖民地貸款法案》（Colonial Loans Act, 1899）與《殖民地股票法案》（Colonial Stock Act, 1900）。這兩個法案賦予了殖民地債券等同於英國政府永久公債的基準，即「聯合公債」的受託管理地位。[80] 在信託儲蓄銀行持有的國家債務比率不斷上升的時期，這個措施為推動殖民地證券市場起到了重要作用。[81] 此外，英國財政部與英格蘭銀行在一次大戰後達成了共識，雙方都認為英國屬地發行的新債券應當比獨立的海外國家所發行的新債券享有「優先受償權」（priority of compensation）。[82] 甚至在起草殖民地憲法時，債權人的優先受償權也得到了重視。[83] 一名殖民地總督在一九三三年時宣稱：黃金海岸債券應繳納的利息被強行降低，真是叫人難以相信。為什麼英國投資者願意「救濟另一個享受所有好處，卻不承擔應盡責任的國家呢」？[84] 當紐芬蘭自治領於一九三〇年代瀕臨拖欠債務邊緣的時候，由艾默里勳爵（Lord Amulree）帶領的皇家管理委員會建議解散紐芬蘭議會，並將紐芬蘭政府委託給由六名委員與皇家總督（由倫敦方面指派）組成的委員會。艾默里勳爵的報告中明確指出，他和委員會都認為結束紐芬蘭代議政府的決定，會比紐芬蘭拖欠債務的罪責還要小得多。[85]

在第一次世界大戰結束後，英國海外投資到其海外帝國的比例不斷增加，這也就不足為奇了。在一九〇〇到一九一四年期間，英國大約只有五分之二（百分之三十九）的海外資本流向帝國；但在一戰之後狀況就改變了。一九二〇年代，海外帝國已佔倫敦市場所有新債券發行量的三分之二左右。[86] 一九二四年，英國經濟學家凱因斯（John Maynard Keynes）寫下了一段刻薄的評論：「了不起，像非洲中部的南羅德西亞（今天的辛巴威共和國）這種僅有幾千名白人居民與不到一百萬黑人人口的地方，竟能夠獲得一份無擔保的貸款，而且貸款條件還與我們自己（英國）籌集的戰爭貸款沒有多大區別。」讓凱因斯同樣深感「困惑」的是，「居然有投資人會對購買倫敦鐵路債券和英格蘭東北鐵路債券不感興趣，反而更熱衷於購買奈及利亞股票（這種股票沒有英國政府的擔保）。」[87]凱因斯認為這個現象不符合英國自身的經濟利益：因為英國失業率同戰前相比始終居高不下，而且不斷有證據表明工業生產出現了停滯。在這種情況下，向外輸出資本看起來就是資源配置不當的做法。但是，凱因斯並沒有考慮到殖民地的經濟能夠從這種廉價英國資本中獲利。倘若我們從帝國的角度，而非狹隘的民族國家利益的角度來看，鼓勵帝國中心將其富裕的儲蓄向發展中的周邊地區流動是非常必要的。除了確保英國投資者能夠定期收到償付的利息與本金外，帝國體制還有益於全球經濟成長。有益的程度當然大過凱因斯所喜歡的那種替代政策，那種將英國工業生產和就業率擺在第一順位的政策。

## 帝國的疏忽之罪

從各個層面來說，帝國全球化導致了令人震驚的結果。自由貿易、大規模移民與便宜的英國資本，將帝國治下大部分地區推到了世界經濟發展的最前線。就製造業的人均生產量而言，加拿大、澳洲和紐西蘭一九一三年的排名還在德國前面。加拿大的人均GDP更在一次大戰之前的九十年內增長得比美國還要快。[88]

但是有一個問題待解。為何自治領的經濟表現會與帝國其他地區不相符？最明顯的就是亞洲，那裡本該是帝國皇冠上的一顆璀璨寶石。我們必須回答一個重要問題：為什麼印度的經濟表現比帝國其他地區差那麼多？英國在一八六五到一九一四年間從倫敦籌措的財源中，有高達二點八六億英鎊（相當於全帝國投資額的百分之十八）投資到印度，僅次於對加拿大的投資。然而，印度的人均GDP增長速度卻慢得可憐。從印度譁變（Indian Muniry）的一八五七年到印度獨立的一九四七年間，印度人均GDP只上升了百分之十九，反觀英國本土人均GDP卻上升了百分之一百三十四。[89] 一八二〇到一九五〇年間，印度人均GDP每年僅增長百分之零點一二——若以「白人帝國」的標準來看，幾乎根本沒有增長。即便與英屬非洲地區相比，也是望塵莫及。

這就是現代經濟史的重要難題之一。西方加諸於印度的自由貿易和商貿規範，其力道遠大於其他大規模經濟體。但結果卻是去工業化和停滯不前的經濟。相比之下，美國拋棄了英國統治，採用了貿易保護的關稅制度（對進口產品平均課徵百分之四十四的關稅），就像今天被我們譴責的開發中國家所做的一樣。結果呢？到十九世紀末為止，美國的經濟表現在各方面都超越了英國。如果我們能把印度經濟衰退歸咎於英國，那麼我們就有強而有力的理由來反對自由帝國。

對民族主義者來說，印度在英國統治下「未開發」有四個基本原因。第一，英國透過蘭開夏工廠生產的紡織品打開印度市場，從而限制了印度的工業化。蘭開夏製造商起初在與印度的競爭中受到英國保護，直到其確立技術上的領先地位。[90] 第二，英國強加過多稅收與不合理的累退稅[2]制度到印度。第三，英國使印度資本「外流」，甚至為了自身利益而操縱印度盧比與英鎊的匯率。第四，英國對前述政策引發的饑荒放任不管。近期有位史學家甚至將一八七〇和一八九〇年代稱之為「維多利亞時代晚期的大屠殺」。[91] 這種「英國統治印度僅帶來負面效應」的觀點，最早可追溯到納奧羅吉（Dadabhai Naoroji）的《印度的貧窮與非英國統治》（*Poverty and Un-British Rule in India*, 1901）。該書觀點至今仍廣泛流傳。[92] 該書觀點或許是唯一最能反對自由帝國的明證。

毫無疑問，由印度來維持一支世界上最龐大的常備軍（實際上卻是由英國指揮的傭兵），這在實際上對印度經濟並沒有什麼好處。[93] 然而，近期有一項研究能夠回應其他幾項民族主義者的批評。印度歷史學家提坦卡・羅伊（Tirthankar Roy）的研究顯示，不管由誰來統治印度，都無法避免印度紡織業陷入就業短缺的局面，而且英國人其實還幫印度人在其他經濟領域上創造了同等（甚至更多）數量的就業機會。[94] 即便是在紡織業的例子，印度殖民政府在一九二〇年代時已經明確優先選擇印度製造商，而不是蘭卡夏製造廠。此外，我們也沒有什麼裡由去說英國統治下的稅收制度不合理，因為印度從一八五〇到一九三〇年代間，土地稅負擔已從其淨產出的百分之十降低到百分之五。[95] 所謂英國導致印度資本「流失」的說法，也沒有造成如想像中那樣誇張的結果。根據一份出口盈餘（這也是民族主義者經常掛在嘴邊的）的估計，一八六〇年代到一九三〇年代期間，大約只有百分之一的印度國民收入流入英國的腰包。[96] 無論如何，上繳英國的「內政規費」（Home Charges）雖然惡名昭彰，但大部分都是為了支付印度人所需但自己卻無力承擔的公共服務。[97] 最後是困擾印度經濟的饑荒，與其

---

[2] 編註：隨納稅人財富與收入增加，實際稅率卻會隨之逐步遞減的稅收機制。

說是政治問題不如說更是環境問題。且這項問題在一九〇〇年後，就透過進一步整合印度食品市場而有所緩解。至於一九四三年的孟加拉大饑荒之所以會發生，正是前述英國的改善措施在二次大戰的壓力下瓦解所致。[98]

英國的統治無疑仍給印度帶來一些正面成果。貿易的重要性在英國治理下大增，貿易收入佔國民收入的比例從原本的百分之一、二，到一九一三年時已超過百分之二十。[99]英國人還創建統一的印度市場：統一度量衡與貨幣，廢除轉口稅，引入「更明確保障私有財產權與契約法的法律構架」。英國人斥鉅資修繕和擴大該國的古老灌溉系統，使灌溉面積得以在一八九一到一九三九年間增加了一倍之多。[100]英國人改造了印度的通訊系統，引入郵政和電報系統，建置能通行於內河航道的蒸汽船，並修築超過四萬英里的鐵路（大約是同時期中國修築鐵路總長度的五倍）。到英國統治的最後十年間，單單修築鐵路網的工程就雇用超過一百萬名工人。最後，金融仲介服務也獲得大幅發展。[101]羅伊的結論是：「要不是因為與英國在政治上有著如此緊密的聯繫，我們很難相信印度能在鐵路、港口、主要灌溉系統、電報、衛生和醫療、大學、郵政系統，以及法院體系等面向上獲得如此廣泛與長足的進步……英國統治者所做的看起來遠遠超出了過去印度王朝與當代印度政權。」[102]而且英國對印度的統治可能還減少了印度社會的不平等（至少英國人無疑是這樣相信）。[103]與其他仍在亞洲政治控制的經濟體相比，印度的確發展的比較好。中國人均GDP從一八八〇到一九五〇年代在實際上縮水了百分之十七，與此同時印度則獲得了約略規模的成長。雖然說中國的麻煩在很大程度上歐洲非正式帝國主義與後來日本殖民主義所致，但我們至少可以這樣主張：如果英國對中國的正式統治能夠不局限於香港這樣的條約口岸，而是延伸到更廣大的中國，則該國的經濟也許會發展得更好一些。

比起加拿大自治領，印度經濟表現比較差的原因並不是因為英國的剝削，而是英國介入印度經濟的程度還不夠全面（姑且不論印度和加拿大擁有截然不同的自然資源這一事實）。英國人擴大了印度人的教育，卻不足以對其人力素質產生真正重大的影響。印度接受教育的人數從一八八一到一九四一年間上升了七倍，但接受中小學教育的人口比例仍然遠低於歐洲國家（一九一三年印度的比例是百分之二，而英國則是百分之十六）。英國人在印度進行投資，卻不足以使大多數印度農民脫離難以溫飽的貧窮底線，當然也不足以抵消當地低得可憐的資本形成（capital formation），而且當地囤積黃金的風俗習慣又讓缺乏資本一事更加惡化。[104] 英國人建造了醫院和銀行，卻不足以大幅改善公共衛生與打造金融信用網絡。[105] 這些不是帝國的「蓄犯之罪」，而是「疏忽之罪」。對印度人來說不幸的是，一九四七年上臺的民族主義者非但沒有從英國統治吸取教訓，反而得出了完全錯誤的結論：他們決定效法蘇聯模式，建立一個在國家控制下自給自足的封閉經濟。結果就是更進一步拉開了印度和英國的收入差距。到了一九七九年，雙方達到了有史以來的最大差距。[106]

## 自由帝國的教訓

經濟史家無疑會繼續爭辯，究竟是什麼原因導致了經濟上的「大分流」——這是西元一五〇〇至二〇〇〇年的重要特徵。如果環境因素就足以解釋全球越來越嚴重的不平等現象，那麼大英帝國所輸出的政策和制度就會顯得不大重要，因為自一七〇〇年以來由歐洲發展出來的農業、商業和工業技術，想必就會在擁有便利航路的溫帶地區發展得更好。但假如經濟成功的關鍵，在於採用了正確的法律、金融與政治制度（看起來的確如此），那麼大英帝國在十九世紀末統治了四分之一的世界這件事就顯得非常重要了。即使是在熱帶地區，英國人也努力引入自己的制度，因為他們相信這些制度是促成社會繁榮的必要條件：自由貿易、自由移民、基礎設施投資、預算平衡，以及建立可靠的貨幣、法治與廉潔的行政。如果這套制度在非洲與印度推行的結果，比起英國殖民的聚居地更不理想，那主要是因為在過度炎熱、疾病叢生的內陸地區，即便是最好的制度恐怕也無力回天。要在當地投資，就需要克服地理與氣候因素，還需要克服因之高漲的人力成本。但這些要求遠遠超出維多利亞時代殖民官員的想像力，因為他們僅接受過如何達到預算平衡與低稅收的傳統財政教育。不消說，那些在獨立後採用不同政策而得以成功的政府，也僅是個案中的個案而已。

二〇〇二年十一月，英國外相斯特勞（John Straw）告訴《新政治家》雜誌：「我不是自由帝國主義者（liberal imperialist）。自由主義有很多地方是錯誤的，例如以大寫『L』開頭的那種自由主義。但我是自由派，是以小寫『l』開頭的那種自由派。[3]此外，帝國主義也錯很大，許多我們現在不得不處理的爛攤子都是過去帝國殖民所導致的後果。」我的核心論點是，自由帝國主義曾經存在過，而且歸根究柢是個好東西。從理論和實踐上來看，英國在一八五〇到一九三〇年代基本上就是用自由帝國的方式，在管理其幅員廣大的全球帝國。這套方式促進了自由貿易、自由資本移動與自由移民。殖民地政府平衡預算，維持低關稅保持貨幣穩定。法治被制度化了，行政管理上相對比較清廉，尤其是領導階層。當經濟和社會已發展到適當水準時，權力才會被逐漸授予代議機構。這項政策「配方」鼓勵英國投資者將巨大資本投入貧窮國家，並只要求相對較低風險的回報。若想要引進鐵路和蒸汽動力這樣的新科技，在貧窮國家會比在政治獨立的國家來得快，成本也會更低。自由帝國主義的結果無疑是好壞參半。並不是所有地方都像白人殖民地那樣快速成長。但即便是像印度這樣人均收入增長緩慢的國家，也幾乎可以肯定會好過被其他政治體制統治下的光景。

我們可以由前面所述而得到兩個結論。第一，在許多經濟「落後」的案例中，自由帝國可以比民族國家的政府發揮更好的幫助。第二，然而即便是非常有能力的自由帝國也不一定能成功將同樣地繁榮賦予其所有管轄領土。有了這項但書，我們便可提出一項或許會被冠以「利他主義」的主張：支持美國在當今這個時代效法自由帝國主義。舉例來說，美國的殖民管理肯定能使賴比瑞亞這樣的國家獲益匪淺。[107] 我們在表七中可以看到，賴比瑞亞屬於那種在各方面都幾乎沒有前途的國家之一。政治腐敗與內戰使它的人類發展指數排名掉到最末段班。二〇〇三年，當該國經歷了查爾斯・泰勒（Charles Taylor）短暫的獨裁統治並陷入更深的無政府混亂狀態時，派遣部隊去首都蒙羅維亞（Monrovia）建立秩序的壓力便落到了美國頭上。從某種角度來看，這當然就是共和黨人先前指責柯

[3] 編註：大寫的「自由」（Liberal）往往指相信自由貿易與市場經濟、反對國家干預，或是支持自由黨者；而小寫的「自由」（liberal）則是把自由看作是一種自由主義式的社會哲學。

林頓政府的那套人道主義干涉。但這個國家很明顯需要國家重建，而不僅是政權更替。如果美國對非洲哪一個國家負有歷史責任，那就應當是賴比瑞亞了。因為只有這個非洲國家曾在十九世紀時遭到美國殖民（當年是為了讓黑奴能在被解放後回到他們的「家園」）。在美國極有可能成為自由帝國的二十一世紀，還有什麼地方比悲慘的賴比瑞亞是其更好的干涉選擇呢？在那個國度，政治獨立不是恩賜而是詛咒，民族自決在實際上則導致了民族自我滅絕的結果。

事實上，在我動筆的此刻，美國對賴比瑞亞的干涉已告尾聲。這項事實引領我們提出下一個（各方面來講也是最首要的）問題：美國是否有能力承擔對外干涉與國家重建這一長期任務？如果答案是否定的，那麼無論我們怎麼幫美國的自由帝國另立名目，美國帝國霸業都註定會失敗。

# 第六章　美國人該打道回府，還是出於「組織化的偽善」而留下？

我軍並不是來你們的城市和土地上當征服者或敵人的，我們是作為解放者而來……我們政府並不希望將外邦人的制度強加在你們身上……〔我們希望〕你們享有和過去一樣的繁榮，那時你們擁有肥沃的土地，你們的祖先給世界帶來文學、科學和藝術，那時的巴格達還是世界一大奇觀……〔我們希望〕你們哲人和作家們可以得償所願，讓巴格達的百姓再度興旺，在與神聖律法和種族理想一致的體制下充分享受豐饒的財富。

——毛德將軍（F.S. Maude）致美索不達米亞人民，一九一七年三月十九日

貴國的政府，以及貴國的未來，很快就將屬於你們伊拉克人民……我們將終結前政權的暴政……讓伊拉克人民安居樂業。我們會尊重你們偉大的宗教傳統，這些傳統所倡導的平等和同

情，是未來伊拉克所不可或缺的原則。我們會幫忙建立一個平和的代議制政府，足以保護全體公民權利。然後我軍就會離去。伊拉克將再次作為統一且獨立的主權國家，贏得世界的尊敬。你們是優秀且極具天賦的人民，繼承了貢獻全人類的偉大文明。

——小布希總統致伊拉克人民，二〇〇三年四月四日

羅馬人打到哪裡，就住到哪裡。

——古羅馬哲學家塞內卡（Lucius Annaeus Seneca）

## 重新思考大英帝國的佔領先例

當今美利堅自由帝國與一個世紀前的大英帝國是否有相似之處？對此表示懷疑者應當好好讀讀本章開頭的引文。小布希總統在美軍佔領巴格達後對伊拉克人民的電視演講中，毫無疑問是在呼應一九一七年攻佔巴格達的英軍指揮官毛德將軍那段言詞優美的演說（儘管肯定不是故意為之）。兩支說英語的部隊同樣都在短短幾週內就從伊拉克南部一路橫掃至該國首都。兩個英語政府都否認要直接統治伊拉克，但兩者同樣語帶模糊地宣布，接著預計建立一個能被當地民眾接受、具有正當性（至少看似如此）的伊拉克政府。兩者還有一點相似之處：英國人和美國人都發現，強加法律和維持社會秩序都遠比一開始打勝仗更困難得多。英軍在整個一九一九年裡不斷遭受持槍歹徒暗算，於是不得不使

用大規模空中打擊來平息一九二〇年夏天的伊拉克叛亂，並有四百五十名英軍在行動中陣亡。[1]在英國與美國的案例裡，佔領者也都曾起心動念，想過全盤撤離以避免付出進一步傷亡。[2]最後，促成這兩次軍事佔領行動的原因，都包括了伊拉克所擁有的巨大石油礦藏——這一點在一九二七年得到英伊石油公司的證實。這不是佔領的主要原因，但畢竟也是原因之一。[3]

然而，美國與英國對伊拉克的佔領也有不同之處。其中之一，就是美國與聯合國對伊拉克未來走向起了意見衝突。英國並沒有碰上這樣的困難，因為一戰後的國際聯盟（可說是聯合國前身）直接指定伊拉克是英國的「託管地」，合法化英國人對美索不達米亞的統治。[4]我們恐怕很難想像，溫斯頓・邱吉爾（當時身為殖民地大臣）會用小布希總統在二〇〇三年九月呼籲聯合國協助的方式來請求聯合國協助。這不是英、美在伊拉克經歷上的唯一不同。與美國不同，英國對伊拉克的統治是基於長期的承諾。這可從兩個根本方面來講。首先，儘管英國人在一九二三年同意將佔領期從二十年縮短至四年，但他們仍希望在可以預見的將來持續在伊拉克掌權——無論以何種方式。第二，有足夠多的英國人願意付出生命這一巨大代價，讓英國人得以在巴格達維持長達四十年的影響力。英國和美國佔領者都許諾會盡快將權力移交給伊拉克人民，然後就會打包走人。差別在於，美國人是當真的。他們是真的想撤軍回家。

「別去那裡（編按：指伊拉克），想都別想！」像這樣的宣傳標語每天都能在紐約聽見，而這正是問題所在。儘管美國擁有巨大財富與致命武器，美國人卻對從事帝國事業沒有興趣。而如果沒有人願意從事帝國事業，自然就不可能真正建立一個持久的帝國。美國們不願意「去那裡」——萬一不得不去，就會開始數饅頭算日子，等到他們可以回家的那一天。美國人總想避開帝國邊緣，舒適地蜷伏在帝國中心。

## 用完即丟的可拋棄式帝國？

世人不必等上多久，就能看見美國統治伊拉克將會多麼轉瞬即逝的象徵。二〇〇三年四月九日美軍攻陷巴格達的那一天，美國海軍陸戰隊下士愛德華（Edward Chin）在巴格達天堂廣場的海珊銅像上覆蓋了一面美國國旗。然而，這面國旗僅維持了幾秒鐘。愛德華便再把星條旗拿下，改以波斯灣戰爭前的伊拉克國旗取代。[5]國旗調換得如此神速，大概是為了向伊拉克人民再次保證，美國人的確是帶來解放而非征服。正如小布希總統在伊拉克首都淪陷不久，對伊拉克全民的電視演講所說：「貴國的政府，以及貴國的未來，很快就將屬於你們伊拉克人民……我們會幫忙建立一個平和的代議制政府，足以保護全體公民權利。然後我軍就會離去。」[6]

但是，究竟何時離去呢？美軍海軍陸戰隊下士查納旺（Kemaphoom A. Chanawongse）在跟隨部隊進入伊拉克之前，曾在最後一封家書中開了個玩笑，說他在科威特的營地使他想起了電視連續劇《外科醫師》的英文名「*MASH*」——只是劇名應該要改成：「海軍陸戰隊要在這裡永遠待下去」（MAHTSF）。查納旺下士在一個星期後陣亡，他的兩棲突擊裝甲車在奈西利雅（Nasiriya）被炸毀。他死前開的辛辣玩笑正暗示了他和戰友們迫不及待完成任務回家的心情。小布希總統在五月一日登上「林肯號」航空母艦，發表了一篇為時過早的勝利演講。他提到的願望與查納旺下士不謀而合：「歷史上其他國家在別人的土地上打勝仗後都會駐留下來，佔領並剝削這些國家。美國人打完仗後只想回家。」[7]

在本書寫作的當下，美國對伊拉克的佔領仍在持續當中。但有件事仍是很清楚的：佔領想必不會持續很久。在伊拉克戰爭之前，小布希總統曾對美國企業研究所演講，並留下了選擇的餘地：「我們只有在必要時會駐留在伊拉克，一天也不多待。」[8]然而，最讓人震驚的是他以「天」來當單位。就在美軍攻破巴格達的前幾天，美國國防部副部長保羅．伍佛維茲（Paul Wolfowitz）還建議傑伊．加納將軍（Jay Garner，他是第一個接管伊拉克的美國人）的「伊拉克重建與人道救援辦公室」至少得要運行六個月。結果，加納本人則認為只需要九十天就夠了。[9]從那以後，這個期限每一週都在改變。即將離職的美國中央戰區司令湯米．法蘭克斯將軍（Tommy Franks）建議佔領期落在兩到四年之間。然而，到了七月份，新任駐伊最高行政長官保羅．布雷默卻告訴記者：「盟軍要在這裡駐留多久，實際上完全掌握在伊拉克人民的手中。」他又補充道：「如果不是出於需要，我們也不想在這裡多待一天。」[10]同月晚些時候，他預計伊拉克大選將於二〇〇四年中舉行，然後就可以把權力從盟國臨時管理當局移交給當選的伊拉克政府了。「我在這裡的任務也就結束了。」布雷默說道。[11]九月二十六日，國務卿科林．鮑爾告訴《紐約時報》，美國任命的伊拉克管理委員會將用六個月的時間，替這個國家起草一部新憲法，大選將在那之後舉行，並將權力移交給當選者。[12]布雷默在十一月一日又再次重申，他的目標是「在可行的前提下，盡快將伊拉克的主權交還給伊拉克人民」。[13]他本人就在當月被華盛頓召回，討論如何加速權力移交工作。他在十一月十五日宣布，一個由任命而非選舉產生的伊拉克臨時政府，將會在隔年七月接管伊拉克，並將大選和制定新憲法再往後推遲一年。

總之，美國人是真心覺得自己是解放者而非征服者。正如許多評論家所言，如果美國正著手打造一個帝國新時代，它將打造出一個史上最短命的帝國。其他帝國締造者都做著千秋萬世統治別國臣民的美夢，只有統治伊拉克的美利堅帝國想成為歷史上第一個千日帝國。與其說美國是個「精簡版」帝國，還不如說是用完即丟的可拋棄式帝國。

由於美國選民要求海外干涉需要在最快兩年、最遲四年之內展示成果，這對美國行政當局無疑是一大約束。但美國干涉伊拉克的時間如此之短，其實還有另一個重要解釋，那就是美利堅帝國實在太難找到適合的人才去管理伊拉克。美國高等教育機構的確培育了無數優秀的男女學子，美國最好的大學無疑就是全世界最好的大學。但是，很少有哈佛、史丹佛、耶魯或普林斯頓畢業的高材生願意把一輩子都貢獻在伊拉克這樣一個被太陽烤焦的沙坑，把它變成國防部副部長保羅·伍佛維茲想像中的繁榮富強的資本主義民主社會。美國最聰明、最優秀的人才並不想要統治美索不達米亞，他們只想要管理全球音樂電視臺；他們不想要統治漢志（位於沙烏地阿拉伯），只想要操作避險基金。一個世紀之前的英國名校畢業生志在帝國霸業，如今野心勃勃的美國人則與此大不相同。美國年輕人希望看見自己名字後面掛上CEO（執行長），而不是CBE（大英帝國司令勳章）。

就像今天的美國，英國人也曾在一次大戰後受到國內與伊拉克民意的雙重壓力，不得不將權力移交給伊拉克政府。但是英國移交的速度非常緩慢，而且並不徹底。在佔領伊拉克的頭三年，英國人派遣民事專員阿諾德・威爾遜爵士（Sir Arnold Wilson）管理這個國家。[14] 他和助理戈楚・貝爾女士（Gertrude Bell）都懷疑美索不達米亞實現自治後的實際生存能力。他們在幾乎沒有詢問過當地人意見的情況下，就起草了一項將伊拉克整合成單一國家的計畫，完全不顧那些反對將亞述人、巴比倫人、遜尼派和什葉派教徒全部塞在一個國家內的人們的忠告。威爾遜爵士在一九二〇年信心十足地向英國內閣擔保：「美索不達米亞並無真正願望要成立一個阿拉伯人政府，阿拉伯人會感激英國統治。」[15] 但在一九二〇年伊拉克叛亂和勞倫斯上校（T. E. Lawrence，編按：著名的「阿拉伯的勞倫斯」）公開對英國的政策進行激烈批評之後，這個策略才有所改變。勞倫斯是阿拉伯戰役中的英雄。一九二一年三月，勞倫斯在開羅召開的一場會議上，建議將伊拉克的國王寶座授予他的朋友，也就是他的戰時盟友哈希姆王子費薩爾（Prince Faisal），並將伊拉克轉變成英國式的君主立憲制王朝。[16] 在巴格達的納基卜（Naqib of Baghdad）主持下，一個溫和的部長委員會邀請費薩爾以國賓之姿前來做客，並在七月十一日通過擁戴其成為國王的決議。巴士拉的塔力布（Sayyid Talib）是費薩爾所有具備競爭實力的對手中最危險的一個，他後來因膽敢使用「伊拉克人的伊拉克」的標語而被捕，並被驅逐到了錫蘭。[17] 支持費薩爾的公民投票如期舉行，他並在八月二十三日被加冕為王。如今為人所知的伊拉克，就這樣被英國創建起來。諷刺的是，伊拉克這個國名的本義是「根基很深的國家」。[18]

費薩爾並不甘願當個傀儡。正是他堅持要將英國託管期限從二十年縮短到只有四年。但即便在一九二二年《英伊條約》簽訂之後，究竟誰才是這個國家真正的主人，仍然是毋庸置疑的。對大英帝國來說，控制伊拉克在戰略上至關重要，英國人得以在中東獲得無可挑戰的支配地位。伊拉克也具備經濟上的吸引力。當兩名美國標準石油公司的地質學家進入伊拉克從事探礦考察時，他們遭到英國當局逮捕，並被移送到巴格達的警察局。[19]當人們於一九二七年在巴巴古爾挖出石油時，英國的接管獲得了一筆可觀的紅利。雖然英國人隨後將所有權力交還給費薩爾王朝，但英國仍然在一九三〇年代的伊拉克保持舉足輕重的地位。一九四一年四月，英國人不費吹灰之力就從阿曼派遣一支遠征軍前往巴格達，平息當地由軸心國支持的政變。事實上，英國人一直要到一九五八年英國代理人費薩爾二世和賽義德首相在伊拉克革命中遭到暗殺後，才真正失去對這個國家的控制權。總之，大量英國政府的代表、軍人和文職人員都在巴格達待上了幾乎整整四十年的時間，從未間斷過。當英國人進入伊拉克後，他們便落地生根了。

我們有可能看到美國人在二〇四三年的巴格達扮演類似角色嗎？委婉地說：看來不大可能。

戈楚．貝爾是第一位從牛津大學以一級榮譽學位畢業的女性。她在一八九九年去耶路撒冷的一次考古訪問中學會阿拉伯語。跟阿拉伯的勞倫斯一樣，她後來也為英國軍事情報部門工作。一九一七年，她被任命為英國駐巴格達民事專員的東方事務祕書。這是她十分熱愛的一份工作。「我不喜歡在倫敦待太久，」她這樣寫道：「我喜歡巴格達，我喜歡伊拉克。這裡是真正的東方，令人激動。事情都發生在這裡，它的浪漫故事觸動了我，吸引著我。」[20]有成千上萬個像戈楚．貝爾這樣的「東方通」點綴著整個大英帝國，他們深深迷戀於具有異國情調的「他者」，同時也統治著他者的土地。她對於費薩爾一世加冕典禮的描述，很好地詮釋了這套治理模式是如何運作：「費薩爾看上去很威嚴，但卻也非常興奮，這是一個很鼓舞人心的時刻。他沿著第一排往後看，在看到我的時候，我向他行了一個小小的致敬禮。賽義德・胡桑（Saiyid Husain）起立朗讀了英國民事專員的通告，宣布費薩爾在百分之九十六的美索不達米亞人民支持下當選國王。國王萬歲！說到這裡，我們起立並向他致敬。在他那一側的旗杆上掛著殘破的國旗，樂隊演奏著《天佑吾王》（編按：英國國歌）——他們當時還沒有國歌。」[21]對於像戈楚・貝爾這樣的女性而言，在伊拉克當地井然有序地監督這一精心編排的政權更替儀式，顯然是一件非常有趣的事情。她全然不曾考慮什麼「退場策略」，更不曾考慮回到英格蘭。

誠然，大多數英國人若要移居海外，都會優先從少數幾個殖民地中選擇。他們偏好溫帶地區，例如加拿大、澳洲、紐西蘭和南非，這些地方很快就會成為半自治的英聯邦國家。一九〇〇到一九一四年間，大約有二六〇萬英國人離開英國前往海外帝國（到一九五七年這數字已累積到接近六〇〇萬）；四分之三的人去了加拿大或紐、澳。[22]然而，也有很多人去了氣候並不宜人的亞洲和非洲地區。一九三一年，約有十六萬八千人去了印度。[23]而非洲的官方殖民地公職機構則雇傭了超過七千五百名外派人員。[24]

英國人在海外扮演著多種身份：不僅作為士兵和行政長官，還有生意人、工程師、傳教士和醫生。就像今天美國的非正式帝國一樣，大英帝國也有其非政府的一面。海外有著維多利亞時代的跨國公司與維多利亞時代的「非政府組織」（NGO）。但無論他們在海外扮演怎樣的角色，最關鍵的是他們選擇留下，待到退休或者生命結束，無數的殖民地公墓證實了這一點。英國人建立了無數的外籍社區，這些人對管理大英帝國至關重要。這些「熟悉現場的人」是必不可少的，他們學會說當地的語言，也許還吸收了一些當地的風俗習慣，雖然還沒有到「變成當地人」的程度。他們是遙遠帝國當局與本地願意同帝國合作的精英階層的中間人。

在這點上，「印度文官體制」（Indian Civil Service）扮演著至關重要的角色：它強烈吸引最優秀的大學人才。印度文官體制中，有非常高比例的人都來自於牛津與劍橋的畢業生，比例從一八八〇年代以後穩步上升，最終超過了百分之七十。一九三〇年代，高達三分之二的印度文官體系公務員都曾經在英國公學接受教育；四分之三曾就讀牛津或劍橋。一九三八年，八名印度省長中有七位畢業於牛津大學。[25] 凱因斯從一九二〇年代開始就非常瞧不起帝國，但他卻只在印度公務員考試中拿到第二名。這成了他如日中天的劍橋生涯中一次十分罕見的挫敗印記。[26] 牛津與劍橋兩大學的畢業生也願意任職於地位沒那麼崇高的文官機構，這些機構主管著英屬非洲殖民地與其他英屬亞洲殖民地。一九二七到一九二九年間，九百二十七名文官制度的招聘人員中，幾乎高達一半的人曾經在牛津或劍橋念過書。[27] 還有數量可觀的牛津畢業生任職於殖民地其他政府和民營部門的機構裡。[28]

問題的關鍵是，為什麼英國頂尖大學會有如此多的高材生願意離鄉背井，去管理那些如地獄般炎熱而且疾病滋生的國家呢？一個典型例子就是埃文．馬克諾奇（Evan Machonochie）。馬克諾奇是牛津畢業生，他在通過印度公務員考試後於一八八七年出發到孟加拉，然後在印度一待就是四十年。[29] 我們也許可以從他的凱爾特姓氏中找到一條線索：蘇格蘭人在海外四處為家，不僅在白人殖民地，也頻繁地出現在加爾各答、香港和開普敦等充滿商機和專業精英的城市裡。愛爾蘭人同樣在強加大英帝國的統治上起到不成比例的作用，他們為英國軍隊提供了極高比例的軍官和軍職人員。吉卜林筆下那位著名的印度軍隊軍官之所以名叫馬瓦尼（Mulvaney，編按：這是愛爾蘭常見姓氏），多半也是這個緣故。這是因為蘇格蘭（特別是北蘇格蘭）與愛爾蘭（尤其是南愛爾蘭）都比英格蘭窮得多。對那些生長於多雨且貧瘠的英國邊緣地帶的年輕人來說，海外帝國為他們敞開了一扇機會之門。移民的潛在利益無疑超過了在熱帶地區生活的危險。就像香港銀行為了招募職員（絕大多數都是蘇格蘭人）而設立「山鷂陷阱」一樣，牛津大學貝利奧爾學院（Balliol College）也成了一條重要的管道，替有志的蘇格蘭年輕人開闢了一條從「英國北部」經由牛津前往海外帝國的路線。

然而，我們無法光靠經濟學角度來解釋馬克諾奇這類人的動機，也無法解釋為何像戈楚．貝爾這樣的牛津畢業生都如此熱衷於這項事業。這是一種源於複雜情感的帝國衝動：固然源於種族優越感，但更源於傳播基督教福音的熱忱。也許有經濟利益的動機，但更重要的是他們真誠地相信，傳播「商貿、基督教與文明」不僅是出於大英帝國自身的利益，也必將造福大英帝國殖民地的臣民。

這就與今天的美國人形成了最鮮明的對比。說得直白一些，美國現在所面臨的一大困難，就是長期性的人力不足。根本沒有足夠的美國人願意在別的國家搞國家重建的工作。

本書寫作之時，美軍在伊拉克缺乏足夠的軍事人員幾乎已是每位消息靈通的評論家所一致承認的——或許只有國防部長辦公室例外。二〇〇三年九月，美國陸軍三十三個可以開赴前線的戰鬥旅中，已有十六個部署在伊拉克；現役部隊在該年年底又增加了三萬三千人，並動員十六萬五千名國民兵與陸軍預備役，其中很大一部分去了伊拉克。然而，即便有其他國家支持，十二萬名美軍部隊也不足以保障伊拉克的秩序。[30]伊拉克內部的危機迫使美國政府不得不放下架子，忍氣吞聲地尋求外國增援，甚至向那些一開始就竭力反對戰爭的國家求援。[31]缺兵正是一九七〇年代早期以來部隊持續精簡化的直接後果（當時現役部隊總數最高可達三〇〇萬，相比之下，今天現役人數還不到一四〇萬）。美軍在二〇〇二年的海外服役人數，確實是與一八八一年英國的海外服役人數大致相當，大約都是比二十五萬人再多一些。[32]但雙方除此之外就別無相似之處。十九世紀的英國僅有不到三分之一的軍隊留守本土，而當今美國則有超過五分之四（百分之八十二）的現役軍人駐紮美國本土。[33]甚至就連在一九九九年打得塞爾維亞不得不從科索沃撤軍的B-2隱形轟炸機，也是直接從密蘇里州的諾布諾斯特（Knob Noster）起飛。同樣令人吃驚的，還包括美軍在執行海外任務時普遍只會待上很短的一段時間。美軍將伊拉克服役期間定為一年的做法，打破了三十年前越戰結束後設立的海外作戰最低時數紀錄。

十二個月固然已比華爾街投資銀行家出海外公差的平均時間要長（他們通常僅以天來計算），但並不夠讓人獲取足夠的當地知識。無論如何，我們應該想想美國七十三座主要海外軍事基地中有半數坐落在西歐，而且至少有二十五座在德國，靠近像海德堡、凱撒斯勞滕（Kaiserslautern）等生活過得比美國許多州還要好的城鎮。[34]當英國人為了征服的人而把兵營建在敵對地區，今天的美國人則將四分之一的海外駐軍安置在當今世上最繁榮且最和平的國家裡。當五角大廈覺察到當地居民對他們的海外前哨基地（好比菲律賓的蘇比克灣軍事基地）產生嚴重敵對情緒時，他們居然匆忙把那座基地給關閉了。這實在是饒富興味。

然而，美國並不是僅在軍事上缺乏人力。與一個世紀前的英國不同，美國是人口輸入國，淨移民比率為每千人中就有三個，海外出生人口更達三二〇〇萬人（幾乎等於每九名美國居民中就有一名）。[35]當美國人選擇定居海外時，他們也更喜歡選擇已開發地區。估計現在有三八〇萬美國人定居海外——這聽起來很多，但其實只有美國國外出生居民人口的八分之一。此外，美國的外遷人口有超過四分之三生活在與美國相鄰的兩個國家（一百萬人在墨西哥，六十八萬七千人在加拿大）或歐洲（剛剛超過一百萬）。有二十九萬美國人生活在中東，幾乎三分之二居住在以色列。僅有三萬七千五百名美國人居住在非洲。[36]換言之，這是一個沒有移居者的帝國，或是移居者僅移往大都市的帝國。離開大都市前往遙遠偏僻的土地，並不是個受歡迎的選項。毫不誇張地說，如果美國只是吸收外國移民，它如何可能在境外行使權力？也許會有人說，吸引海外精英來美國大學學習也是一種間接統治，因為這也是在透過單向或雙向合作的方式來塑造文化趨同。但這很大程度仍取決於這些海外留學生會在美國待多久。如果他們絕大部分不再回到自己的國家，那麼我們其實無從評估他們能對自身國家行使多少實際影響力。[37]

美國與英國還有另一項對比。美國精英教育機構的畢業生似乎特別不願意去海外，除非是去短暫訪問或度假。在海外逗留最久的美國人是志願役軍人，其中好一部分是非洲裔美國人（他們僅佔美國人口的百分之十二點七，卻在軍隊中佔到百分之二十八點九）。[38]作家提摩西・賈頓艾許曾在一九九九年科索沃戰爭後訪問當地，他用吉卜林的話開了個雙關玩笑：這裡也與當年越南一樣，「白種人的負擔」顯然是由不成比例的黑人扛在肩上。[39] 當然，非裔美國人完全有可能成為美利堅帝國的凱爾特人。他們不得不去海外冒險，因為在國內能擁有的機會相對較少，就好像十九世紀的愛爾蘭和蘇格蘭人一樣。實際上也的確如此。無論美國對伊拉克的佔領會持續多久，都將替非裔美國軍官不斷增加職業機會。伊拉克戰爭期間，中央戰區司令部最令人印象深刻的軍事發言人文森特・布魯克斯將軍（Vincent K. Brooks）就是個典型代表。

然而，當年英國人總是小心謹慎，避免給軍方過多的帝國行政管理權。西敏宮的國會議員們熟悉羅馬帝國史，至少還知道要讓將軍們服從文官總督。只有當本地人變得難以掌握時，戴有金色鑲邊帽盔的高級將領們才會坐鎮該處，施以維多利亞時代的「震撼與威懾」。否則的話，殖民地政府一般來說都是牛津、劍橋兩校畢業的高階文官們的天下。相較之下，有多少哈佛或耶魯的應屆畢業生會認真考慮到伊拉克戰後的行政體系中謀求發展呢？想必不多吧。耶魯大學在一九九八到一九九九年間招收了四萬三千六百八十三名大學部新生，其中只有三百三十五名（不到百分之一）選擇「近東語言和文明系」開設的相關課程。這也是該校開設的大學主修科目中唯一一門與此相關的（相較之下電影研究所開設了十七門學科）。[40] 畢業後的情況也沒有好去哪裡。美國學術精英們普遍遵循《綠野仙蹤》的指引：「沒有什麼比家的感覺更好。」根據一項一九九八年的調查顯示，耶魯大學目前有十三萬四千七百九十八位校友，其中只有百分之五點多住在美國以外。選擇生活在阿拉伯國家的耶魯校友，才剛剛好超過五十人而已。[41] 一百年前，牛津和劍橋的有志青年夢想透過印度公務考試成為帝國殖民官員。到了今天，美國常春藤聯盟的高材生們則只把目光鎖定在法學院和商學院，做著標準的美國夢。於是乎，美國不僅是一個沒有移居者的帝國，更是一個沒有行政管理者的帝國。伊拉克最高行政長官保羅·布雷默本人雖然是一位經驗豐富的外交家，從阿富汗到馬拉威都留有他的身影，但他手下的工作人員明顯缺少對中東的專業知識。統計數字發人深醒：在他領導的伊拉克行政團隊中，最開始才只有三個人能夠說一口流利的阿拉伯語。[42]

當然了，哈佛大學甘迺迪政府學院仍會有一些藝高膽大的學生，期盼與伊拉克臨時政府商榷其憲法問題。也會有少數幾個明星經濟學家渴望研究伊拉克，就像他們在一九九〇年代早期蘇聯解體後研究俄羅斯一樣。但我可以頗公允地說，他們也僅會願意每年花上幾週時間出公差，而不願意長期定居在那裡。他們只想當顧問，不想當殖民者。對常春藤聯盟的「國家重建者」來說，他們會設立獨立中央銀行、改革稅法、自由化商品價格、私有化重大基礎建設，然後及時趕回美國參加第一次同學會。

我們當然可以主張，美國人之所以只願意短暫訪問帝國疆土而不願長期定居，得要拜科技發展之賜。英國人雖然在一八七〇年代就已大致完成了全球鐵路與航道網絡，但當時環遊世界仍然需要八十天，正如儒勒·凡爾納（Jules Verne）筆下的《環遊世界八十天》所述。相較之下，今天環遊世界只需要三天。問題是，現代科技雖然帶來毋庸置疑的優勢，卻也一併帶來與世界脫節的劣勢。在二〇〇三年初的伊拉克外交危機期間，國務卿科林·鮑爾曾被批評只靠電話來執行外交政策。鮑爾反駁說自己在那一年已經兩度到海外考察，但他這兩次公差的地點與時間卻有些奇妙：一次是去瑞士達沃斯參加為期兩天的世界經濟論壇（一月二十五日至二十六日），另一次則是在遠東待了五天（二月二十一日至二十五日）。[43] 這兩次公差究竟取得怎樣的外交成果只能全憑臆測——但就算國務卿鮑爾是去了法國巴黎與土耳其安卡拉，恐怕也很難說會去得何種成果。

喜歡溫馨家庭的安逸與舒適的，並不僅限於美國最高階的官員。就在二〇〇一年九月恐怖攻擊事件前不久，才有一位中央情報局前幹員坦承中情局「可能找不到半個真正能講阿拉伯語又有中東背景的官員，也沒有人願意扮演一位可信的伊斯蘭基本教義派，在阿富汗山區度過好幾年沒有女人、沒有美食的生活」。「看在老天的份上，」他繼續說道：「大多數專案情報員都住在維吉尼亞州郊區。我們才不幹這種事。」容我在此引用一位專案情報員的不朽名言：「沒人想幹腹瀉會成為日常生活的情報行動。」[44] 就在九一一事件發生之後，一位中情局官員在他的辦公室外懸掛一張告示，上面寫著：「徵求能夠執行危險任務的官員。薪水差，工作環境更差，一連好幾個月必須摸黑度過，持續處在危險之中，不確定能否安然返鄉，上級只有在任務達成後才考慮榮譽與嘉獎。」饒富興味的是，這張徵人海報正好就是英國探險家薛克頓（Ernest Shackleton）在一九一四年遠征南極前所用的同一張招聘海報。[45] 而在美國出兵伊拉克之時，短命的「伊拉克重建與人道救援辦公室」官員們也從大英帝國尋找靈感：仰賴來自尼泊爾、已退休的英國廓爾喀士兵，請他們協助確保科威特軍事基地周圍的安全。[46]

那麼自吹自擂的志願部門呢？那些政府和非政府援助機構又如何呢？它們不是能夠提供美國當

前最缺乏、最難尋覓的現場人力嗎？這類機構自一九六〇年代以來做了許多工作，引導有理想的美國年輕人參加和平工作團（the Peace Corps），進行我們現在稱之為「國家重建」的工作。從一九六一年來，有超過十六萬八千名美國人參加了這個組織，並在一百三十六個國家中從事著多種民間工作。今天的和平工作團大約只有六千六百七十八名志願者，比一九八二年的五千三百八十人已有進步。[47]和平工作團的確吸引到符合要求的人才：哈佛大學與加州大學柏克萊分校提供了最多志願工作者，此外他們還有很大比例是來自頂尖文學院，例如達特茅斯學院、塔夫茨大學和美國明德大學。[48]然而，志願工作者的總數只有國會在一九八五年訂定的一萬人目標的三分之二，而這項目標本來預計在一九九二年就要達成的。

無論如何，我們都不應當對和平工作團這樣的機構寄予過多希望。民間援助機構就像古代傳教士一樣，會在協助政府管理伊拉克的同時，也給他們造成一定的麻煩。每次國際危機都會立刻吸引一群援助工作者前來，但他們的努力並不總能發揮有效的協助，這就是新興「人權帝國主義」難以啟齒的真相。如果美國成功維持住伊拉克的法律和秩序，則經濟生活將會很快復甦，屆時就已經不需要所謂的經濟援助。反過來說，如果美國無法施加秩序於此地，則援助工作者們將只是任人宰割的對象。

繼吉卜林之後，大英帝國最值得一讀的作家或許就是約翰·布肯（John Buchan）。布肯的驚悚小說《綠斗篷》（*Greenmantle*, 1916），以令人印象深刻的方式將大英帝國擬人化。這體現在小說人物阿巴斯諾特（Sandy Arbuthnot）這位詭計多端的東方學者身上，他可以在麥加被人以為是摩洛哥人，在巴基斯坦的白夏瓦（Peshawar）又被看作是阿富汗人。阿巴斯諾特的對手是一位患有消化不良症的美國百萬富翁布萊凱恩（John Scantlebury Blenkirons），「一個大塊頭，一張肥胖、菜色的臉刮得倒是挺乾淨，上面長著一對睡眼惺忪的眼睛，活像一頭正在反芻的老牛」。布萊凱恩告訴故事裡的主角理察·漢內（Richard Hannay）：「我這雙眼見過最血腥的事情就是美國總統大選。」這個象徵手法雖然有點粗鄙，但還是道盡了一番道理。

二〇〇一年九月之後，像是布萊凱恩這樣的人物當然看見了比美國大選更為血腥的事物。但這會刺激他們的胃口，把美國打造成依循英國模式的帝國嗎？看來只有當美國人願意全盤重新考慮自己究竟是如何看待國境之外的世界時，才似乎有這個可能性。只有當更多美國公民願意（而且是迫切地希望）挑起「國家重建的重擔」，才有可能補足佔領伊拉克所缺乏的最重要一塊拼圖。大英帝國的歷史教訓非常清楚：如果沒有帝國主義者在外頭打拚、在現場管理，你根本無法撐起一個帝國。

布萊凱恩有沒有可能蛻變成阿巴斯諾特呢？《綠斗篷》的作者約翰·布肯有著傳奇的帝國生涯，他從一介身份低微的蘇格蘭牧師之子，透過牛津大學深造，一路升遷至加拿大總督。美國是不是也能出現像布肯這樣的人呢？也許吧，畢竟美國以前就曾有過。二次大戰後的幾年裡，錯過戰爭的那一代人就像布肯一樣，懷抱著對全球統治的熱情從哈佛和耶魯畢業。許多人加入了中央情報局，畢生投入到對付全球共產主義的戰鬥中，足跡遍及古巴到柬埔寨。然而正如格雷安·葛林在《沉靜的美國人》中所預見的，美國人所採取的「間接統治」，其付出卻反遭當地權勢者的低劣素質損害，更因為只能暗地裡扶持當地政權而而綁手綁腳。美國當年為了支持其越南戰略，曾經杜撰了一套說法：美國無意恢復法國在中南半島的殖民統治。今天，同樣地說法也在華盛頓四處流傳：哪怕美國在伊拉克的統治政策看上去有多麼像是要恢復英國式的殖民統治，但美國人其實只想要讓伊拉克人享有民主，然後就打道回府。

## 如何爭取當地人民的合作

民主帝國或許具有一項內在特質，那就是其運作週期十分短暫。民主帝國的執政團隊，其政策受到定期競選的嚴厲約束。韓戰與越戰已提供強而有力的證據，證明美國人的傷亡數字與執政者的戰時民意支持度之間存在負相關。曾有不少人堅持認為，美國早在一九九〇年代就已經擺脫「越戰症候群」了。但現實是，美國大選對傷亡率的敏感度自冷戰以來似乎變得更加強烈了。二〇〇三年四月到十月間，民眾對伊拉克戰爭的支持率下跌了百分之二十九。那段時間只有三百五十名現役美軍犧牲，其中僅三分之二是在敵對行動中陣亡（見圖十一）。相較之下，美國民眾對越戰的支持率，一直要到戰爭持續了三年、並且有超過三萬名美軍士兵陣亡後，才降低了同樣地數字。所以我們也就不該感到奇怪，為何美國政治家會在大戲還未閉幕前就萌生尋找退場策略的想法了。

不幸的是，短期的國家重建計畫存在著致命缺陷：只要美國人一釋放即將撤離的訊號（或者被佔領國人民如此相信），就再難以確保當地人的支持了。也許大英帝國最重要的統治基礎，就是仰賴當地共同合作。否則不到一千人的印度文官體系要如何統治印度這樣擁有四億人口的泱泱大國呢？但是，有哪位伊拉克人敢冒險與保羅・布雷默這樣不可靠的佔領者合作呢？這位仁兄才剛在伊拉克建立了臨時政府後便要拍拍屁股走人。最叫人詫異的是，最初不能接受美國撤軍的反而是大多數的伊拉克人。當人們在二〇〇三年七月的一項民調裡被問到：「此刻你希望美軍（和英軍）撤離呢？還是留下？」只有百分之十三的伊拉克受訪者贊同立即撤軍。將近三分之一（即百分之三十一）則回答：「盟軍至少應該在這裡待上幾年。」另外有百分之二十五的人回答：「至少待上一年左右。」[49]

這就是關鍵所在：時間長短正是「國家重建」能否成功的關鍵。[50] 美國軍事干涉最成功的國家，正好也是美國駐軍持續時間最長的國家，這絕非巧

圖十一　伊拉克戰爭，2003 年：傷亡人數和民眾支持率

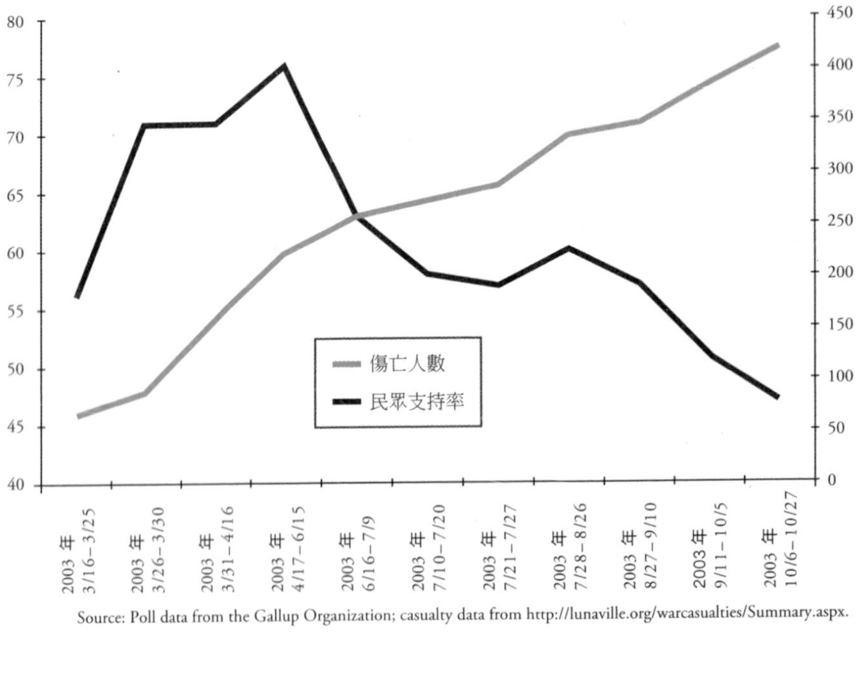


Source: Poll data from the Gallup Organization; casualty data from http://lunaville.org/warcasualties/Summary.aspx.

合。正如我們所見，小布希總統經常拿日本與西德在一九四五年後的例子來證明美國軍事干涉的成效。「美國過去承諾過，現在也會信守承諾，」他在二〇〇三年二月這麼說道，暗示當今在伊拉克的情況與一九四五年具有相似性，「我們擊敗敵人後不會留下駐軍，只會留下憲法和國會。」[51]小布希的這段話忽略了一樁令人尷尬的事實，那就是美軍在日本的正式佔領持續了七年，在德國則長達十年之久。直到今天，美軍仍然在那兩個國家擁有規模最龐大的軍事部署。我們還必須提一下第三個成功案例：南韓。美軍在南韓駐軍將近四十年後，南韓才終於在一九八〇年代真正轉型成一個民主國家。[52]相較之下，美國從一八九八年開始在中美洲和加勒比海地區進行了一系列短命的軍事干涉就沒能產生什麼好結果，很可能還導致了大量惡果。不幸的是，美國為伊拉克（更別說阿富汗）設定的佔領期限更近似於這些失敗的先例，而非德、日、韓的成功案例。巴格達根本不可能只花兩年時間就轉變成西方式民主國家的首都。即便二〇〇三年的伊拉克與一九四五年的西德在社會、文化上存有明顯的差異，但想把伊拉克轉化成西方民主國家的目標並沒有那麼異想天開。[1]二〇〇三年九月的蓋洛普民調顯示，高達五分之二（百分之三十九）的巴格達人最希望看見的，就是在伊拉克建立一個多黨議會制的民主國家。百分之四十二的受訪者更認為，多黨議會制很有可能就是未來五年內伊拉克所採行

---

[1] 作者註：傳統觀點認為在戰後的德國實行民主化是必然會取得成功的，因為德國社會高度發達，種族單一，而且那裡的人們對二十世紀二〇年代以後實行的民主制仍記憶猶新。這種比較忽視了一點：第三帝國曾以人類歷史中最為極端的意識形態將德國的政治文化改變到如此惡劣的一個程度。希特勒統治下的德國是遠比海珊統治下的伊拉克糟得多的「流氓政權」。只有帶著後知之明的角度來看，才會認為德國轉型成為一個穩定的西方民主國家是一件很容易的事情。

的體制。同時還有超過半數的受訪者（百分之五十一）相信，這項體制是美國直接影響的結果。[53]看來許多伊拉克人希望美國人待得更久，至少比美國人自己計畫想待的期限還要長。伊拉克人期待其政治體制將受惠於美國的持續存在。遺憾的是，如果美國真的要在二〇〇五年離開伊拉克，那些伊拉克人民就得面對希望破滅。若在秩序尚未恢復、經濟尚未復甦的情況下舉行大選，幾乎肯定不可能產生穩定的政府，反而更有可能在強化社會既有的種族與信仰隔閡。[54]

有沒有折衷方案？一方面既能美國人滿足其想要很快回家的衝動，另一方面又能讓美國人承擔在伊拉克的長期義務，好讓國家重建計畫得以運行？在這個問題上，美國人同樣能夠效法大英帝國。只不過這次的案例不是伊拉克，而是埃及。伊拉克畢竟比較晚才成為大英帝國版圖的一部分，而且當時的英國已是經濟拮据。英國人從未真正把伊拉克問題放在首位，即使有也受限於有限財力——但埃及則不然。埃及一八八〇年代成為英國屬地，那正是大英帝國經濟與戰略實力達到巔峰的時候。英國人一直統治到二戰結束，埃及成了自由帝國如何管理領地的完美典範。英國人打從一開始就堅稱，負責管理埃及的不是英國人，而是埃及人自己。

一百二十一年前[2]英國佔領埃及與今天美國佔領伊拉克，兩者之間的相似之處，多到令人驚訝。小布希政府可以從英國治埃的先例中學到一課。美國人當然可以大談「保證會離去」，只要不是真心想走、甚至真的走人就好。

一八八二年，民族主義軍官阿拉比（Said Ahmed Arabi）奪取了埃及政權，推翻了親英派的埃及總督陶菲克（Tewfik）。首先，讓我們聚焦在今昔不同之處。阿拉比不是海珊，而且外國能夠干涉的理由也不同：阿拉比政權在埃及亞歷山大港對歐洲居民施暴；而海珊則是對國際社會呼籲其放棄大規模毀滅性武器的要求置若罔聞。然而，當年英國進行干涉的更深層原因與後果，皆驚人地預示了今天伊拉克的糾葛情況。第一個相像之處，便是甫剛上臺的英國政府曾在一八七九年的選戰中保證過，不會以帝國主義的方式行事。自由黨黨魁威廉・格萊斯頓（William Ewart Gladstone）還曾經譴責保守黨主要競爭對手班傑明・迪斯雷利（Benjamin Disraeli）太愛管埃及的閒事。「如果我們海外擴張的第一站在埃及，」格萊斯頓警告：「無論是用盜竊還是搶購手段獲得，幾乎可以肯定這將會成為北非帝國的雛形，今後這個帝國就會越長越大……直到最終跨越赤道，與南非納塔爾和開普敦連為一體……。」[55] 格萊斯頓在中洛錫安郡（Midlothian）辦了幾場演講，其中第三場最為著名。他陳述自由黨的外交政策一共有六條原則，包括與其他歐洲大國保持友好、避免不必要的海外糾葛、對所有民族「一視同仁」，以及熱愛自由。這完全不像是一位支持帝國主義者單邊干涉的公開宣言。實際上，格萊斯頓直到一八八二年一月都仍堅持認為：「埃及是埃及人的埃及」，而這將是「解決埃及問題的最好辦法，更是唯一辦法」。[56] 他從未放棄「推動埃及建設制度與自治政府」的希望。[57]

第二個相像之處，就是英國在這個國家的確有巨大的經濟利益。就像今天的伊拉克石油，當時

[2] 編註：中譯本出版時已是一百三十八年。

埃及擁有蘇伊士運河。將這條運河作為交通要道的船隻裡，有高達八成都是英國船。實際上，英國整體貿易的百分之十三便是流經這條運河。一八七六年，英國已持有蘇伊士運河公司的龐大股份。埃及經濟在美國內戰期間蓬勃發展，因為其所出產的原棉已成為英國紡織工廠的替代原料來源。不僅如此，埃及有龐大外債都握在英國債券持有人的手中，包括新首相格萊斯頓本人。今天的自由派評論家對小布希政府與哈利伯頓石油公司（Halliburton）的關係咬牙切齒，但其前執行長錢尼成為小布希的副總統後，哈利伯頓的股價在三年內下跌了三分之一之多。反觀格萊斯頓入侵埃及的直接結果之一，就是他對埃及貸款投資的價值一下子暴增——暴增幅度超過百分之四十。若當時這個消息被外界知道，很難說會對格萊斯頓著名的清廉聲譽造成何等影響。但即便格萊斯頓這番事蹟並未廣為人知，當時人們仍舊普遍質疑政府入侵埃及的動機，認為至少有部分是出於經濟利益。當時一名評論家認為幕後有倫敦金融勢力操縱，主張這些商人唯一的願望，就是將埃及變成由歐洲人所控制的債券紅利支付機器，並由歐洲籍的雇員操作與管理。[58]

第三個相像之處，在於今天美國與當年英國一樣，同樣認為要解決危機就需要讓法國人參與進來。法國當年也是埃及債券與運河股份的重要持有人，同時還是開鑿運河的始作俑者。自從埃及於一八七六年拖欠債務以來，埃及金融就受到英、法聯合主導的委員會控制。當埃及危機在一八八二年爆發，格萊斯頓的當下反應就是繼續訴諸於這份跨海峽的合作關係。當時人們普遍相信，牽涉到「近東」地區的任何政治決定，都應當由英國、法國、德國、奧地利、俄羅斯等五大國協商而成。而對埃及擁有正式宗主權的鄂圖曼土耳其，對此則無權過問，只有遭到集體霸凌的份。讓我們重述一遍：維多利亞時代的大國會議，就相當於今天的聯合國安理會，前者在一八八〇年代的成效就與今天的安理會一樣乏善可陳。格萊斯頓首相是一位良善的國際主義者，他盡力尋求外國支持其軍事干涉埃及的行動，就像小布希為了對伊拉克採取行動而尋求聯合國的明確授權一樣。然而，他們兩人尋求支持的努力都失敗了。兩人接著都做出無論如何都要採取行動的決定，從而使大國之間陷入緊張關係，特別是法國。格萊斯頓一直堅稱自己是為了「和平理想在幹活」，堅稱「歐洲人的行動阻止了」埃及危機惡化。[59]法國人在一旁冷笑，而德國人則幸災樂禍。第四個相似之處，就是當年埃及與今天伊拉克都有著反對外國佔領的聲浪。正如玩世不恭的索爾茲伯里勳爵精明地指出：「那些穆斯林的反對仍舊如此強烈，我相信我們與其當假模假樣的統治者，當個幕後黑手會更為安全，更有力量。」[60]埃及人對英國侵略行動的怨恨從未消失。

正如二〇〇三年在伊拉克的情形，英國民眾起先對入侵埃及的軍事行動迅速獲勝感到雀躍。吳士禮爵士（Sir Garnet Wolseley）的部隊在泰勒凱比爾（Tel-el-Kebir）只用上幾個小時就一舉粉碎了阿拉比的部隊，且僅有極少的傷亡（英軍五十四人陣亡，埃及部隊至少有兩千人陣亡）。[61]這種勝利正是剛萌芽的大眾媒體所喜愛的。即使是情操高尚的格萊斯頓也禁不住為這欣快的情緒所感染。「我們整個國家沉浸在喜悅之中，」他在吳士禮大勝不久後寫道：「我們應當保持好心情，為我國陸、海軍，我國艦隊司令官與將軍，以及我國組織感到高興。」[62]一個顯著不同在於，這種好心情持續的時間比二〇〇三年的美國還要長。事實上，英國報紙與媒體的讀者們很快就開始熱衷於揣測大英帝國是否能將統治拓展到埃及的鄰國蘇丹，特別是因為當地正爆發了由富有感召力的馬赫迪所領導的激進伊斯蘭叛亂。

最後還有一項相似之處，那就是埃及的經濟。對負責埃及財政的英國行政官員而言，事情很快就變得明朗：如果要穩定埃及的財政，就得進行徹底的改革，但這只有在英軍持續存在的前提下才有可能達成。手握大權的英國代理人埃弗林．巴林（Evelyn Baring，編按：即日後的克羅默勳爵）是一八八三到一九〇七年英國駐埃及的總領事。他用一種極度居高臨下的口吻說道：「我們沒有必要過於仔細去瞭解這裡的人如何看待自身利益……我們有必要在針對特定事情進行決策時，借鑑西方知識與經驗，認真負責地採用對臣民種族而言最好的解決辦法。」[63]正如格萊斯頓在日記中寫道，真正的挑戰在於：「如何使西方世界的良善體制牢牢紮根於穆罕默德社會的土壤中？」[64]這顯然不可能是一蹴而就的事情。

讓我們重新整理一下重點：一個不願意自我標榜為「帝國主義者」的政府，有著強烈的經濟動機採取軍事干涉，但卻無法獲得各國合作採行多邊主義解決問題。此外，由於當地人民對佔領的抵抗，同時又需要考慮本國民眾的支持與技術官僚的因素，佔領國因此需要維持一段不知何時才能結束的軍事存在。前述這些因素結合下，就替美國今日在伊拉克的情況提供了有趣的範本。

英國人從一佔領埃及開始，就承諾未來會撤離埃及。格萊斯頓宣布：「如果埃及總督想要，可以留下一小支英國部隊來協助掌管這個國家，直到其權威得以在沒有危險的情況下穩固建立。」[65]然而，若用格萊斯頓傳記作者的話來說，在這番宣稱不久後：「又至少有過六十六次的聲明，聲明英軍只會在埃及短暫停留。」[66]早在一八八三年八月，格萊斯頓自己就已做出至少五次公開保證，保證要從埃及撤離。[67] 然而，英國與其他大國一同議定撤離日期的嘗試全都失敗了。一次大戰的爆發讓英國鐵了心要將埃及這個「暗中的保護國」變成公開的英國屬地。然而英國人卻在一九二二年正式宣布埃及獨立，又在一九三六年宣告結束軍事佔領。唯一的問題是，英軍並沒有真正離開。直到一九五四年十月，也就是軍事佔領理應結束的十八年後，仍然有八萬名英軍部署在蘇伊士運河一帶。英國在當地的巨大軍事基地覆蓋著相當於麻薩諸塞州大小的面積。一直要到一九五六年，英國才被迫兌現了承諾（而且很大程度是出於英國國內的經濟條件惡化），這時距離當初入侵埃及已過去七十四個年頭。即便在那個時候，他們在埃及總統納瑟將蘇伊士運河收歸國有後，仍不顧一切地做出最後反擊。簡言之，從一八八二年英國入侵埃及到一九五六年蘇伊士運河危機爆發這段期間，「埃及獨立」其實正如同索爾茲伯里斯勳爵在佔領開始時所說，宛如一齣「令人捧腹的鬧劇」。[68]

那麼美國在伊拉克的政策是否也該如法炮製呢？美國人也該六十六度保證會離開伊拉克，然後讓佔領長達七十四年嗎？要回答這個問題，方法之一便是去瞭解英國為埃及打造的經濟改革成效如何。畢竟那是當初佔領的主要初衷。從很多面向來看，英國治理下的埃及具有相當的現代性。負責管理埃及財政的英國行政當局與國際貨幣基金組織有著許多共同之處——應該說如果國際貨幣基金組織能夠召來皇家海軍強制實行其命令的話，它也一定會效法英國在埃及的治理方式。克羅默勳爵在管理埃及財政上，很像是在操作現代的「結構調整」專案，並因此獲得財政上的大成功。當英國人最初接管埃及財政的時候，光是償債就用掉了所有稅收的三分之二。[69] 對經濟有害的稅收政策與削減軍隊預算，這兩個因素也是當初阿拉比與其民族主義支持者得以政變成功的主要原因。但到了一八八五年，埃及已經成功與海外債券持有人達成了債務重訂的協議，替埃及經濟爭取到為期兩年的喘息時間，同時也在國際擔保下爭取到一次全新的九百萬英鎊貸款。一八九二年，埃及終於結束債務危機。而在接下來的二十年裡，埃及得以減半其債務與收入的比率，從十比一降到了五比一。[70]

埃及財政改革為英國與其他歐洲投資人投資此地鋪平了道路（歐洲投資人在公開場合總是大聲斥責英國佔領埃及的行為，但其實中投資收穫頗豐）。從倫敦市場流向埃及的總資本額達到四千萬英鎊。[71] 由於埃及處在英國的統治之下，它才有可能保證不拖欠債務，才有可能以相當於先前所需支付利率的一半從海外獲得貸款。新貸款幫助這個國家的基礎建設籌集了足夠資金，最著名的就是建於一九〇二到一九〇六年間的第一座亞斯文大壩（編按：又稱亞斯文舊壩）：該壩先將夏季洪水儲蓄起來，然後再洩洪，從而使鄉村農民的莊稼產量增加一至三倍。[72] 灌溉面積在一八八六到一九五三年間擴大了幾乎一半，鐵路網的鋪設也延長了三倍。埃及的貿易迅速發展，一直到一九三〇年代的經濟大蕭條與二次大戰期間。埃及農民不僅直接受惠於更好的基礎設施，而且也能夠享受較低的稅收和負擔得起利息的信貸。受學校教育的人口也達到原先的四倍。正如英國人總愛說的，這樣的成果是在「英國人用腦，埃及人用手」的共同努力下取得的。在埃及工作的英國人非常之少：一九〇六年時僅有六百六十二名英國官員。[73]

然而這其中也有隱患。根據可靠的統計數字來看，埃及人均GDP在一九一三到一九五〇年間出現了停滯。[74] 為什麼會這樣？英國統治下的印度也遭遇到同樣地問題：經濟發展的好處被巨大的人口增長所抵消。埃及人口在一八八二到一九一七年間幾乎增長了一倍，更在接下來的三十年間又增加了百分之五十。禍不單行的是，由於全球對棉花需求起伏不定，使這項埃及主要的出口經濟作物變得非常脆弱，進而影響到經濟。簡言之，雖然埃及這個國家的確變得更加富裕，但其成果若平分到每一位埃及人身上，就顯得沒有長進多少。公衛醫療方面尤其惡劣，幾十年來根本沒有什麼改進。嬰兒死亡率在一九一七到一九三四年間甚至還向上提升。

美國人應當從英國治理埃及的經驗中歸納出什麼呢？首先，你其實完全有可能既佔領一個國家幾十年，但又堅絕否認你有這樣的意圖。這種表裡不一就是眾所皆知的「偽善」（hypocrisy），但這卻是自由帝國有時不得不借助的手段。第二，管理伊拉克，將其轉變為符合西方理想制度的模樣，很可能會變成一樁挫折且獲利甚微的生意。就像克羅默勳爵與他的繼任者們，他們在許多方面都採用了正確的政策和制度，甚至於今天某些發展經濟學家幾乎肯定會給他們打上滿分：他們重新安排了債務、平衡了預算、改革了稅制、穩定了貨幣、為基礎設施吸引了新的海外投資、減少了腐敗、強行實施了法治並改進了教育。然而，總體經濟效果並沒有預期中那樣好。埃及精英階層從未停止過對英國殖民統治的憎恨，他們早在一次大戰前就建立了由現代埃及民族主義運動催生的「瓦夫德黨」（Wafd）。

但難道我們該拿埃及的前例來反對美國在今天的伊拉克採行相同策略嗎？不該。在英國的統治下，埃及也許沒有經歷什麼經濟奇蹟，但也沒有經歷過什麼經濟大災難。這種經濟災難反而會出現在日後歷屆埃及統治者任內，因為他們在財政上採行不負責任的政策。我們反而應該要問，如果沒有英國擔保的海外投資，埃及人的收入將會陷入何等景況。或許更重要的是，埃及在兩次大戰中都證明了其無價的戰略價值。一戰英國正是透過埃及才得以向支持德國的鄂圖曼帝國發動戰爭。二戰英國同樣也是透過在埃及阻擋來自利比亞的軸心國部隊（先是義大利人，後來是德國人），才能阻止軸心國控制地中海南部。歷史學家完全有理由將英國在第二次艾拉敏會戰中的軍事勝利視為對抗軸心國的轉捩點，而艾拉敏距離亞歷山大港僅有五十英里。出於相似的戰略原因，美國若是撤離「後海珊時代」的伊拉克，則恐怕是無法承擔其後果的。因為美國最不希望看到伊拉克變成另一個伊朗，變成另一個在伊斯蘭極端主義統治下的富庶石油國。美國也不希望看到伊拉克陷入內戰，變成中東版的南斯拉夫。因此，無論國外輿論與美國選民在伊拉克戰爭之後多麼渴望美國早早撤退，對美國而言唯一合理的選擇就是堅持挺住，並努力使伊拉克的經濟、制度改革獲得成功。

就讓我們打開天窗說亮話，談一談美國人到底可以如何從英國治理埃及的經驗中學習吧。第一，美國必須節制伊拉克臨時政府的權力，更不用說需要限制選舉出來的國民大會。美國應當握有伊拉克的軍事、財政和貨幣政策的部分控制權，至少在可預見的未來應當如此。而這絕非易事。有必要再次重申，英國人統治埃及期間也不得不抵制該國名義上的統治者種種要求獨斷行動的嘗試。英國人在一八八四、一八八八、一八九一與一九一九年，都曾因此解雇了多名與英國對抗的埃及人部長。在兩次大戰中，英國也必須使用武力才能達成目的。英國在一九一四年廢黜了埃及總督，一九四二年則必須動用坦克保衛總督繼任者的官邸。反英勢力也會採取抵抗。英國指派的埃及軍隊指揮官李・史塔克爵士（Sir Lee Stack）就在一九二四年遭到暗殺。

第二，美國需要承擔戰後重建伊拉克經濟的鉅額花費，正如英國在一八八〇年代幫助埃及人穩定財政一樣。就中長期而言，屆時伊拉克便能藉由吸引到海外投資人與開採石油礦藏獲得足夠的資金，承擔自己國家經濟復甦的部分責任。但這樣的信心必須先被點燃。為了要穩定埃及經濟，羅斯柴爾德銀行曾在一八八〇到一八九〇年代發行了鉅額貸款，如今伊拉克也需要類似的挹注。麻煩的是伊拉克現有外債實在高到令人咋舌：它欠了國外政府、多邊債權人和商業銀行高達一二〇〇億美元的債務，更不用說伊拉克還留有當年海珊入侵科威特失敗後來自各國高達一二五〇億美元的賠款要求。這就是為什麼當代的羅斯柴爾德銀行（也就是國際貨幣基金組織）需要立刻投入到修復伊拉克財政的任務中。[75]沒有鉅額債務豁免的話，這個國家的經濟將會形同殘廢。

第三，最重要的歷史教訓是外交教訓。就像格萊斯頓一樣，小布希沒有讓軍事勝利沖昏了頭，無視國際上對伊拉克未來的看法。正如格萊斯頓後來就英國從埃及撤軍的時間問題，向法國與德國尋求共識一樣，小布希也向聯合國爭取撤銷對伊拉克的經濟制裁，並讓聯合國擔任一部分戰後的重建工作——特別是美軍所不喜歡的維和任務。就像格萊斯頓，小布希也需要給予海外保護國一點國際正當性的象徵，尤其若美國想要獲得其他外國軍隊援助的話，更需要如此。在現實的國際關係中，單邊主義與多邊主義並不是二選一的選擇題。在這一點上，維多利亞時代的人比當代某些美國外交政策分析家要懂得多。英國即便入侵了埃及，也無法就此將自己從其他歐洲大國的利益糾葛中抽離出來。法國人繼續透過「公共債務委員會」來代表其利益，他們在一八七六年埃及發生債務拖欠後成立這個組織，負責管理法國對埃及的財政。此外，埃及直到一九一四年前仍舊正式效忠於鄂圖曼土耳其帝國，而鄂圖曼帝國則日益深受德國的影響。同樣地，今天美國也沒有辦法在其他歐洲大國缺席下，單獨決定伊拉克的未來，即使美國願意承擔所有的維和費用亦然。正是由於這些原因，小布希總統和其他美國官員別無選擇，只能一再承諾會立刻從伊拉克撤軍。與英國在埃及上演的那齣戲如出一轍，說一套，做一套，還是有可能辦到。

著名的英國保守黨首相班傑明・迪斯雷利曾經說過，一個保守的政府，就是在搞「組織化的偽善」。也許我們所能期待的最好情境，就是有一天我們也能將這套劇本套用在「解放的」伊拉克上。毋庸置疑，美國必須在二〇〇四年宣布將伊拉克正式交還給伊拉克人民的自治政府。但美國同時也需要對這個國家的主權繼續保持一定的限制，以便確保經濟復甦、內政穩定，以及讓那些曾受伊拉克威脅的國家感到安全。[76] 美國駐伊拉克大使尼格羅龐提（John Dimitri Negroponte）必須做好準備，好成為伊拉克版的克羅默勳爵。駐伊大使將在往後幾十年內形同帝國總督，只不過不用這個職稱罷了。如果在二〇〇五年後沒有美國人想要這份工作，那我們可以合理假設，在合理的條件下，將會出現一名歐洲志願者。

英國前自由民主黨黨魁艾思定（Paddy Ashdown）曾在二〇〇三年六月發表過一次演講。這場演講非常重要，其重要性卻常被低估。艾思定在演講中，根據自己當年在波士尼亞赫塞哥維納擔任資深代表（該職位是根據《岱頓協定》設立的）時的所學，提出了八條「和平創造原則」：

一、要有良好計畫並嚴格執行。這項計畫必須事先構想，而不是事後諸葛。它必須作為軍事戰役整體計畫的一部分，老早就事先擬好。

二、要建立法治，而且要盡可能地快……快速建立法治遠遠要比快速建立民主更為重要。因為前者才是後者得以站穩腳跟的基礎。

三、要立刻打造你的可信度。當碰上針對新政權權威的挑戰時，反擊的維和力量越是強而有力，未來的挑戰就會越少。

四、要盡快進行重大的結構性改革——建立關稅或可靠的稅收基礎，改革警政與公家機關，改組與改革司法，改造軍隊。

五、要確保國際社會能在當地建立組織，其運作必須要有效，並有決策權。

六、要在負責維持和平的軍事和公務體系之間建立非常緊密的聯繫。

七、要避免設定最後期限，作長久進駐的打算……建立自由與開放的社會是一件緩慢的事情。沒辦法在一年左右的時間完成……維持和平不能以月來計算，而要用數十年來計算。我們需要的是「百折不撓的堅定持久力」……需要政治意志，需要目標一致，需要毅力十足，作為國際社會的一員，保證任務得以圓滿達成。這就意味著得在CNN的媒體效應消失後繼續在那裡待下去，持之以恆。[77]

艾思定的前七條原則，條條皆有智慧，最重要的當屬最後一條。不過我也應當指出，英國人比較能輕鬆寫意地說出這樣一段話，因為他們是在歐洲管理一個國際保護國（編按：波士尼亞赫塞哥維納）。反觀在中東管理臨時政府的美國人，則面對了更艱困的挑戰。艾思定的第八條原則也同樣值得銘記：

八、要替和平建設……設立政治終點。對伊拉克來說，政治終點就是在和平且安全的中東地區打造一個民主與繁榮的國家。對波士尼亞而言，政治終點就是加入歐盟。

現在就是該考慮歐盟作為「政治終點」究竟有多少可行性的時候。這不僅是為了波士尼亞，也是為了所有歐盟成員國，已加入的和有加入潛力的。若說現在世界有一股能與美國抗衡的力量，那就是歐盟了。

# 第七章　歐盟與拜占庭帝國的距離？

歐洲之夢已化作現實。

——《國際先驅論壇報》（編按：今《紐約時報國際版》），二〇〇一年首頁

## 歐盟與美國勢均力敵嗎？

作為美利堅帝國的夥伴，歐盟似乎有個合理的角色可以擔當：跟在和平製造者後面的和平維護者。但是，伊拉克戰爭則賦予歐洲擔當截然不同角色的機會：美國潛在的帝國主義競爭對手。歐洲政治領袖們非常樂意扮演這樣的角色。根據法國總統席哈克（Jacques Chirac）一名前顧問的說法，席哈克想要一個「多極世界，歐洲會是一股力量，能與美國政治與軍事實力抗衡」。德國前總理施密特（Helmut Schmidt）則宣稱，德國和法國「共享著不把自己國家託付給霸權的利益，也就是我們強

大的盟友美國」。[1]歐盟外交事務專員彭定康（Chris Patten）在二〇〇二年十月的一次演講中，明確號召歐洲當一個「認真的參與者……認真成為能夠抗衡美國的對等夥伴」。[2]義大利總理貝魯斯柯尼（Silvio Berlusconi）也在二〇〇三年七月接任歐盟輪值主席的前夕宣稱：「歐洲如果要成為偉大的歐洲，就不能再被看作是美國的配角。」[3]甚至就連一向含蓄的英國評論家提摩西．賈頓艾許，最近也開始期盼歐洲會在全球展現更多自信了。他在二〇〇二年四月的《紐約時報》上寫道：「讓美國擁有過多權力，對任何人都沒有太大好處，包括美國自己。」[4]

從經濟角度而言，我們可以想像中國在未來四十年內趕上美國。但就目前而言，只有歐盟的經濟產能足以與美國匹敵。要解決美國過強問題（想必人人都喜聞樂見，特別是歐洲自己），就是歐盟必須在政治上變得更為強大，才能夠發揮其經濟實力。自英、美聯軍入侵伊拉克以來，我們就越來越常聽到這種意見。

在許多評論家眼中，這也正是為什麼法國前總統季斯卡（Valéry Giscard d'Estaing）與歐洲公約委員會要起草新的《歐盟憲法條約》。該項草案於二〇〇三年六月在薩洛尼卡被遞交給歐洲理事會。我們先來看該條約草案如何評估歐洲軍事力量。條約第I－11條第四款中明確聲明：「歐盟應當有能力定義並執行共同外交和安全政策，包括循序漸進地擬定共同防禦政策的框架。」第I－40條第三款則說：「歐盟成員國應當準備好民間與軍事能力，以支持歐盟執行共同安全和防禦政策。」成員國還必須「允諾持續不斷改進其軍事能力」。[5]英國的疑歐派一如預期，將焦點放在該條約草案中夾帶的聯邦主義。美國部分評論家則已將此看作是歐洲「反美」趨勢的最新宣言。在記者安德魯．蘇利文（Andrew Sullivan）看來，「歐洲會在此時做出如此提議的理由只有一個，那就是抑制美國的力量」。季斯卡自己也說，他想要看到歐盟「作為一個受人尊敬、受到關注的政治力量，能夠與這個星球上最強大的大國有同等的發言權」。這看來的確是一個可能的推論。[6]

當然，這種言論只能引起某些人嘲笑。羅伯特・卡根（Robert Kagan）在他廣受歡迎的爭議文章裡，用了大段篇幅來譏諷歐洲的「相對軟弱」，並拿尚武的美國人來做比較。卡根認為：「歐洲軍事的弱勢導致歐洲厭惡使用軍事力量，這一點是完全可以理解的。這使歐洲人展露出強烈興趣，想生活在一個力量不再重要的世界裡……然而，雖然歐洲反感強權政治、貶低軍事武力作為國際關係工具的重要性，歐洲在實際上卻得要倚賴美國對歐洲土地上所提供的軍事保護。」[7]我們甚至還可以說得比卡根更絕：兩次大戰的戰火經驗把歐洲人從火星人變成了金星人。[1]不僅如此，歐洲大陸在當今世上的重要性已不如十九世紀之時。歐洲人口佔全世界的比例僅有一八二〇年的一半，歐洲現在的經濟產能佔全世界的比例也從一八七〇年時的三分之一下降到五分之一。在可預見的未來，這種相對衰落的趨勢仍將持續下去。對許多美國人來說，歐洲現在的重要性並不在於戰略競爭力，而在觀光吸引力。[8]

然而，卡根認為歐洲弱勢的觀點在美國學術界仍屬少數派意見。絕大部分評論家則以薩繆爾・

[1] 編註：金星的英文維納斯（Venus）是羅馬神話中的愛神，火星的英文瑪爾斯（Mars）則是羅馬神話中的戰神。

杭亭頓的意見為馬首是瞻，將歐洲整合看成是冷戰結束以來從「單極世界」朝向「真正的多極世界」邁出的「最重要一步」。[9]國際關係學者查爾斯・庫普坎（Charles Kupchan）則預測：「歐洲將很快追上美國……因為歐洲人民已經走到一起，在資源與智識上都累積了大量資本。歐洲的政治聯盟正在改變全球面貌。」庫普坎還認為：「團結一致的歐洲」將成為下一個足以挑戰美國實力的競爭對手。[10]他舉古羅馬為例，把歐盟比喻成「正在成形中的東羅馬帝國。西方世界將一分為二：西半是美國，東半是歐洲」。[11]

我們該把歐盟看作是新拜占庭帝國嗎？只要多想想，就不會覺得這套觀點有多古怪。這則經典比喻也激發了英國外交官羅伯特・古柏（Robert Cooper），他呼籲採行「一種新的帝國主義，一種能夠被人權和普世價值觀所接受的帝國主義……這種帝國主義會像所有帝國主義一樣，致力於建立有組織的秩序，只不過這在今天會需要基於自願原則來成就」。重要的是，古柏眼中最適合擔當這種後現代帝國主義角色的帝國，並不是美國，而是歐盟。他說：

> 後現代的歐盟為我們描繪了一幅互相合作的帝國願景：一個擁有共同自由、共同安全的新帝國，沒有種族宰制和中央集權的專制體制等老帝國的老毛病，也沒有民族國家為人詬病的種族排他性……合作帝國將成為……一個框架，每個國家都能在這個框架之中都佔有一席之地，沒有哪一個國家能夠取得主宰地位。此框架將以法律作為治理原則，而非基於種族。中央權力機構只須發揮最小作用，「帝國官僚機構」必須受控、可受課責，成為共同體的公僕而非主宰。

自由和民主是構成此一體制的核心。這個共同體就像羅馬帝國，會提供公民律法、貨幣與道路。[12]

然而，要解釋歐洲打破美國單極的局面，未必要借助羅馬或拜占庭的歷史。在哈佛大學甘迺迪學院院長約瑟夫・奈伊眼中，歐洲在經濟上已經可以與美國平起平坐了：「美國不是霸主，必須經常以平等姿態與歐洲討價還價。」[13] 攻勢現實主義學派的約翰・米爾斯海默（John Mearsheimer）雖然對中國崛起更感不安，但他也擔憂歐洲可能會從兩個方面挑戰美國權力：「要麼美國會離開歐洲……因為美國並不需要圍堵歐洲這個競爭對手，如此一來這個區域就會變得比較不穩定；要麼美國就會致力於圍堵歐洲這個強大的競爭對手，而這種情況仍將十分危險。」[14] 歷史學家保羅・甘迺迪也應聲附和，強調歐盟鞏固和擴張在人口統計學上的重大意義。他在九一一事件一週年紀念時這樣寫道：「即便是今天，（歐洲）人口也比美國更多……經濟產出在全世界的比重與美國大致相當，甚至還略高於美國。隨著歐盟成員國擴張，隨著歐元使用程度深化，歐洲發展的趨勢不可能以九一一事件為分水嶺。」[15] 隨著十個國家在二〇〇四年新加入歐盟，以及歐元兌換美元的態勢持續走強，在在皆看似證成了保羅・甘迺迪的分析。在某些評論家眼中，這也證成了部分歐盟國家對美國的伊拉克政策的高聲反對有其影響力。若說今日有帝國夠格當美國的競爭對手，那就非歐盟莫屬了。

## 歐盟的優勢

歐盟究竟在哪些方面是真正可以與美國「抗衡」（姑且別用「威脅」這種誇飾法）的呢？

### 人口

保羅．甘迺迪說得對，歐盟人口已達美國的一點二五倍之多。歐盟成員國在二〇〇四年擴大的結果，更進一步拉開這個差距。歐盟成員國的總人口因此超過四億五千萬，已是美國人口的一點五倍。

### 經濟產能

若從總體經濟產能的角度，歐盟實際上並沒有比美國落後多少，取決於採取哪一種方式衡量。根據世界銀行提供的資料，歐盟東擴前的十五個成員國其GDP總和在二〇〇二年是八點六兆美元，而美國則是十點四兆美元。換言之，歐洲經濟規模大約是美國的百分之八十二。若根據購買力平價進行調整，這差距就會再縮小（歐盟產量仍低於美國近六個百分點），但差距依舊。只有當產量是以固定價格（以一九九五年美元表現）來衡量時，歐洲的GDP才能夠再高一些。[16] 二〇〇四年加入歐盟的十個成員國並沒有顯著提升其總經濟產能。[17] 在購買力平價的基礎上，二十五個歐盟成員國的GDP總和的確超過美國五十州的GDP，雖然如果以現在的美元來計算，這個數字仍會比美國再低約十五個百分點。

## 勞動生產力

若我們用勞動生產力的角度來衡量經濟表現，就會看到西歐經濟在過去半個世紀裡快速追上美國。一九五〇年代美國的每單位工時GDP是德國的三倍，但今天德國的勞動生產力卻只低於美國百分之二十三，法國的勞動生產力更只比美國低百分之二，差距實在微不足道。一九七三到一九九八年間，美國勞動生產力的平均年增長率只有百分之一點五；相較之下，法國的平均年增長率卻已達百分之二點四。[18]

## 貿易

美國的外帳存在有巨大赤字，無論是「有形」貿易赤字還是美國總體的經常帳赤字。歐盟就不是這樣了。歐盟不僅在全世界出口總量佔有較大比重，在貿易上還小有盈餘。[19]毫無疑問，美國必須在貿易談判中將歐盟看作平等的對手。歐盟不像美國如此依賴外資注入（下一章會更深入討論），歐盟在事實上已是資本淨出口的地區。

## 單一貨幣

歐洲經濟暨貨幣聯盟（Economic and Monetary Union, EMU）改變了國際資本市場，儘管其改變程度並未獲得廣泛認識。早在歐洲引入單一貨幣制度之前，以歐洲各國貨幣計價的政府債券就已數量巨大。一九九八年歐元區的公債餘額差不多只有是美國的一半。[20]然而，歐元區各債券的紅利呈迅速趨同的態勢，貨幣聯盟在很大程度上降低了投資人眼中所謂的「國家風險」（country risk），因此使歐元區所有成員國的債券都能被認為（幾乎）與原先的德國債券有一樣好的信譽。歐洲經濟暨貨幣聯盟大幅促進了歐洲有價證券市場的發展。根據「國際清算銀行」（Bank for International Settlements）的相關資料，自一九九九年第一季以來，大約百分之四十七的淨國際債券發行是以歐元計價，而美元則佔到百分之四十五。反觀歐元引入之前，僅有百分之二十九的國際債券是由形成歐元的所有貨幣計價，而美元則可以佔到百分之五十一。[21]此外，儘管《歐盟穩定暨成長協定》還不成熟，但該協定已經對成員國的財政政策形成嚴格的約束。當然，歐元區是否能夠落實要求成員國將財政赤字限制在GDP百分之三以內的規定，還只能夠拭目以待。至少從理論上來看，這項協議從二〇〇三年十一月起看似是被「暫緩實施」了。

我們不能排除一個可能，那就是投資人可能會偏好用歐元來對低風險證券進行計價，並認為歐元有可能與美元平分秋色。他們甚至搞不好已經這麼做了。美元兌歐元匯率在二〇〇二年二月後的一年內下跌了百分之四十五。自一九九七年以來，美國長期債券收益率始終比歐元區的收益還高十至七十個基點；但在此前的二十年間，卻只有其中兩年的收益率曾經比歐元區還高。[22]根據一項針對未來五年的預測，海外直接對歐盟的投資將遠遠超過對美國的投資。[23]當馬來西亞總理馬哈迪（Datuk Seri Mahathir Mohamad）敦促國家石油公司將石油與天然氣改成歐元計價時，他無疑是打算以損害美國利益為手段來替自己的政績加分。但是，他在二〇〇三年六月的這項提議並沒有表面上聽起來那麼荒唐。當時就連阿拉伯世界的漫畫家都能抓住歐元升值的趨勢作為美元衰落的證據。《半島雜誌》二〇〇三年出版了一幅諷刺插畫，描繪一根旗桿上插著飄揚的歐元鈔票，取代了貶值的美元，使得一旁的美國山姆大叔只能懊惱地哭泣。[24]

## 聯邦憲法

表面看來，《歐盟憲法條約》雖然創建了歐盟憲法，但卻沒能創建歐洲聯邦。我們知道這一點，因為該條約打從一開始草擬時就捨棄了「歐洲合眾國」這個詞。在該條約的早期版本，原本「聯邦」兩字曾出現在第I－1條第一款，後來也遭到刪除。原先的版本是這樣寫的：「為了反映歐洲人民與國家建構共同未來的意志，這項憲法將建立一個聯盟，……聯盟成員國的政策應當互相協調，應當在聯邦基礎上執行某些共同權限。」最後的版本卻截然不同：「為了反映歐洲公民與國家建構共同未來的意志，這項憲法將建立一個歐洲聯盟，……賦予成員國達成共有目標的權限。聯盟應當協調成員國間旨在取得達成目標的政策，並當以共同體的方式運用其被授予的權限。」[25]問題在於，這項憲法在實際上究竟算不算是一份聯邦文件？有些人當然如此希望。當擁有一〇五名代表的憲法起草委員會於二〇〇一年十二月在比利時拉肯（Laeken）召開，便曾宣稱其目標將是「建設政治聯盟」，這與九年前在馬斯垂克創立的「歐州經濟暨貨幣聯盟」相得益彰。拉肯會議之前，法國總統與德國總理更發表了一項聯合聲明，表達希望能藉由此次大會將歐盟轉變成一個「民族國家的聯邦」。二〇〇二年一月，希臘總理更是進一步敦促「擴大後的歐盟必須蛻變為成熟的政治聯盟，該有著強大的政府體制與具備聯邦性質的政策」。[26]

應當強調，歐盟在某些方面早就具備了準聯邦性質，特別是在法律上。如今由歐盟所立的法律已佔所有歐洲國家新立法律的一半左右。[27] 歐洲憲法第I-10條不過是在重申（兼加強）一項長期以來的既定原則，那就是歐盟法律的地位高於成員國的國內法。歐洲已經有《人權公約》，是由史特拉斯堡的獨立人權法庭來維持。然而，歐盟憲法還包括一條新的《基本權利憲章》，其解釋權屬於歐洲司法法院，藉此提高了該法院（位於盧森堡）作為歐洲最高法院的地位。歐盟憲法也提議創立一種新的犯罪類型：跨境犯罪，藉此將歐盟的權限延伸至刑法領域。

若只從字面上來看，歐盟已擁有許多聯邦才會有的政治機構：不僅有最高法院，還有代表各成員國政府、類似於「德國聯邦參議院」（*Bundesrat*）設計的「部長理事會」（Council of Ministers）。歐洲聯盟還有自己的國會、中央銀行，以及永久官僚機構。《歐盟憲法條約》所構想的主要制度改革，不僅是要替其「聯邦雛形」提供法律基礎，還要賦予它實務上的基礎。因此，由各國政府元首參加的歐洲理事會，其主席不再是由各成員國輪流擔任六個月，而改由高峰會成員共同選舉產生，任期可達五年之久。歐盟執委會的情況則正好相反，其主席一職由歐洲理事會提名，但必須獲得歐洲議會的多數票同意。歐洲理事會主席與歐盟執委會主席這兩個職位，哪一個才會擁有主導地位呢？有鑑於歐盟執委會較為頻繁開議，我們幾乎可以肯定執委會主席會握有較大的權力。歐盟執委會也設有類似外交部長的職務，儘管目前這項職務是由兩人分別擔任，且其分工並不明確。

然而，歐盟憲法中最為含蓄的聯邦條款，是那些清楚說明歐盟、歐盟成員國各自權限的條款。迄今為止，僅有特定的幾個領域（確切來說是三十四個）的政策是受制於採行「條件多數決」（qualified majority voting）的歐洲部長理事會。其他領域的決議則需要全體一致通過才行。換言之，只要有一個成員國反對，議案就會被否決。歐盟憲法並沒有打算限制成員國的這項否決權，但限定僅能將否決權用於外交政策、國防與稅收的決議上。在新制底下，條件多數決將能運用在七十個領域的決策，包括移民與社會政策。新憲法影響最大的條款聲稱，歐盟的權限不僅將覆蓋外交與國防政策，而且還覆蓋「成員國間的經濟與就業合作」（I－11與I－14條）以及「共同商貿政策」（I－12條）。新憲法也授予歐盟募集一切資金，只要是「為達成目標與貫徹政策所需」（I－53條）。與歐盟手中將握有財政大權相比，憲法對國家主權的侵蝕（指「授權原則」以及「輔助原則」），則實在有些模棱兩可。關鍵是，歐盟執委會仍然壟斷了歐盟的立法提案權。根據一項評估顯示，擴展與改進歐盟部長理事會的條件多數決投票方式，將能大幅增加其提案生效的機率。[28]

綜合前述，我們至少能夠初步認定，只要歐盟憲法能被成員國所接受，歐盟就能在實務上成為更接近聯邦制的歐洲合眾國。

## 文化

毫無疑問（甚至有點老生常談），歐洲已逐漸意識到其政治文化不同於美國，甚至是敵視美國。皮尤研究中心在二〇〇三年做的一項調查顯示，絕大多數法國、西班牙、義大利與德國的受訪者都更傾向歐洲能有更獨立（更不受美國影響）的外交政策（見表九）。這無疑也是民眾普遍反對美國領導伊拉克戰爭的結果。[29]根據一九九九到二〇〇〇年的調查，至少有百分之八十三的英國人對美國存有「好感」；但到了二〇〇三年三月，這個數字已經下降到了百分之四十八。法國人對美國支持率也直接減半，從百分之六十二下降到了百分之三十一。義大利人對美國的支持率從四分之三下降到了三分之一，德國的支持率數字更直接從原先超過四分之三下降到四分之一；西班牙則從近百分之五十下降至百分之十四。[30]雖然戰爭迅速結束與戰後揭露海珊政權暴行稍微扭轉了此一趨勢，但歐洲人對美國的觀感整體來說依舊呈現下降的趨勢。[31]

這不是歐、美政治文化產生分歧的唯一證據。美國人常常假定有所謂統一的「西方文明」存在，但這項假定卻越來越站不住腳，因為歐洲人對宗教的篤信度正在急速下降（見表十）。在荷蘭、英國、德國、瑞典與丹麥等國，如今每月至少上一次教堂做禮拜的人數已經不到十分之一，與一九六〇年代完全不可同日而語。只有在信奉天主教的義大利與愛爾蘭，還有超過三分之一的人至少會每週上教堂。[32]蓋洛普的千禧年宗教態度民調顯示，有高達百分之四十九的丹麥人、百分之五十二的挪威人與百分之五十五的瑞典人，認為上帝與自己毫不相干。相較之下，百分之八十二的北美受訪者則認為上帝對他們「極其重要」。這種不篤信宗教的態度對過去信奉天主教的西歐（或說「舊歐洲」）也可說是稀鬆平常。根據蓋洛普民調，西歐有百分之四十八的人幾乎從不去教堂，這個數字即便在東歐也高達百分之四十四。在北美，每十人就有六人信上帝，在東歐僅有四人。將近三分之二的捷克受訪者認為上帝在生活中無關緊要——這數字甚至比瑞典還高。

大西洋兩岸的文化裂痕不斷擴大，必然結果便是越來越深刻的歐洲自覺。如今每十位歐洲人只有一位會將歐盟成員國身份看成毋庸置疑的「壞事」。即便是疑歐思維盛行的英國，抱持絕對反對歐洲整合者的比率，也從一九七三年的百分之三十四下降到現今的僅百分之二十一。接近過半的歐洲人希望歐盟能在五年內扮演更重要的角色。在二〇〇二年更幾乎有三分之一歐洲受訪者將歐盟看成「在世界上更有發言權」的象徵。[33]

## 對外關係

最後，我們也不應該低估歐盟在國際舞臺上的潛力。儘管歐洲國家在軍事科技上仍然遠遠落後於美國，但仍舊是一股無法忽視的軍事力量。美國國防預算幾乎是十五個歐盟成員國國防預算總和的兩倍。[34]從資金角度來看，美國對北

表九　2003 年公眾對美國與歐洲聯盟的看法（百分比）

| | 美國與歐洲聯盟仍應保持密切聯繫 | 我們的國家應當更加獨立 |
|---|---|---|
| 法國 | 23 | 76 |
| 西班牙 | 28 | 62 |
| 義大利 | 37 | 61 |
| 德國 | 42 | 57 |
| 英國 | 51 | 45 |
| 美國 | 53 | 39 |

Source: Pew Global Attitudes Project, "Views of a Changing World," June 2003.

表十　兩個文明的故事：北美和歐洲的宗教態度

| | 北美 | 西歐 | 東歐 |
|---|---|---|---|
| 每週或更頻繁參加宗教儀式的人所佔百分比 | 47 | 20 | 14 |
| 認為上帝極其重要或是很重要的人所佔百分比 | 83 | 49 | 49 |
| 不認為有什麼上帝、靈魂或是生命力的人所佔百分比 | 2 | 15 | 9 |
| 同意宗教中不存在真相的人所佔百分比 | 6 | 17 | 11 |

Source: Gallup International.

約的貢獻超過所有歐盟成員國貢獻的百分之三十左右。[35]但歐盟國家的軍事開支總和仍大幅超過俄羅斯、日本或中國。若從純粹的人力角度來看，歐盟國家兵力已經超過美國（歐盟大約有一八〇萬現役人員，而美國僅有一五〇萬），在全世界上僅次於中國（中國約有二五〇萬左右現役人員）。當然，歐洲部隊的訓練不如美軍紮實，在裝備上更是無法比擬，能被視為「有效戰力」的現役兵力並不多。但歐洲軍隊其實也不需要像美國那樣擁有全方位的軍事科技優勢，因為它們需要負擔的重要任務明顯不同：歐洲軍隊只需要在不斷上演的衝突局勢中扮演維和者的角色。二〇〇〇年和二〇〇一年，參與聯合國維和行動的歐盟國家軍隊人數是美國的七倍。[36]

歐盟國家在援助開發中國家方面也遠遠多於美國。官方的援助預算數字顯示（在調整各種相關因素後），歐盟成員國的援助預算總和幾乎是美國的三倍。[37]如果再把此一數字加上其他指標（例如對國際貿易的開放度、對開發中國家的投資力度、對合法移民的開放度，以及在環境保護上的「負責」程度），美國只能在二十一個已開發國家中排第二十名。這實在不是件光彩的事。[38]同樣重要的是，排名在美國之前的十九個國家中，歐盟成員國就佔了十五個。

當然，歐洲人對世界經濟發展的承諾，更多得要歸功於各國政府的利他主義行為，而非歐盟這一組織本身。但無論如何，歐盟成員國在前述領域裡領先美國如此之多，必然帶有其地緣政治上的含義。此外，透過歐盟執委會的人道救援辦公室、歐洲重建局與歐洲復興開發銀行，歐盟本身正扮演日益重要的角色。值得注意的是，在聯合國控制下的科索沃，歐盟控制了科索沃銀行業務與支付管理局及中央財政管理局——實際上，現在科索沃省所用的官方貨幣就是歐元。[39]

近來全球民意調查的趨勢顯示，開發中國家的人民對美國的觀感正變得越來越負面。可以想像他們會對歐盟抱持越來越正面的態度。不管所謂「軟實力」究竟所指為何，歐盟看似有著累積軟實力的打算。

綜合前述，美國若真的將歐盟視作潛在對手（就算不是正式對手），也不是完全沒道理的一件事。

## 歐盟的劣勢

凡事總有正反兩面，但斷定大西洋兩岸正走向競爭（就算不說是對抗）的人，卻很常忽視反面的存在。一旦我們細究歐盟的劣勢，就會明白美國其實沒有什麼好擔心的。作為帝國，歐盟其實還談不上能與美國競爭。事實上，我們最好不要把歐盟理解成「帝國」。因為歐盟這個具有內向特質的政治實體，總是把大部分精力花在保持內部平衡，而無法專注行使權力於國境之外。

## 人口老化

歐洲正在衰老。今天德國人的年齡中位數是四十歲，這個數字會在二〇五〇年上升到四十七歲。法國人的年齡中位數則是從三十八歲上升到四十五歲；匈牙利人從三十八歲上升到五十歲。（當然，美國的人口也在老化，但速度不像前面所舉的國家那樣快。美國的年齡中位數現在是三十五歲，五十年後將上升到四十歲）。這暗示了一個嚴峻的事實。根據歐盟執委會的資料，不斷增長的老年扶養比，到二〇四〇年將會減少百分之零點七五的年經濟成長率——考慮到歐盟近來的低成長率，這個減少幅度十分可觀。[40]這個計算結果可能還低估了問題的嚴重性。根據對世界各大經濟體跨世代財政負擔的評估，歐盟大多數成員國若要避免給下一代造成前所未見於和平年代的租稅負擔，那麼就該立刻增加稅收或削減政府支出。以奧地利、芬蘭與荷蘭為例，至少要削減百分之二十的政府支出才能落實世代平衡。[41]德、法兩國政治家現在正為了退休金議題花上大把時間爭吵，這也不令人意外。因為若想避免歐洲國家福利體系崩潰，歐洲就得實施犧牲既得利益者龐大利益的改革。

## 經濟表現

自一九四〇年代以來，凡向選民推廣歐洲整合者，一直以來都是著眼於經濟利益的角度。第一波歐洲整合恰好與一九五〇、六〇年代的經濟奇蹟發生在同一時間，看似也證實了這個說法（儘管這兩者之間其實沒有多大因果關係）。[42]然而，近來關於歐洲整合就能提高經濟成長的主張，已經開始變得不合情理。沒有人會懷疑《單一歐洲法案》（一九八六年）與《馬斯垂克條約》（一九九二年）加強了西歐經濟的整合，大幅降低了商品與服務貿易的非關稅壁壘。單一貨幣的創建，的確使歐盟成員國之間進行跨國物價比較變得更容易（至少在其中十二個成員國如此）。然而，自從這些措施生效以來，歐洲的經濟表現可說是差強人意。一九五〇到一九七三年間，廣義上的西歐人均GDP年增長率是百分之四點一，結果這個數字在一九七三到一九九八年間跌到了百分之一點八。在後一階段，我們幾乎無法看出歐洲經濟共同體的原始成員、一九七三年之後才加入的新成員，乃至非成員這三者之間，其經濟表現有什麼顯著的區別。[43]特別驚人的是，一九九九年後加入歐洲貨幣聯盟的國家，其經濟表現普遍不佳。根據世界貨幣基金組織的資料，歐元區內所有經濟體在二〇〇〇到二〇〇三年間的「經濟產出差距」都在拉大，現在已達GDP的負百分之二到負百分之三點五之間。[44]

相較之下，美國的經濟發展得更好。在過去十年間，歐盟經濟的年成長率除了二〇〇一年外，每年都低於美國。[45]根據經濟合作暨發展組織的資料，美國GDP實際成長率從一九九五到二〇〇一年，平均每年大致為百分之三點六。歐盟的這個數字僅為百分之二點一。歐洲在一九七〇到一九八三年間的失業率持續低於美國，但現在則高得多。一九九〇年代的最後五年，歐盟的失業率超過了百分之十，而美國失業率則下降到百分之五以下。即便在二〇〇一到二〇〇三年，歐洲失業率仍然比美國失業率高出百分之二到百分之三。二〇〇二年，歐盟十五國中有七個失業率超過百分之七。[46]德國表現不佳最令人震驚，因為它曾是歐洲經濟的驕傲，也是歐洲經濟的動力來源。自從一九九六年以來，用《經濟學人》雜誌的話來說，德國經濟已成「歐洲病夫」。德國平均經濟成長率僅為百分之一點一，[47]是歐元區平均的一半，而且這個趨勢沒有緩和的跡象。二〇〇三年年中，德國的失業人口站穩四五〇萬大關（全部勞動力的百分之十點六）；其經濟在二〇〇三年的第一季與第二季都各縮減了百分之零點二。

最後，儘管歐洲在戰後大部分時間裡都有比美國更高的生產力成長，但局面在一九九五到二〇〇二年發生改變。根據美國經濟評議會的資料，美國在這段時間內每單位工時GDP的年平均成長率略低於百分之二，而歐盟的數字則接近百分之一點二。只有一個歐盟國家取得比美國還高的經濟生產增長率，那就是愛爾蘭。[48]

## 歐洲人「喜愛悠閒的生活」

雖然歐盟採取了多項旨在加強經濟整合的措施，但歐洲的糟糕經濟表現仍讓人不禁想問：為什麼？一個常見解釋是歐洲勞動力市場的彈性不足，不僅僅因為明顯存在的語言障礙，還因為多年來為適應工會要求而引進的各種規則。

最近世界貨幣基金組織進行了一項研究，仔細考查從一九六〇到一九九八年期間的資料，並提出一個簡單的問題：如果將歐盟勞動力市場美國化，會給歐洲失業問題帶來怎樣的效果？說得更準確些，這項研究設想了：

增加參與率（勞動力中的人口比率）；

降低替代率（收益與過去收入的比率）；

減少就業保護；

降低勞動力稅率（引進財政改革，消除貧困陷阱）；

削弱工會，並且將工資談判去中央化（那些全國集體工資協定確實在地區失業率上造成很大差異）。

表十一總結了三個對此類政策的短期、中期與長期效應預估。結論很清楚：只有貫徹這三條政策，歐洲失業率才可能降到美國水準，而且僅能在「長期」實現。這表示改革勞動力市場必定是有難度的。需要非常激進的改革，卻不會有立竿見影的成果。

這項計算無法呈現歐盟與美國之間另一個不同之處，那就是美國的工時與西歐的差距越拉越大。根據一項近期的經濟合作暨發展組織研究，在職美國人的工時是每年一九七六小時。而德國人平均工時僅有一五三五小時——足足比美國少了百分之二十二。荷蘭與挪威人的工時更短。即便是英國人，也比其在大西洋彼岸的遠親們少上大約百分之十的工時。這項研究的特別之處，在於讓人理解歐、美工時在過去二十年來的分途究竟有多大。一九七九到一九九九年間，美國人的平均一年的工時加長了五十小時（或說比之前幾乎增加了百分之三），但德國人平均一年的工時卻縮短了百分之十二，荷蘭人平均縮短了百分之十四。[49] 美國人一直到最近才獲得一年有十天的休假，而歐洲人已經有三十天休假了。

事實上，這些數字都低估了歐洲人「喜愛悠閒生活」的程度。這些數字沒有考慮到美國其實有更高比例的人在工作。一九七三到一九九八年，

表十一　對勞動力市場「美國化」會給歐元區失業率帶來怎樣的影響

| | 對歐元區失業率的影響（%） | | |
|---|---|---|---|
| | 短期 | 三年之後 | 長期 |
| 降低歐元區替代率到美國的水平 | – 0.26 | – 0.62 | – 1.24 |
| 降低就業保護到美國的水平 | – 0.35 | – 0.83 | – 1.65 |
| 降低勞動力稅收到美國的水平 | – 0.08 | – 0.20 | – 0.40 |
| 三條政策的聯合效應 | – 0.69 | – 1.65 | – 3.29 |

Source: International Monetary Fund, *World Economic Outlook* (April, 2003).

美國在職人口佔總人口的比例，從百分之四十一上升到百分之四十九。但在德國與法國，卻分別下跌至百分之四十四與百分之三十九。美國已達就業年齡人口的總就業率為百分之七十三，歐盟僅有百分之六十四。[50] 歐洲大多數國家的失業率也明顯高於美國——比利時與西班牙擁有超過百分之十的失業率，超出美國失業率的兩倍多。當然還要考慮罷工的問題。一九九二到二〇〇一年，西班牙因行業罷工而導致平均每一千名員工就損失了兩百七十一天的經濟產出。丹麥、義大利、芬蘭、愛爾蘭與法國則損失了八十天到一百二十天不等，而美國的損失則低於五十天。[51]

這就是美國經濟何以能在過去二十年超過歐洲競爭者的主要原因。這不是因為美國人特別有生產力，也不是效率問題，純粹只是美國人工作得更多。此外，歐洲人實際上擁有更長的休假，也更早退休；歐洲勞工失業或罷工的人數也多於美國。歐洲政治領導人太晚才意識到這個問題。二〇〇三年六月，一位德國政治家冒著斷送政治前途的危險大膽建議，如果德國人可以少休一點假，經濟就可以發展更快。這類觀點不久也在法國出現，終於不再是個禁忌話題。但是，歐洲長達一個世紀以來的社會民主制，已經造就了極難打破的習慣性思維。以德國為例，德國社會民主黨幾乎打從十九世紀晚期開始，就在爭取縮短工時；近年來則是為了爭取縮短工作年限。而法國人近來才剛取得了保證每週最多工作三十五小時的重大成果。社會民主制傳統很難摒棄。歐洲憲法草案中有一項驚人的特徵，那就是旨在鼓勵歐洲人降低工作上的積極性（比美國更不積極），並把這當作「基本權利」供奉。新憲法第II-27條要求工人有權就如何經營雇用他們的公司，向公司管理層發表意見與看法。該條文讓英國企業領導人大為擔憂。第II-31條也同樣重要：「每名勞工都享有最高工時限制、每日與每週休息時間與支薪年休期間之權利。」[52]

## 共同農業政策

歐洲目前仍有對外貿易順差，但部分是由於其內部的需求增長相對緩慢所致。這也與歐盟持續採行貿易保護主義有關，其中又以對農業的貿易保護最為明顯。在本書撰寫之時，歐盟才剛決定要改革共同農業政策（Common Agricultural Policy）——對這個政策的支出幾乎佔了當前歐盟預算的一半。決定部分廢除與農產量掛鉤的農民補貼金制度。[53]雖然沒有全部廢除，但歐盟按規定購買農產品的價格也將調降。共同農業政策給予歐盟十個新成員國農民的支付款，僅為給予舊成員國的四分之一。[54]但是，這些改革措施並沒能降低目前歐洲進口農產品的關稅。在坎昆會議（Cancún）夭折之前，美國曾向世界貿易組織提議，在五年內逐步停止農產品出口補貼，把對農產品產值的補貼金降低到百分之五，並且課徵百分之二十五以下的關稅。在坎昆會議之前，歐盟就暗示願意降低補貼。在二〇〇三年改革之前，其補貼大約是農業產值的百分之三十三，而美國是百分之二十一左右。然而，若沒有全球貿易協定，這些補貼顯然將會持續進行下去。[55]我們幾乎無法辯駁歐盟何以要採取農業補貼金制度，而且更難以從政治角度理解，因為歐盟從事農業的勞動力還不到總勞動人口的百分之四。

美國在這方面也沒有比較高尚。[56]但當我們讚美歐盟對開發中國家做出積極貢獻時，也需要牢記歐洲對補貼農業與徵收高關稅成癮的事實。歐洲在援助政策上可能比美國更慷慨，但只要共同農業政策依舊存在（即便經過改革），歐盟所做的不過是一隻手給予，另一隻手索取罷了。更糟糕的是，歐盟此舉還將加強開發中國家對外援的依賴，而不是根據自身出口的農產品來調整經濟發展模式。如果歐盟能夠打破貿易保護遊說團體的束縛（其力量現在已被削弱），將能獲得巨大成果——不僅能幫助地中海周邊的開發中國家，也能幫助到斯拉夫人居住的周邊地區。西歐消費者也能實際獲利。會淪為輸家的只有相對少數生產效率較低的農民，特別是在法國。那些認為農業補貼金能幫助法國維持其鄉村美景者應該再三深思。畢竟若問題本質是為了維護高盧鄉村的美麗風景，那麼農民們完全可以成為榮耀的花匠，接受報酬來承擔維護法國鄉村美景的工作，而不應當拿津貼去種植那些可以從歐盟之外廉價獲得的農產品。

## 歐洲央行與德國通縮

共同農業政策也是歐洲家庭的伙食費居高不下的原因，等於從他們的可支配收入扒兩層皮：一次是對他們的收入徵稅，另一次則增加他們的伙食費。但這並不是歐洲最近經濟表現差勁的主要原因。更重要的原因是，歐元區的貨幣政策自一九九九年一月建立單一貨幣體制以來，就始終存在著管理問題。

歐元在國際交易中被成功視為美元的替代品，這件事反而更深刻地象徵其失敗。失敗的原因在於其全面低估了歐盟貨幣政策會對德國經濟造成的壓力：抑制物價，甚至是通貨緊縮。原本這項政策是企圖讓十二個完全不同的經濟體維持價格穩定。[57] 一九九九到二〇〇一年間，歐洲經濟暨貨幣聯盟對德國來說就表示更高的利率，透過匯率貶值得到了補償。[58] 在二〇〇二與二〇〇三年，歐盟利率下降的幅度不夠大，行動過晚。而且由於歐元的升值產生了真正的貨幣緊縮，通貨緊縮的部分症狀已經在德國顯現。雖然官方消費物價通膨率仍為正數，但主要生產商的物價指數在二〇〇二年有所下跌，而且農產品價格自二〇〇一年年中就開始下跌了。[59] 過去十年來，西方的主要經濟體只有德國的房地產價格經歷了下跌，實際跌幅達到了百分之十三。[60]

由於德國財政政策受到歐洲規範的限制，反而使問題變得更加糟糕。這個取錯名字的《歐盟穩定暨成長協定》（Stability and Growth Pact）規定，如果柏林的政府預算在三年（二〇〇一到二〇〇四年）裡GDP出現超過百分之三的赤字，那麼德國就會被歐盟罰款。諷刺的是，當初正是德國人自己要求將這項協定列為單一貨幣聯盟的必要條件。這些赤字很大程度上僅僅反映了經濟不景氣或趨近經濟不景氣時自動啟動的穩定措施。這種處罰措施本意在於制約義大利等傳統上在財政政策上缺乏自律的國家。但是處罰會加大財政赤字，這是貨幣聯盟在意料之外所產生的最不可思議的結果之一。也難怪《歐盟穩定暨成長協定》在二〇〇三年十一月便被喊停。

要想知道歐洲央行在什麼地方出錯，我們可以考慮如果德國央行繼續存在的話，今天德國的利率會是多少。考查一下德國央行的歷史便能發現，它至少有五次為了應對經濟不景氣（一九六七年、一九七五年、一九八二至一九八三年、一九八七年、一九九四至一九九六年），大幅下調利率的成功實例。也就是說，假定德國利率會更低看起來是合情合理的。歐洲央行不僅在德國，在希臘與愛爾蘭的目標都是抑制通貨膨脹。若非如此，德國在二〇〇三至二〇〇四年的基本利率將很有可能更接近美國——更接近百分之一而不是百分之二。[61]

在這種情況之下，想當然耳英國政府會藉由一大堆託詞來巧妙迴避了在近期加入歐元區的可能。儘管英國財政部曾在二〇〇三年六月的一份報告裡認為，加入歐元區能夠刺激英國經濟成長，但成長幅度並不大——最好的情況是GDP成長百分之零點二五；最糟則只有百分之零點零二。[62]我們應當帶著懷疑的眼光重新審視這些估計（假定轉換成歐元會刺激英吉利海峽兩岸的貿易，並反過來提高生產力），因為歐元區自成立以來的經濟表現並不優秀。[63]剛剛加入歐盟的十個國家也應當重新思考是否要把自身貨幣轉換成歐元。因為這樣的貨幣制度只會吸引到更多不穩定的投機資本。如果只是為了加入歐元區的資格，這些國家將被迫在第二代匯率機制中痛苦等待兩年時間，實在可謂弊大於利。[64]波蘭、匈牙利與捷克共和國的政府赤字在二〇〇二年都超過了百分之四——匈牙利的赤字甚至已接近百分之十。對這些國家來說十分幸運的是，《歐盟穩定暨成長協定》已遭到暫時擱置。[65]

如果歐盟東擴的結果只是讓低生產力的東歐經濟同時獲得了西歐的福利制度與貨幣，那麼這對總體經濟所造成的效果，恐怕可以被想像成是用慢動作鏡頭重播導致數百萬東德人失業的德國統一經歷。捷克、波蘭、斯洛伐克與匈牙利的勞動生產力大約只有法國的三分之一。直言不諱地說，這意味著這些國家的工資必須被設定在法國的三分之一，否則這些國家的勞工將無法與西歐勞工競爭。不幸的是，歐盟勞工法的設計正是為了防止被西歐人蔑稱為「社會傾銷」（social dumping）的現象——指來自低工資經濟體的競爭。透過比美國人更長的工時，東歐人目前還能夠彌補他們的低生產力。捷克勞工平均一年工作超過兩千小時，反觀西歐勞工的工時卻在減少當中。捷克的工時數字自從「東歐劇變」後還在穩步上升，但加入歐盟卻有可能扭轉這個優勢，因為歐盟會給予捷克勞工合法權利來鼓勵減少工時或甚至根本不工作。這些合法權利包括縮短工作週數、更長的假期、更強大的工會、更高的最低工資，當然還包括其雇主因為這些原因破產時他們能獲得更慷慨的失業補償金。一旦加入歐洲經濟暨貨幣聯盟，這些國家就會失去經濟政策上的唯一靈活手段，無法再透過貨幣貶值政策來刺激經濟。

## 挽救民族國家的行動仍在繼續

那麼，歐洲有哪些邁向聯邦憲法的具體步驟呢？在此，我們永遠有必要區分修辭與現實。部分法國與德國政治人物多年來慣於使用歐洲聯邦主義的修辭，但現實總是遠遠落在後面。原因很簡單：一旦真的要將言語付諸實行，同一群政治人物卻都始終如一地開始捍衛起自己國家的各種利益。英國經濟史家艾倫·米爾沃德（Alan Milward）曾經說過，歐洲整合最初是為了拯救民族國家，而不是為了建設一個歐洲聯邦。[66]這句格言今天仍然適用。即便歐洲人最終採納了季斯卡的歐洲憲法，我們也沒有理由相信這種拯救民族國家的行動已經結束。實際上，若我們仔細閱讀憲法（以及會議主席在審議時留下的發言紀錄），便會發覺這套憲法的真正意義在於防止西歐四大國（編按：德、英、法、義）在歐盟東擴後主導地位遭到大量小國的稀釋。

憤世嫉俗者或許會說，歐洲理事會主席和歐盟外交部長的職位根本是為某些法國老政治人物量身打造——就像歐盟憲法起草委員會主席一職一樣（編按：即法國總統季斯卡）。季斯卡想要將歐盟執委會的人數固定在十五人，換言之，也就是拋棄了給每個成員國都留一個委員席位的規定。季斯卡認為這麼設計是必須的，否則歐盟擴張後的七個最小國（佔全歐盟GDP不到百分之二）將會有比六個最大國還要多的委員人數，哪怕這六大國的經濟產出佔全歐盟的百分之八十以上。季斯卡還提議歐洲議會須根據國家人口多寡來設定代表席位的比例。他在二〇〇三年四月時表示：「你得將人口因素考慮進去，因為我們是按民主原則行事。」[67]最重要的也許是，這次對歐洲理事會條件多數決機制的改變，意味著歐盟立法有可能只在半數成員國支持下通過——倘若這些國家能夠代表至少百分之六十的歐盟人口。對歐盟四大國來說，這項安排遠比二〇〇〇年十二月在尼斯達成的安排要好得多。

季斯卡言之成理。現行歐盟體制的確讓小國立場被過度代表，我們可以在表十二看到。多年來，這種過度代表小國立場而不能充分代表大國的方式，也有其著財政方面的因素。幾乎打從一九五一年最初的歐洲煤鋼共同體（ECSC）開始，就決定了歐盟會將資源從富裕大國向貧窮小國轉移。比利時那效率不彰的煤炭產業，就在一九五〇年代從歐洲煤鋼共同體的其他成員國收到了好幾千萬美元的援助，資金主要來自德國。《羅馬條約》簽訂後，法國前殖民地（法國人將那些地方巧妙帶入了共同市場）從其他五個簽約國收到了三點八億美元，主要也是來自德國。共同農業政策（到一九六九年已佔歐洲經濟共同體預算的百分之七十）也成功迫使德國消費者為法國與荷蘭更貴的產品買單。[68]根據德國預算的資料，德國無償轉讓給其他成員國的金額總數，在好幾年前就超過了一三二〇億馬克——也就是超過了一次大戰後由戰勝國要求德國支付的那筆著名賠款總額。[69]

我們恐怕很難想像這套制度能夠長久存續。二〇〇四年歐盟東擴的結果就是收編了好幾個明顯比先前成員國都還要貧窮的國家。歐盟此前的擴張，其最富裕的國家（盧森堡總是居首）的人均

表十二　歐盟百分比數據

| 國家 | 國內生產總值 | 人口 | 在歐洲議會佔席位 | 部長理事會選舉 | 歐盟執委會 | 歐洲法庭的法官數 | 產生每名部長理事所需之人數 |
|---|---|---|---|---|---|---|---|
| 德國 | 23.4 | 21.8 | 15.8 | 11.5 | 10 | 6.7 | 8,219,300 |
| 英國 | 18.0 | 15.9 | 13.9 | 11.5 | 10 | 6.7 | 5,983,200 |
| 法國 | 16.6 | 15.8 | 13.9 | 11.5 | 10 | 6.7 | 5,952,100 |
| 義大利 | 13.8 | 15.3 | 13.9 | 11.5 | 10 | 6.7 | 5,784,400 |
| 西班牙 | 7.4 | 10.5 | 10.2 | 9.2 | 10 | 6.7 | 4,936,250 |
| 荷蘭 | 4.8 | 4.2 | 5.0 | 5.7 | 5 | 6.7 | 3,196,600 |
| 比利時 | 2.9 | 2.7 | 4.0 | 5.7 | 5 | 6.7 | 2,052,400 |
| 瑞典 | 2.7 | 2.4 | 3.5 | 4.6 | 5 | 6.7 | 2,220,750 |
| 奧地利 | 2.4 | 2.2 | 3.4 | 4.6 | 5 | 6.7 | 2,030,250 |
| 丹麥 | 2.0 | 1.4 | 2.6 | 3.4 | 5 | 6.7 | 1,783,000 |
| 希臘 | 1.5 | 2.8 | 4.0 | 5.7 | 5 | 6.7 | 2,102,200 |
| 芬蘭 | 1.5 | 1.4 | 2.6 | 3.4 | 5 | 6.7 | 1,727,000 |
| 葡萄牙 | 1.4 | 2.7 | 4.0 | 5.7 | 5 | 6.7 | 2,004,600 |
| 愛爾蘭 | 1.3 | 1.0 | 2.4 | 3.4 | 5 | 6.7 | 1,273,333 |
| 盧森堡 | 0.2 | 0.1 | 1.0 | 2.3 | 5 | 6.7 | 220,500 |

Source: John McCormick, *Understanding the European Union*; OECD.

圖十二　德國在歐盟資源與體制中所佔百分比

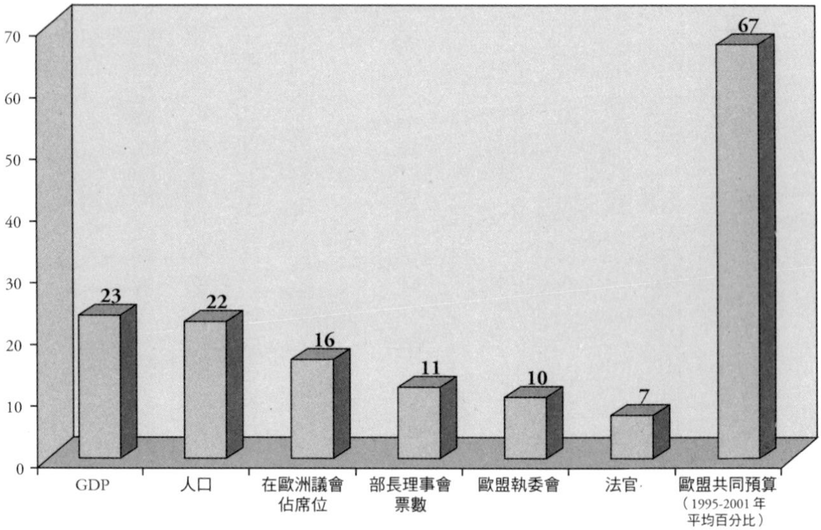


Source: John McCormick, *Understanding the European Union*; OECD.

GDP大約是最窮的新成員國（一九七四年的愛爾蘭、一九八一年的希臘、一九八六年的葡萄牙與一九九五年的芬蘭）的兩倍或二點五倍。但當東歐前共產主義經濟體的加盟就完全是更大的挑戰了。盧森堡人平均要比立陶宛人的經濟狀況好上五倍左右。歐盟在哥本哈根達成的一致意見是，在二〇〇四到二〇〇六年這三年裡給東歐這十個新成員國「與歐盟擴張相關的經濟承諾最多」將不會超過四〇八億歐元。但是，這筆費用究竟該由誰來出呢？如今德國經濟發展如此緩慢，要德國政治人物繼續貢獻最多的歐盟預算，恐怕很難說得過去。從一九四五年來，德國的利他主義行為無疑在歐洲整合的歷史中起到重要作用。儘管如此，德國納稅人願意為歐洲其他國家支付這種「默認賠款」到何時，想必也有個限度。

最近歐洲執委會底下的歐洲溫度計（Eurobarometer）做了一項民調顯示，認為歐盟整體來說是樁「好事」的人數，與認為歐盟只對自己國家有利的人數之間存在巨大差異。這種差異與歐盟的預算操作之間或許有所關聯。希臘、愛爾蘭與葡萄牙等只是接受鉅額款項的國家（它們在一九九五到二〇〇一年間都收到了超過其GDP百分之二的金援），有更多人認為歐盟更有利於自己國家，更甚於認為歐盟整體來說是件好事。反而是德國、比利時與盧森堡等較大的捐助國，認同前者的人遠遠多過後者。[70]這顯然表示，對部分（就算不是全部）成員國的部分選民來說，對歐洲利益與國家利益存在有相當不同的認知。

## 「歐洲性」的局限

有些人認為「歐洲」整體態度日益「反美」、日益有「身為歐洲人的自覺」，這種解讀總是很誘人，但其實十分荒謬可笑。首先，皮尤研究中心的資料清楚顯示，大多數歐洲人嚴格區分美國人與小布希政府。百分之七十四的法國人只有在看待由小布希引起的問題時，才對美國抱持否定態度，僅有百分之二十一的人認為那是「全體美國人」的錯，更只有百分之四的人會同時責怪美國人與小布希政府。德國與義大利也有類似的比例。其次，小布希有些外交政策至少還是得到歐洲人支持，這多少有些諷刺。四分之三的法國、義大利與德國受訪者同意，除去海珊後伊拉克人民的日子會過得更好。大部分歐洲國家的絕大多數人也繼續支持美國所領導的反恐戰爭。更普遍來說，大西洋兩端在對待經濟與文化全球化這一問題上並沒有真正的分別。還應當注意一點，那就是反美情緒並沒有降低歐洲年輕人學習英語的熱情。除了英國與愛爾蘭外，歐盟國家有百分之九十二的中學生學習英語——幾乎是學習法語學生的三倍、學習德語學生的七倍。[71]

與此同時，歐洲人其實是更認同自己是法國人、英國人、德國人或義大利人，而不是「歐洲人」。每十位歐洲人就有九位會覺得自己國家「相當有歸屬感」或「非常有歸屬感」。但只有不超過五人（百分之四十五）會對歐盟感到有歸屬感。在瑞典、荷蘭、英國或芬蘭，高達三分之二到四分之三的公民形容自己對歐盟「不是很有歸屬感」或「根本沒有歸屬感」。僅有很小一部分人會將自己只視作「歐洲人」，近乎一半的人將自己看成先是傳統國籍的一員，然後才是歐洲人。此外，歐盟成員身份的受歡迎程度在十五個國家裡都出現下降的情況。一九九〇年，超過百分之七十的歐洲人認為歐盟成員是一件好事情。但一項新近調查顯示，這個數字下跌到百分之五十五。將歐盟成員視作「利弊參半」的歐洲人還不到半數。這些數字表示，歐洲認同似乎尚未穩固建立。

此外，歐洲文化的凝聚力只會因為移民議題的衝擊而持續減少。我們幾乎可以肯定移民潮會繼續下去，甚至增加，才有辦法應付前面討論過的不斷增長的扶養比。數百萬人在過去十年間移居到歐盟成員國內，不管是經濟移民、尋求政治庇護者，或是德裔外國人。一九六〇和七〇年代殖民帝國瓦解後，也曾掀起一批帝國前臣民移入歐洲的移民潮，如今這些新移民只是跟隨前人的腳步。根據最近的估計，荷蘭、德國與英國已有百分之三到百分之四的人口是穆斯林，法國穆斯林的人數則是更幾乎是這個數字的兩倍，即百分之七點五。[72] 近期尋求政治庇護的人數與其成功率的提高，表示特定國家最後可能會有更多的移民人口。在一九九〇到二〇〇〇年間，丹麥、德國、荷蘭、奧地利與瑞典接納了相對自己人口數來說最多的移民。可以想見，吸引更多合法移民到西歐的經濟需求，以及相對貧窮社區對新移民的政治敵意之間，在未來必定會存在強烈的緊張關係。

的確有些政治人物借助高舉反移民立場而當選，但若把這個現象描繪成歐洲極端民族主義或種族主義復甦，就未免誇大。從法國的勒龐（Jean-Marie Le Pen）到奧地利的海德爾（Jörg Haider），再到近來荷蘭的富圖恩（Pim Fortuyn），這幾位政治人物之間缺乏太多共同之處。他們所取得的成功是如此短暫，看起來更像是一窩蜂排外情緒的體現。誠然，對移民的敵視情緒非常普遍。二〇〇〇年的一項調查發現，超過半數歐洲人認為少數民族濫用了國家福利，也認為移民會導致失業率上升。將近五分之二的人甚至認為應該把合法移民送回他們自己的國家去。[73] 想當然耳，無恥的民粹主義者亟欲迎合這類情緒。這對夢想聯邦歐洲的人來說自然十分令人氣餒。當被歐洲溫度計的民調專家問到對歐盟的觀感時，超過五分之一的歐洲選民在「缺乏足夠邊境管制」這一欄上打了勾。無論歐盟最初設定何等約束，其東擴仍然予人歐盟鼓勵人們向西移民的印象，是在替東歐與地中海地區的年輕人創造新的就業機會。有些煽動者已經把針對移民的敵意與歐洲整合聯繫到一塊。今後抱持這樣態度的人只會更多，看來已是難以避免。

歐盟還有土耳其問題要處理。土耳其早在一九八七年就申請加入歐盟。但目前為止他們的友好表示仍遭到拒絕，拒絕的主要理由是土耳其毀譽參半的政治、民間與人權紀錄。但歐洲人真正暗地裡（有時也會公開）擔憂的是，土耳其是一個伊斯蘭國家。只不過，歐盟越來越有強烈的經濟動機接納土耳其成為歐盟成員。據估計，土耳其的人均收入實際上比匈牙利、拉脫維亞或立陶宛要高，而這些國家現在都是歐盟的成員。土耳其的人均收入是大多數巴爾幹國家的兩倍之多。相較之下，用宗教信仰的理由拒絕土耳其加入，如今已成了政治不正確的尷尬之事——季斯卡在二〇〇三年提出這項理由後隨後發現自己的失策。認為歐洲就是基督教世界的定義早已站不住腳，正如我們所見，歐洲已經沒有多少嚴格信教的基督教徒，反而有太多非基督教的移民來到這個地方。歐洲也不能再說土耳其是個民主失靈的國家。土耳其曾透過自由、平等的方式選出了一個溫和的伊斯蘭教政府，而軍隊並未進行干涉。要是在過去，軍隊可能早就採取干涉手段了。與此同時，透過某種制度將土耳其與西方綁在一起的戰略好處也越來越顯著。土耳其國會拒絕協助美國入侵伊拉克北部的事情說明，就算別國都沒讀懂《北大西洋公約》，土耳其的議員們顯然有讀且有懂該條約的條文，並發現其中沒有哪一條可以證明先發制人的戰爭是正當的。美國已經透過推翻海珊政權向中東展示了作為「流氓政權」是有多危險的一件事。但如果想要進一步釋放出鼓勵民主與溫和宗教信仰的信號，或許沒有比歐盟接納土耳其政權更適合的方式了。

國關學者庫普坎曾把歐洲看作是新拜占庭帝國。但恐怕只有土耳其加入歐盟，我們才能說庫普坎的觀點具有先見之明——儘管這並非他的本意。如果土耳其加入歐盟，且西歐的穆斯林社會繼續不斷成長，終有一天，我們才會有理由拿今日歐盟總部所在地布魯塞爾，比上當年東羅馬帝國的首都拜占庭了——或者該說，鄂圖曼帝國的首都君士坦丁堡。

## 「歐洲時刻」

雖然法國的移民數量比起其他歐盟國家並不算特別高，但法國國內出現的龐大穆斯林社區（現在已經進入第三代）有助於解釋為何「國民陣線」（National Front）領導人勒龐在二〇〇二年首輪總統選舉中能夠一舉成功。為了確保第二輪選舉勝利，席哈克總統不得不疏遠自己對勒龐的移民問題立場。這件事也有助於解釋為何席哈克在二〇〇三年不願參加對伊拉克的軍事行動。

由於這些國內政治因素（更精確點說是多元的國內政治立場），要協調歐盟成員國的外交政策就變得特別困難。理論上，歐盟共同外交與安全政策非常具有吸引力，但在實踐中卻顯得越來越困難重重。正如我們在波士尼亞的問題所見，「歐洲時刻」顯然並未到來：歐盟成員國的意見分歧導致政治癱瘓。而在伊拉克的問題上，歐盟內部的裂縫越來越深。新設一個歐洲外交部長之職是否能夠改變這個局面呢？看來非常不大可能。

總之，歐洲是一種奇怪的聯盟。明明是邦聯，卻幻想成為聯邦，又從未真正付諸實行。它有行政機構、立法機構（譯按：歐洲理事會與歐洲議會）、中央銀行、共同貨幣、歐盟旗幟與歐盟之歌，但只有很少的共同預算，僅有框架的共同軍隊。跟歐盟設計者的初衷不同，多數決議仍然需要各國政府在歐洲理事會與跨政府會議上做決定。歐盟沒有共同語言、共同郵政系統、共同足球隊，甚至連統一標準的電源插座也沒有。有些評論家認為，歐盟有可能會變成繼希特勒的第三帝國後的「第四帝國」，不僅由德國支配，而且在體制結構上也具備德國特色。持這種觀點的代表人物也許是英國保守黨內閣成員尼古拉斯．里德利（Nicholas Ridley）。另一些評論家則認為歐盟其實是由法國人操控，用法國式不那麼對選民負責的官僚機構，阻止這個聯盟演化成美國式的合眾國。抱持此種意見的代表人物則是牛津大學的政治學教授賴瑞．西登托普（Larry Siedentop）。[74] 對西登托普來說，歐盟更像拿破崙三世式的法蘭西「第三帝國」，而不是德意志第四帝國。

或許，比法蘭西第三帝國或德意志第四帝國更為貼切的比喻，當屬瑞士。因為瑞士是一個在經濟上比政治上更有發言權的國家，也是各州行政權力強於中央政府的國家。然而即便是把歐盟比作一個超級瑞士，也還是低估了最有歐盟特色的兩大民主「缺點」。第一個赤字眾所皆知，即歐洲議會相對於歐盟執委會的羸弱。歐盟執委會以缺乏透明度出名，看起來也不須對任何人負責。歐盟可能不是拜占庭帝國，但其內部的運作方式卻是有如拜占庭帝國式的複雜難解。第二個民主「赤字」不那麼明顯，但卻更加重要。那就是代表性問題：單一德國選民在歐洲事務上的發言權比他在盧森堡或愛爾蘭的歐洲同胞更小。這兩項赤字也許對維繫歐盟存續來說是必要的，因為若歐盟採用真正的民主體制，只會釋放出許多歐洲老百姓的仇外心理，同時喚醒長期埋藏在德國人及其鄰國人民潛意識中的「德國問題」。但如果沒有共同的外交與安全政策，我們也很難想像歐盟能夠如何增強其正當性。

按照歐洲人的委婉說法，歐盟如今正在朝著「變異幾何學」（variable geometry，又譯「分殊統合」）的方向邁進，具有多套標準、各行其事。迄今為止只有十二個國家採用了歐元。就在本書出版之前，瑞典第二輪公民複決投票才剛堅定地否決加入歐洲經濟暨貨幣聯盟，更進一步減少接下來英國就此議題投票表決的可能性。英國與愛爾蘭至今還沒有簽署在歐盟內部開放邊境管制的《申根公約》。一九八九到一九九七年間，英國人還決定退出《歐洲社會憲章》這項歐盟在《馬斯垂克條約》提出的三大支柱之一。同樣地，歐盟的新成員國也不會立即執行會員國的所有條款。《阿姆斯特丹條約》（Amsterdam Treaty）引進了「建設性的棄權」（constructive abstention）概念，這與季斯卡《憲法條約》（第I－43條）裡增進合作的概念相互呼應，讓成員國可以無須接受歐盟「套餐」，而能按需求「單點」。沒有人認真認為這種方式能夠加強歐盟實力。可以主動不參加的選項越多，這個聯盟就會變得越來越不一致。一個按各國進度與意願隨心發展的「多速歐洲」（multi-speed Europe），恐怕很難達成《羅馬條約》中「成為更緊密聯盟」的目標。正好相反，聯盟內部會漸漸變得更加冷淡與疏離，並形成各種各樣的小聯盟。《羅馬條約》成了一團政治義大利麵，有如大雜燴般混亂；又像是彼此利益只有部分交集的「自願聯盟」，彼此都有各自的特定目標。這種步調不一具體體現在二〇〇三年十二月的布魯塞爾峰會，當時峰會宣布暫緩歐盟憲法條約的決議。[2] 結果法國與德國領導人就公開表示自己的國家各自是某種「雙軌制歐洲」的「先鋒」。

## 神話、故事和慶典

本章的結論直截了當。美國既無須害怕歐盟的擴大，也無須擔憂歐盟的深化——因為這兩個過程本身就是互相對立的。我們不該錯誤地以為，歐洲只要變成聯邦就能與美國相抗衡，這就誤解了歐盟的發展狀況。歐洲人口稠密但衰老，經濟龐大但增長遲緩，勞動生產率雖高但卻受苦於過度享樂。歐洲的關稅同盟固然成功，但缺乏效率。歐洲的貨幣聯盟不只沒能促進成員國經濟成長，反而抑制了經濟成長。歐洲固然從法律上打造了聯盟，但過多法規源卻自未經選舉產生且無法課責的歐盟執委會，歐盟很難真正享有正當性。在可以預見的將來，歐洲都只能維持其邦聯的政治形式。戴高樂曾在一九六二年說過：「統一的歐洲只存在於神話、故事與慶典中，但就現狀而言，歐洲只能是列國林立的歐洲。」這番話目前仍然正確。即便是這些神話，也未能替歐洲博得多少敬重。歐洲確實有著不同於美式「西方」概念（是個虛無縹緲的概念）的共同文化痕跡。但是，國家認同仍舊超越共同文化，

[2] 作者註：布魯塞爾峰會失敗的原因，表面上是由於條件多數決的新投票機制相對削弱了西班牙與波蘭兩國在歐洲理事會上的影響力，這兩國都拒絕接受這種改革。因為舊制對它們更有利。

這是外來移民也無法改變的。綜合以上，歐盟看起來距離共同的外交和安全政策十分遙遠，而且這項野心很可能根本無法實現。

不管怎樣，誰又需要一個與之抗衡的對手呢？歸根究柢，美國與歐盟合作的利益遠大過競爭。更重要的是它們需要彼此，甚至相互依賴。從經濟領域來看就相當明顯，歐盟出口的產品有近乎四分之一是銷往美國，同時它五分之一的進口產品是來自美國。在一九九九年，歐盟的外匯投資中有高達百分之六十五來自美國，歐盟對美國的投資比率也一樣高。至少有百分之四十五的歐盟股票來自美國投資人。[75]而歐洲投資人和投資機構手中持有的股票中，美國政府債券和美國公司的債務亦佔很大的比例。美國政治學家理查．羅塞克蘭斯（Richard Rosecrance）會將美國與歐盟的夥伴關係描述成「凱撒與克羅伊斯[3]」，並非沒有道理。[76]但歐、美還有文化上的共同利益，那些抱怨歐洲到處開滿麥當勞的人忽略了美國也到處都有法國和義大利餐廳。有人曾聽到迪士尼執行長麥克．艾斯納（Michael Eisner）這麼說過：「《睡美人》是文化，而且是法國文化；《小飛俠》是英國文化，《木偶奇遇記》是義大利文化，《白雪公主》是德國文化。」[77]總之，美國人和歐洲人在對抗恐怖主義上頭有著共同利益，這點毫無疑問。一小撮狂熱份子造成的破壞和混亂狀態，無論是在曼哈頓或蒙巴薩，只要美、歐情報機構與警方攜手合作，就能夠將恐怖份子擊敗。[78]如果大西洋兩岸能夠締造真正有意義的合作，那麼波士尼亞、科索沃、阿富汗和伊拉克的國家建設就更可能獲得成功。

此岸擔憂歐洲合眾國「崛起」的美國人請放輕鬆點，而彼岸肖想同一件事的歐洲人也請面對現實。無論是物理距離還是心理距離，布魯塞爾離拜占庭可還遠得很。

[3] 編註：克羅伊斯（Croesus）是小亞細亞的呂底亞王國的國王，因坐擁無數財富而在今日英語世界中有「有錢人」的意思。反觀羅馬的凱撒，儘管擁有政治與軍事的強大實力，其財政基礎卻是搖搖欲墜的。

# 第八章　當中國門戶不再開放？

……衰落帝國的財政確實是一個有趣的話題。

——《羅馬帝國衰亡史》作者愛德華・吉朋（Edward Gibbon）[1]

## 第二次大合流？

歐洲在羅馬帝國衰落到歐盟崛起這一千多年間裡，其最顯著的特色就是政治上的支離破碎。從查理曼大帝到查理五世，再從拿破崙到希特勒，大一統都不是歐洲歷史上的常態，而是例外。但世界另一端的東亞，情況卻正好相反：大一統才是常態，分裂則成了例外。從秦始皇在西元前三世紀統一中國、成為中國首位皇帝並修築萬里長城以來，大一統局面就成了中國的常態。儘管中國偶爾也有內戰和王朝衰弱時期，但它仍是世界歷史上壽命最長、版圖最大的帝國之一。一八二〇年代，清朝直接統治了差不多等同於現在中華人民共和國版圖的浩大疆土；而朝鮮、越南、暹羅（編按：泰國舊稱）、緬甸和尼泊爾都是中國藩屬。中國在現代史上的大部分時間裡，始終是多達四分之一到三分之一全球人口的家鄉，這數字在一八二〇年達到接近百分之三十七。在工業革命以前，中國也是世界經濟上的巨人。中國在一五〇〇到一八二〇年期間，其經濟產出始終佔全世界的五分之一以上，更可能在一八二〇年上升到三分之一的高峰。[2]

然而，中國的生活水準在十九和二十世紀歷經災難性的崩潰。其人均GDP在一八二〇到一九五〇年間下跌了幾乎四分之一。到一九七三年，中國人均收入僅剩世界平均的大約五分之一，比許多非洲地區還差。中國經濟生產佔世界總產出的比例，從一八二〇年將近百分之三十三下降至百分之五不到。為什麼會這樣？這就成了人們始終激烈辯論的問題。中國人傾向將自己國家的衰敗歸咎於十九世紀中期英國對中國發動的戰爭（即一八三九到一八四二年與一八五六到一八六〇年的兩次鴉片戰爭，後者又稱「英法聯軍」），以及這些戰爭後西方帝國主義所造成的負面效果。西方在晚近則出現了另一種假說，認為是中國長期以來的政治大一統阻礙了科技與戰略的發展，而彼時的歐洲則受惠於分裂成互相競爭的民族國家由於歐洲國家在國內外的競爭，使西方相較於人口稠密的東方，取得了經濟和軍事上的決定性優勢。[3] 根據彭慕蘭（Kenneth Pomeranz）的說法，歐洲是因為獲得了新世界殖民地才得以領先中國。西歐和長江三角洲原本在近代晚期都面臨到過度砍伐森林帶來的生態危機，但歐洲人由於有著美洲白銀、加勒比海地區蔗糖，以及自身較容易開採的煤炭，使得歐洲能夠採用商業化與工業化的方式逃離馬爾薩斯陷阱。[1][4]

二十世紀中國的命運十分悲慘。歐洲人替中國的邊疆地區帶來了經濟轉型，但僅有在以香港為首的幾個城市裡，歐洲人才引進了全套的法律與行政體制（就像英國在蒙兀兒帝國瓦解後引進印度的制度一般）。在英國的唆使之下，相互競爭的西方列強（到了十九世紀晚期時也包括美國）一致同意採行「門戶開放政策」：中國可以保留清朝殘破的「帝國」政治制度，但中國必須成為一個巨大的自由貿易區。[5] 中國從一九一一年開始，就嘗試從帝制轉向共和。然而這項轉型最終夭折，主要是因為一九三〇年代的日本帝國主義入侵與隨後爆發的內戰所帶來的災難性後果。成功動員貧困農民的毛澤東，成了內戰的最後勝利者，但結果卻是中國社會陷入了人類史上最慘的人為飢荒（大躍進）與最慘痛的社會崩潰（文化大革命）。然而，共產中國持續扮演成功的帝國角色，以讓季辛吉留下深刻印象的現實主義態度來達成外交政策目標。但其經濟上的貧弱則嚴重局限了其影響力。

然而，從一九七〇年代晚期開始，中國在鄧小平的一系列改革下歷經了驚人的經濟復甦。與蘇聯不同，中國並沒有同時追求計畫經濟的自由化與政治體制的民主化（結果兩者皆告失敗）。中國選擇了致力於修改（而非拋棄）其現有經濟制度，同時只對政治制度做有限改革，[6] 其結果就是經濟成長率的高度攀升。[7] 在過去二十年來，中國GDP實際的每年經濟增長率約介於百分之八到百分之十二。若根據購買力平價進行調整，則中國經濟生產佔世界總產出的比例，自一九八三年以來已從百

---

[1] 編註：這項理論認為，原本在農業社會，生產力提升雖然會導致人口增加，但由於人口是按等比級數成長，但生產力的卻只會按照等差級數成長，因此生產力的成長會被人口成長給抵消。

分之四上升到百分之十二，[8]其佔世界出口的比重也快速上升。高盛公司（Goldman Sachs）的一項研究顯示，中國的經濟規模有望在二〇四一年超越美國。[9]無怪乎有如此多的國際關係學者貿然斷定：中國會是未來的戰略挑戰。[10]單從經濟角度來看，中國似乎比歐盟更像是能與美國抗衡的候選人。「大分流」看起來即將讓位給「第二次大合流」，中國即將重拾自身在「世界體系」的正當地位。[11]人們重新對中國過去的歷史成就燃起興致，例如當年的鄭和下西洋，這正反映了人們對此一未來的期盼。

只不過，人們也曾在一九八〇年代瘋狂預測世界將會變成日本人的天下。我們應當謹慎看待這類預言。首先，這種失控的經濟增長率很有可能會在給中國帶來繁榮之餘也導致內部不穩定。一個世紀之前的俄羅斯帝國就是個頗有教育意義的例子。俄羅斯帝國當年也曾在亞歷山大二世及其後來兩位繼任者的統治下，致力於實現工業化，對外開放貿易和資本，並取得了以當時標準來說非常卓越的經濟增長率。但是，經濟增長卻導致了一系列的社會後果，替羅曼諾夫王朝的專制統治帶來了巨大的壓力。當俄羅斯試圖將國家的新財富投入到戰爭時，便淪為了革命的犧牲品。當然，無論中國社會的貧富差距有多麼懸殊，中國都不會在短時間內爆發新一輪的革命，因為中國社會對前兩次政治大動盪帶來的痛苦仍記憶猶新。然而，我們仍然可以想像會發生某種困擾北京政府的內部危機，例如中國脆弱的銀行與財政體制發生危機。[12]此外，我們也無法排除另一種可能，那就是中國新近對自由貿易和外匯直接投資的依賴，不過只是回到一個世紀之前的門戶開放時代。而這將導致不那麼令人樂觀的政治後果。另一個限制中國影響力的因素也與此相關，那就是中、美之間日益增長的經貿互賴關係。比起戰略上的競爭對手，這兩個帝國一度頗有經濟夥伴的氣氛。但唯一的問題是，到底是美國更依賴中國呢，還是中國更依賴美國呢？確切來說，一旦兩國長達三十年的友善關係發生危機，誰會是更大的輸家？今天的局勢宛如一個世紀以前，中、美之間有著一扇敞開的大門，但那扇大門是否有天會關上呢？

## 重新思考「過度擴張論」

若套用以往任何世界性帝國的標準，要在四年之內推翻三個暴政政權絕非平凡成就。自一九九九年以來，美國軍事干涉接連推翻了南斯拉夫的米洛塞維奇、阿富汗的塔利班與伊拉克的海珊政權（誠然推翻米洛塞維奇政權屬於間接干涉）。這些成就之所以不凡，正是因為不過十年之前，美國才剛出現一波預言美國衰落的擔憂潮。保羅．甘迺迪在一九八七年那部著名的《霸權興衰史》中警告說，美國正面臨「堪稱為帝國過度擴張……的風險」。他認為美國將太高比例的國民收入花費在軍事承諾上。這對美國的經濟表現造成了負面影響，特別是與去軍事化的德國與日本相比，因為後者能將更多資源投入到民間研究與發展。美國能否維持住冷戰時的超級大國地位呢？保羅．甘迺迪寫道：「這個問題只有一個答案：不可能。」[13] 他更進一步暗示，帝國過度擴張可能會對國內政治導致諸多可怕的後果。他援引雷根時期受到國防開支驅使而增長的政府債務，並類比大革命前的法國：「在承平時期債務還增長如此之快的大國，我只想得到這個例子。」[14]

凱因斯曾經說過：「當事實改變，我會改變想法。」[15] 隨著美國隨後從「超級大國」（superpower）變成「超級強國」（hyperpower），保羅．甘迺迪在二〇〇二年九月援引宛如機械降神般的「軍事革命論」（Revolution in Military Affairs）來替自己解圍，解釋為什麼「過度擴張」的預言沒有實現。雖然他自己在一九八〇年代並不贊同美國花費如此高的預算在軍事科技的研發上，但這些用於軍事科研的投資卻帶來了一筆出乎意料的收穫。[16] 雷根總統與時任國防部長溫伯格所主導的超級軍備競賽，不僅拖垮了蘇聯，而且還讓美國在一九九〇年代累積了三項和平紅利：一、軍備開支佔GDP比例縮減。二、經濟增長加速。三、軍事實力突破天際，將其他國家遠遠拋諸腦後。

諷刺的是，儘管保羅．甘迺迪本人已經拋棄了原先的「財政過度擴張論」，但這項理論仍具有說服力。當今美國財政過度擴張的現象遠比他在一九八七年所預測的更糟。與保羅．甘迺迪先前論點不同的關鍵在於，這種財政過度擴張幾乎與美國的海外軍事承諾毫無關係。這是美國國內金融長期失衡的結果。美國的金融問題是如此嚴峻，以至於大多數美國人，包括那些自認為對國家金融運作瞭若指掌的人士，都發覺眼下的狀況簡直糟糕到令人無法置信。美國的財政危機之所以潛伏如此之久，實在是因為人們拒絕相信危機存在。[17] 而美國人之所以會產生這種心態，主要是因為美國早已不自覺地在依靠東亞資本來穩定其不平衡的預算。許多評論家都已經注意到中國對美國近來的軍事干涉保持緘默，甚至採取默許的態度。[18] 很少有人意識到中國幫美國政府承擔的債務有多高。

就跟上個世紀的大英自由帝國一樣，美國運行其新興自由帝國的成本也低到驚人。這主要是因為美國經濟是如此龐大。自一九八〇年以來，美國GDP（以現行美元來衡量）已從僅佔世界百分之十的低谷，上升到二〇〇二年佔世界百分之三十一。美國經濟規模如今比日本大上二點五倍，比中國大八點五倍，更比俄羅斯經濟大上三十倍。美國軍事支出超過了歐盟、中國與俄羅斯軍事預算的總和。然而，美國的相對軍事成本已開始快速下降，從一九五〇年代平均佔GDP百分之十降到一九九〇年代僅佔GDP的百分之四。預計還會在二〇〇五年前後降到百分之三點五。

許多美國人擔憂美國佔領伊拉克會需要負擔高昂成本，但這主要是因為人們普遍把佔領想像成一種無須成本的事業。小布希政府的發言人在二〇〇三年四月談及美國佔領伊拉克時，講得好像伊拉克的重建工作會自動就能資金自給。對美國人來說，波斯灣戰爭的確是免費的，因為這場戰爭是建立在基礎廣泛的聯盟上。聯盟包括德國和日本，光是這兩國就支付了八到九成的軍事開支。[19] 到了伊拉克戰爭，美國這回不僅打敗伊拉克，還佔領了這個國家——但這次有錢的盟友更少了。美國領導人在二〇〇三年大部分時間裡似乎都不願意面對這個現實。「伊拉克是一個富有的國家，」白宮發言人阿里・弗萊斯徹（Ari Fleischer）興高采烈地宣布：「伊拉克有可供利用的巨大金融基礎……因為它擁有豐富的石油資源。」這令人想起美國最大連鎖企業沃爾瑪的中肯座右銘：「永遠低價，永遠。」小布希政府在九一一事件後原本也奉行這條原則。改變他國政權是國策，但只想花上一些小錢來實現。

我們應當謹記，即便到二〇〇三年九月（阿富汗戰爭後一年半），小布希政府都僅在阿富汗國家重建上投入相對偏少的資源。根據國際關懷協會（CARE International）的資料，阿富汗每人每天被承諾的金額（包括所有海外捐款者的資金）並不超過科索沃在戰後恢復期實際花費的四分之一，儘管阿富汗的需求顯然要比科索沃迫切得多。無論如何，根據外交智庫「國際合作中心」（Center on International Cooperation）在二〇〇三年六月得出的數字，美國為阿富汗重建工作的「撥款」總金額還不到十六億美元，其中還僅有九億四千七百萬美元是「有在運用」（這些錢通常被花在西方人的「需求評估小組」專用車輛與電腦設備上）。真正用於業已完成專案的金額，還不足一億九千兩百萬美元。[20]未來阿富汗穩定與否，完全仰賴喀布爾臨時政府是否能在卡爾札伊總統領導下成功運作。但在本書寫作之時，真正匯入阿富汗政府的信託基金帳戶的金額還不到戰後基金的五分之一；其他多數資金得經由國際捐贈者協助分發。到二〇〇三年五月為止，美國支付給阿富汗臨時政府的基金，僅有微不足道的五百萬美元。[21]

然而，我們並不能只怪小布希政府如此吝嗇。美國海外援助預算下降是多年來愛財如命的美國立法者所導致的結果，從二次大戰後的巔峰（平均將近美國ＧＮＰ的百分之一點八），下降到目前不足百分之零點二。[22]在伊拉克戰爭的早期階段，由白宮與參議院談判代表共同參加的一次離奇會議上，討論了如何使用小布希政府要求的七九〇億美元戰爭經費。到會議結束之時，已有二十九億美元被指定用於紓困美國航空業，因為九一一事件以來國際上日益瀰漫的不安全感，已使航空業利潤大幅萎縮。另外撥出二點七五億美元用來安置航空業近來的離職員工。荒謬的是，佛蒙特州參議員派翠克・萊希（Patrick J. Leahy）居然提議將戰爭預算中的三三〇萬美元用在重修瓦特伯瑞（Waterbury）他家附近的一座水壩。如果要在地方利益與國家安全二選一，總會有國會議員選擇前者。

然而，國會的態度在二〇〇三年以來開始悄悄轉變。我們看到國會批准了小布希政府於該年十月所提出的八七〇億美元預算，預計用在伊拉克與阿富汗的佔領和重建。畢竟，對尚未改革的海外國家的提供經濟援助，仍與有別於撥款強化美國主導的海外政權更替。美國立法者對推翻海珊政權的得失利弊可是知之甚詳。

伊拉克戰爭本身的成本相對廉價，可能只接近於四八〇億美元，遠遠不到政府預計的七九〇億美元。[23]此外，正如芝加哥大學的經濟學家指出，除掉海珊政權實際上還幫美國省了一大筆錢。倘使海珊還在位，美國每年用於圍堵其軍事威脅的支出就達到一三〇億美元左右。[24]毫無疑問，八七〇億美元在大多數美國人聽來是很大一筆錢，但其實只相當於美國GDP的百分之零點八。更何況，我們根本無法預測美國若在伊拉克失敗將導致多大的成本，所以以這樣的低價就能在伊拉克建立穩定與友善的政府體制還是划算的——假設真的能成功建立的話。誠然，八七〇億美元中的絕大部分都將用在美國佔領伊拉克的軍事支出。只有兩百多億美元會被用於指定的重建工作上，其中又有四分之一得用於伊拉克安全部隊的現代化。[25]光是要修復廢棄油井、輸油管道與精煉廠就得花上超過五十億美元，徹底修繕該國電力系統的費用更將是前者的兩倍多。兩百億美元對伊拉克那低得可憐的GDP來說，的確仍是一筆鉅款。與馬歇爾計畫在一九四〇年代晚期對西德的援助相比，援助伊拉克所獲得的相對報酬應該是大上許多，因為希特勒的德國並沒有像海珊的伊拉克那樣處於經濟全面崩潰的境地。[26]除此之外，國際捐助者已經向伊拉克捐助了一三〇億美元的戰後重建資金。

既然有了總數上看一千億美元的重建與安全經費，為何還不足以恢復伊拉克經濟呢？這個國家畢竟有著世界上第二大的石油礦藏。伊拉克人民的平均收入曾經相當於美國人均收入的四分之一到二分之一（端看計算方法為何），但那是在伊拉克被海珊的專制統治給推入水深火熱的貧困生活之前。到了一九九九年，經過二十年的戰火、國家掌控並帶頭盜竊國民財富，以及國際制裁下，普通伊拉克老百姓的平均收入已降低到僅剩美國的百分之零點七五。[27] 當然，二十年並不足以抹去全體人民對市場經濟的記憶。波蘭與俄羅斯在一九九〇年代的經驗很明白告訴我們，就連四十五年（編按：波蘭在二戰後受共產統治）都不夠，要完全清除市場經濟的記憶可能得要花上七十五年（編按：自俄羅斯革命以來）。只要給予伊拉克正常的環境，伊拉克人民是能夠迅速恢復到一九七九年前的生活水準的。但要讓伊拉克經濟復甦，有三項條件是急需的：有效維持法律與秩序，修復與恢復基礎設施（尤其是水電供應），以及斥鉅資重建與現代化年久失修的廢棄油田，連帶刺激其他產業的經濟需求。美國能夠達成這三項條件，前提是不要過早停止軍事佔領，並給伊拉克足夠的時間穩定經濟、扎根法律制度。

與人們普遍相信的陰謀論相反，小布希政府並不是為了石油才出兵伊拉克。[28] 然而，恢復石油生產仍是伊拉克在美國幫助下轉型成功的必要條件。沒人會懷疑伊拉克地底下藏有大量石油，但實際蘊藏量仍是業內專家們爭論的焦點。但無論伊拉克擁有的石油到底是七八〇億桶還是三千億桶，這在短時間看來都只能停留在純學術討論。真正要緊的問題是，伊拉克究竟能夠在今年、明年，乃至後年實際開採多少石油，而每一桶石油又能獲取多少利益。假設佔領期四年，表十三樂觀估計了三種可能的情況。最好的情況下，伊拉克的石油生產量能在二〇〇六年達到每日三五〇萬桶，油價停留在較高的每桶三十美元，四年總產油量達到一千億桶。但就現實來看，實際石油供給量可能成長緩慢，也沒有那麼高的平均價格，換言之四年佔領的最終收益可能還不到四百億美元。這還只是總收入，實際上還需要扣除各式各樣的成本。我們也不能忘記伊拉克既有的外債：一二〇〇億美元的海外債務與高達一二五〇億美元的戰爭賠償。只有撤銷這些「非法惡債」（之所以非法，是因為這些債務都是海珊暴政招致）才能夠讓伊拉克把未來的石油收入用在重建工作上。然而，前景還不到完全絕望。至少有一部分投入穩定伊拉克的成本，能夠在未來藉由石油收入回收。

如果伊拉克最後成功穩定下來，那麼不僅該國經濟得以成長，美國對伊拉克的出口也得以成長，如同一九四〇年代後期的德國與日本。有些人批評小布希政府將重建伊拉克基礎設施的合約授予美國公司，並對此大發牢騷。他們反倒應該要為此感到慶賀才對，因為這代

表十三　伊拉克石油收入：2003-2006年間的預測

| | 2003 | 2004 | 2005 | 2006 | 總計 |
|---|---|---|---|---|---|
| **中間價位** | | | | | |
| 每桶石油價格（美元） | 25 | 25 | 25 | 25 | |
| 每天石油桶數（百萬） | 1.7 | 2.5 | 2.5 | 2.5 | |
| 每年石油桶數（百萬） | 620.5 | 912.5 | 912.5 | 912.5 | |
| 每年收入（十億美元） | 3.9 | 22.8 | 22.8 | 22.8 | 72.3 |
| **低價位** | | | | | |
| 每桶石油價格（美元） | 15 | 15 | 15 | 15 | |
| 每天石油桶數（百萬） | 1.7 | 2 | 2 | 2 | |
| 每年石油桶數（百萬） | 620.5 | 730 | 730 | 730 | |
| 每年收入（十億美元） | 2.3 | 11.0 | 11.0 | 11.0 | 35.2 |
| **高價位** | | | | | |
| 每桶石油價格（美元） | 30 | 30 | 30 | 30 | |
| 每天石油桶數（百萬） | 1.7 | 2.5 | 3 | 3.5 | |
| 每年石油桶數（百萬） | 620.5 | 912.5 | 1,095 | 1,277.5 | |
| 每年收入（十億美元） | 4.7 | 27.4 | 32.9 | 38.3 | 103.2 |

Source: 作者自行計算。

表伊拉克戰爭後的政策已經在替美國工人創造就業機會。畢竟，縱然美國有著願意償付前宿敵債務的政治雅量，但如果不能讓美國人實際從中獲利，則這件事很快就會失去大眾的支持。與某些小布希政府的激進批評者所認為的不同，軍事佔領並不是零和遊戲，並不是在伊拉克花上一美元就表示美國學校或醫院就少了一美元。[29]正好相反，成功重建伊拉克能夠帶來巨大收益——而且並不只有那些冒險接受伊拉克重建合約的企業能夠獲利。

## 大炮與奶油，美國全都要

導致美利堅帝國財政過度擴張的，並不是美國意圖變更海外政權與國家重建的成本，而是來自美國國內的支出。當前美國經濟已經比歷史上任何時期都更依賴消費與信用——不管是在公家還是民間。有鑑於美國的政軍實力奠基於經濟實力，這就產生了矛盾。從傳統上講，任何帝國都需要在大炮和奶油（即軍費開支及民間消費）之間做選擇，同時受到不能過度負債的限制。但美利堅帝國不同，美國能透過消費來刺激經濟成長。經濟一旦成長，軍費開支也就容易解決。而且美國還能籌措到史無前例的龐大資金，來維持它的消費成長。美利堅是個大炮與奶油都要的帝國。

能夠最好體現這種矛盾的，就是眾所皆知的美國悍馬車（或稱「高機動性多用途輪式車輛」）。這款車輛最初是由美國AM General公司在一九七九年設計來作為美軍個人輕型載具，如今已變成美軍在任何衝突區域進行軍事部署與巡邏運輸的首選。然而，民間消費者也能夠負擔得起悍馬車。自從其民用生產權於一九九九年被出售給美國通用汽車公司之後，悍馬車已經開始以各種非軍事色彩的外貌出現在全美國高速公路上，最早是在加州。[30] 那麼悍馬車的存在，到底是為了滿足軍事征服還是民間消費的目的呢？答案是兩者皆是。當然，我們也可以從悍馬車的高油耗量（平均每加侖可行駛的里程數約為十一英里）、龐大車重與寬度，看出美國在使用化石燃料上的揮霍無度。

有些人當然會說，為了使加州民間悍馬車所使用的汽油維持在較低價位，就需要軍用悍馬車來維持伊拉克治安。但是，這又再次誇大了石油在推翻海珊政權的戰爭決策中的重要性。我們還可以從哈里伯頓與沃爾瑪這兩家美國企業在小布希當選總統後的發展對比，看到這種大炮與奶油的帝國矛盾。許多人在二〇〇〇年底投資哈里伯頓這間油田工程公司，寄望該公司能因共和黨勝選而獲益，結果卻是大失所望。哈里伯頓的股價在二〇〇〇至二〇〇三年十一月間下跌超過三分之一，而且也沒能從公司高層所支持的激進中東政策裡獲得多少利益。相較之下，那些在二〇〇〇年底購買沃爾瑪股票的投資人，其資本收益幾乎達到五分之一。用嚴格的經濟學觀點來看，顯然投資於傳統消費產業公司的收益，會比投資於理論上位於軍事石油複合產業核心的企業有著更大的收益。

過去四十年來，美國經濟成長最受人矚目的發展，當屬重要性日益增加的個人消費。個人消費的GDP佔比已從一九六〇年代的百分之六十二左右，上升到二〇〇二年的約百分之七十。個人消費的上升，必然結果便是銀行儲蓄的下降：個人儲蓄率從一九五九年的百分之九，下降到一九九二年僅百分之四，並在接下來十一年間維持在此一數字。事實上，美國人絕大部分的消費成長都是透過貸款來買單。家庭信貸市場的債務從一九六〇、七〇年代佔GDP的百分之四十四，一路上升到二〇〇二年的百分之七十八。

依靠貸款來抵消益發成長的消費開支的，並不只限於普通美國老百姓。由於經濟不景氣、戰爭與減稅的綜合影響，聯邦政府承認二〇〇一年所預測的三三四〇億美元預算盈餘，到了二〇〇三年七月已經變成了至少四七五〇億美元的赤字。[31]這個數字著實讓許多美國人感到震驚。畢竟，柯林頓政府執政期間，國會預算處在規劃財政預算上都會精打細算，所以結餘至少還看得見。然而，這些規劃其實都是基於一個假設，即聯邦政府在每件事情上的花費都會完全按照預算數字（或許除了社會保險與醫療保險等福利外），且年復一年都是如此，不論通貨膨脹或經濟增長。美國國會預算處還信心十足地假定政府稅收將實現每年約百分之六的增長。二〇〇一年，美國國會預算處終於認定，已經不能不再針對通貨膨脹（而非經濟成長）而調整權衡性支出。於是把二〇〇二到二〇一一年的預計盈餘從六點八兆美元調整到五點六兆美元。但出於通貨膨脹所調整的數字，完全無法與接下來發生意外事件相比。美國在接下來兩年內經歷了經濟不景氣、巨大稅額削減與九一一事件，使得美國國會預算處所預計的十年盈餘跌到僅剩兩百億美元。然而，國會預算處仍然預測由公眾持有的美國國債將在未來十年裡從ＧＤＰ百分之三十五點五下降到百分之十六點八五。[32]為了達到此一目標，國會預算處很方便地假定，即便經濟有所成長，調整權衡性支出仍會在未來十年內維持不變。但在事實上，自二〇〇三年九月以來包括額外軍事支出與社會保險支出，已經用超過過去三年經濟產出的兩倍速度在增長。就在本書撰寫的當下，國會預算處又再次修改了預計盈餘——預計二〇〇四年的赤字會接近五千億美元。也就是說，原本預估二〇〇二到二〇一一年這十年會有五點六兆美元的盈餘，將會直接變成二點七兆美元的赤字。相較於上次總統大選前所預估的數字，如今國會預算處的新數字直接多了九點五兆美元的債務。而這不過才過了四年而已。

然而，即便是國會預算處的最新預估仍然極度低估了聯邦政府的負債規模，因為它的「帳本盈虧」只計算了政府債券等顯性債務而已。

美國人希望安全有保障，但他們更愛社會安全（編按：指美國的社會保險）更甚於國家安全。美國財政過度擴張的真正原因，並不在於美國人過度擔憂恐怖主義與「邪惡軸心」國家的危脅，而在於美國人太過在乎年老與疾病所帶來的危害。美國在今天的隱性財政危機，並非出於過度負擔海外軍事支出，而是來自美國陳舊的社會保險法律（有些法律甚至從小羅斯福總統的新政以來就未變過）與社會人口變化之間長期的關係失調。

從二〇〇七年開始，在第一次戰後嬰兒潮出生的人就能開始享受社會保險的福利了，而這樣的人大約有七千七百萬。而從二〇一〇年開始，他們將開始享受醫療保險的福利。根據一項官方估計，到這些人退休之時，美國將會有兩倍的老年人口，但負責支付其福利的納稅人將只成長不到百分之十五。經濟學家一般會把政府承諾今後要支付給老人的退休金與醫療福利看作是一種政府的「隱性」（implicit）債務。但隱性歸隱性，這些債務的真實性可絲毫不亞於政府債券本金加利息等「顯性」（explicit）債務的償付義務。從政治角度看，拖欠顯性債務的確可能會比停止支付社會保險與醫療保險福利容易得多。沒人能肯定政府會先放棄哪一種債務，但有一件事是很清楚的：隱性債務的規模遠遠超出顯性債務。

率先揭露這類隱性債務規模的，是二〇〇三年一篇由賈加德什・戈赫海勒（Jagadeesh Gokhale）與肯特・史梅特斯（Kent Smetters）所寫的論文。戈赫海勒是克里夫蘭聯邦儲備銀行的資深經濟學家，而史梅特斯是美國財政部負責經濟政策的副助理部長。兩人在文中提出了一個問題：假設今天美國政府手上握有未來預期的所有收入，但他們卻也不得不在今天把這些錢花掉，用來償付包括債務利息在內的所有未來開銷承諾，那麼這筆錢夠嗎？答案非常明確：不夠。根據他們的計算結果，這筆金額缺口高達四十五兆美元。[33]客觀來說，這個數字是目前政府公債的十三倍，約是美國每年總產出的四倍。戈赫海勒和史梅特斯還問：要收多少稅或削減多少開支（無論是立即或永久）才能產生按現值計的四十五兆美元呢？他們提供了四種可能方案（見表十四）：政府要麼從今天起增加百分之六十九的所得稅（包括個人與公司），要麼就是把薪資所得稅提高百分之九十五；政府還能選擇削減百分之五十六的社會保險與醫療保險福利，亦或將聯邦政府的權衡性支出直接砍到零。

我們可以換個方式理解事情的嚴重性。如果政府不打算採取前述任何一種對策，我們還可以比較我們這一代人與下一代人的終身租稅負擔。這

表十四　為取得美國財政政策總平衡所要求的稅收增長或消費削減的百分比

| 政策 | 百分比改變 |
| --- | --- |
| 增加政府稅收收入 | +69 |
| 增加薪資稅收 | +95 |
| 削減政府購買 | -100 |
| 削減社會與醫療保險 | -56 |

Source: Jagadeesh Gokhale and Kent Smetters, “Fiscal and Generational Imbalances.”

就是為何我們會有「世代會計法」（generational accounting）這一專業術語來形容此類計算。這種計算方法暗示著，相較於一九四〇或五〇年代出生的父輩或祖父輩來說，那些出生在當今美國的不幸之人，終其工作生涯都得承受將近兩倍的超高稅率。雖然小布希政府採行減稅，但今日美國人仍然沒有少繳稅。因此我們可以毫不誇張地說，要將下一代人的稅收提高到現在兩倍的想法，只可能是空想。

四十五兆美元這個數字還有一個嚴重問題。問題不在於計算出此一數字的資料，而在於根本沒有美國人願意接受這個數字。說得直白一點，這個數字可怕到幾乎沒有人願意相信其真實性。這並不是說美國人刻意完全遺忘這個問題。美國人好歹有常識，知道美國人的平均壽命變長、老年人比例不斷上升，因此相關支出將會變得越來越昂貴。美國人只是沒有意識到這究竟有多昂貴。美國人對此一數字的常見反應，就是認為這些經濟學家在政治上另有企圖，因此才會根據假設計算描繪出最黑暗的前景。但真實情況是，戈赫海勒與史梅特斯的研究是受到時任財政部長保羅・奧尼爾（Paul H. O'Neill）的委託。史梅特斯當時在財政部工作，而戈赫海勒則在聯邦儲備委員會。此外，戈赫海勒與史梅特斯給出的數字並不是在做最壞假設，這些數字是基於官方對未來醫療保險支出與壽命增長的樂觀估計。從歷史來看，每名受益人所能享受的實際醫療保險福利，其年增率已經超過勞動生產力的年增率達二點五個百分點。但是美國官方在計算上卻假定未來只會有一個百分點的差異（他們還樂觀地假定，美國人還需要五十年才會達到當前日本人的預期壽命）。如果用更壞的假設來計算，財政失衡的總額甚至可能比四十五兆美元還高。

像這樣令人不愉快的財政算法會被美國政治體制排擠，或許並不令人訝異。不會有哪位精神正常的總統候選人把「讓稅收高飛三分之二！」當作競選口號，也不會有哪位理性當政者願意將社會保險與醫療保險福利支出砍半。我們因此可以很放心地假設，短期之內不會有人設法解決世代失衡問題。不幸的是，這表示問題將會變得更糟。根據戈赫海勒與史梅特斯的說法，如果財政政策到二〇〇八年仍維持不變，所得稅將不得不再提升百分之七十四以縮小兩代人之間的差距。換言之，世代會計法暗示未來會有一天仍得被迫面對財富分配的問題，政府遲早得降低開銷或增加稅收收入。遺憾的是，小布希政府對這個潛藏的財政危機所採取的辦法，目前為止似乎都應驗了列寧的一句老話：「越糟越好。」面對扶搖直上的赤字，總統和他的一班人馬仍在國會力推三項重大減稅措施。政府官員們有時還為這些舉措辯護，說這樣做能刺激經濟。諷刺的是，曾幾何時這樣的說法還曾被小布希總統的老爸吐槽是「巫毒經濟學」（voodoo economics）。[2]人們自然有充分的理由質疑這總做法，特別是因為這些減稅政策的主要受益人都是有錢人。

有一個方法或許能解決世代交替所出現的財政失衡問題，而這種方法早已在英國實施過。方法很簡單，那就是在通貨膨脹全面爆發之前，直接廢除允許福利津貼上升的機制。一九七九年，新當選的柴契爾首相認真改革了長期以來建立的基本國民年金制度。國民年金制度每年增加的速度，過去都大抵與零售物價指數或平均收入指數中較高的那一個相當。柴契爾的第一次預算修正了這項規則，從而使得國民年金只依據零售物價指數增長，而不再與平均收入指數掛鉤。[34]由於一九八〇年之後的收入增長幅度遠高過通貨膨脹，是以政府此舉能在短期省下可觀的財政支出，長期而言節省更多。今日英國國民年金的短期債務遠比大多數歐陸政府要小得多，到二〇五〇年只會佔GDP的百分之五。在義大利是百分之七十，法國是百分之一百零五，德國是百分之一百一十。[35] 柴契爾的這類改革使英國成為少數沒有在世代會計法上存在重大漏洞的已開發國家。[36]

按照美國現況，必須盡快採取措施控制醫療保險支出，因為這項支出就是造成四十五兆美元財政黑洞的罪魁禍首（佔百分之八十二）。只要每年削減每位受益人付款增長率零點五個百分點，就能從四十五兆美元的長期預算缺口中減少十五兆美元。一定有辦法可以既設定醫療保險支出的增長上限，同時又維持醫療保險保障較貧窮老年人的能力。不幸的是，小布希總統提議補貼處方藥物成本的醫療改革，只會起到完全相反的效果；這項改革已於二〇〇三年由國會通過並且生效。[37] 另外一項現正被認真考慮的政策選項，就是私有化社會保險。[38]

這兩項政策中有任何一項可能實施嗎？看起來不大可能。因為美國老人的政治組織與自覺都在不斷加強。在美國政治家眼中，社會保險是個碰不得的議題，因為觸碰這項議題的政治家如果做出任何削減福利的建議，就會遭到來自美國退休協會（AARP）的猛烈政治攻擊。美國退休協會對一九八〇年代的英國經驗牢記於心，並因此出資進行一項研究，好確定萬一美國政府像英國一樣讓國民年金與工資脫鉤並轉而與通貨膨脹掛鉤，將會產生怎樣的結果。這份研究的結論是，如果讓國民年金與物價指數掛鉤，將導致年金平均所得替代率（即福利收入佔退休前收入的百分比）在七十五年間減半，

[2] 編註：巫毒經濟學是對雷根經濟學或涓滴經濟學的戲稱。指認為富人富起來會使社會各階層獲益的經濟理論。老布希總統以宛若吸食毒品來比喻這套理論的荒謬性。

從而「根本上改變勞工退休金提撥與給付間的關係」。[39]為何今天的老年人要如此關切七十五年後的退休金多寡實在令人不解。然而，這項結論不僅在退休老人中引起共鳴，也引起了即將退休者的共鳴。出生於戰後嬰兒潮的人們已經老到更看重未來能拿到的給付，更甚於降低當前的薪資所得稅了。他們當中有很多人甚至已經加入了美國退休協會，該協會每年會固定寄會員申請表給剛滿五十歲的美國人。只要人們對老年待遇的態度保持不變，只要退休與行將退休者持續保有強大的組織，那麼想要透過根本改革美國現行福利體制來平衡政府財政預算，看起來就是遙遙無期。

## 走向財政危機的臨界點

過往的常識皆表明，倘若政府債券的投資者與商人預期政府財政政策逐漸失衡，那麼他們就會拋售政府債券。他們有很好的理由這麼做。要填補現行收入與支出之間不斷加大的缺口，通常只有兩種方式：第一種是繼續出售更多債券給公眾。第二種就是不斷印製更多鈔票。[40]在其他條件皆相同的情況下，這兩種狀況要麼導致債券價格下跌，要麼導致利率上漲，而利率高低正是人們是否購買債券的誘因。當債券本金加利息的實際回報受到債務拖欠與通貨膨脹威脅時，就必須要有更大誘因才可能吸引投資人。預期的通貨膨脹率越高，利率也會漲得越高，因為沒有人希望借出資金後只能收回實際價值因物價上漲而下降的鈔票。現行財政政策影響未來通貨膨脹的預期，是一個市場回饋力度很大的動態過程。金融市場一旦判定一個國家已經破產並且將要發生通貨膨脹，則它們所採取的應對方法與手段反而會使得這個結果更有可能發生。他們會抬高利率以提高政府借債融資的成本，從而使其財政狀況更加惡化。更高的利率也會抑制商業活動：公司不再貸款，並開始裁員。經濟不景氣會隨後而來，接著便會降低國家稅收，並將政府逼入更深的財政黑洞。政府在絕望之下，就會開始印製鈔票，並透過銀行借給民間產業。貨幣一增加又導致通貨膨脹，導致市場所假定的通貨膨脹率最終變成了自我實現的預言。因此民間企業與政府發現自己其實是在玩某種「膽小鬼賽局」：如果政府能夠說服民間產業買單，就不需要印鈔票，維持低利率；但如果政府無法取信民間投資人，利率就會上升，政府就有可能被迫提前印製鈔票了。

同樣邏輯，戈赫海勒與史梅特斯研究出來的可怕數字，其實本有可能會促成債券價格暴跌。但當他們的研究面世時，金融市場卻鮮有反應。事實上，十年期美國國債的收益已經連續二十年向下調降。收益曾經在一九八一年時上升到最高峰，超過百分之十五；到一九九四年時仍超過百分之八，到二〇〇三年六月中旬，也就是四十五兆美元的財政缺口數字出現在《金融時報》頭版後的兩週裡，收益數字保持在百分之三點一，這是自一九五八年以來的歷史最低點。[41] 六個月之後，僅剩下百分之一。

對於這種明顯不合邏輯的推論，有一種可能的解釋：債券商發覺自己陷入了與做股票買賣的同行五年前所經歷的相似困境。那時華爾街幾乎每個人私底下都認為美國股市，尤其是科技業股價，實在是高估得離譜，多數經濟學家也公開承認這一點。一九九六年美國聯邦準備理事會主席艾倫·葛林斯潘（Alan Greenspan）發表著名聲明，認為股市正遭受著「非理性繁榮」（irrational exuberance）。

接下來三年間，大批經濟學家力求解釋美國企業的未來收益不大可能高到足以支撐股市現值，但股市仍在繼續上揚。直到二〇〇〇年一月，泡沫才開始破裂（編按：網際網路泡沫事件）。[42] 債券市場隨後也許發生了類似情況。正如投資人與商人深知多數網際網路公司永遠不可能賺到那麼多錢，因而無法證明其一九九九年股價利潤的合理性；二〇〇三年的投資人與證券商也很清楚政府收入已經無法長久負擔政府債務利息與政府隱性債務產生的轉移利息。但是，正如那些坐了五年牛市的炒股票者，宛如成為精神囚犯一樣；債券市場的參與者在二〇〇三年也成了二十年期債券牛市的精神囚犯，見證市場長期國債價格上漲了二點五倍。大家都知道價格遲早會「回跌」，但誰也不想成為退出市場的第一人——害怕退場後僅能坐看牛市繼續上漲一年。二〇〇〇年一月到二〇〇二年十月間，當「非理性繁榮」被理性的抑鬱取代時，道瓊工業指數幾乎暴跌百分之三十八。我們不難想像債券市場在二〇〇三年中也會有類似的回跌現象發生。[43]

為了使金融界的事情變得更加生動有趣，人們在撰寫相關議題時常常借助自然界現象的比喻，例如「泡沫破裂」、「熊趕走了牛」。美國潛藏的財政危機如此巨大，很容易使人聯想到可以用「極端氣候」來比喻——或者如果你願意，「強烈地震」，甚或「森林惡火」也都可以。不管如何形容，自然界能給我們的靈感並不限於文學修辭。財政過度擴張的現象確實與自然災害有很多相似之處。我們知道一場大規模財政危機將要發生，就像我們知道總會發生大地震。只是我們不知道它何時會發生，或者發生後規模會有多大。借用專門研究難測天災的科學術語來說，我們被迫只能眼睜睜看著財政體制會如何進入「自我維持的臨界點」（self-sustaining criticality）——也就是說，當系統達到臨界點時，就會以戲劇性的速度與力道從原本的均衡轉換到另一種均衡狀態。[44]

要說明這個現象有個簡單的例子。好比當你試圖往沙堆上添加沙石，一次往沙堆頂部上加一粒，沙堆的高度會在一段時間之內持續增高。然後，忽然間，沙堆就倒塌了——人們無從得知是哪一粒沙石導致了沙堆的坍塌。坍塌是當沙堆的高度趨於臨界點時發生的。類似的例子還包括地震：當構成地殼的板塊沿著斷層線不斷擠壓另一板塊，地震就在某一次（不知道哪次）擠壓之下發生了。讓我們把這種情況套用到哺乳動物上——只是牠們具有意識，這點與沙石顆粒不大一樣。現在設想一群牛靜靜吃草，這時旁邊路過一個人，帶著他那條沒受良好訓練的狗。剛開始最外圍的一兩頭牛瞧見了人與狗，然後又有幾頭牛注意到他們。牠們開始感到有些緊張了，但只有當那條狗開始狂吠，牛群才會彷彿在突然間受驚狂奔。狂奔，便是那些哺乳動物因受驚而突破的「自我維持的臨界點」。

那麼，誰又會嚇到那些靠買賣長期美國債券維生的哺乳動物呢？此處的沙堆是由數百萬人對市場的預期所組成的。一點一滴的壞消息就像一粒粒的沙石一樣，日復一日、週復一週地落在我們身上。也正如沙堆，只要壞消息的重量還未累積到一定程度，我們還是可以穩住一段時間。直到這些壞消息不斷累積到某一刻，足以徹底改變我們的根本期望。有一天，事情發生了（也許就多那麼一小條壞消息），引發了根本改變，從平衡進入自我維持的臨界點。一切都仰賴證券商與投資人的預測，預測政府會如何應對這筆四十五兆美元的黑洞，或是仰賴於任何會改變他們預期的事情。於是乎，債券市場有可能會出現這種情況：一旦絕大部分的債券持有人意識到政府的隱性與顯性債務太高，以至於政府無法用傳統財政政策來支付帳單，只剩下印製鈔票與導致通貨膨脹一途時，他們便開始低價清倉債券了。要引發這種期望的變化，通常只需要那麼一則有關金融的壞消息。[45]

表面看來，上述情景是合理推斷。原因之一是過去曾發生類似的事件。雖然證券商大概很少會有歷史學的學位，但他們仍然記得一九八〇年代早期的事件：當時債券之所以會有額高收益，很大程度上是前十年財政與貨幣政策導致通膨的結果。而一九七〇年代也不是歷史上由財政危機導致通脹的唯一先例。陷入財政困難的政府通常都會印製鈔票，因為這樣做有三種好處。第一，政府可以用本身毫無價值的紙張來交換實際的貨物與服務。第二，通貨膨脹能降低官方債務的實際價值。第三，如果政府雇員的薪資因缺乏現金而延遲發放，或只根據通脹部分調整，那麼通膨將會降低他們的實際收入（編按：所以政府內部也有動機印鈔票來避免薪水拖欠）。其他的政府轉移支付也存在同樣情形。

但我們也有理由懷疑這種新的通貨膨脹有益論。首先，今日的美國承受巨大的通貨緊縮壓力。出現於一九九〇年代繁榮期間的產能過剩，投資者在破產與投資失敗後的躊躇與遲疑，以及消費者對於失業的憂慮——這些因素都表示二〇〇三年的美國經濟只剩下一個產業還有活力，那就是住房市場。原因很簡單，房貸利率達到兩個世代以來的新低。二〇〇三年四月，彭博財經電視臺的一則重要新聞把形容通貨緊縮為「二〇〇〇年初威脅市場與經濟的妖魔鬼怪」。[46]一個月後，聯準會主席葛林斯潘在美國國會聯合經濟委員會面前所做的陳述中承認有通貨緊縮的「可能性」。[47]反對較高通貨膨脹的第二個理由則更為實際：在聯邦政府四十五兆美元的財政黑洞中，前述的通貨膨脹方式只能減少這筆金額的很小一部分。一來大部分政府發行的可交易債券是短期債務，更有足足三分之一的債券僅是一年期或一年不到。[48] 這就讓通貨膨脹不容易發生，因為當政府試圖重新發行這些短期債券時，如果人們對高度預期可能產生通貨膨脹，政府就不得不支付更高的利率。二來，社會保險福利會每年根據通脹指數進行調整，因此通膨並無法降低社福支出。醫療福利也有類似的有效保障而免受通膨的困擾，因為政府無疑會為所有支出買單。第三，政府雇員不大可能坐視物價超過自己的薪資調漲幅度。基於前述原因，重新動用一九七〇年代的那套做法，實際上並不能解決聯邦政府的財政問題。

然而，還有另一個更為極端的可能性。債券市場通常擔心的是政府不履行可交易的顯性債務，比較不擔心像社會保險這樣的隱性債務。我們可能比較難想像政府不履行不可交易的債務，但歷史上確有先例。在舊制度下的法國王室，最大的財政負擔並不是債券，而是好幾萬官員的薪水。這些人只是想買個冗官來當，希望政府會支付他們一輩子的工資作為回報。當時的政治體制曾經嘗試降低這些隱性債務，但其所有努力最終都失敗了。只有當法國大革命爆發後（我們或許可以說，革命正是這個君主國財政危機的直接後果），這些冗官閒職才被廢除。那些官員們得到了新發行的紙幣作為補償。結果不出幾年，由於革命政府濫印紙幣，這些鈔票很快就變得一文不值。[49] 換句話說，如果既得利益集團抗拒必要的財政改革，其結果很可能就是爆發革命，反而帶來更加沉重的損失。

如此看來，保羅．甘迺迪把當今美國類比於大革命前的法國也許沒錯。波旁王室的法國就像今天的美國，有著可誇耀的宏大帝國，但最終卻因為古怪的過度擴張而功虧一簣。導致波旁王室失敗的並非其海外野心，何況路易十六的最後一場海外戰爭是為了支持美洲殖民者的反抗，並在戰略上取得了巨大的成功。法國的過度擴張來自於內部，其核心是隱性債務的黑洞。美國這個自我否認的帝國也一樣，導致其衰落的也不是邊關上的恐怖份子或支持他們的流氓政權，而是國內福利政策所導致的財政危機。

這種財政危機當然並不獨見於美國。這類危機甚至更嚴重地折磨世界上的第二與第三大經濟體。但是，日本和德國都已不再覬覦全球霸主的地位，因此兩國走向經濟衰老並沒有什麼戰略內涵。但美國則不然。正如吉朋所說的，衰落帝國的財政確實是一個有趣的話題。

## 負債帝國

然而，要瞭解美國財政問題的嚴峻程度與暴露此一問題的時機點，都不能光靠討論美國人對市場的預期。這是一個資本流動的全球化世界，所有美國外交政策倡議都不能脫離一項關鍵事實：美國是一個負債帝國。

雖然歷史上並非沒有先例，但這也不是什麼尋常事態。在歐洲帝國的鼎盛時期，佔統治地位的大國一般都是債權國，並將自己大部分的儲備投入殖民地的經濟發展中。霸權，簡言之，也意味著霸錢。當上一個偉大英語帝國在一百多年前駕馭世界的時候，維繫其權力的一大基礎就是資本輸出。一八七〇到一九一四年間，平均每年從倫敦淨流出高達GDP百分之四到百分之五的資本。第一次世界大戰前夕，這個數字達到了驚人的最高值：百分之九。這不僅僅是英國史無前例地將存款從本土轉移到海外，也是一樁試圖改變全球經濟的卓越努力——體現在對今天所謂的低度開發國家的商業基礎設施（碼頭、鐵路和電報線路）進行投資與建設。無論在其他方面有怎樣的缺陷，英國霸權仍有一項有益之處：鼓勵投資人拿自己的錢在那類國家做風險投資。這對我們這時代的投資人來說，反而是極不情願的事情。

這種投資偏好並非英國人所獨有。二十世紀上半葉，當美國人一次次出現在中美洲、加勒比海地區、歐洲與亞洲的時候，美國其實擁有推行「美元外交」的能力，因為它當時還是一個巨大的淨資本輸出國。到一九三八年，美國海外資產總值已達到了十一點五億美元。[50] 美國在兩次世界大戰中都為勝利者提供資本援助，也為戰敗國在和平時期的重建工作提供了鉅額資金。眾所皆知，美國資本輸出最著名的例子就是馬歇爾計畫。這項計畫最顯著的特徵在於，它是美國政府對國外政府的無償援助。而美國的私人海外貸款，則在接下來的二十年間繼續為世界經濟復甦添加柴火。一九六〇到一九七六年間，美國的經常帳有著將近六百億美元的盈餘。

那些日子已經一去不復返了。在今天，哪怕美國英勇無畏地推翻一個又一個流氓政權，它還是全球最大債務國。自一九八二年以來，這個國家的經常帳赤字總數幾乎接近三兆美元。二〇〇二年，赤字達到GDP的百分之四點八，二〇〇三年持續上升。[51] 有項估計表明，二〇〇三年海外對美國的債權總計高達八兆美元左右的金融資產，包括百分之十三的所有股票與百分之二十四的公司債券。這個國家的國際投資地位已經產生急劇變化，淨資產從相當於一九八〇年GDP的百分之十三，變成了二〇〇二年擁有百分之二十三的淨負債。二〇〇三年三月，《華爾街日報》提出了一個問題：「美國對外資上癮了嗎？」[52] 答案是肯定的，而且這不僅適用於民間產業，還更多發生在政府部門。根據美國聯準會二〇〇三年九月的估計，海外投資人目前持有百分之四十六左右的美國政府債券，而且是由民間持有——這是十年前民間所持債務比例的兩倍。[53] 通常具有這樣異常高外債的，只會是新興市場，而不是帝國。但是，現在就連巴西的淨國際債務也已經比美國還低。二〇〇三年四月的一次記者招待會上，國際貨幣基金組織的首席經濟學家肯尼斯．羅格夫（Kenneth Rogoff）說：他「非常擔心某個開發中國家，其漏洞百出的經常帳連年出現赤字，虧損達GDP的百分之五或更多，就連列印預算數字的墨水都迅速由黑轉紅。今年赤字對GDP的比例超過百分之五，而且還有沒完沒了的政府債券成本要支付。」當然他也很快補充說，儘管美國「並不是新興市場」，但「這種算術對美國而言還是有點適用的」。[54] 依筆者之見，也許還不只是有點。

美國國內的政治僵局一定會在今後幾十年導致一連串的赤字，那麼海外投資人願不願意吸納不斷增加發行量的美國國債，就變得相當重要。有一種觀點認為，這種擔心是不必要的，因為之所以會有那麼多海外資本源源不絕地流入美國，究是因為美國經濟是全球成長的源頭，海外投資人要的只是「從中得利」。然而，當海外投資人向美國投資時，他們似乎願意接受比美國人投資海外報酬更低的回報。[55] 結果，許多海外投資人並沒有購買美國那些充滿活力的企業股票，反而主要是對購買政府公債感興趣。為什麼會這樣呢？答案就在於，絕大部分的美國債券事實上是由東亞地區的幾間中央銀行所持有，並且其比例還在不斷上升當中。這些銀行不斷大量買進美元資產，是為了防止自己的貨幣對美元升值。二〇〇三年四月到二〇〇三年八月間，中國與香港的中央銀行購買了九六〇億美元的美國政府公債。[56] 日本中央銀行在這方面也同樣十分積極。

從嚴格的經濟學角度來看，此事完全不足美國為慮，因為亞洲各中央銀行對此與身為最大債務國的美國有著相同的利益。中國對美國的出口是該國創造就業與經濟成長的主要推力之一。從另一個角度來看，美國人的消費傾向與中國人的儲蓄傾向之間存在一個極佳的互補關係。正如圖十三所示，中國基本上扮演了日本在一九八〇年代所扮演的角色：把自己的儲蓄盈餘導入美國的經常帳與財政赤字之中。但是美國為了其經濟穩定（更準確來說，是為政府每年約百分之四的貸款提供資金）而依靠中國中央人民銀行的事實，又具有什麼樣的戰略內涵呢？

我們可以從兩種途徑來思考亞洲儲蓄者與美國消費者之間的這種共生關係。一種角度是：傳統上的債權人比債務人更具優勢，這也就使亞洲人比美國人更具優勢。如果雙

圖十三　淨國家儲蓄所佔國家總收入的百分比
中國、日本和美國（1982–2001 年）

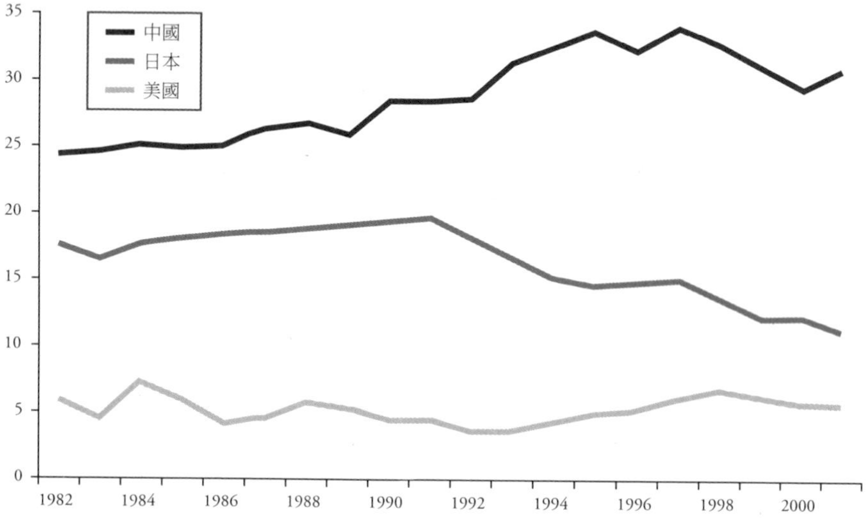


Source: World Bank, *World Development Indicators* database.

方對某項外交政策發生意見不合，例如人們能夠立刻想到的臺灣問題或北韓，則中國人就會考慮賣掉幾十億美國債券，好降低其對美國的投資風險，而這就會對美元與美國利率施加壓力。然而這種常識性推理卻忽略了一點，那就是中國人若採用這種策略，自己會需要付出什麼樣的代價。人民幣一旦升值，就會立即對其出口業造成衝擊，也會對中國經濟造成強大的全面通貨緊縮效應。更重要的是，這會對持有美元資產的中國機構帶來嚴重損失。由於亞洲地區的銀行運作方式，通常是持有美元儲備並長期出借本國貨幣，美元貶值將會傾覆中國的銀行體系（這體系在目前情況下難以稱得上健全），使其陷入危機。[57]

問題的癥結在於，亞洲與美國的經濟關係並不對稱。二十世紀的歷史讓美國在世界經濟中享有特權地位，讓其貨幣得以始終保持世界首選貨幣的地位。[58]自從一九四五年以來，美元比任何一種貨幣都更常作為國際交易的指定貨幣，從而使其成為央行儲備的首選貨幣。英鎊在一個世紀之前也曾享有同樣地位，但英鎊選擇嚴格與黃金掛鉤，正如美元在布列敦森林體系的年代裡，也曾用不同的操作方式來達到同樣效果一樣。戴高樂在一九六〇年代曾經抱怨美國濫用其作為世界儲備貨幣印刷機的地位，但只要美元還與黃金掛鉤，那麼這種濫用在程度上還是有其極限。只有當美元從一九七〇年代以後變成了純粹不兌現的貨幣，完全不考慮與黃金的可兌換性、其供應量由美國聯準會說了算，美國才真正能夠利用美元對外國人的獨特吸引力。自那時起，美國便會週期性地從外國人手中特別徵收一種「鑄幣稅」，讓美國從貨幣持有者變成發行者，並能在美元貶值時印製更多鈔票。美元貶值就此成為美國人定期用來降低其外債實際價值的工具，在一九八〇年代中葉尤其突出。世界上沒有哪個經濟體能像美國一樣從貨幣貶值當中得到如此眾多的好處。貶值的確讓美國在進口上得付出額外成本，但這個損失不僅可以被教科書式的刺激出口給抵消，更重要的是還能從美國外債價值的實際減少中得到彌補。

不久以前，美元價格還曾在世界外匯交易市場上急速下跌，這種現象發生在一九八五到一九八七年間。二〇〇三年下半年有可能會開始看見類似的貶值。雖然美元對貿易加權的實質匯率有些微上升，但其名義匯率自二〇〇二年二月以來已經對歐元下跌了超過五分之二。這就是前一章所觸及到的重要問題：美元的儲備貨幣地位是否將受到歐元的挑戰？重提這個問題是因為自從歐元創立以來，國際投資人已經獲得了一個全新的有價證券投資領域，歐元被廣泛認為是以美元結算資產的替代物。誠然，歐元區的大部分經濟表現跟美國比起來看似處於停滯狀態。但反過來說，歐洲還有一項對投資人的額外吸引力，那就是歐洲人不願打仗，即便當正義站在自己這一邊也一樣。法國與德國領導人對打擊伊斯蘭極端主義的熱情也明顯低於美國領導人。這一切都有其潛在的好處。畢竟對於投資人而言，投資避風港最重要的特點就是安全性。

不管怎樣，小布希政府有時看來是在對其債主恩將仇報。如前所述，中、美之間的關係絕非基於中國人的利他主義。中國人購買美元債券並不是要幫助小布希總統擺脫困境，而是要維持人民幣對美元的匯率，以此保住其產品在美國消費者眼中的競爭力。[59] 二〇〇三年，中國對美國的貿易順差達到一〇五〇億美元。如同我們所見，這種狀況之所以有可能，真正原因在於中國家庭儲蓄的比例遠大於美國家庭。這也就是整個中、美互相依賴關係的關鍵所在。但是對那些受到中國廉價產品競爭的美國企業而言，它們很容易就會從另一個角度來看問題：中國正在不公平地削弱美國企業。這就解釋了何以華盛頓會在二〇〇三年間需要面對不斷上升的壓力，因為美國必須選擇是要重新評估對人民幣相對美元的價值（意謂美元貶值），還是要對中國進口產品課徵關稅。[60]

我們用兩個理由來說明為何此舉並不明智。首先再次重申，美元貶值會給中國金融機構帶來重大後果。許多金融機構是以美元為儲備，但其擁有資產卻是以人民幣結算的。通貨緊縮將襲捲整個中國經濟。[61]其次，採取反中措施也會傷害美國企業，因為現在有越來越多的美國企業在中國都有直接投資，以利用其具有廉價而相對高品質的勞動力與明顯穩定的體制環境的綜合優勢。目前海外對中國的直接投資總計已高達中國GDP的百分之四十左右，這個數字是中國在帝國主義時代採行「門戶開放」政策以來從未達到過的。

讓美國能夠暫緩調整財政的關鍵，就是長期低利率。只要可以在略微超過百分之四利率的基礎上獲取海外資金，就沒有必要去動醫療與社會保險，從而自找政治上的麻煩。然而，低利率的代價便是美國不再能指望美元貶值。美國必須得忍受實際匯率保持不變，甚至有所上升，因為它在亞洲的交易夥伴正在不斷買入以美元計價的證券，好維持其原有的名義匯率。若按照我們這樣說，則這世界彷彿多少已達到了一個大家都開心的平衡狀態。然而，歷史上從未有不會被打亂的平衡。就像在一九一四年之前的十年裡，許多觀察家也認為經濟上互相依賴的英國與德國這兩大帝國之間不大可能發生戰爭，也許是根本不可能，但戰爭還是爆發了。一九二九年十月華爾街股市泡沫破裂，幾個月後的美國看似只要面對一場傳統的經濟蕭條。結果一九三〇年六月實施了對外課徵大量關稅的《斯姆特－霍利關稅法案》（The Smoot-Hawley Tariff Act），卻引發了全球經濟的大衰退。

誰也不知道未來會發生什麼事，促使二〇〇三年的平衡狀態朝非常不同的方向轉變。[62]可能是美國國內民眾對福利津貼遭到拖欠的擔憂，也可能是美國對東亞戰略改變心意。同樣地，誰也無法知道這個轉變何時會發生，或者轉變幅度會有多大。就好比地震的例子，我們就是無法準確預測其發生時間與規模，甚至無法確定哪裡的災情會最為慘重。然而，我們不能低估有這種可能，即美元貶值會像一九八〇年代一樣嚴重打擊東亞的銀行業，遠甚於對美國經濟的打擊。如果中國步上日本後塵，由於美國難以預測的經濟政策而陷入通貨緊縮，美元作為世界首選貨幣的地位肯定就將不保。今日敞開在美國和亞洲之間的大門，將會在一聲出人意料的巨響中關閉。

# 結論　望故鄉

我買下了它九百九十九年的使用權，
我卻可以提前一個月取消所有的安排。
看起來在這個國家裡，
房屋和合約都是靈活可變的。

——義大利作曲家普契尼（Giacomo Puccini），歌劇《蝴蝶夫人》第一幕

我們每個人背後都有難以計數的因果：褪去自身的外衣，回到暗夜之中，你就會看到四千年前開始於克里特島上的愛情故事，昨天剛在德州結束。那毀滅人類的種子，將在沙漠裡綻放……

——美國小說家湯瑪斯．沃爾夫（Thomas Wolfe），《天使望鄉》（*Look Homeward, Angel*）[1]

## 平克頓和史瓦辛格

今日美國就是帝國，一個奇怪的帝國：它擁有無與倫比的財富，所向無敵的軍事力量，令人稱羨的文化影響力；但與其他帝國相比，美國卻更常對將自身意志投射到本土之外有所掙扎，向外國輸出美國體制的嘗試也是失敗多於成功。

從各方面來看，美利堅帝國與前一個盎格魯霸權（編按：大英帝國）懷抱相同的渴求和抱負。雖然美國的建國源自對大英帝國的反抗，它卻繼承了其母國的許多特徵。例如這個羽翼漸豐的共和國用「自由的帝國」這一輝格黨妙語自稱，同時以驚人速度在北美大陸中部推行殖民政策。真要說與英國有什麼區別，獨立後的美國人對原住民的剝奪，比當年英國人剝削美國自己還來得更加無情。[2] 然而，英、美兩帝國間的區別卻隨著美國尋求擴張海外影響力而變得更加明顯。[3] 而美國在一八九八年實驗性地公開打出帝國主義旗號之後，實際成果卻是毀譽參半：在太平洋和加勒比海地區鎩羽而歸，只有夏威夷和波多黎各這兩個顯著的例外。如同普契尼的《蝴蝶夫人》中那位反覆無常的海軍中尉平克頓一樣，美國的海外干涉往往會歷經三個階段：殷切期盼的第一幕，心不在焉的第二幕，以及極度痛苦的第三幕。

只有當美國扮演反帝國主義的帝國角色時——一開始是在第二次世界大戰中反對大英帝國，然後在冷戰中（更明智地）對抗蘇聯——美國才有足夠的自信扮演祕密帝國的角色。即便是到了那時，美國的持久力也是有明確限制的。美國的有限戰爭原則導致自身在韓戰上陷入僵局，更導致自己在越南戰場上大敗而歸。其自相矛盾的承諾也傷害了美國在中東的主導權。一直要到一連串人道主義災難以及二〇〇一年的九一一恐怖攻擊事件，才重燃美國民眾支持更堅定外交政策的熱情。即便如此，美國仍得用委婉說詞來遮掩，乃至不斷否認自身的帝國特性。

在過去兩個世紀裡，美國出兵並佔領了許多國家。但從這些國家的經濟和政治制度來看，少有國家朝著某種美國模式發展。科索沃、阿富汗和伊拉克的情況在未來會不會好轉？小布希總統能否實踐自己暗示的威脅，收拾伊朗與北韓這兩個「邪惡軸心」的其他成員呢？更不用說二〇〇二年五月被列入「流氓國家」這張黑名單的古巴、利比亞和敘利亞，或是二〇〇三年十一月被小布希總統斥責的緬甸與辛巴威。[4]

本書寫作之時（編按：二〇〇三年），簡單將秩序強加給伊拉克的做法被證明是相當困難的，即便有英國及波蘭的協助也一樣。小布希政府在為期只有三週的戰爭之後，被迫請求聯合國協助成立「聯盟臨時管理當局」。美國為此不得不做出承諾，加速把權力從英美聯盟移交給民選伊拉克政府。美國的權力在中東看起來也受到多方面的限制。當小布希總統在二〇〇三年六月訪問中東，有些人曾樂觀認為推翻海珊政權能有助於打破陷入僵局的中東和平進程，還能讓敘利亞和伊朗認知到美國無法容忍其支持恐怖組織摧毀以色列的行為，甚至還可以鼓勵巴勒斯坦領導階層的溫和派與多疑的以色列政府攜手走向美國規劃的「和平藍圖」（Roadmap to Peace）。然而到了該年秋天，巴勒斯坦領導人阿拉法特再次宣布執政，而以色列總理夏隆則開始圍著巴勒斯坦聚居地建造柏林圍牆的複製品，美國人則在以色列佔領區域內首度成為恐怖份子的攻擊目標。與此同時，蓋達組織開始攻擊一個美國誓言要保護的獨裁政府：沙烏地阿拉伯王室。

與此同時，小布希政府在處理北韓這個世上最危險流氓政權的議題上也沒有多少進展。平壤當局發展遠程導彈、研究核生化武器（更不用說其龐大的常規兵力），明顯對東亞穩定構成巨大威脅。二〇〇二年十二月，北韓推翻了一九九四年一項關閉核反應爐的協定，驅逐聯合國安檢人員；二〇〇三年十月，北韓外務省一名發言人含糊威脅說要將「北韓的核武嚇阻力公諸於世」。美國能對此做些什麼嗎？顯然不能。儘管國內泰半處於飢餓狀態的人民還得靠美援過活，這個小獨裁政權公然違抗美國這個超級大國且不受懲罰。北韓堅持主張，自己的目標並不僅是他國救濟，更要與美國簽訂一項全面的互不侵犯條約。

美國就連對其負有歷史責任、陷入崩潰邊緣的非洲國家賴比瑞亞派出一小支部隊都猶豫不決。在賴比瑞亞屢屢呼籲美方干涉下，美國於二〇〇三年八月派出三艘艦艇與約四千五百名船員與海軍陸戰隊。最後只有兩百二十五名美軍登陸賴比瑞亞，當中五十人染上瘧疾。兩個月後美國人就全跑光了。

這類缺乏熱忱的非洲冒險，似乎印證了美國的權力局限。但我們該如何解釋這些局限？就如我們所知，若從經濟、軍事和文化等傳統衡量權力的指標來看，歷史上從未有比今日美國更為強大的帝國。但我們不該把美國近年來在外交上所遇到的種種困難單單歸咎於小布希政府的外交失職，反而需要從頭重新思考我們所謂的「權力」（power）所指為何。我們常常將「權力」的概念與財富、軍備，以及「軟實力」等不同概念混淆。一個國家完全有可能擁有眾多前述條件，但卻還是僅有有限的權力。這正是美國的困境所在。

我們可以從好萊塢演員阿諾・史瓦辛格（Arnold Schwarzenegger）在二〇〇三年十月當選加州州長這件事情上，得到有關美國權力本質的重要啟示。阿諾在《魔鬼終結者三》飾演一名肌肉結實且堅不可摧的機器人，並被設計成要保護一名未來會拯救世界的年輕人。劇情滿是反諷，但不全然出於導演本意。劇中的高潮戲是這名終結者的作業系統遭到病毒感染，導致它非但沒有營救那位未來救世主，還差點要了他的命。由於終結者原先的設計與病毒下令殺死救世主的指令自相矛盾，它腦袋裡「中止計畫」的紅燈只能閃個不停，最終使其自我癱瘓。

從三個不同角度來看，這名終結者在無意間完美地成了美國權力的隱喻。首先，儘管阿諾本人已年近六十（譯按：阿諾生於一九四七年），他卻擁有相當於其一半年齡者的體格，他對永遠當個「環球健美先生」的執著，代表了一整代人永不變老的堅定決心——雖然他們是肯定要老的，而且將帶來重大經濟後果。第二，魔鬼終結者是非常典型的美國式英雄，原因很簡單：因為他雖然獨一無二，卻是雙拳難敵四手，象徵了長期限制美國投入改造他國的匱乏人力。而最能夠具象化說明美國權力局限的例子，就是魔鬼終結者腦中所閃爍的紅色「中止」燈，任務都還沒完成便閃爍個不停。表面上看，阿諾・史瓦辛格無疑是位巨人，很難想像其他人有比他更強大的體格——他已達到人類體格的極限，就好比美國達到了資本主義經濟的極限一樣。然而，這位角色卻也體現了三大關鍵不足，足以解釋為什麼美國只是看上去無比強壯，實際上卻並非如此。

## 美利堅帝國的三大不足

我已在本書中解釋了為什麼美利堅帝國不像大英帝國那麼富有成效，因為其在根本上有著三大不足：經濟不足、人力不足，以及最重要的注意力不足。

美國在四年之間分別對巴爾幹、中亞和中東地區的三個流氓政權實施軍事干涉。就在我寫作的當下，美軍士兵都還在科索沃、喀布爾（編按：阿富汗首都）和基爾庫克（編按：伊拉克石油大城）街頭巡邏。無論是出於何種動機，美國每一次入侵都導致了政權更替、軍事佔領，以及被美化成「國家重建」的制度轉型。但要把這些事情做好的錢又是從哪裡來呢？有多少美國人願意去到那些地方檢查這些錢是怎麼花的？哪怕付出的財力與人力代價都還相對輕微，美國民眾對這樣勞命傷財的政策還能支持多久？

要補足這兩大不足仍是有可能的，至少一度是可能的。正如我們所見，美國自一九八五年以來已從國際上的淨債權國轉變成為全球最大的債務國，其國際淨債務現在相當於其GDP的四分之一左右。但這還不是已開發國家出現過的最高水準。澳洲在一九九〇年代的海外淨債務曾達到了GDP的百分之六十，而紐西蘭則接近於百分之九十。[5] 美國仍有可能持續向外舉債，因為無論所得回報有多低，外國投資者對以美元計算的有價證券似乎有著無法被滿足的慾望。[6] 美國畢竟與澳洲和紐西蘭不同，可以發行以全球儲備貨幣來計算的債務。

誠然，美國對海外資本的依賴是一種鋼索上的平衡。我們可以想像，海外期望值會發生變化，同時造成對匯率和債券價格的壓力，更高的利率威脅美國經濟增長的程度要大於低價美元帶來的刺激經濟的好處。[7] 沒有人可以將美國財政肆意揮霍的可能性排除在外，即便聯準會採取歷史上最寬容的貨幣政策，仍然會遭遇日本式的通貨緊縮而不是回到通貨膨脹，尤其當美國消費者開始更多地進行儲蓄並且努力降低他們的債務。兩代人未曾經歷過價格的持續下降，便會競相將自己的行為調整到合理的方式。擁有大量房屋貸款抵押和消費債務累計的人將明顯發現，如果價格在一年中下跌超過百分之一至百分之二，名義上較低的利率在實際中會上漲到令人痛心的高位。

然而，這種危機的代價在美國外部要比在美國內部更為嚴重。自一九九五年以來，全球產出總增長幾乎百分之六十來自於美國，在未來的幾年時間裡，美國消費需求即便只是一個小幅度的減少，也會對全球經濟造成嚴重的後果。[8] 而且如果美國要使美元貶值，而且採取保護措施以抵制中國的進口商品的話，就會對全球經濟產生通貨緊縮的連鎖反應。[9] 一個通貨緊縮的世界並不一定是災難性的絕望世界，它可能更像一八八〇年代而不是一九三〇年代。最早的大蕭條開始於一八七三年崩潰之後，並且一直持續到一八九五年。它經歷了價格的下降比產出的下降低得多的階段（在美國，產出仍然增加了兩倍），雖然這個階段裡關稅有所上升，但並不足以高到置全球貿易於窒息的程度。如果這樣的大蕭條再度發生，美國潛藏的財政危機當然就不會消失。實際上，如果實際利率上升超過了實際的經濟增長率，或者醫療保障成本繼續上升而其他商品的價格下跌的話，情況就會變得更為糟糕。正如一八八〇年代的蕭條時期，通縮失敗者很可能轉向激進的政治形式，藉以表達其不滿情緒。當下跌的價格擠壓到農民和工人的利益時，民粹主義和社會主義就繁榮興旺了，而白領和小業主通常會變成仇外的民族主義份子。這些事件曾經是二十世紀中葉第一次「全球化結束」的先兆。[10]從另一方面來講，大英帝國由於維多利亞晚期經濟發展速度的放慢，其戰略地位反而上升，這不僅僅因為它減少了其潛在對手的戰略野心。當通貨緊縮結束之後，德國人才開始建造他們的海軍並開始他們的擴張主義「世界政策」。一場經濟大蕭條對德國和中國的傷害遠遠大於它對於美國的傷害。

美國的人力不足也並非完全不能克服。考慮到美國人口仍舊以每年百分之一點二五的速度增長，以及即便經濟已開始復甦，失業問題依舊存在（一項估計表明當前的失業人口約在四百萬），[11]更不用說美國監獄仍關押了超過兩百萬名犯人（即每一百四十二位美國居民中就有一位），在前述情況下美軍居然會缺少實戰意願的兵員，這點實在令人費解。[12]如果把非法移民、失業者以及罪犯相加，肯定會有充足的生力軍組成一支更為強大的美國軍隊。畢竟，羅馬帝國擴張的關鍵之一，就是非羅馬人能透過服兵役而獲得羅馬公民的身份。大英帝國的主要殖民政策之一就是清空十八世紀英國的龐大監獄，把犯人們裝上船送往澳洲。只要目標明確，由美利堅帝國來重拾這樣的方案未必會不得民心。

若非如此，美國就只剩下依靠外籍軍隊的輔助這一選項了。這也是有先例可循的。如果沒有英屬印度軍，則大英帝國就得要承受長期人力匱乏的局面。正如索爾茲伯里勳爵的名言所說：印度是「英國在東洋的兵營，我們想要調遣多少部隊都成，而且不用付給薪資」。[13]英國人在戰時也非常依賴帝國轄地所提供的人力：帝國為英國在第一次世界大戰提供了莫約三分之一的部隊人力，在第二次世界大戰則提供了將近半數的部隊人力。美國過度草率地解散了伊拉克部隊，等到新上任的行政長官保羅・布雷默意識到這支軍隊可能是建立秩序和減少失業的好辦法時已經太遲。結果就是就像我們在二〇〇四年所見到的，美國只剩下懇求聯合國或北約增援一途。如果美國人自己不願意擔任和平維護者，那麼他們就必須發薪水給和平維護者，必須與來自「國際社會」的雇傭兵達成協議。

美國的三大不足中，最難以克服的當屬「注意力不足」了。美國的政治體制看起來天生就有這份不足，而這項不足也正在危及當今美國：使美國人為時過早地放棄在伊拉克和阿富汗的重建工作。[14] 我並不是要濫用「注意力不足」這個詞，美國的問題是出在體制上，出在政治運作的方式阻礙了深謀遠慮的領導。中央司令部的退役將領安東尼・濟尼是這麼說的：

> 有一個根本問題是軍方無法控制的，那就是：「我們對世界的義務是什麼？」我們雖然對外宣揚價值觀、民主、人權，但對內卻沒能說服美國人民為此支付成本……沒有政治領袖敢站出來對人民說：「這是對的事情。」……而這就是問題所在……這些價值應當獲得政治意願和支持。我們應當相信世界更穩定，生活就會變得更好。如果我們有更明確的政策、更未雨綢繆的戰略，則美國將能替世界帶來更重大的改變。美軍將能干涉得更早，仗會打得更好。[15]

但要想像一個「未雨綢繆的戰略」，身為軍人會比民選政治家要容易許多。美國總統的第一任任期只有兩年半的時間可以做事，接下來就要開始積極籌備確保連任的工作。事實上，美國國會的期中選舉甚至能更早就開始讓總統的大批立法提案付諸東流。這還得考慮到美國政治是在國家、州和地方三個層面上同時運行。當一幫業餘政治家在二〇〇三年夏天吵著要現任加州州長下臺的時候，人們如何能指望加州人民全心關注巴格達的國家重建問題呢？事實是，聯邦政府本身從來就不是一個統一的實體。部會鬥爭當然是人類體制中的常態，無論體制規模大小如何。但在二〇〇三年裡卻有好幾次，國防部、國務院和財政部之間的合作完全消失了（就更不用說商務部、貿易代表、美國國際開發總署和所有理論上涉及「國土安全」的主管機關）。這使人們想起威廉二世時期的德國所擁有的那種最糟糕的「多頭政治」。[16]當然，美國總統職務是由選舉產生而非世襲官職，但近期的總統們有時候會採用類似德國末代皇帝的方式在管理事務，允許政策被交由跨部會競爭來決定，而不是形塑集體責任感。也難怪如此多的美國海外干涉就跟威廉二世的「世界政策」（*Weltpolitik*）[1]一樣缺乏連續性、一樣缺乏外交策略、一樣缺乏成效。德意志帝國也實行了葉禮庭（Michael Ignatieff）所謂的「匆忙帝國主義」，同樣急不可耐，同樣追求「速成」。[17]

然而，跟德意志帝國不同的是，美國否認自己對獲取新的「有利條件」感興趣。美國的對外征服不僅僅是暫時的，美國甚至不認為那是征服行動。維多利亞時代的英國史學家希利（Sir John Robert Seeley）曾講過一個著名笑話，他說英國人「漫不經心地」打造了帝國。美國人在這方面更勝一籌，美國人已經不是漫不經心而是老眼昏花。在今天，美國以外很少會有人懷疑美利堅帝國的存在——「美國人就是搞帝國主義」早已是大部分受過教育的歐洲人的共識。但正如神學家暨政治學者尼布爾（Reinhold Niebuhr）早在一九六〇年就注意到的，[18]美國人「近乎偏執般地堅決不承認自己實際上就是在行使帝國主義」。[19]

帝國如果自我否定，會有什麼重要影響嗎？答案是肯定的。成功的帝國很少只仰賴高壓統治，而是統治者和被統治者都得有些經濟利益，興許是收買本地精英人士的忠誠。但這種經濟利益需要維持相當長的一段時間才能有成效。問題就在於，當一個「自我否定的帝國」決定干涉較小國家的事務時，常常容易犯兩個錯誤。第一，對非軍事層面的資源投入過少。[20]更嚴重的是第二點，也就是這樣的帝國將會很不現實地試圖在極短時間內要求小國進行經濟和政治轉型。在我寫下此段的此刻，美國似乎已在伊拉克和阿富汗都犯下了第二個錯誤。美國政府發言人堅稱只要美國能在伊拉克建立民主政府，美國人便「一天也不會多待」（而且美國很明顯真的是如此盤算）。這就是在無意間妨礙了當地人民與美國當局合作。當地人不會有信心支持美國政策，因為美國人一旦撤離，自己便可能被其他人指控「與美國人勾結」。前美國參謀長聯席會主席約翰．沙利卡什維利將軍（John Shalikashvili）在一九九〇年代末如是說：「如果能讓巴爾幹人民意識到美國人將會留在當地，那就太好了……為什麼建議美軍（像佔領西德與日本一樣）長期在波士尼亞和科索沃駐軍會被認為是罪行一樁呢？答案是政治因素。在今天的政治氛圍下，美國大兵必須回家，而且越快越好。」[21]

---

[1] 編註：指德國在十九世紀末的外交政策，主要倡導者為德皇威廉二世。該政策取代了先前俾斯麥的現實政治（Realpolitik）政策。該政策希望德意志能在海外建立殖民帝國，希望打造能與英國皇家艦隊媲美的大海軍。其直接結果就是導致與當時的大英帝國陷入摩擦與衝突，間接導致一次大戰以前的多起國際危機。

這兩點有助解釋擁有非凡軍事與經濟實力的美國，為何在改變海外政權時有著如此令人失望的成績。海地、古巴、越南都是其最糟糕的失敗案例，也都是源於前述「非軍事層面資源投入不足」和「短時間就想達成目標」的致命組合。若美國在巴爾幹、阿富汗和伊拉克也重蹈覆轍，那真是悲劇一場。但我們不該對此感到意外。

## 世界走向無極化？

靠信用卡消費，不願意上前線，對曠日廢時的戰事漸漸失去興趣……我們也許應該反思，美國巨人是否開始予人這種慣於久坐的形象。或者說得更直白些，美國是否成了戰略上的「沙發馬鈴薯」——只看電視，不喜歡運動的肥宅。若按照身體質量指數（ＢＭＩ）的標準，[22] 美國肥胖人口的比例在過去十年裡幾乎增加了一倍，從一九九一年的百分之十二到二〇〇一年的百分之二十一。接近三分之二的美國男性體重過重，當中將近四分之三的人年齡是在四十五歲到六十四歲之間。[23] 換言之，美國現在每出現一位魔鬼身材的阿諾，就會有三名體型肥胖的法蘭克・坎農（Frank Cannon，編按：一九七一至一九七六年美國偵探電視連續劇男主角）。跨國比較雖然有其局限，但我們仍可以看到只有西薩摩亞人和科威特人比美國人還胖。[24] 看起來，「白種人的負擔」在今天主要是指腰圍的部分。[25]

然而，我們不該以此來證明「美國即將衰落」（不管是輸給歐洲還是輸給中國）的悲觀主義預言。「現實主義者」往往害怕世界從有著單一霸權的「單極」走向群雄並立的「多極」，但他們卻忽略了另外一個可能，也就是世界走向普遍無能——確切來說，是走向「無極化」（apolarity）。那些深受俾斯麥模式的大國「均勢觀」（balance of power）影響者，常把國際關係看作磁鐵之間的交互作用：大國會像吸附鐵屑一樣吸附衛星小國。儘管大國間有時聯合，但更多時候只會互相排斥。萬一大國今天失去磁性，同時喪失吸附與排斥的力量，那麼世界會變得如何？萬一就連美國也因為愈發關注內部問題，而在戰略上成了一塊喪失磁性的廢鐵，又該怎麼辦？從很多方面來講，這已經成了日本和歐盟的宿命。日本和歐盟一度都是經濟巨人，如今卻成了衰老社會與戰略侏儒。中國也無法自外於人口高齡化的趨勢。一胎化政策的遺產之一就是會在未來幾十年內不斷上升的撫養比。

大國衝突「不存」（*absence*）是個對現代國際關係史學界來說比較不熟悉的概念。一八三三年，史學家蘭克（Leopold Von Ranke）在經典著作《列強》（*The Great Powers*）中將十六世紀以來的歐洲史描述成一個個帝國爭奪霸權的過程，每個帝國的稱霸野心都被新一個帝國給成功阻止：首先是哈布斯堡王朝，然後是十七世紀的法國。一七九三到一八一五年，法國再度試圖稱霸。假使蘭克再多活九十年，他也會把一九一四到一九四五年間意欲稱霸的德國也算進去。對蘭克而言，多極體系就是歐洲秩序的自然狀態：大權由法蘭西、奧地利、英格蘭、俄羅斯和普魯士組成的五巨頭（也是五個不同的帝國）所共享。[26]我們的確在一九四五到一九八九年間生活在「兩極世界」裡，蘭克或許會對此感到震驚（但我猜與他同時代的托克維爾則否）：世界被兩個大陸帝國一分為二，彼此互相指責對方搞帝國主義。然後，美國在一九九〇年代早期看似建立了單極的世界秩序。不過，今日世界有著諸如恐怖主義、核武擴散、有組織犯罪等跨國威脅，更不用說大規模傳染病、氣候變遷與水資源短缺，皆使國與國之間的相互合作（而非互相競爭）上升到新高點。單邊主義的確具有不容置疑的吸引力，因為過份苛求的盟友可以比無形的敵人更惱人。但是，前述這些跨國挑戰皆不是一個國家單幹可以處理。要打贏一場場前述挑戰，就需要仰賴多邊國際體制與國際自由貿易。再者，對於一個偉大的帝國來說，沒有比在政策上採行維多利亞時代保守黨人所嘲諷的「光榮孤立」更危險的事情了。就像現在，一個偉大的英語帝國必然需要與較小（但並非較不重要）的國家合作，才能成就其目標。正如約翰．艾肯伯里（G. John Ikenberry）所說，美國人在二戰和冷戰的勝利是與國際體制的建立與推廣密不可分的，這些體制既限制美國的行動自由，也使美國所行使的權力得以合法化。[27]

讓我們重新考慮國際維和的問題。事實相當清楚，沒有某些外國的協助，光靠美國自己是無法在科索沃、阿富汗和伊拉克等遙遠異國有效執行維和任務，履行國際警察的職責。維和不是美國士兵受訓的目的，他們看起來也沒有多少興趣來做這件事。而且我們也能合理假設，美國選民不會容忍美軍長時間暴露在「低強度衝突」的不光彩危害下：無論是檢查站的人肉炸彈、後街隱藏的狙擊手，以及向巡邏車隊發射的火箭推進榴彈（RPG）。由於美軍缺乏大規模兵員補充，明顯的應對之道便是繼續其成功的先例，即與聯合國其他成員國共同分擔維和任務——尤其是美國那些有著慷慨援外預算、仍採大規模徵兵制[2]的歐洲盟友。如果這些軍隊不被用於維和任務，很難想像他們還有何用武之地。歐洲現在已經宣布在其疆界內實現永久和平，而且也不再受到來自俄羅斯的威脅。

羅伯特．卡根等人把歐洲人看作是讀康德的金星人，而美國人則是讀霍布斯（與克勞塞維茨）的火星人——但他忽略了冥王在國家重建過程中扮演的關鍵角色。愛與戰爭是不錯，但所有帝國或多或少都得靠金錢支撐。[3] 若沒有了對法治和社會穩定的巨大投資，阿富汗和伊拉克這兩國的發展將停滯不前，也許還會分崩離析。除非美國大改其對低強度衝突的態度，否則就只剩下與更慷慨的歐洲人合作一途。單邊主義就像孤立主義，畢竟都不是什麼光榮之事。兩者對帝國而言都很少成為一個務實的選項。

真正的危險在於，大國的合作關係也有可能直接中斷瓦解，並非出於美國與歐盟彼此競爭，而是雙方都缺乏在其國界之外採取行動的意志。美國與歐盟這兩個規模龐大且運作複雜的政治實體，很容易被自身內部的問題給分散注意力，因而無暇關注所謂的「失敗國家」和「流氓政權」。有些人主張，這樣一種史賓格勒式的「西方衰落」[4] 將會產生權力真空，只有崛起中的亞洲大國可以填補。然而，那些指望中國會成為未來霸主的人們可能會發現，中國在「第二次大躍進」（這次是往資本主義市場躍進）後留下許多社會與政治問題需要解決和處理。同樣地，那些把伊斯蘭看成是西方世界在文

[2] 編註：作者寫此書的當下，美國在歐洲的主要盟友如德國、波蘭等仍維持徵兵制。兩國分別在二〇〇九與二〇一一年廢除徵兵制。

[3] 編註：金星的英文維納斯（Venus）是羅馬神話中的愛神，火星的英文瑪爾斯（Mars）則是羅馬神話中的戰神。至於冥王星的原文布魯托（Pluto）則是羅馬神話中的財富之神。

[4] 編註：史賓格勒（Oswald Spengler）是德國歷史哲學家，其代表作《西方的沒落》（*The Decline of the West*）早在一九一八年出版。史賓格勒反對線性進步史觀，主張西方文明正在走向衰落。

明衝突中主要仇敵的人們也會發現，我們將很難想像人口不斷膨脹的穆斯林社會要如何在政治上達成一致的意見。簡言之，未來可能會一度迎來「無極」世界，一個沒有任何帝國足以佔據支配地位的世界。

## 終結者

隨著世界變得越來越相互整合，權力卻變得越來越分散，這就是全球化的矛盾。多虧國際資本主義的作用，全世界包含最窮困的人口在內，如今已擁有其祖父輩們無法想像的購買力。生產工具從未如此高效，也從未像促成中國與印度遲來的經濟起飛一樣，被如此廣泛地共享。多虧民主思想的傳播，今天世界上絕大多數人已比祖父輩們享有明顯更多的參政權。民主選舉從未如此廣泛地被視為組成政府的最佳選擇。與兩、三代之前相比，大多數國家如今都有更多人民能夠接受教育，也有更多人能夠運用自己的腦力。這些改變意味傳統上靠著壟斷財富、政治職位與知識的權力，如今很大程度上已不復存在。不幸的是，拜不斷增長擴散的現代毀滅性武器之賜，施加暴力的權力也被分散了。軍火被眾人享有的程度也是史無前例。

我們不該忘記，「權力」（power）並不僅是足以買下任何東西的能力，那只能稱為財富。權力攸關你能否用低於市價的行情來買到這些東西，攸關人們會否願意替你效勞或是交出那些本來被視為非賣品的財產。對企圖將權力施展到國境以外的帝國而言，權力取決於掌權者的意志與臣民的共同認可。然而，分享權力就是在減損權力。好比說，比起在其他國家都擁有一枚核武時擁有千枚核武，能夠在其他國家都沒有核武時讓自己擁有一枚核武，無疑會握有更大的權力。

這就是美國與阿諾．史瓦辛格所扮演的魔鬼終結者的最後相似之處。美國具備了在軍事對抗中施加驚人毀滅、同時保持自身最少損失的能力。只要美國想，就沒有美國終結不了的政權——包括北韓。當然，打一場這樣的戰爭恐怕會讓南韓化為一片廢墟，但美國這位終結者將能幾近毫髮無傷地站在瓦礫堆上。美國這位終結者的電腦中並沒有安裝國家重建的程式。一旦它被喚醒，就只會留下毀滅。

二〇〇三年秋天，小布希總統為了提振美軍士氣，聲稱美國「不會離開」伊拉克，美軍「不會逃走」，中東「必將成為美國未來幾十年的政策焦點」。倘使美國最終屈從了來自國內外的政治壓力，還沒取得經濟重建成果就從伊拉克和阿富汗撤軍，這樣的場面想必也不會太難想像。當美國這位終結者最終承認「我不會再回來」[5]之時，就是美國暴露其權力局限的時候了。

我在二〇〇〇年寫了《金錢與權力》（*The Cash Nexus*）一書，並在二〇〇一年春季出版。我在

[5] 編註：《魔鬼終結者》系列的名言即是阿諾的那句「我會回來」。有趣的是，在本書出版十五年後，魔鬼終結者系列的最新一集《魔鬼終結者：黑暗宿命》就讓年邁的阿諾說出了「我不會再回來」這句台詞，象徵系列終結。而美國川普政府也在二〇二〇年八月宣示美軍將從十一月起將阿富汗駐軍人數降到五千名以下，而伊拉克駐軍人數也將降低為三千五百名。電影與現實兩相對比之下，作者此處的總結頗值得讀者玩味。

該書中試圖論證，美國不僅足以承擔在全球扮演更堅定自信的角色，而且美國還承擔不起不這麼做的後果。任何敢於預言的歷史學家，都有責任以後見之明來審視自己當初所下的定論。我在當年所主張的要點如下：

一、毀滅的工具從未如此廉價……（廉價武器）的主要受益人是中東和撒拉哈沙漠以南非洲國家的游擊隊，以及西歐的恐怖組織和美洲的販毒幫派。[28]

二、坦白說在可預見的未來，不大可能有國家想對美國發動直接攻擊，雖然說恐怖份子還是很有可能對美國城市發動攻擊。[29]

三、自一九四五年以來，世界上的戰爭幾乎都是以內戰蔓延的形式爆發……（但是）聯合國作為世界警察的紀錄則不大可靠……聯合國安理會在一九九二到一九九九年間授權一系列人道干涉行動……但大部分行動卻起不了什麼作用，糟糕一點的甚至會釀成災難。[30]

四、在此值得重述某個經常被人問到的問題：難道人們不希望美國廢黜自己國內的暴君並推行民主政府嗎？像是「入侵一個國家，廢黜該國獨裁者並在槍口下強加自由選舉」這樣的想法通常會因為與美式「價值觀」不符而被美國人忽略。有一種常見的觀點認為，美國永遠不能像十九世紀的大英帝國一樣採行公開的帝國統治——儘管這正好就是在美國打贏二戰後在德國和日本的所為，而且最終帶來了重大且持久的成功。[31]

五、美國絕不該像某種巨型蝸牛一樣縮回電腦設備的外殼裡，而是應投入更多資源去打造資本主義和民主制度能夠安全發展的世界。與「歷史終結論」幼稚的必勝信念相反，資本主義與民主制度皆非手到擒來，而是需要堅強的體制來奠定其法律和秩序基礎。美國帝國所能夠扮演的恰當角色，就是在那些缺乏這類體制的地方建立這些制度，必要的話還得……透過軍事手段。就經濟面而言，我們沒有什麼理由反對這樣的政策，因為其成本並非高到令人不堪設想。就算是強迫全世界的流氓國家推行民主，也不會使美國國防預算佔比超過GDP的百分之五。經濟面上反倒有理由支持這類政策：因為只要能在這些國家建立法治，其貿易復甦與活絡就能替美國帶來長期利益。[32]

那是柯林頓政府行將結束的日子，當年的我有點過於激動地寫下我的結論：「二十一世紀的世界最令人失望之事，就是美國領導人明明有足夠的資源使世界變得更好，卻缺乏這麼做的勇氣。」但我當年並未設想到，僅在短短九個月後，新任美國總統就會在九一一事件的逼迫下實行類似我所提倡的政策。自從美國向恐怖主義宣戰以來，膽量已經不是問題了。現在面臨的問題是，美國能否有不屈的毅力，能否擇善固執，有始有終。

與大多數歐洲評論家對美國的意見相左，我認為世界需要一個富有成效的自由帝國，而美國就是做這件事的最佳人選。經濟正在全球化，中國和印度和這兩個世界上人口最多的國家，其人均收入的快速增長也意味著世界人均收入的不平等現象正不斷縮小。[33]但世界上仍有司法和政治體制十分失敗和腐敗的地方，那裡的居民實際上完全與經濟繁榮無緣。也有些國家利用他人的弱點或出於惡意，鼓動致力於破壞自由世界秩序的恐怖組織。正是由於這些原因，經濟全球化必須要靠政治力量來支撐，正如一個世紀前大英帝國的情形。

美國完全有理由扮演自由帝國的角色，不管是從自身安全的角度還是出於直率的利他主義的角度來考慮。美國在許多方面也是唯一有資格扮演這個角色的大國。然而，即便美國擁有龐大的經濟、軍事和文化實力，仍然很難成為一個富有成效的自由帝國。美國必須先對其經濟結構、社會組成和其政治文化進行徹底改革。

美國的新帝國主義者喜歡引用吉卜林的《白種人的負擔》。這首詩寫於一八九九年，是用來鼓勵麥金利總統在菲律賓的帝國締造事業。詩中所用的語言，宛如十九世紀的帝國主義辭典，屬於一個無法挽回的逝去時代。雖然我曾對帝國自我否定的種種危害提出警告，但我並不是要說美國人應該在國會山莊屋頂上大肆張揚美利堅帝國主義。我想說的毋寧是，無論美國人如何稱呼自己在世界上的地位，管它叫霸權也好，首要地位、優勢地位（predominance）或領導地位（leadership）也罷，美國人都應當認清美利堅帝國與大英帝國在運作上具有類似之處。要駕馭難以駕馭的世界，美國人應當比其英國前輩們做得更好而不是更糟。美國人應向歷史上的其他帝國學習，不是學習帝國的傲慢，而是像小布希競選總統時給國人同胞的建議一樣：學習「謙卑」。

在吉卜林寫下《白種人的負擔》的兩年前，他還曾寫了另外一首更切合本書主旨的詩。這首詩是對帝國衰亡的憂傷宣告，徹底戳破了人們對維多利亞晚期金碧輝煌的幻想。這首詩題名為《曲終人散》（Recessional）：

遠去了，我們的軍艦消隱；
海嵎和沙丘上的煙火低沉；
啊，我們昨天所有的烜赫
與尼尼微和推羅一同消盡！
萬國的審判者，還求饒恕我們，
恐怕我們忘記——恐怕我們忘記！[6]

這些是我們這時代的巨人需要留心的話語，即便美國看似是多麼所向無敵地駕馭世界。正如英國首相布萊爾在二〇〇三年七月向美國國會言簡意賅地指出：「所有佔據支配地位的大國在當下都看似無敵，但實際上只是轉瞬即逝。」[34] 美國人必須捫心自問，他們希望美國的支配地位有多麼「轉瞬即逝」。野蠻人已經在敲門了，但是那曾經蔚為壯觀的美利堅帝國看來卻很有可能走向衰落——由內部開始，一如吉朋筆下的羅馬。

[6] 編註：本處參考《導向》雜誌中于中旻編譯之版本重修。

# 寫於二〇〇四：英文版作者序[1]

那名白宮顧問對我說，像我這種「活在以現實為基礎的社會裡」的傢伙，全都「認為只要對可理解的現實做一番審慎明智的研究，就能找出問題的解決辦法」。我點點頭，然後喃喃說起啟蒙原則和經驗主義之類的話。他打斷我，不讓我繼續往下說。「但現今世界已經不是這樣運作了，」他接著說道。「我們現在是一個帝國了。當我們採取行動時，就是在創造自己的現實。當你研究這樣的現實時（想必你會小心謹慎地研究），我們已在採取新的行動，並據此創造出新的現實來，而你當然還是可以繼續研究這些新的現實。事情就是如此。我們是歷史的主角……而你，你們這些人，最終只能好好研究我們究竟在做些什麼罷了。」

[1] 編註：本書原文精裝本在二〇〇三年出版後，隔年又出了平裝本。此序為平裝本所加。

——普立茲獎記者榮恩・蘇斯金（Ron Suskind），引用小布希總統一名「資深顧問」的言論[1]

「歷史嘛……」他聳聳肩，把手從口袋裡抽出來，兩手往空中一攤，一副那是很久以後的事。「我們不會知道。到時候我們都已經作古了。」

——曾揭發「水門案」的記者鮑勃・伍德華（Bob Woodward），引述小布希總統的談話[2]

我寫這本書是抱持著一個想法：如果我把現在的美國和過去歷史上的帝國相比較，就能更瞭解美國現今在世界上扮演的角色。我原本就已深刻理解，大多數美國人都對於把「帝國」一詞套用在自己國家身上有所不安，儘管少數極具影響力者其實並沒有壓抑這樣的想法（看看前述卷首語就能明白）。但我直到出版第一版《巨人》後才明白，美國「否認自己是帝國」這件事，真正的原因其實是國情使然。我發現美國的自由派其實可以接受美國是帝國的說法——只要你譴責帝國是不好的。而保守派呢，他們其實也容許人家說美國強權是在世界各地行善——只要你不稱這是帝國行徑。但無論自由派還是保守派，他們絕不允許有人說美國是帝國並強調這也許不是件壞事——這正是《巨人》這本書的觀點，因而立刻激起保守派和自由派的同時批評。保守派反駁我，因為我說「美國是一個帝國」，而且「從立國以來就是個帝國」。自由派則對我的主張失望，因為我說美利堅帝國除了有負面特質，可能還有其正面特質。

今日的美國，就像是英國知名歌劇創作搭檔吉伯特和蘇利文的作品《愛歐蘭斯》（Iolanthe）。

大家似乎順理成章地認為：「每個男孩和女孩／出生來到世上的孩子們／如果不是個小自由派／要不就是個小保守派！」但恐怕我這本書會出乎常人預料：它既非自由派也不是保守派。以下我用最簡單的方式，寫下本書的主張：

一、美國一直以來就是個帝國。美國人未必自覺，但美國實際上就是如此運作。
二、讓美國人擁有帝國的自覺，可能會是個更好的選項。
三、但受限於財政、人力與文化因素，美國人不大可能產生這種自覺。
四、因此只要美利堅帝國繼續存在，它就會是個運作失常的政治實體。

在《巨人》這本書中，我會分兩個部分來探討美利堅帝國：第一部分，我會分析美利堅帝國是如何運作；第二部分，我會探討美國有帝國自覺可能會帶來的好處。請注意，我說的「自覺」，並不是說美國應該厚臉皮地到處宣布自己是帝國，直呼美國總統是皇帝。請打消這個念頭。我只是說，美國人應該要認知到自己的國家已然具備帝國特徵。如果可能，美國應該要從以往的帝國經驗記取成功和失敗的教訓。繼續幻想美國現在面臨的外交關卡前所未見，已非明智之舉。美國今日所遭遇的兩難，比起當年建國先賢們的遭遇，反而更像是羅馬帝國晚期皇帝們的困境。[3]

不僅如此，本書同時也會把「否認（自己是）帝國」所導致的各種危險情況講述清楚。美國人並沒有完全遺忘自己國家在世界上所扮演的帝國角色。但是他們不喜歡這樣子的事。美國堪薩斯州的一位農夫就曾在二〇〇三年對英國學者提摩西・賈頓艾許（Timothy Garton Ash）這麼說：「我覺得我們太愛去管世界上的事了……就好像以前羅馬人常常在幹的事情一樣。」[4]面對國人這種不安的情緒，美國政治人物用堅決保證的態度做出回應。「我們不是帝國強權，」小布希總統（George Walker Bush）於二〇〇四年四月十三日發表的談話中聲明：「我們是一股解放的力量。」[5]

我們首先最需要破除以下迷思：只因為美國人說他們「不搞」帝國，所以就沒有美利堅帝國主義這種事。當我寫下本書文字時，美國已出兵到阿富汗和伊拉克這兩個遙遠的國度，去捍衛美國在當地強行安置的政府。看起來美軍還會在當地停留上一段時日。即便小布希總統的競選對手，民主黨的約翰・凱瑞（John Kerry）在去年第一場總統大選辯論會中表示：假如他當選，他一定「要在六個月內開始從當地撤軍」。[6]但是，伊拉克只是美利堅帝國的前線。就跟世界史上那些偉大帝國一樣，美利堅帝國要的不只是在遼闊又複雜多樣的戰略前沿取得軍事優勢，他們想要成就得更多。[7]「帝國」一詞也同時代表著要在疆界內（有時甚至是疆界外）取得經濟、文化和政治主導地位。二〇〇三年十一月六日，小布希總統出席了美國國家民主基金會成立二十週年紀念會。他在會中致詞提到美國外交政策的願景時，使用的皆是威爾遜式那種捍衛自由國際、人道主義的語言，強烈暗示美國要承擔起傳播普世文明價值的使命（所有偉大帝國的共同特徵）：

> （小布希說）美國採取了一項新政策，一項讓中東邁向自由的前瞻策略……在中東的心臟地帶建立自由的伊拉克，那將會是全球民主革命的分水嶺……推進自由是時代對我們的召喚，也

是國家對我們的召喚……我們相信追求自由是與生俱來的天性，我們相信自由是歷史的潮流，我們相信人類的成就與卓越就在於能負責任地行使自由。我們相信，我們所珍惜的自由，並不是只有我們能夠享有，而是全人類都有權利、有能力享有自由。[8]

小布希總統在二〇〇四年九月的共和黨全國代表大會上，又再度重申他的信條：

美國的故事就是擴張自由的故事：它像個不斷變大的圈子，涵蓋更廣的範圍與更多的人。我國的建國承諾如今依然是我們最深切的承諾：從我們所處的世界，從我們自己的家鄉，我們將拓展自由的疆界。……我們要把自由推向廣大的中東地區，因為自由會帶給未來希望，帶來我們所期盼的和平。……自由，正在大步向前。我相信自由具有變革的力量：美國力量最明智的運用，就是用它來促進自由。[9]

到了九月下旬，他在總統大選第一場辯論會上又講了大致同樣地話。[10]

對大多數美國人而言，追求全球民主化的目的和採取軍事武力所用的手段，兩者之間並沒有矛盾。就像他們的總統所說，美國負起推動民主化的任務是出於利他主義，而且有別於過去各個帝國只想強加統治它國人民的野心（至少，一般是這麼認為的）。問題在於，小布希總統把自由當作普世渴望的理想，其實頗近似於維多利亞時代的英國在推廣「文明」的理想。嚴格來說，這邊所謂的

「自由」，其實是指以美國為典範的民主和資本主義。當美國人說到「國家建構」或「國家重建」（nation building），他們其實是想要「複製聯邦國家」。這些新國家的政經制度雖然不會與美國完全相同，但從根本上來看極為相似。[11] 美國人也許真心不想統治別人的國家，但是他們實在很想要別人按照美國人的方式治理國家。

然而，正是推動「自由」之舉也同時侵害了自由。就像維多利亞時代英國人用馬克沁重機槍傳播「文明」有如偽君子一般，當美國的艾布蘭主力戰車駛進伊拉克法魯賈（Fallujah），揚言要在這座城市施行民主時也不免叫人質疑。小布希總統對征服與解放的區別，聽在一九〇〇年代初的自由帝國主義者耳中也毫不陌生：他們當年也同樣視廣布海外的英國軍團為解放的使者（尤其是在第一次世界大戰以降的中東地區）。同樣地，美國政府官員將統治權移交給伊拉克當地政府時所展現的迫不及待，對當年自由帝國主義者來說也不陌生。這就是所謂的「間接統治」，也就是在當地讓名義上獨立的本地人當統治者，同時又讓英國行政人員和武裝部隊在實際上控制當地的財政事務和軍事安全。這是英國在亞洲、非洲和中東許多地方擴張殖民地時最愛採行的模式。伊拉克就是英國間接統治的一個例子，英國政府於一九二〇年代在當地扶植了哈希姆王朝（Hashemite dynasty）。今天的關鍵問題是，美國是否在物質與精神上有能力打造一套自己的間接統治制度？困難點在於美國政治人物傾向於實踐他們的解放修辭，渴望「把男孩們帶回家，結束戰爭」，於是他們會貿然取消海外投入的承諾——簡言之，他們選擇了草率的「去殖民化」（decolonization）而不是持久的間接統治。不幸的是，歷來帝國歷史中最殘暴的時刻往往就發生在其瓦解之時。只要帝國軍隊一宣布撤離，彼此敵對的地方精英搶奪當地武裝勢力的鬥爭就會立刻爆發。

但是，難道「帝國」這概念只是不合時宜的時代謬誤嗎？有些評論家認為帝國已是無關緊要的歷史現象，因為在十九世紀晚期達到頂點的帝國主義到了一九五〇年代時已不復存在了。當保羅．布雷默[2]於二〇〇四年六月離開巴格達時，《紐約時報》發表了「帝國世紀已成過去」的評論：

> 伊拉克經驗告訴我們……當美國不掩飾她的帝國強權，當她用地區指揮官來領導「佔領國」，她很快就會發現自己在當地是站不住腳的。理由有三：被治理的人不接受這樣的統治；世界上的其他國家不能接受；美國人自己也不能接受。[12]

有篇《巨人》的評論是這麼說的：「跟十九世紀維多利亞時代的帝國鼎盛期比起來，今天的民族主義是一股更為強大的力量。」[13]另一位評論家則認為，本書無法「接受二戰以來由獨立運動、種族與宗教政治所引發的劇變（編按：指帝國瓦解）」。[14]記者們最喜歡如下論點（或許完全不意外）：現代媒體讓帝國無法再像過去那般為所欲為，因為帝國惡行很快就會被義憤填膺的世人所得

---

[2] 編註：保羅．布雷默（Paul Bremer）當時是美國負責伊拉克事務的最高官員以及各國聯盟駐伊拉克臨時管理當局的行政長官，他將政權交給伊拉克臨時政府後隨即離開。

知。

這些言論暴露了人們的天真：對過去和現在的理解都太過天真。首先，正如我試圖在引言裡說明的，帝國並非維多利亞時代的短暫狀態。正好相反，人類有信史以來就有帝國的存在。事實上，大部分的人類歷史其實就是帝國的歷史，因為這些帝國善於記下、複製與傳遞自己的言行。被十九世紀看作是理想形態的「民族國家」（nation state），才是歷史上的新鮮產物，且依舊可能只是歷史中較短命的存在。鑑於人類具有種族異質性與躁動不安的流動性，這事其實也不足為奇。事實上，許多今日最成功的民族國家就是從帝國起家的：若非繼承過往的大英帝國，現代的大不列顛暨北愛爾蘭聯合王國（編按：簡稱英國）又會是個怎樣的國家呢？致使人們如此天真的第二個原因，源於他們相信小羅斯福總統式的修辭：也就是認為帝國時代在一九四五年走到盡頭，全球人民的春天自此到來。事實正好相反。第二次世界大戰只是德國、日本與義大利這三個準帝國遭到擊敗，但擊敗它們的卻是一個由舊西歐帝國（主要是英國，鑑於其他帝國都迅速遭擊敗）和美、蘇這兩個新興帝國所組成的同盟。美、蘇冷戰也同樣具有帝國衝突的性質。雖然美國絕大多數時間是以「受邀帝國」的身份行事和駐軍，更像是擔當聯盟領袖的霸主（hegemon）而不是帝國。至於蘇聯則從一開始就是個真正的帝國，直到其急速衰落與瓦解都未改變。別忘了另一個崛起於一九四〇年代的共產主義勢力，也就是中華人民共和國。她在各方面也是個帝國，直至今天。中國所統治的三個最大的省份內蒙古、新疆和西藏，都是中華帝國擴張時取得的領土。中國也一直聲稱擁有臺灣與周邊小島的主權，更別說與俄屬西伯利亞和哈薩克的部分土地爭議。

簡言之，帝國始終與我們同在。沒有明確證據指出現代媒體會削弱帝國的維持能力。好比十九世紀末二十世紀初的大英帝國，就完全沒有被當時日益增長的大眾媒體削弱，反而還受惠於大量發行的報紙，增強了帝國統治的普遍正當性。任何看過美國電視新聞如何報導入侵伊拉克的人應該都會瞭解，大眾媒體不見得能瓦解帝國的力量。至於說是民族主義促成了西歐古老帝國瓦解，這不過只是迷思。因為對這些古老帝國而言，與敵對帝國交戰所需耗費的龐大代價，才是對其國祚最致命的威脅。民族自決當時在這些帝國眼中只是不屑一顧的小事。[15]

另外一個常見的迷思認為，一個有帝國的世界，只會比沒有帝國的世界帶來更多暴力衝突。好比若美國從中東撤軍，則世界將變得更安全。我們可以透過反事實思考來探究此論點是否正確：假使過去四年美國沒有入侵阿富汗與伊拉克，則美國的外交政策是更成功呢，還是更失敗呢？你喜歡的話，我們也可以換一種問法：假使過去四年美國沒有入侵阿富汗與伊拉克，今天的世界有因此變得更安全嗎？以阿富汗為例，若想把蓋達組織支持者從阿富汗首都喀布爾的大本營驅離，光靠哈佛大學教授約瑟夫．奈伊（Joseph Nye）所說的「軟實力」（編按：詳參本書引言）是不夠的，此點無須贅述。如果沒有美國軍事上的硬實力，阿富汗是不可能在西元二〇〇四年舉行總統大選的。再看看伊拉克的情形，讓獨裁者海珊成為伊拉克臨時政府的階下囚，絕對比讓他繼續在巴格達執政還要好。若只靠「圍堵」來處理伊拉克，到頭來只會是項更糟糕的政策，但這卻是法國政府在二〇〇三年所提倡的辦法。畢竟要從空中監控伊拉克、時不時對可疑設施發射飛彈，這樣做實在是太耗費金錢，而且也無法徹底解決海珊惹出的麻煩。美軍也不可能無限期駐守在沙烏地阿拉伯。國際制裁的確有可能削弱海珊（但當時我們並無法確知），但也同時剝奪了一般伊拉克人的正常生活。無論如何，國際制裁都已經到了難以為繼的崩潰邊緣，因為海珊政權在聯合國安全理事會進行系統性的賄選——聯合國的「以油換糧計畫」[3]讓這種制度性腐敗更容易出現。簡言之，更替伊拉克政權的策略是正確的；我們甚至可以說，美國的伊拉克政策最大的缺失，就是把這件該做的事情拖了十二年之久（編註：從一九九一年波斯戰爭結束以來）。小布希總統對國會提出《國家安全戰略報告》（National Security Strategy）後，那些擔憂其內容過於「先發制人」的人都應該曉得，推翻海珊政權並不只是先發制人，更是在清理善後，因為海珊早就在二〇〇三年三月美國發動伊拉克戰爭之前，就已經把幾乎所有壞事都做盡了。

然而，我們也無須否認二〇〇三年以來發生的事情損害了小布希政府的政策正當性（姑且先不談更早之前就被揭露的錯誤），否認是荒謬的。我們應該直截了當地問：到底哪裡出錯？我們能夠僅因為政策落實未竟全功，就抹煞美國的帝國戰略思維嗎？

小布希政府所埋下的第一樁禍根，是他們對待蓋達組織人員的方式。小布希政府將在阿富汗等地捕獲的蓋達組織嫌疑犯，視為不受國際法與美國國內法保障的「非法敵方戰鬥人員」，再將這些人無限期囚禁在美軍位於古巴關塔那摩灣的海軍基地。由於審訊規則反覆修改，許多囚犯在精神上與身體上都得承受各種恫嚇威脅，有的簡直就是虐待。[16] 事實上，從美國司法部流出的備忘錄就是為了合理化這些虐待手段而寫，該備忘錄將虐囚手段視為美國總統在戰爭期間依法行使的職權。很顯然，美國政府當中有些官員認為，對藏在陰影中的敵人採行極端手段是合理的；而美國大眾自九一一恐怖攻擊事件以來就渴望伸張正義的報復心態，也賦予了極端手段合法性。然而，這類作為最終在二〇〇四年六月被美國最高法院給公正地駁回了。大法官認為：即使是在抵禦「來自暴政的攻擊」的迫切情況下，也無法證成美國總統使用「暴政的工具」回擊。但是，權力使人腐化，就算是很小的權力也能夠造成很大的腐敗。美國政府的官方政策或許沒有想要在伊拉克採取違反《日內瓦公約》的虐囚行為，但美方高層並沒有保護好囚禁在巴格達阿布格萊布監獄裡的囚犯，沒有做足防範以禁止不當的虐囚行為——被美國前國防部長史勒辛格稱之為「發生在監獄夜班時的自由行徑」。[17] 這些「行徑」的影像紀錄比任何證據都更有力，狠狠重挫眾人對美國與其盟邦的信任，認為他們宣稱的自由與法治只是空談。

小布希政府還犯下第二樁禍根。美國副總統錢尼、中央情報局前局長喬治・泰內特（George Tenet），乃至小布希總統本人（當然還要算上英國首相東尼・布萊爾），他們都曾宣稱說自己確實知道海珊擁有大規模毀滅性武器。這個說法的問題並不在於誇飾，而在於說謊——我們現在已經知道這是徹頭徹尾的謊言，離已知的情報內容相去甚遠。他們在當時應該這麼說才合乎邏輯：「由於海珊到處躲藏，我們無法確知他是否擁有大規模毀滅性武器。因此，基於預防原則，我們不能放任他無限

[3] 譯註：在一九九一年第一次波斯灣戰爭結束後，聯合國基於人道立場，是以在經濟制裁伊拉克的同時，又於一九九五年設立了「以油換糧計畫」（oil-for-food program），允許伊拉克在國際市場上出售石油以換取食品、藥品，以及其他伊拉克公民的人道需求。但卻有人利用這項計畫進行調高糧食價格、支付海珊政府回扣等行徑，爆發了一連串腐敗醜聞。

期掌權下去。能夠防患於未然總比將來後悔的好。」但這種講法對錢尼來說顯然不夠，他非得要斬釘截鐵地說：「薩達姆・海珊就是擁有大規模毀滅性武器。」小布希對此原本心存懷疑，但是中情局局長泰內特向他保證這事就像灌籃高手「灌籃」一樣，絕對不會失誤。[18]其他心中存疑者不久也紛紛歸隊，與他們立場一致。美國政府指控海珊「與蓋達組織合作」的做法，更是嚴重誤導。其實並沒有確切證據能證明他們雙方有接觸，可是那些捕風捉影的證據卻被拿來影射伊拉克參與策畫了九一一恐怖攻擊事件。至今仍舊沒能找到相關證據。

第三樁禍根，就是宛如災難一場的伊拉克戰後佔領政策。美國國防部搶下了戰後佔領伊拉克的權責，但國防部還沉浸在成功閃電打擊伊拉克的自鳴得意之中。美國國務院早在先前就已經花費大量時間，規劃美軍在成功入侵伊拉克之後的佔領行動。可是國務院的計畫卻被國防部長倫斯斐和他的顧問們棄而不用。國防部深信一旦海珊下臺，伊拉克就會神奇地（在一番瘋狂慶祝獲得自由後）自動重建。正如去年一位政府官員告訴英國《金融時報》：

> 美國國防部次長道格拉斯・費思（Douglas Feith）正領導著五角大廈裡的一組人馬，他們一直覺得這不過就是件輕而易舉的事：只要六十到九十天，來個大翻轉後迅速交接，……就可以把差事交給伊拉克國民大會等側翼或管他什麼單位。接下來美國國防部就可以把兩手洗乾淨，迅速脫身，又快又平順。在這之後就會留下一個符合我們期望的民主化伊拉克。整件事就只是這樣。[19]

二〇〇三年二月下旬，美國陸軍參謀長艾瑞克．新關將軍（Eric Shinseki）表示，要穩定戰後的伊拉克「大約需要數十萬名的軍人」，這番說法立刻被時任國防部副部長伍佛維茲毫不客氣地批評為「完全不是事實」。伍佛維茲聲稱自己「很有理由確定」伊拉克人民「將會歡迎我們這些解放者」。我們應當記住，這種幻想並不只存在於美國五角大廈裡面那批新保守主義者身上。就連率領三十萬美軍協同英軍對伊拉克展開攻擊的湯米．法蘭克斯將軍（Tommy Franks），也誤以為十八個月後就可以把軍隊人數減少到只剩五萬人。最後就只好讓國務卿柯林．鮑爾去跟總統報告說，「推翻政權」造成了嚴重的後果——雖不能說是帝國專橫形象，卻也相去不遠。鮑爾向小布希總統提議，對伊拉克一定得用「陶倉規則」（Pottery Barn rule）：「進了陶器倉庫，你打破了東西，你就要買下它。」[20]

禍根還有第四樁。二〇〇三年的美國外交宛如雙頭馬車，就像小說《怪醫杜立德》裡面那頭名叫普希米－普魯尤（Push me pull you，意思是推我拉你）的雙頭怪獸一樣。一邊是副總統錢尼，完全不考慮聯合國的因素；另一邊則是國務卿鮑爾，堅持任何行動都要先經過聯合國某種形式的授權才算合法。這兩種路線也許都行得通，只要你把一條路線實行到底。但兩者並進可就犯了大錯。事實上，歐洲國家之所以會捲入伊拉克戰爭，其實也是美國動用某種外交恫嚇手段奏效的結果。至少有十八個歐洲國家簽署同意支持對海珊發動戰爭。但是，美國後來向聯合國要求的「第二份決議」（美國認為安理會第一四四一號決議尚不足以證明其具有發動全面戰爭的充分理由）卻是大大失策。這使得法國政府得以憑藉其在安理會常任理事國的席位重新取得外交主動權。儘管有超過四十個國家宣稱支持美國攻打伊拉克，同時還有三個國家（英國、澳洲與波蘭）已經派出大軍投入這場戰爭。然而，法國卻威脅要動用否決權，加上典型法國人誇張的大動作，確實給眾人造成不可抹滅的印象，認為美國是在進行單邊行動——甚至有可能是非法行動。[21]

以上四項錯誤都有一個共同點：都沒能從歷史中學到教訓。最明顯的歷史教訓是，一個帝國絕不能只靠武力威脅手段來高壓統治。統治必須要先有正當性——在被統治者眼中、在其他強國眼中，以及最重要的在國人眼中。難道這些人都不懂歷史嗎？我聽說小布希總統在擬訂伊拉克戰爭計畫的那段時間，正在讀艾德蒙．莫里斯（Edward Morris）所寫的老羅斯福總統傳記《西奧多．雷克斯》（*Theodore Rex*）；想必他當時還沒有讀到美軍佔領菲律賓如何導致當地發生武裝抗爭。在入侵伊拉克之前，聽說副國家安全顧問史蒂芬．海德里（Stephen Hadley）把純粹由美國實施的單方面入侵比喻為「帝國才做的選擇」。難道沒有人意識到要佔領與改變伊拉克（不管有沒有盟邦協助）本來就是帝國在做的事情嗎？這不止要花錢，還要耗費許多年才會成功。

那些決定攻打伊拉克的決策者，如果曾經參考過上一次大英帝國佔領伊拉克的案例，那麼他們就不會對二〇〇四年在伊拉克某些地區遭遇到的頑強抵抗感到如此驚訝。因為一九二〇年五月，當地就曾經爆發過一次大規模的反抗英國人事件。這件事發生在伊拉克舉行公民投票（實際上是與部落領導人進行一輪磋商）之後的六個月。當英國宣布不會繼續在伊拉克採行殖民統治，而是會在國際聯盟委託下「授權」託管時，叛亂就爆發了。值得關注的是，無論是與伊拉克人協商，或是對他們做出國際化的保證，都不足以阻止這次起義。

就跟二〇〇四年一樣，一九二〇年武裝暴動具有宗教根源與宗教領袖，但他們很快就跨越了自古以來的種族與教派上的界線。最初的反英示威行動是在巴格達的清真寺舉行，接下來暴力事件很快就迅速蔓延到什葉派的聖城卡巴拉。當時什葉派的「阿亞圖拉」（Ayatollah，譯按：即什葉派高階導師）是穆罕默德・塔奇・設拉子（Muhammad Taqi al-Shirazi），這位宗教領袖公開譴責英國統治；他就像今日深具煽動力的什葉派領袖薩德（Muqtada al-Sadr）一樣，兩人在不同的歷史事件中扮演著相同的角色。伊拉克叛亂鬧得最兇的時候，向北延燒到庫德族城市基爾庫克（Kirkuk），向南則襲捲到沙馬拉（Samarra）。當時也跟二〇〇四年一樣，多數暴力事件都是出於象徵意義大過戰略意義——許多英軍屍體被肢解，就跟美軍屍體在法魯賈城受到的對待差不多。但是，英國的處境受到了真正的威脅。叛軍有計畫地癱瘓佔領者的基礎建設，破壞鐵路與電報線。在有些地方，英軍與居民被切斷與外界的聯繫，慘遭圍困。到了一九二〇年八月，伊拉克情況危急，逼得負責的英軍將領不得不向倫敦求援。他不只要求增派軍隊，還要求動用生化武器（芥子氣炸彈或炮彈），雖然與長久盛傳的傳說相反，最後英國並沒有提供生化武器，因而也就不曾使用過這樣的武器。[22]

這就帶領我們進入了美國或許可以從英國經驗中學習到的第二課：重建秩序絕非易事。一九二〇年，英國最後是同時用上了空中轟炸與地面懲罰性的焚燒村莊才結束了這場叛亂。行動之慘烈，就連當時擔任英國空軍大臣的邱吉爾都對某些好戰空軍飛行員與報復心重的地面部隊的行動感到驚愕。儘管英國擁有壓倒性的科技優勢，英軍還是有超過兩千人傷亡。此外，在伊拉克獲得「完整主權」之後很長一段時間，英國都一直派軍駐守在伊拉克。儘管伊拉克在一九三二年正式宣布獨立，英軍還是停留在當地直到一九五〇年代（詳見本書第六章）。

歷史會再次重演嗎？在二〇〇四年所有提到要把「完整主權」歸還給伊拉克臨時政府的談話中，小布希總統說得最清楚：「若有必要，我就會在當地維持一定數量的美軍……」，而且美軍會繼續「在美國指揮下」行動。這暗示了根本沒有所謂完整主權這回事。畢竟如果伊拉克的新臨時政府無法控制這支在自己領土上配備精良的外國武裝部隊，那麼它就缺少一個主權國家的特徵：在領土內合法壟斷暴力的使用。美國國務院政治事務次卿馬克·葛羅斯曼（Marc Grossman）在二〇〇四年四月的說法也呼應這種論點。當年美國國會針對伊拉克前途舉行了聽證會，葛羅斯曼在會間如此表示：「當初的安排就打算要盡最大努力與臨時政府協商，並且慎重考慮他們的意見。我想這也正是我們現在所做的。」但是美國指揮官還是「有權利、權力與義務」來決定他們部隊適當的角色。[23]

原則上，「有限度的主權」本身並沒有什麼不對。正如本書第二章所言，西德與日本在一九四五年後有好長的時間也僅維持有限度的主權。主權並非絕對，而是一種相對的概念。歷來帝國的共同特色之一，就是在帝國之下還有好幾個不同層級的主權。依查爾斯·邁爾（Charles Maier）教授所謂的「帝國的碎形幾何」（fractal geometry of empire）概念所示，帝國的權力有階級之分，包括多個自身的縮小版本，沒有一個層級擁有完整主權。然而，如今美國政府的決策者與選民都有必要理解他們現在所經營的帝國事業。因為這項事業的日常開支可能所費不貲。

問題是，若美國想在伊拉克成功實施間接統治（或「有限度的主權」），美國人必須要願意為佔領與重建該國付出龐大的費用。不幸的是，如果美國財政政策的方向沒有徹底改變，想要間接統治伊拉克可能會力有未逮，甚至無力負擔——這是本書第八章的重點。

自從小布希贏得二〇〇〇年總統大選以來，整體聯邦支出已經增加了大約五千三百億美元，較以往提高了將近三分之一。這項增加只有一部分是政府出兵打仗的緣故——較高的國防支出只佔了增額的三成；反觀增加的醫療保健支出佔了增額的一成七，社會保險與收入保障各自佔了一成六，醫療保險佔了一成四。[24]事實是，小布希政府在社福支出方面增加得比戰爭支出還要多更多。然而，就在支出增加的同時，聯邦政府的收入卻大幅下降：從二〇〇〇年佔GDP百分之二十一的比例，暴跌到二〇〇四年的百分之十六不到。[25]二〇〇一年的經濟衰退對於歲入短少的影響其實很小，主要影響來自連續實施了三項減稅政策。這是由佔國會多數的共和黨領導與支持下完成。於是，國會從二〇〇一年起通過了《經濟成長與減稅法案》（Economic Growth and Tax Reform Reconciliation Act），開始為期十年的減稅時程，總共要減稅一兆三千五百億美元、退稅三百八十億美元；國會接著又在二〇〇二年通過了《創造就業機會與工人援助法案》（Job Creation and Worker Assistance Act），最後是在二〇〇三年針對股息收益雙重課稅做了改革。總數加起來高達一千八百八十億美元的減稅金額（幾乎等於二〇〇三年國家總收入的百分之二），這可是明顯比先前雷根政府在一九八一年通過的《經濟復甦租稅法案》（Economic Recovery Tax Act）的減稅金額還多。[26]支出增加與收入減少兩相結合的結果，造成了聯邦赤字急劇增加。小布希總統接手了二〇〇〇年的財政盈餘大約二千三百六十億美元，但到我撰寫本書之時，美國政府公布的二〇〇四年預算赤字已經來到了四千一百三十億美元。也就是說，美國財政預算在四年間由黑字轉為赤字，兩者相差近三分之二兆美元。[27]

政府發言人有時會替這種毫無節制的借貸做辯護，說這一切都是為了要刺激經濟。我們有理由對此感到懷疑。尤其是這些聲譽不佳的減稅措施，其受惠者基本上都是非常有錢的人。（副總統錢尼在為第三項減稅法案辯護時，他直接用坦率的話語掩蓋過總體經濟的論點：「我們贏得了期中選舉。這是我們應得的。」[28]）錢尼還有另外一句名言將來也會被歷史學者引用：「雷根總統證明了財政赤字並不打緊。」[29]但是雷根從來沒有做過這樣的事。老布希總統在一九九二年連任失敗的關鍵因素，就在於他想透過加稅來讓赤字重新獲得控制；接著在柯林頓總統領導之下，有計畫地降低赤字是使得一九九〇年代後期能夠長期利率下降與經濟繁榮的原因之一。到了小布希總統執政時代，赤字之所以看起來無關緊要，只是因為過去四年來一直維持低利率。這使得小布希總統（還有許多美國家庭）可以用更少的利息借到更多的錢。去年償還聯邦債務的淨利息總額只佔GDP的百分之一點四，而在二〇〇〇年所佔的比例是百分之二點三，在一九九五年是百分之三點二。[30]

然而，美國能夠長期維持低利率並不是美國財政部匠心獨具的結果。有部分原因是亞洲各國央行願意大量購買美元計價的有價證券，比如美國十年期公債。他們的動機主要只是想保持該國貨幣與美元掛鉤，其次才是方便小布希政府融資以改善財政赤字。[31]如今美國公開發行的國庫債券（聯邦債務）幾乎將近一半在外國人手上，比例超過十年前的二倍多，這並不是巧合。[32]在外債高築的俄羅斯帝國之後，我們不曾再看到有哪個龐大帝國如此嚴重依賴國外貸款。問題在於美國不能無限期依賴外資持續挹注，尤其是未來的財政赤字還有可能上升。這就是為什麼說小布希政府未能解決財政改革的根本問題如此事關重大。實際情況是，美國官方的財政赤字與聯邦債務都低估了國家即將發生的財政問題的嚴重性，因為沒有人考慮到醫療保險與社會保險體系鉅額且無資金來源的債務。[33] 美元作為世界主要儲備貨幣的地位使美國受益匪淺；這是外國投資者隨時都要持有大量以美元計價資產的原因之一。但是儲備貨幣的地位並不是上天恩賜的禮物。一旦國際市場瞭解美國潛藏財政危機的嚴重性，美元作為儲備貨幣的地位恐將遭到破壞。[34] 美元如果貶值，外國持有美元者所受的傷害肯定比美國人受傷更深。但是，如果國際上對於美國財務狀況的期望有所改變的話，也可能導致長期利率急劇上升，這會直接回饋到聯邦赤字上造成負面影響，因為償債的成本就增加了。[35] 這也會傷害到有大額負債的美國家庭，尤其是採用浮動利率的抵押貸款利率會跟著升高。[36]

帝國不必然成為大都市納稅人的負擔；事實上，許多帝國崛起正是為了把賦稅的重擔從中央移轉到邊陲。但在可預見的未來，我們幾乎看不到任何跡象顯示美國能成功讓其他人「分擔負擔」，即使是少量金額恐怕也做不到。冷戰期間，美國的盟友為了維護西方集體安全至少還貢獻了一些金錢與大量人力。但是那種日子已經一去不復返了。在二〇〇四年七月於波士頓舉行的民主黨全國代表大會上，以及兩個月後在總統大選辯論會上，約翰．凱瑞一再保證，他一定要「讓我們的盟友跟我們同一陣線，共同分攤負擔，減輕美國納稅人的成本，降低美國軍人的風險」，以「完成使命，帶我們的軍隊回家」。他說：「我們不必獨自完成這件事，我們需要重新建立起聯盟。」[37] 但是，我實在看不出今天有哪一位美國總統能有辦法說服歐洲人，讓他們派出更多軍隊去伊拉克，或甚至願意拿出錢來讓美國人繼續留在伊拉克。凱瑞在接受民主黨提名為總統候選人時回憶道，他小時候曾看到「英軍、法軍與美軍」攜手在戰後的柏林工作。但是，當年歐洲各國有比較大的動機支持美國的外交政策，主要是因為蘇聯紅軍正包圍著西柏林四周。這並不是說冷戰時代的法國人或德國人（或就此事而言，英國人）全都熱情支持美國；事實正好相反，美國的外交官們時常為了歐洲的反美情緒而煩惱。在歐洲，不論左翼或右翼都有反美情緒。不過，只要歐洲東邊還有蘇聯存在，「西方」團結就會是壓倒性的主流論調。但是，這種情況在十五年前改變了，當時戈巴契夫領導的一連串改革造成了蘇聯帝國瓦解。從那時候開始，維持大西洋兩岸國家和諧相處的誘因就逐漸薄弱。無論出於什麼原因，歐洲人並不認為伊斯蘭恐怖主義的威脅有嚴重到需要無條件支持美國。別說是支持美國，歐洲人在西班牙大選後的表現，彷彿要對付日益嚴重的伊斯蘭恐怖主義威脅的最佳方式，就是與美國保持距離。為數驚人的歐洲人把美國視為危害國際穩定的威脅。在最近的一份蓋洛普民調中，有百分之六十一的歐洲人說他們認為歐盟「對世界和平有正面積極的貢獻」；只有百分之八的人認為歐盟起到負面作用。至少有百分之五十的受訪者認為，美國現在對世界和平只起到負面的效果。[38]

美國有個她寧願不要的身份：有人稱之為「巨人」（Colossus），其他人稱之為歌利亞——一個不敢說出自己名字的帝國。[39] 但如果不要美國，還有哪個國家可以取代美利堅帝國呢？如果美國真的如同許多人所希望的，縮減了海外的軍事承諾，接下來又會如何呢？

人們傾向認為：權力，就跟大自然一樣，是沒有真空的。世界政治史上似乎從來不缺霸主，或者說，一直都有人搶著要當這個角色。今天，霸主是美國；一百年以前，霸主是英國。更早之前，是法國，是西班牙，是其他國家。偉大的十九世紀德國歷史學家蘭克（Leopold von Ranke），曾把近代歐洲史形容成一場不斷爭奪統治權的鬥爭，唯有透過反覆不斷的衝突才有可能達到權力平衡。更晚近的史家們依此推論，當冷戰時代的超級強權被「過度擴張」給拖垮後，他們的位子很快就會被新的強權所取代。過去人們一度以為德國與日本有機會成為新強權，如今國際關係的現實主義者們開始警惕崛起中的歐盟與中國。換句話說，強權不會自然壟斷，爭奪統治權是反覆出現且普世皆然的現象。有些評論家認為，國際關係在蘇聯解體之後進入了所謂的「單極時代」，即只剩下以美國作為絕對中心；但這樣的局面並無法長久維持。原因很簡單，因為歷史討厭超級強國。早晚都會有挑戰者出現，然後我們就會回到「多極時代」，回到列強並立的時代。換句話說，如果美國因為在伊拉克的經驗而決定放棄帝國霸業，某一個甚或多個強權一定很快就會趁機起來奪取霸權。

萬一後繼無人呢？如果到最後沒出現權力平衡，反而出現強權缺席的局面呢？這種情形歷史上不是沒有發生過。很不幸地，歷史上所經歷過的強權缺席時代（或可說是「無極化」時代），都並不是什麼令人愉快的經驗。任何熱切期盼美國放棄霸權的人都應該要記住，美國如果退下世界第一的寶座，很可能會出現一個沒有霸主的世界，而不是列強競爭的多極世界。無極化的世界，也就是沒有霸主的時代，到頭來可能不會像約翰·藍儂的那首輓歌《想像》（Imagine）裡面所想像的和平主義烏托邦，而是無政府主義的新黑暗時代。

為什麼二十一世紀初可能出現沒有霸主的權力真空時期呢？原因並不難想像。讓我們想想萬一美國真的因為帝國衰落而被拖垮，誰是有可能繼美國而起的競爭對手吧。歐盟近來的表現雖然令人刮目相看（尤其是十二個國家成功組成了歐洲經濟暨貨幣聯盟），但實際上歐洲的人口趨勢使得歐洲幾乎註定要走向沒落（詳見本書第七章）。在生育率下降與平均壽命上升的情況下，西歐社會人口的年齡中位數預計在本世紀中就會趨近於五十歲。「古老歐洲」很快就會真正變老。到了二〇五〇年，每三個義大利人、西班牙人與希臘人中就有一人的年齡至少已經六十五歲，這個數字甚至已經算入不斷移入的移民。[40] 歐洲人因此面臨一個惱人的抉擇：究竟要將經濟美國化，開放邊界予更多移民，並接受隨之而來的文化變遷？還是要轉型成加強版的退休社區，讓比例逐漸下降的勞工扛起成本逐漸上漲且不合時宜的福利制度？歐洲經濟成長的停滯，只是讓前述問題更為惡化，而經濟停滯又源於其勞動市場僵化、高邊際稅率，以及相對較少的勞力投入（坦白講就是低工時）。[41] 與此同時，由於歐盟尚未完成憲法改革，這使得歐洲各國在經濟領域以外依舊享有相當大的自主權，特別是在外交與安全政策方面。中歐與東歐十國於二〇〇四年五月加入了歐盟，這項歐盟東擴看起來似乎可以協助解決歐盟潛在的人口老化問題。然而，每加入一位新成員國，都會使管理歐盟的邦聯機構在工作上變得更加困難。

樂觀看待中國的觀察家們認為，中國在過去十年所表現的經濟奇蹟還會持續下去。如果繼續維持這種經濟成長步調，中國的GDP將會在三十或四十年之內超越美國。[42] 然而一切都很難說，因為一般新興市場的發展規則碰上了北京的利益就止步了。首先，自由市場經濟與共產黨的壟斷市場根本無法相容；前者必定得奠基於私有財產制與法治，而後者則是中共壟斷權力。權力會滋生腐敗，會妨礙建立透明的財政、貨幣與監管機構。「亞洲四小龍」（韓國、臺灣、香港及新加坡）各國的經濟有個共同點，那就是產品生產量一定遠遠超過國內市場需求（使得經濟高度倚賴出口），甚至遙遙領先國內的金融發展。但在中國，沒有人能夠實際知道中國國內的銀行業究竟出了什麼狀況。[43] 那些為了打入中國市場而大量買入中國銀行呆帳的西方銀行必須謹記，這套劇本在一百年前也出現過：當年列強在中國實施「門戶開放」，許多美國與歐洲公司匆匆錢進中國，結果就看到在中國的投資毀於戰爭與革命的動盪之中。現在以美國為首的國家就跟當年一樣，對中國的發展前景充滿熱切期盼。當年他們的希望落空了，現在也可能要再失望一次。中國的貨幣危機或銀行危機可能會帶來非常嚴重的後果，特別是當西方投資者發現，要把資產從中國撤回本國是一件非常困難的事。如果外國人直接在當地投資設廠，而不是透過債券市場等金融商品做投資，那麼也就沒有在國內實施資本管制的必要。要把一座煉鋼廠搬回國可不是一件簡單的差事。

眼看穆斯林社會的出生率比歐洲社會高出二倍之多，北非與中東國家勢必在未來幾年對歐洲與美國產生某種壓力。舉例來說，如果葉門人口在二〇五〇年超越德國（這是聯合國所做的預測），那麼要不是中東在經濟方面出現長足的進步，要不就是會有大量的移民從阿拉伯世界遷居到高齡化的歐洲。但是，穆斯林對歐洲城市的微妙殖民現象（法國最為明顯，來自北非的移民充斥大城市郊區，如馬賽和巴黎），並不表示就會出現嶄新且具備威脅性的「歐拉伯」（Eurabia，譯按：結合歐洲與阿拉伯兩個字的新詞，指歐洲的阿拉伯化）。[44] 事實上，當前穆斯林世界的分裂更甚以往，已經不單單只是傳統的遜尼派與什葉派分裂而已。穆斯林世界另外還有一道裂縫，有一派的穆斯林在尋求與西方和平共存的模式，也就是找出一種「權宜的妥協」（Modus vivendi），土耳其政府向歐盟表達加入意願就是其中一項具體表現。另一派穆斯林則是被吸引加入像是偏離正統的奧薩瑪．賓拉登那樣具有改革意識的「伊斯蘭主義」（Islamism）。從摩洛哥到巴基斯坦所做的民調顯示，這些地區普遍都有很高的反美情緒，但意見並非一致。在歐洲，只有少數人公開表示同情恐怖組織；在英國，大多數年輕的穆斯林則清楚表示他們愛同化更甚於聖戰。我們距離兩極對立的「文明衝突」其實還很遙遠，更不可能出現一位新崛起的哈里發，對美國與其盟邦構成地緣政治威脅。

簡言之，歐盟和中國這兩個有潛力繼承美國霸主衣缽的挑戰者，都各自埋藏著未來衰落的禍根。伊斯蘭世界在全球政治舞臺上則仍是一團散沙，缺少成為超級大國的資源。

現在讓我們想像一下：美國新保守主義的傲慢在伊拉克遇到了剋星，而小布希政府意欲推行的中東民主化也顏面無光地放棄了。再假設一下：萬一接下來並沒有出現一個權勢相當的對手，積極來填補美國空出來的權力真空——不只是在伊拉克，還包括目前想像得到的阿富汗、巴爾幹半島，更不用說海地。一個沒有霸主的「無極」未來會是什麼樣子呢？要回答這個問題並不簡單，因為歷史上只出現過極少數幾個時代是沒有人爭奪霸主寶座的情形，通常總有人搶著要當上全世界或至少是區域性的霸主。距離我們最近的一次相似景況，大概就是一九二〇年代吧。當時美國參議院不支持美國加入國際聯盟，使得威爾遜總統未能實踐他原本想在國聯推動全球民主化與集體安全的構想。中歐與東歐當然也出現過強權真空時代：當俄羅斯的羅曼諾夫王朝、奧地利的哈布斯堡王朝、德意志的霍亨索倫王朝與鄂圖曼帝國瓦解時。但這類強權真空的時間都不長。鄂圖曼帝國在中東統治的精華地帶很快就被西歐幾個古老帝國給瓜分掉；沙俄的舊帝國在一九二二年就被布爾什維克政權給接收重整；而納粹德國的復仇主義在一九三六年時也已經發展成熟了。

我們必須回到更早的歷史，回到西元第九和第十世紀，才能找到真正長時間沒有霸主的無極年代。當時羅馬帝國的權力臻峰早已過去，一分為二成為東、西羅馬帝國。西羅馬帝國的領導權又再分裂，分別握在統領基督教世界的教宗，以及查理曼大帝的幾位繼承人手中。查理曼的三個孫子在西元八四三年簽訂了《凡爾登條約》（Treaty of Verdun），查理曼大帝建立的短命帝國正式分裂。直到西元九六二年才有夠格稱帝者出現：鄂圖一世在這一年獲加冕為「神聖羅馬帝國皇帝」，史稱「鄂圖大帝」，是為神聖羅馬帝國之始。但即便是鄂圖一世，也不過只是一位自以為義大利歸他統治（其實從未真正統治過）的德意志親王。而與此同時，以拜占庭為中心的東羅馬帝國也忙於應付來自北方保加利亞人的叛亂。就在同一段時期，當初由阿拔斯（Abu al-Abbas）在西元七五〇年創建的阿拔斯哈里發帝國（編按：黑衣大食），到了西元十世紀中期也快速走下坡。同樣地，此時中國正好碰上唐朝（西元六一八到九〇七年）與宋朝（西元九六〇到一二七九年）兩者之間的空檔。

趁著古老帝國疲弱不振之時，新興小國就有機會繁榮興盛起來。可薩人（Khazar）在西元七四〇年由薩滿教改信了猶太教，之後他們的汗國就佔據了黑海與裏海之間處於權力真空的歐亞大陸。而遠在拜占庭帝國無法觸及的基輔羅斯，其攝政王奧麗加（Olga）在西元九五七年改信東正教，奠定了未來俄羅斯帝國的基礎。塞爾柱人（鄂圖曼土耳其人的先祖）則建立了魯姆蘇丹國（Sultanate of

Rum），阿拔斯帝國從此失去了對小亞細亞的控制權。非洲有個小小的迦納帝國，中美洲有馬雅文明。這些國家彼此少有聯繫，甚至不曾往來過。當時的情況完全就是全球化的相反。世界分隔成好幾個不連貫也不與外界往來的文明。

由於當時沒有世俗的強國，這個時期的特色之一就是宗教問題經常導致嚴重動盪。事實上，宗教機構經常主導政治議題。在第八和第九世紀時，拜占庭就深陷聖像破壞之爭的漩渦之中。十一世紀的教宗能夠自信滿滿地認為，自己能在主教敘任權的鬥爭中讓神聖羅馬帝國皇帝亨利四世低頭認輸。新的修道院教團在基督教世界裡聚攏了可觀的權力，尤其是克呂尼修道院（Cluny Abbey）——當時第一個集中管理的教團。在穆斯林世界，烏理瑪（神職人員）才是真正掌權者。神職人員權勢顯赫，這正好說明了何以這個時期會結束於非比尋常的聖戰，也就是眾所皆知的十字軍東征（一〇九五年由一群歐洲基督徒發起了第一次十字軍東征）。你可以說這是一場文明衝突，但其實更像是另一個展示無極世界缺點的例子——文明易受攻擊，發展落後者能夠直指都市中心地帶，發動長途軍事突襲。西元第九世紀時，維京人連續劫掠了西歐幾座大城市。他們在八四二年攻擊了法國南特，八四四年攻擊了西班牙塞維爾，茲舉兩例。難怪規模較小又易於防守的政體因應而生，例如威尼斯共和國便是典型的城邦，從八四〇年起已自行決定外交政策，或者像是阿佛烈大帝建立於西元八八六年的英格蘭，那可說是歐洲史上第一個類似民族國家的政體。

今天，如果是沒有霸主的無極世界，它可能讓人把它與阿佛烈大帝時代聯想在一起嗎？可能，雖然兩者之間有些重要差異仍待釐清。當然，我們可以想見世上有些現存強國會退回到自己的勢力範圍內。但那些在二戰後由美國領導與扶植起來，同時也越來越自詡握有自主權的超國家組織呢？例如聯合國、國際貨幣基金組織、世界銀行，以及世界貿易組織，每一個都自認在某方面代表了「國際社會」。但難道這些機構不能夠取代美國治理全球，建構出一個擁有集體安全與國際公法、與歐洲黑暗時代完全對立的新光明時代嗎？[45] 然而，像這樣的普世宣稱的詞彙，其實也是那個遙遠的黑暗時代不可分割的一部分。

所有帝國都主張由它統治世界；其中有幾個不知道世上還有別的文明存在，還真以為自己已經統治了全世界。然而，事實是既沒有達成一個全球化、人人信仰基督的世界，也不曾擁戴一個統治世界的天命帝國，而是政治分裂。時至今日，情況依舊。我們這時代的一大特色，不是我們會把權力向上移交給超國家機構，而是把權力向下擴散。當暴力與溝通渠道皆不再由各國壟斷，人類就進入了一個新時代，一個分裂完全不亞於整合的時代。如果資訊與生產工具的自由流動嘉惠了跨國公司和非政府組織（與各種宗教福音教派），那麼毀滅性科技的自由流動也助長了犯罪集團與恐怖組織。這些組織看起來似乎能夠在任何地方運作，從美國紐約到伊拉克納傑夫（Najaf），從西班牙馬德里到俄國莫斯科。相反地，國際組織的命令卻無法通行全球，甚至更越來越局限在少數幾個戰略前哨，像是阿富汗喀布爾與伊拉克巴格達。簡言之，「非國家行為者」才能施加全球權力，他們就是我們這時代的傳教士與維京人。

帝國衰落，宗教盛行，世界陷入無政府狀態，人們只能躲在城牆之後……這些就是歐洲黑暗時代的經驗，也可能在沒有帝國的世界裡重現。這些跡象已經開始出現了。麻煩的是，這次的新黑暗時代顯然會比第九、第十世紀的歐洲黑暗時代更加危險。因為現在世界人口更為稠密（大約是當年的二十倍）。科技進步固然促成了生產模式轉型，使現代人類社會不再只是依賴淡水、家畜與莊稼收成，還同時依賴機器；機器大幅提升了我們的生產力。不幸的是，我們已知這些機器所使用的主要燃料供給並不是無限的，它們還會污染地球的大氣層，還會改變氣候，而且這些機器此刻仍在運轉。還有，科技進步同時也升級了蓄意毀滅的能力。人類現在不只能洗劫一座城市，還能把它徹底抹除。出於前述這些原因，如果今天變成沒有霸主的無極化世界，可能會造成比查理曼大帝駕崩後更惱人的動盪不安。假如美國放棄全球霸權的地位——也許是出於她那脆弱的自我形象因為帝國邊疆的一點小挫折而放棄——則美國的國內外批評者可千萬別以為自己能迎來一個嶄新的多極和諧時代，或甚至能重回舊日美好的權力平衡時代。因為取代單極的可能根本不是多極，而可能是無極，出現全球性的權力真空。然後，比列國競爭更危險的力量就會利用這股世界新失序（也許沒那麼新），乘勢而起。

我們為什麼需要帝國呢？最好的理由，就是為了秩序。當然，我們還有自由這個更崇高的目標。但是，那些沒有真正見過社會失序的人恐怕永遠也無法瞭解，秩序正是自由的先決條件。就這一層意義來看，支持美利堅帝國的理由，同時也就是反對國際無政府狀態的理由——確切來說，就是為了防止權力真空在各地區蔓延。我並非要假裝美國是個完美帝國。帝國天生就會受到自己所行使的權力損害：它們會在對外施加秩序的同時，面臨內部勢不可擋的分崩離析。這就是為什麼我們不該期望過高。如果就連深信自己受命於天的帝國，也不容易當個好帝國，那麼對美國而言豈不是更難。因為美國相信上天要她解放世界，卻不要她統治世界。

遺憾的是，世界上仍有少數地方必須先被統治後才能獲得解放。遺憾的是，統治這些地方讓美國人極度受罪，因為他們出於直覺怨恨這些地方消耗了他們的鮮血、金錢與時間。但最遺憾的是，眼下看來似乎別無更好的選擇，對美國與全世界皆是——而這正是本書的宏旨。曾經，在距今一百六十年前，美國的帝國使命看似已得彰顯，結果從此之後就變得晦暗不明。如今，美國又再次面臨同樣攸關命運的關鍵時刻了。唯一的問題依舊是，這個自我否認的帝國還能夠屹立多久？《巨人》這本書給的答案是：不會太久。因為美國尚未對其在世上扮演的角色進行全盤檢討。如果本書能促成人們重新檢討美國扮演的角色，那我就達成當初寫這本書的目的了。

# 致謝

如果我二〇〇三年一月沒有在美國住上一段時間，這本書恐怕也不會呈現在你眼前。事實證明，這是跨大西洋移民重新振興的第一項成果。我帶著對「美利堅帝國」的假設，拖著行李來到了紐約。在這座世界之都工作，迫使我不敢在「假說」原地踏步。結果就誕生了這本綜合性的論述——不只是本書書目中引用的那些已出版或未出版的作品，還包括無數美國強權過去、現在與未來的討論。美國的過去，毫無疑問一直都是史家所關心的領域。然而，我卻希望藉由這本主要是歷史題材的作品，來討論近期大事與未來可能的收穫。本書的主要目的，是想鼓勵美國人將自身國家當前的困境與過去的帝國經驗連結起來。我撰寫這本書，並不是為了對美國吹毛求疵、進行批評，身為一位美國的熱切崇拜者，我希望美國的帝國事業能夠獲得成功，同時也擔心著美國失敗的後果。

這是一本對話之書。比起我過去的其他著作，本書的成果更加仰賴與不同人或不同機構對話，與已出版或未出版的文本對話。我首先要感謝貢獻最大的紐約大學，尤其是史登商學院。當時任商學院院長George Daly邀請我在紐約大學任教時，我起初覺得這是個很棒的想法。事實證明，這是個棒極了的主意。我不僅要感謝他，還要感謝他的繼任者Tom Cooley，以及史登商學院所有教師與行政人員。我特別要感謝紐大經濟系主任Dick Sylla，感謝其友誼與知識上的陪伴成了我搬到紐約曼哈頓西四街的最大動力；我還要感謝他的繼任者Luis Cabral。一般說來，如果整個機構都如此歡迎我，在此只講幾個名字可能會讓人反感。但我在此必須特別感謝史登商學院與紐約大學的幾位同事，因為他們對我專題討論的論文與其他著作給了意見，這些書寫最終化為本書的章節。他們是David Backus、Tom Bender、Adam Brandenburger、Bill Easterly、Nicholas Economides、Shepard Forman、東尼・賈德（Tony Judt）、Fabrizio Perri、Tom Sargent、Bill Silber、George Smith、Larry White、Bernard Yeung。我還得感謝紐約大學的Kathleen Collins、Melissa Felci、Janine Lanzisera，牛津大學的Katia Pisvin與史丹佛大學的Maria Sanchez所提供的行政與祕書協助。

在牛津大學與劍橋大學當了將近十五年的大學部導師與指導教授後，我懷著忐忑不安的心情迎接在美國碩士班大班制教書的挑戰。我很欣慰地發現，這樣的經歷不僅毫不痛苦，而且還很愉快。Sergio Fonseca與Gopal Tampi作為我在史登商學院的第一批助教，表現十分出色。有這樣優秀的學生，讓我感到自己職務就沒有那樣繁重了。我還要感謝所有修過我的課的同學，我從他們身上學到的並不亞於他們從我課堂中所學到的。我要在這裡向John Sexton校長表達感謝，他是一位真正富有魅力的教育家。

我慢慢理解到美國學術機構之所以充滿活力，很大程度上得歸功於其校友的持續參與。我在紐約期間，有兩位校友特別給了我慷慨的支持與友誼。William Berkley與John Herzog，我將永遠感謝兩人與他們的妻子Marjorie和Diana。正是John與Diana兩人贊助了史登商學院的金融史教席，讓我有幸成為此職位的第一位講師。我將這本書獻給他們，以示感謝。

我還有許多人要感謝，是他們讓我這位初來乍到的男孩感受到紐約的熱情，特別是Martha Bayona、Mike Campisi、Jimmy Casella、Cesar Coronado、Joseph Giordano、Phil Greene、Jorge Lujo、Saleh Muhammed、Hector Rivera、Neville Rodriguez與Giovanni di Salvo。

我在去年有幸與史丹佛大學胡佛研究所結緣，它是美國最偉大的歷史研究中心之一。我要感謝胡佛研究所的所長與研究員們選派我擔任資深研究員。去年秋天，他們與胡佛研究所的所有工作人員給了我來自加州的熱烈歡迎——我相信這是第一次。

我還要感謝我的母校牛津大學，它讓我成為客座教授，使我過去一年沒有完全從老地方消失。我還要感謝牛津大學耶穌學院的校長與研究員，他們推選我為資深研究人員；感謝牛津大學奧里爾學院的院長與研究員，在我訪問牛津期間為我提供了學習機會。對此我要特別要感謝Jeremy Catto。此外，我還非常有幸得到了一位牛津大學的研究助手——非常優秀的Ameet Gill。

本書中的一些材料起源於新聞寫作。在向我展示美國報刊寫作技巧的編輯中，我要感謝Anne Burrowclough、Erich Eichman、Tony Emerson、Nikolas Gvosdev、Damjan de Krnjevic-Miskovic、Dean Robinson、Gideon Rose、Allison Silver、Robert Silvers、Zofia Smardz、Tunku Varadarajan、Michael Young and Fareed Zakaria.我還要感謝George Ames、Ric Burns、Peter Kavanagh、Brian Lehrer、Kevin Lucey、

Tom Moroney、Peter Robinson and Geoffrey Wawro，感謝能在廣播中與你們進行難忘的討論。

第三章的部分內容，最初曾以〈文明衝突或瘋狂毛拉：介於正式帝國與非正式帝國之間的美國〉一文，收錄在《恐怖的時代》（*The Age of Terror*）這本書中，主編是*Strobe Talbott*（*Basic Books*出版，二〇〇一年）。第五章的部分內容作為〈大英帝國與全球化〉發表在期刊《*Historically Speaking*》中。第六章的部分最初曾以〈帝國大開溜〉一文在《紐約時報》雜誌上發表，接著又以〈真實的謊言〉在《新共和》雜誌上發表。最後，第八章的部分內容曾與Laurence Kodikoff合著，並以〈走向臨界點：美國財政過度擴張的結果〉為名於二〇〇三年秋季發表在《國家利益》號上。我要感謝這些期刊授權我轉載使用相關段落。

本書其他部分也因在他人審讀草稿下而獲得改進。Richard Cooper在引言的草稿中發現了許多錯誤。Eric Rauchway善意瀏覽過前半章節，協助我增進堪稱大一水準的美國歷史知識。第四章要感謝Diego Arria的友誼與建議。Judith Brown則為第六章提供了寶貴建議。第七章由我的兩位朋友，牛津大學聖安東尼學院的提摩西・賈頓艾許（Timothy Garton Ash）與英格蘭銀行的馬丁・湯瑪斯（Martin Thomas）閱讀草稿，並做了很大的改進。第八章的早期版本是我在芝加哥人文節的演講，後來根據David Hale和麥克洛斯基（Deirdre McCloskey）的評論，以及在史丹佛大學與Ronald McKinnon的對話，進行了重大修改。

還有許多值得感謝的人，是他們閱讀了本書草稿並給予意見，或是聽了我的研討會論文後做了回應，或在本書寫作期間給予熱情的接待。我要感謝格雷厄姆・艾利森（Graham Allison）、安・

艾普邦姆（Anne Applebaum）、Chris Bassford、馬克斯・布特（Max Boot）、Amy Chua、Gordon Cravitz、戴雅門（Larry Diamond）、Gerald Dorfman、Maureen Dowd、Michael Edelstein、Frank and Ronita Egger、Gerry and Norma Feldman、Marc Flandreau、Ben and Barbara Friedman、Andrew and Barbara Gundlach、John Hall、Patrick Hatcher、Paul Heinbecker、葉禮庭（Michael Ignatieff）、Harold James、羅伯特・卡根（Robert Kagan）、Harry Kreisler、Melvyn Leffler、Peter Lindert、Eileen Mackevich、查爾斯・邁爾（Charles Maier）、Norman Naimark、約瑟夫・奈伊（Joseph Nye）、Patrick O'Brien、Kevin O'Rourke、Lynn and Evelyn de Rothschild、Simon Schama、莫里茨・舒拉里克（Moritz Schularick）、Peter Schwartz、Zach Shore、Radek Sikorski、Lawrence Summers、Giuseppe Tattara、Alan M. Taylor、Mike Tomz、Marc Weidenmier、Barry Weingast、James Wolfensohn、Ngaire Woods與Minky Worden Taylor、Mike Tomz、Marc Weidenmier、Barry Weingast、James Wolfensohn、Ngaire Woods與Minky Worden。

無與倫比的安德魯・懷利（Andrew Wylie）與他在懷利版權代理公司的優秀團隊，專業安排了我以作家身份進行的大西洋之行。我要感謝紐約企鵝出版社的Ann Godoff與我的編輯Scott Moyers，他們對初稿的批判性閱讀大大改進了最終成果。同樣精明的還有他在倫敦企鵝出版社的同行Simon Winder提出的刪減與補充建議。對於作者來說，沒有比他們更好的編輯了。我還要感謝Anthony Forbes-Watson、Helen Fraser和Stefan McGrath，還有我的文稿編輯Pearl Hanig、Chloe Campbell、Sarah Christie、Sophie Fels、Rosie Glaisher、Rachel Rokicki，以及其他許多不可或缺的企鵝出版社員工。他們是本書作者從未謀面卻無比依賴的一群人。

打從一開始，《巨人》就打算搭配英國電視節目的紀錄片。我要感謝BBC第四頻道的Janice Hadlow與Hamish Mykura的鼓勵，以及Denys Blakeway與他的製作公司所組織的優秀製作團隊：Russell Barnes、Tim Cragg、Melanie Fall、Kate Macky與Ali Schilling。還要感謝Kassem Derghan、Reyath Elibrahim、Mathias Haentjes與Nguyen Hu Cuong。

我最應該感謝的是我妻子蘇珊，與我們的孩子Felix、Freya與Lachlan。為了寫這本書，我不可原諒地忽視了他們，但他們卻是本書的主要靈感來源。

# 統計附錄

表十五　美國主要的海外佔領（1893–2003 年）

| 領地 | 佔領開始年 | 佔領結束年 | 持續時間（年） | 狀態 | 今日人均收入* | 今日民主（自由之家成績）※ |
|---|---|---|---|---|---|---|
| 夏威夷 | 1893 | 無 | 110 | 美國一州 | 30,001 | 1 |
| 波多黎各 | 1898 | 無 | 105 | 英聯邦聯合美國 | 11,091 | 不適用 |
| 關島 | 1898 | 無 | 105 | 美國領地 | 20,664 | 不適用 |
| 菲律賓 | 1898 | 1946 | 48 | 獨立 | 1,020 | 2 |
| 英屬薩摩亞群島 | 1899 | 無 | 104 | 美國領地 | 7,279 | 不適用 |
| 巴拿馬（運河區） | 1903 | 1979 | 76 | 獨立 | 4,020 | 1 |
| 維珍島 | 1916 | 無 | 87 | 美國領地 | 13,139 | 不適用 |
| 多明尼加共和國 | 1916 | 1924 | 8 | 獨立 | 2,320 | 2 |
| 海地 | 1915 | 1934 | 19 | 獨立 | 440 | 6 |
| 聯邦德國（西德） | 1945 | 1955 | 10 | 獨立 | 22,670 | 1 |
| 日本 | 1945 | 1952 | 7 | 獨立 | 33,550 | 1 |
| 北馬里亞納群島 | 1947 | 無 | 56 | 英聯邦聯合美國 | 12,500 | 不適用 |
| 帛琉 | 1947 | 1994 | 47 | 與美國簽有自由聯合協定 | 7,140 | 1 |
| 密克羅尼西亞 | 1947 | 1986 | 39 | 與美國簽有自由聯合協定 | 19,80 | 1 |
| 馬紹爾群島 | 1947 | 1986 | 39 | 與美國簽有自由聯合協定 | 2,350 | 1 |
| 韓國 | 1950 | 無 | 53 | 獨立 | 9,930 | 2 |
| 南越 | 1965 | 1972 | 7 | 併入越南 | 430 | 7 |
| 阿富汗 | 2002 | ? | 1.5 | 臨時政府 | 不適用 | 6 |
| 伊拉克 | 2003 | ? | 0.5 | 聯合當局 | 不適用 | 7 |

* 人均國民收入總值，Atlas method（以當前美元表示）

※ 自由之家政治自由度指數：1 ＝完全自由，7 ＝完全不自由

表十六　美國在重大戰爭中的傷亡人數

| 衝突 | 軍隊在編人數 | 死亡 | | 總受傷人數 | 總死亡人數 | 百分比 | | | 持續時間（月） | 每月陣亡率 |
|---|---|---|---|---|---|---|---|---|---|---|
| | | 戰鬥 | 其他 | | | 陣亡 | 死亡 | 受傷 | | |
| 美國獨立戰爭 | 200,000 | 4,435 | 不適用 | 6,188 | 10,623 | 2.2 | 2.2 | 5.3 | 80 | 55 |
| 1812 年戰爭 | 286,000 | 2,260 | 不適用 | 4,505 | 6,765 | 0.8 | 0.8 | 2.4 | 30 | 75 |
| 美墨戰爭 | 78,700 | 1,733 | 11,550 | 4,152 | 17,435 | 2.2 | 16.9 | 22.2 | 20 | 87 |
| 內戰：北方軍 | 2,803,300 | 110,070 | 249,458 | 275,175 | 634,703 | 3.9 | 12.8 | 22.6 | 48 | 2,293 |
| 內戰：南方軍 * | 1,064,200 | 74,524 | 124,000 | 137,000 | 335,524 | 7.0 | 18.7 | 31.5 | 48 | 1,553 |
| 內戰：南北雙方合計 | 3,867,500 | 184,594 | 373,458 | 412,175 | 970,227 | 4.8 | 14.4 | 25.1 | 48 | 3.846 |
| 美西戰爭 ** | 306,800 | 385 | 2,061 | 1,662 | 4,108 | 0.1 | 0.8 | 1.3 | 4 | 96 |
| 第一次世界大戰 | 4,743,800 | 53,513 | 63,195 | 204,002 | 320,710 | 1.1 | 2.5 | 6.8 | 19 | 2,816 |
| 第二次世界大戰 | 16,353,700 | 292,131 | 115,185 | 670,846 | 1,078,162 | 1.8 | 2.5 | 6.6 | 44 | 6,639 |
| 韓戰 | 5,764,100 | 33,651 | 不適用 | 103,284 | 136,935 | 0.6 | 0.6 | 2.4 | 37 | 909 |
| 越戰 | 8,744,000 | 47,369 | 10,799 | 153,303 | 211,471 | 0.5 | 0.7 | 2.4 | 90 | 526 |
| 波斯灣戰爭 ※ | 2,750,000 | 138 | 145 | 467 | 760 | 0.0 | 0.0 | 0.0 | 1 | 148 |

註：「戰鬥」欄中「死亡」人數是指在行動中死亡部隊人數。「其他」是指疾病、物資匱乏和事故的人數包括戰犯在監獄中的死亡人數。

* 南方軍（美利堅聯盟國）非戰役死亡及受傷人數估計

** 戰鬥僅一個月之後

※ 持續戰鬥六個月之後

*Economic History*, 46, 3 (1986), pp. 769–94.

Williams, William Appleman, *The Tragedy of American Diplomacy* (Cleveland, 1959).

———, *Empire as a Way of Life: An Essay on the Causes and Character of America's Present Predicament Along with a Few Thoughts About an Alternative* (New York, 1980).

Williamson, Jeffrey G., "Globalization, Convergence and History," *Journal of Eco-nomic History*, 56, 2 (1996), pp. 277–310.

———, "Land, Labor and Globalization in the Pre-Industrial Third World," *NBER Working Paper*, 7784 (July 2000).

———, "Winners and Losers over Two Centuries of Globalization," *NBER Working Paper*, 9161 (September 2002).

Willoughby, Major General Charles A., and John Chamberlain, *MacArthur, 1941–1951* (New York, 1954).

Windschuttle, Keith, "Lengthened Shadows, 1: The Burdens of Empire," *New Criterion*, 22, 1 (September 2003), pp. 4–15.

Wittner, Lawrence S. (ed.), *MacArthur* (Englewood Cliffs, N.J., 1971).

Wolfe, Robert, *Americans as Proconsuls: United States Military Government in Germany and Japan, 1944–1952*(Carbondale, Ill., 1984).

Wolfe, Thomas, *Look Homeward, Angel: A Story of the Buried Life* (New York, 1970 [1929]).

Woodward, Bob, *Bush at War* (New York/London, 2002).

———, *Plan of Attack* (New York/London).

Yergin, Daniel, *The Prize: The Epic Quest for Oil, Money and Power* (New York/ London, 1991).

Zakaria, Fareed, *The Future of Freedom: Illiberal Democracy at Home and Abroad* (New York, 2003).

Zelikow, Philip, "The Transformation of National Security: Five Redefinitions," *National Interest*, 71 (Spring 2003), pp. 17–28.

Zieger, Robert H., *America's Great War: World War I and the American Experience* (Lanham, Md./Boulder, Colo. / New York/ Oxford, 2000).

Zimmermann, Warren, *First Great Triumph: How Five Americans Made Their Country a World Power* (New York, 2003).

Zwick, Jim, "Mark Twain's Anti-Imperialist Writings in the 'American Century,' " in Angel Velasco Shaw and Luis H. Francia (eds.), *Vestiges of War: The Philippine-American War and the Aftermath of an Imperial Dream, 1899–1999* (New York, 2002), pp. 38–56.

Suskind, Ron, *The Price of Loyalty: George W. Bush, the White House, and the Education of Paul O'Neill* (New York, 2004).

Swomley, John M., Jr., *American Empire: The Political Ethics of Twentieth Century Conquest* (New York, 1970).

Sylla, Richard, "Shaping the US Financial System, 1690–1913: The Dominant Role of Public Finance," in idem, Richard Tilly and Gabriel Tortella (eds.), *The States, the Financial System and Economic Modernization* (Cambridge, 1999), pp. 249–70.

Symonds, Richard, *Oxford and Empire* (Oxford, 1986).

Taylor, Alan M., "Globalization, Trade and Development: Some Lessons from History," *NBER Working Paper*, 9326 (November 2002).

Tesar, Linda, and Ingrid Werner, "The Internationalization of Securities Markets Since the 1987 Crash," in R. Litan and A. Santomero (eds.), *Brookings-Wharton Papers on Financial Services* (Washington, D.C., 1998).

Tinker, Hugh, *A New System of Slavery: The Export of Indian Labour Overseas, 1830–1920* (London/New York/Bombay, 1974).

Todd, Emmanuel, *Après l'Empire: Essai sur la décomposition du système américain* (Paris, 2002).

Tower, John G., "Foreign Policy for the Seventies," in Anthony Lake, *The Legacy of Vietnam: The War, American Society and Future American Foreign Policy* (New York, 1976), pp. 242–55.

Townsend, Mary Evelyn, *European Colonial Expansion Since 1871* (Chicago, 1941).

Trefler, Daniel, "The Case of the Missing Trade and Other Mysteries," *American Economic Review*, 85, 5 (December 1995), pp. 1029–46.

Truman, Harry S., *Years of Trial and Hope, 1940–1953* (New York, 1956).

Tucker, Robert W., and David C. Hendrickson, *The Imperial Temptation: The New World Order and America's Purpose*(New York City, 1992).

United States Bureau of the Census, *Historical Statistics of the United States: Colonial Times to 1970* (Washington, D.C, 1975).

Vidal, Gore, *The Decline and Fall of the American Empire* (Berkeley, Calif., 1992).

Vonnegut, Kurt, *Slaughterhouse 5* (London, 2000 [1969]).

Wallerstein, Immanuel, "Three Hegemonies," in Patrick Karl O'Brien and Armand Clesse (eds.), *Two Hegemonies: Britain 1846–1914 and the United States 1941–2001* (Aldershot/Burlington, Vt., 2002), pp. 357–61.

Washbrook, David, "South Asia, the World System, and World Capitalism," *Journal of Asian Studies*, 49, 3 (August 1990), pp. 479–508.

Webb, Stephen B., "Fiscal News and Inflationary Expectations in Germany After World War I," *Journal of*

*Agents, Wartime Allies and Enemies, and Their Quest for a Peaceful World* (Boulder, Colo., 2003).

Schmidt, Hans, *Maverick Marine: General Smedley D. Butler and the Contradictions of American Military History*(Lexington, Ky., 1987).

Schularick, Moritz, "Development Finance in Two Eras of Financial Globalization, (1890–1914 vs. 1990–2000)," draft chapter, Free University, Berlin (2003).

Schwabe, Klaus, "The Global Role of the United States and Its Imperial Consequences, 1898–1973," in Wolfgang J. Mommsen and Jürgen Osterhammel (eds.), *Imperialism and After: Continuities and Discontinuities* (London, 1986), pp. 13–33.

Seeley, J. R., *The Expansion of England: Two Courses of Lectures* (London, 1899 [1883]).

Shannon, Richard, *Gladstone: Heroic Minister, 1865–1898* (London, 1999).

Shawcross, William, *Deliver Us from Evil: Warlords and Peacekeepers in a World of Endless Conflict* (London, 2000).

Shiller, Robert J., *Irrational Exuberance* (Princeton, 2000).

Siedentop, Larry, *Democracy in Europe* (London, 2000).

Simes, Dimitri K., "America's Imperial Dilemma," *Foreign Affairs*, 82, 6 (November-December 2003), pp. 91–102.

Simms, Brendan, *Unfinest Hour: Britain and the Destruction of Bosnia* (London, 2001).

Siracusa, Joseph, "Lessons of Vietnam and the Future of American Foreign Policy," *Australian Outlook*, 30 (August 1976), pp. 227–37.

Smith, Jean Edward (ed.), *The Papers of General Lucius D. Clay: Germany, 1945–1949* (Bloomington, Ind., 1974).

Smith, Neil, *American Empire: Roosevelt's Geographer and the Prelude to Globalization* (Berkeley, Calif., 2003).

Smith, Peter H., *Talons of the Eagle: Dynamics of U.S.—Latin American Relations* (Oxford, 2000).

Smith, Robert Freeman, "Latin America, the United States and the European Powers, 1830–1930," in Leslie Bethell (ed.), *The Cambridge History of Latin America*, vol. 4 (Cambridge, 1986), pp. 83–121.

Smith, Rogers M., *Civic Ideals: Conflicting Visions of Citizenship in U.S. History* (New Haven, 1997).

Snyder, Jack, "Imperial Temptations," *National Interest*, 71 (Spring 2003), pp. 29–40.

Spanier, John W., *The Truman-MacArthur Controversy and the Korean War* (Cambridge, Mass., 1959).

Steel, Ronald, *Pax Americana* (New York, 1967).

Stoll, David, *Is Latin America Turning Protestant? Studies in the Politics of Evangelical Growth* (Berkeley, Calif., 1990).

Stone, Irving, *The Global Export of Capital from Great Britain*, 1865–1914 (London, 1999).

Stueck, William, *The Korean War: An International History* (Princeton, 1995).

Summers, Colonel Harry G., *On Strategy: A Critical Analysis of the Vietnam War* (Novato, Calif., 1982).

Cliffs, N.J., 1981).

Rigobon, Roberto, and Brian Sack, "The Effects of War Risk on US Financial Markets," *NBER Working Paper*, 9609 (April 2003).

Robert D. Craig, *Historical Dictionary of Honolulu and Hawaii* (Lanham, Md., 1998).

Roberts, Andrew, *Salisbury: Victorian Titan* (London, 1999).

Robinson, Joan, *Economic Philosophy* (London, 1962).

Rodrik, Dani, "Feasible Globalizations," unpublished paper, Harvard University (2003).

Rosecrance, Richard, "Objectives of U.S. Middle East Policy," in Haim Shaked and Itamar Rabinovich (eds.), *The Middle East and the United States: Perceptions and Policies* (New Brunswick, N.J., 1980), pp. 31–53.

———, "Croesus and Caesar: The Essential Transatlantic Symbiosis," *National Interest*, 72 (Summer 2003), pp. 31–35.

Rosen, Stephen Peter, "An Empire, If You Can Keep It" *National Interest*, 71 (Spring 2003), pp. 51–61.

Roskin, Michael, "From Pearl Harbor to Vietnam: Shifting Generational Paradigms and Foreign Policy," *Political Science Quarterly*, 89 (1974), pp. 563–88.

Roy, Tirthankar, *The Economic History of India, 1857–1947* (Delhi, 2000).

Rubin, Barnett R.; Humayun Hamidzada and Abby Stoddard, "Through the Fog of Peace Building: Evaluating the Reconstruction of Afghanistan," *Center on International Cooperation Policy Paper* (June 2003).

Runge, C. Ford, "Agrivation: The Farm Bill from Hell," *National Interest*, 72 (Summer 2003), pp. 85–94.

Russ, William Adam, Jr., *The Hawaii Republic (1894–1898) and Its Struggle to Win Annexation* (London, 1992).

Sachs, Jeffrey D., "Tropical Underdevelopment," *NBER Working Paper*, 8119 (2001).

, and Andrew M. Warner, "Economic Reform and the Process of Global Integration," *Brookings Papers on Economic Activity*, 1 (1995), pp. 1–118.

———, and ———, "Fundamental Sources of Long-Run Growth," *American Economic Review*, 87, 2 (1997), pp. 184–88.

Schiller, Herbert, *Mass Communications and the American Empire* (Oxford, 1992).

Schirmer, Daniel B., "U.S. Bases in Central America and the Opposition to Them," unpublished paper presented at "Crossroads 1991," an international conference on U.S. bases, Manila, Philippines (May 14, 1990).

Schlauch, Wolfgang, "American Policy Towards Germany, 1945," *Journal of Contemporary History*, 5, 4 (1970), pp. 113–28.

Schlesinger, Stephen C., *Act of Creation: The Founding of the United Nations: A Story of Superpowers, Secret*

Posen, Adam, "Frog in the Pot," *National Interest*, 71 (Spring 2003) pp. 105–17.

Potter, David C., *India's Political Administrators, 1919–1983* (Oxford, 1986).

Power, Samantha, *"A Problem from Hell": America and the Age of Genocide* (London, 2003).

Pratt, Julius W., *America's Colonial Experiment: How the U.S. Gained, Governed and in Part Gave Away a Colonial Empire*(New York, 1950).

Prestowitz, Clyde, *Rogue Nation* (New York, 2003).

Priest, Dana, *The Mission: Waging War and Keeping Peace with America's Military* (New York, 2003).

Pritchett, Lant, "Divergence, Big Time," *Journal of Economic Perspectives*, 11, 3 (Summer 1997), pp. 3–17.

Pulzer, Peter, *German Politics, 1945–1995* (Oxford, 1995).

Purvis, Thomas L., *A Dictionary of American History* (Oxford, 1995).

Ramsay, David, *Lusitania: Saga and Myth* (London, 2001).

Ranke, Leopold von, "The Great Powers," in T. H. von Laue (ed.), *Leopold Ranke* (Princeton, 1950), pp. 181–228.

Rauchway, Eric, *Murdering McKinley: The Making of Theodore Roosevelt's America* (New York, 2003).

———, "Competitive Imperialism: British and American Tutelage and the Open Door," panel contribution, "Empire as Education: British and American Teaching in the World," American Historical Association Annual Meeting (January 9, 1998).

Ravenal, Earl C., "The Strategic Lessons of Vietnam," in Anthony Lake (ed.), *The Legacy of Vietnam: The War, American Society and Future American Foreign Policy* (New York, 1976), pp. 256–77.

———, *Never Again: Learning from America's Foreign Policy Failures* (Philadelphia, 1978).

———, Robert Komer; Ithiel Pool and Robert Pfaltzgraff, "Was Failure Inevitable? Some Concluding Perspectives," in W. Scott Thompson and Donald D. Frizzell (eds.), *The Lessons of Vietnam* (London, 1977), pp. 263–81.

Raychaudhuri, Tapan, "British Rule in India: An Assessment," in P. J. Marshall (ed.), *The Cambridge Illustrated History of the British Empire* (Cambridge, 1996), pp. 357–69.

Reich, Bernard, "United States Interests in the Middle East," in Haim Shaked and Itamar Rabinovich (eds.), *The Middle East and the United States: Perceptions and Policies* (New Brunswick, N.J., 1980), pp. 53–93.

———, "The United States and Israel: The Nature of the Special Relationship," in David W. Lesch (ed.), *The Middle East and the United States: A Historial and Political Reassessment* (Oxford, 1999), pp. 227–44.

Reinstein, Jacques J., "Reparations, Economic Reform, and Reconstruction," in Robert Wolfe (ed.), *Americans as Proconsuls: United States Military Government in Germany and Japan, 1944–1952* (London, 1984), pp. 135–55.

Richardson, Rupert Norval; Ernest Wallace and Adrian N. Anderson, *Texas: The Lone Star State* (Englewood

Obstfeld, Maurice, and Alan M. Taylor, "Globalization and Capital Markets," *NBER Working Paper*, 8846 (March 2002).

———, and ———, "Sovereign Risk, Credibility and the Gold Standard: 1870–1913 versus 1925–31," *NBER Working Paper*, 9345 (November 2002).

———, and ———, "Globalization and Capital Markets," in Michael D. Bordo, Alan M. Taylor and Jeffrey G. Williamson (eds.), *Globalization in Historical Perspective* (Chicago, 2003), pp. 121–83.

Oppen, Beate Ruhm von (ed.), *Documents on Germany Under Occupation, 1945–1954* (London, 1955).

Osterhammel, Jürgen, "Britain and China, 1842–1914," in Andrew Porter (ed.), *The Oxford History of the British Empire, vol. 3: The Nineteenth Century* (Oxford/ New York, 1999), pp. 146–69.

———, "China," in Judith Brown and Wm. Roger Louis (eds.), *The Oxford History of the British Empire*, vol. 4: *The Twentieth Century* (Oxford/New York, 1999), pp. 643–66.

Pagden, Anthony, "The Struggle for Legitimacy and the Image of the Empire in the Atlantic to c. 1700," in Nicholas Canny (ed.), *The Oxford History of the British Empire*, vol. 1: *British Overseas Enterprise to the Close of the Seventeenth Century* (Oxford, 1998), pp. 34–54.

Palmer, General Bruce, Jr., *The Twenty-five Year War: America's Military Role in Vietnam* (Lexington, Ky., 1984).

Pei, Minxin, "Lessons of the Past," *Foreign Policy* (July 2003), pp. 52–55.

Peterson, Edward N., "The Occupation as Perceived by the Public, Scholars, and Policy Makers," in Robert Wolfe (ed.), *Americans as Proconsuls: United States Military Government in Germany and Japan, 1944–1952* (Carbondale, Ill., 1984), pp. 416–25.

Peterson Peter G., *Running on Empty: How the Democratic and Republican Parties Are Bankrupting Our Future and What Americans Can Do About It* (New York, 2004).

Pettiford, Lloyd, and David Harding, *Terrorism: The New World War* (London, 2003).

Pfaff, William, "A New Colonialism?", *Foreign Affairs*, 74, 1 (1995), pp. 2–6.

Pigman, Geoffrey Allen, "Hegemony Theory, Unilateral Trade Liberalisation and the 1996 US Farm Bill," in Patrick Karl O'Brien and Armand Clesse (eds.), *Two Hegemonies: Britain 1846–1914 and the United States 1941–2001*(Aldershot/Burlington Vt., 2002), pp. 258–83.

Platt, D. C. M., *Finance, Trade, and Politics in British Foreign Policy 1815–1914* (Oxford, 1968).

Pollack, Kenneth, *The Threatening Storm* (New York, 2002).

Pomeranz, Kenneth, *The Great Divergence: China, Europe and the Making of the Modern World Economy*(Princeton/Oxford, 2000).

Porch, Douglas, "Occupational Hazards: Myths of 1945 and U.S. Iraq Policy," *National Interest*, 71 (Summer 2003), pp. 35–48.

Porter A. N. (ed.), *Atlas of British Overseas Expansion* (London, 1991).

*West* (Oxford, 1994).
Milward, Alan S., *The European Rescue of the Nation-State*, 2nd ed. (London, 2000).
Mitchell, B. R., *International Historical Statistics: The Americas, 1750–1993* (London, 1998).
———, *International Historical Statistics: Africa, Asia, Oceania, 1750–1993* (London, 1998).
Moggridge, Donald (ed.), *The Collected Writings of John Maynard Keynes*, vol. 19, *Part 1: Activities 1922–1929, The Return to Gold and Industrial Policy* (London, 1981).
Morris, Edmund, *Theodore Rex* (London, 2001).
Morris, James, *Pax Britannica: The Climax of an Empire* (London, 1992 [1968]).
Morris, Richard B., *Encyclopedia of American History*, 6th ed. (New York, 1982).
Mosier, John, *The Myth of the Great War: A New Military History of World War One* (London, 2001).
Moskin, J. Robert, *The U.S. Marine Corps Story* (New York, 1977).
Mueller, John E., *War, Presidents and Public Opinion* (New York, 1973).
Nearing, Scott, *The American Empire* (New York, 1921).
Nordhaus, William D., "Iraq: The Economic Consequences of War," *New York Review of Books*, 49, 19 (December 5, 2002).
North, Douglass C., and Barry R. Weingast, "Constitutions and Commitment: The Evolution of Institutions Governing Public Choice in Seventeenth-Century England," *Journal of Economic History*, 64, 4 (1989), pp. 803–32.
Nye, John Vincent, "The Myth of Free-Trade Britain and Fortress France: Tariffs and Trade in the Nineteenth Century," *Journal of Economic History*, 51, 1 (March 1991), pp. 23–46.
Nye, Joseph S., Jr., *The Paradox of American Power: Why the World's Only Superpower Can't Go It Alone* (Oxford/New York, 2002).
O'Brien, Patrick Karl, "The Pax Britannica and American Hegemony: Precedent, Antecedent or Just Another History?," in idem and Armand Clesse (ed.), *Two Hegemonies: Britain 1846–1914 and the United States 1941–2001*(Aldershot/Burlington Vt., 2002), pp. 3–64.
———, "The Governance of Globalization: The Political Economy of Anglo-American Hegemony," *CESifo Working Paper*, 1023 (September 2003).
, and Armand Clesse (eds.), *Two Hegemonies: Britain 1846–1914 and the United States 1941–2001* (Aldershot/Burlington Vt., 2002).
O'Hanlon, Michael, "Come Partly Home, America: How to Downsize U.S. Deployments Abroad," *Foreign Affairs*, 80, 2 (March-April 2001), pp. 2–9.
O'Rourke, Kevin H., and Jeffrey G. Williamson, *Globalization and History: The Evolution of a Nineteenth-Century Atlantic Economy* (Cambridge, Mass./London, 1999).
———, and ———, "When Did Globalization Begin?," *NBER Working Paper*, 7632 (April 2000).

Machonochie, Sir Evan, *Life in the Indian Civil Service* (London, 1926).

McKinnon, Ronald, and Gunther Schnabl, "China: A Stabilizing or Deflationary Influence in East Asia? The Problem of Conflicted Virtue?," *Stanford University Economics Department Working Paper* (August 2003).

———, and ———, "A Return to Exchange Rate Stability in East Asia? Mitigating Conflicted Virtue," *Stanford University Economics Department Working Paper* (October 13, 2003).

McMahon, Robert J., *The Limits of Empire: The United States and Southeast Asia Since World War II* (New York, 1999).

Maddison, Angus, *The World Economy: A Millennial Perspective* (Paris, 2001).

Magdoff, Harry, *The Age of Imperialism: The Economics of United States Foreign Policy* (New York, 1969).

Maier, Charles S., "An American Empire? Implications for Democracy, Order and Disorder in World Politics," unpublished paper, Harvard University (March 2003).

———, *Among Empires: American Ascendancy and Its Predecessors* (forthcoming).

Malkasian, Carter, *The Korean War 1950–1953* (Chicago, 2001).

Mallaby, Sebastian, "The Reluctant Imperialist: Terrorism, Failed States, and the Case for American Empire," *Foreign Affairs*, 81, 2 (March-April 2002), pp. 2–8.

*Mandelbaum, Michael, The Ideas That Conquered the World: Peace, Democracy, and Free Markets in the Twenty-first Century* (New York, 2002).

Marshall, Peter, *Demanding the Impossible: A History of Anarchism* (London, 1992).

Matthew, H. C. G., *Gladstone*, vol. 2: *1875–1898* (Oxford, 1995).

Matthews, Jessica Tuchman, "Now for the Hard Part," *Foreign Policy* (July 2003), p. 51.

May, Ernest R., *American Imperialism: A Speculative Essay* (Chicago, 1991 [1968]).

Mead, Walter Russell, *Special Providence: American Foreign Policy and How It Changed the World* (New York, 2001).

Mearsheimer, John J., *The Tragedy of Great Power Politics* (New York/London, 2001).

Medeiros, Evan S., and M. Taylor Fravel, "China's New Diplomacy," *Foreign Affairs*, 82, 6 (November-December 2003), pp. 22–35.

Melosi, Martin V, *The Shadow of Pearl Harbor: Political Controversy over the Surprise Attack, 1941–1946* (London, 1977).

Melville, Herman, *Moby Dick* (London, 1900).

Merk, Frederick, *Manifest Destiny and the Mission in American History: A Reinterpretation* (New York, 1963).

Micklethwait, John, and Adrian Wooldridge, *A Future Perfect: The Challenge and Hidden Promise of Globalisation*(London, 2000).

Milner, Clyde A.; Carol A. O'Connor and Martha A. Sandweiss (eds.), *The Oxford History of the American*

Lerner, Max, *America as a Civilization* (New York, 1957).

Lewis, Bernard, *What Went Wrong? The Clash Between Islam and Modernity in the Middle East* (New York, 2001).

———, *The Crisis of Islam: Holy War and Unholy Terror* (New York, 2003).

Lieven, Dominic, *Empire: The Russian Empire and Its Rivals* (London, 2000).

Linden, Ian, *A New Map of the World* (London, 2003).

Lindert, Peter, "Voice and Growth: Was Churchill Right?," *Journal of Economic History*, 63, 2 (June 2003), pp. 315–50.

———, and Peter J. Morton, "How Sovereign Debt Has Worked," *University of California—Davis Institute of Governmental Affairs Working Paper* (August 1997).

Liska, George, *Imperial America: The International Politics of Primacy* (Baltimore, 1967).

London, Josh, "The Unlikely Imperialists," *Policy Review Online*, 114 (August-September 2002).

Looney, Robert, "Economic Costs to the United States Stemming from the 9/11 Attacks," Center for Contemporary Conflict, Strategic Insight (August 5, 2002).

Louis, Wm. Roger, *Imperialism at Bay: The United States and the Decolonisation of the British Empire 1941–1945* (New York, 1978).

———, "Introduction," in Robin W. Winks (ed.), *The Oxford History of the British Empire*, vol. 5: *Historiography* (Oxford, 1999), pp. 1–42.

———, and Ronald Robinson, "The Imperialism of Decolonization," *Journal of Imperial and Commonwealth History*, 22, 3 (1994), pp. 462–511.

Lowenthal, Abraham F., *Partners in Conflict: The United States and Latin America* (Baltimore, 1987).

Lucas, Robert, "Why Doesn't Capital Flow from Rich to Poor Countries?," *American Economic Review*, 80 (1990), pp. 93–96.

Lundestad, Geir, *The American "Empire" and Other Studies of US Foreign Policy in a Comparative Perspective* (Oxford, 1990).

McAlpin, Michelle Burge, *Subject to Famine: Food Crises and Economic Change in Western India, 1860–1920* (Princeton, 1983).

McArthur, John W, and Jeffrey D. Sachs, "Institutions and Geography: Comment on Acemoglu, Johnson and Robinson," *NBER Working Paper*, 8114 (February 2001).

McCauley, Robert N., and William R. White, "The Euro and European Finanial Markets," *B.I.S. Working Paper* (May 1997).

McCormick, John, *Understanding the European Union: A Concise Introduction* (London, 1999).

McCullough, David, *Truman* (New York, 1992).

MacDonald, James, *A Free Nation Deep in Debt: The Financial Roots of Democracy* (New York, 2003).

Kinzer, Stephen, *All the Shah's Men: An American Coup and the Roots of Middle East Terror* (New York, 2003).

Kirk-Greene, Anthony, *On Crown Service: A History of H.M. Colonial and Overseas Civil Services, 1837–1997* (London, 1999).

Kissinger, Henry, "Reflections on American Diplomacy," *Foreign Affairs*, 35, 1 (October 1956), pp. 37–57.

Klein, Michael, "Ways out of Poverty: Diffusing Best Practices and Creating Capabilities," *World Bank, Perspectives on Policies for Poverty Reduction* (January 2003).

Knapp, Wilfrid, "The United States and the Middle East: How Many Special Relationships?," in Haim Shaked and Itamar Rabinovich (eds.), *The Middle East and the United States: Perceptions and Policies* (New Brunswick, N.J., 1980), pp. 11–31.

Knock, Thomas J., *To End All Wars: Woodrow Wilson and the Quest for a New World Order* (New York/ Oxford, 1992).

Kolko, Gabriel, *The Roots of American Foreign Policy: An Analysis of Power and Purpose* (Boston, 1969).

———, *The Politics of War: Allied Diplomacy and the World Crisis of 1943–1945* (New York, 1969).

———, *Anatomy of a War: Vietnam, the United States, and the Modern Historical Experience* (New York, 1985).

———, and Joyce Kolko, *The Limits of Power: The World and United States Foreign Policy, 1945–1954* (New York, 1972).

Krasner, Stephen D., *Sovereignty: Organized Hypocrisy* (Princeton, 1999).

———, "Troubled Societies, Outlaw States and Gradations of Sovereignty," un-published paper, Stanford University Department of Political Science (July 20, 2002).

Krugman, Paul, *The Great Unraveling: Losing Our Way in the New Century* (New York, 2003).

Kupchan, Charles A., *The End of the American Era: US. Foreign Policy and the Geopolitics of the Twenty-first Century*(New York, 2002).

Kurth, James, "Migration and the Dynamics of Empire," *National Interest*, 71 (Spring 2003), pp. 5–16.

Kurtz, Stanley, "Democratic Imperialism: A Blueprint," *Policy Review Online*, 118 (April 2003).

La Porta, Rafael; Florencio Lopez-de-Silanes; Andrei Shleifer and Robert W. Vishny, "Law and Finance,"*Journal of Political Economy*, 106, 6 (December 1998), pp. 1113–55.

LaFeber, Walter, *The New Empire: An Interpretation of American Expansion, 1860–1898* (Ithaca, N.Y., 1963).

Lal, Deepak, "EMU and Globalisation," *Politeia* (1999).

Landes, David S., *The Wealth and Poverty of Nations* (London, 1998).

Lawson, Nigel, *The View from No. 11: Memoirs of a Tory Radical* (London, 1992).

Layne, Christopher, "America as European Hegemon," *National Interest*, 72 (Summer 2003), pp. 17–31.

Leffler, Melvyn P., "9/11 and the Past and the Future of American Foreign Policy," Harmsworth Inaugural Lecture, Oxford (May 20, 2003).

Ikenberry, G. John, *After Victory: Institutions, Strategic Restraint, and the Rebuilding of Order After Major Wars* (Princeton, 2001).

Irwin, Douglas A., "Interpreting the Tariff-Growth Correlation of the Late Nineteenth Century," *NBER Working Paper*, 8739 (January 2002).

James, Harold, *The End of Globalization: Lessons from the Great Depression* (Cambridge, Mass./London, 2001).

Jeffery, Keith, "The Second World War," in Judith Brown and Wm. Roger Louis (eds.), *The Oxford History of the British Empire*, vol. 4: *The Twentieth Century* (Oxford/New York, 1999), pp. 306–28.

Johansson, S. Ryan, "National Size and International Power: A Demographic Perspective on 'Hegemony,' " in Patrick Karl O'Brien and Armand Clesse, (eds.), *Two Hegemonies: Britain 1846–1914 and the United States 1941–2001*(Aldershot/Burlington, Vt., 2002), pp. 336–56.

Johnson, Chalmers, *Blowback: The Costs and Consequences of American Empire* (London, 2000).

Johnson, Paul, "America's New Empire for Liberty," *Hoover Digest*, 4 (2003), pp. 8–13.

Jowitt, Ken, "Rage, Hubris and Regime Change," *Policy Review*, 118 (April and May 2003), pp. 33–43.

Judd, Dennis, Empire: *The British Imperial Experience from 1765 to the Present* (London, 1996).

Judge, Clark S., "Hegemony of the Heart: American Cultural Power and Its Enemies," *Policy Review*, 110 (December 2001-January 2002), pp. 3–15.

Julien, Claude, *America's Empire*, transi. Renaud Bruce (New York, 1971).

Kagan, Robert, *Of Paradise and Power: America and Europe in the New World Order* (New York, 2003).

Kaplan, Amy, and Donald E. Pease, *Cultures of United States Imperialism* (London/ Durham, N.C.,1993).

Kaplan, Lawrence, and William Kristol, *The War over Iraq: Saddam's Tyranny and America's Mission* (San Francisco, 2003).

Kaplan, Robert, *Warrior Politics: Why Leadership Demands a Pagan Ethos* (New York, 2001).

Karnow, Stanley, *Vietnam: A History* (London, 1994).

Kastor, Peter J. (ed.), *The Louisiana Purchase: The Emergence of an American Nation* (Washington, D.C., 2002).

Kedourie, Elie, "The Transition from a British to an American Era in the Middle East," in Haim Shaked and Itamar Rabinovich (eds.), *The Middle East and the United States: Perceptions and Policies* (New Brunswick, N.J., 1980), pp. 3–11.

Kennedy, Paul, *The Rise and Fall of the Great Powers: Economic Change and Military Conflict from 1500 to 2000* (New York, 1989).

Keyssar, Alexander, *The Right to Vote: The Contested History of Democracy in the United States* (New York, 2000).

Kindleberger, Charles, *The World in Depression, 1929–1939* (Berkeley, Calif., 1973).

Greene, Jack P., "Empire and Identity from the Glorious Revolution to the American Revolution," in Peter Marshall (ed.), *The Oxford History of the British Empire*, vol. II: *The Eighteenth Century* (Oxford, 1998), pp. 208–230.

Grossman, Herschel I., and Juan Mendoza, "Annexation or Conquest? The Eco-nomics of Empire Building," *NBER Working Paper*, 8109 (February 2001).

Haass, Richard N., *Intervention: The Use of American Military Force in the Post-Cold War World* (Washington, D.C., 1999).

Hale, David, "The British Empire in Default: Should Newfoundland Be a Role Model for Argentina?," unpublished paper (January 28, 2003).

———, and Lyric Hughes Hale, "China Takes Off," *Foreign Affairs*, 82, 6 (November–December 2003), pp. 36–53.

Hanson, Jim, *The Decline of the American Empire* (Westport, Conn., 1993).

Hassner, Pierre, "The United States: The Empire of Force of the Force of Empire," *Institute for Security Studies of the European Union Chaillot Paper*, 54 (September 2002).

Held, David, *Global Covenant: The Social Democratic Alternative to the Washington Consensus* (Cambridge/ Malden, Mass., 2004).

Held, David; Anthony McGrew; David Goldblatt and Jonathan Perraton, *Global Transformations: Politics, Economics and Culture* (Cambridge, 1999).

Herring, George C., *America's Longest War: The United States and Vietnam, 1950–1975* (New York, 1979).

Hitchcock, William I., *The Struggle for Europe: A History of Europe Since 1945* (London, 2003).

Hofstadter, Richard, "Cuba, the Philippines and Manifest Destiny," *The Paranoid Style in American Politics and Other Essays* (New York, 1965), pp. 145–87.

Hoge, Ed. James F., Jr.; and Fareed Zakaria, *The American Encounter: The United States and the Making of the Modern World* (New York, 1997).

Holbrooke, Richard, *To End a War* (New York, 1998).

Horlacher, Friedrich W., "The Language of Late Nineteenth-Century American Expansionism," in Serge Ricard (ed.), *An American Empire: Expansionist Cultures and Policies, 1881–1917* (Aix-en-Provence, 1990), pp. 31–51.

Hudson, Michael, *Super Imperialism: The Origin and Fundamentals of U.S. World Dominance* (New York, 2003).

Huntington, Samuel, *The Clash of Civilizations and the Remaking of World Order* (London, 1999).

———, "The Lonely Superpower," *Foreign Affairs*, 78, 2 (March–April 1999), pp. 35–50.

Ignatieff, Michael, *Virtual War: Kosovo and Beyond* (London, 2000).

———, *Empire Lite: Nation-building in Bosnia, Kosovo and Afghanistan* (London, 2003).

Fulbrook, Mary, *The Divided Nation: A History of Germany, 1918–1990* (Oxford, 1991).

Fursenko, Aleksandr, and Timothy Naftali, *One Hell of a Gamble: Khrushchev, Castro, Kennedy and the Cuban Missile Crisis, 1958–1964* (London, 1997).

Gaddis, John Lewis, *We Now Know: Rethinking Cold War History* (Oxford, 1997) .

———, *Surprise, Security, and the American Experience* (London, 2004).

Gallagher, John, and Robinson, Ronald, "The Imperialism of Free Trade," *Economic History Review*, 2nd Series, 6 (1953), pp. 1–15.

Galston, William, "Perils of Preemptive War," *American Prospect*, 13, 17 (September 23, 2002), pp. 22–25.

Gause, F. Gregory, III, "From 'Over the Horizon' to 'Into the Backyard': The U.S.-Saudi Relationship and the Gulf War," in David W. Lesch (ed.), *The Middle East and the United States: A Historical and Political Reassessment*, 2nd ed. (Oxford, 1999), pp. 341–54.

Geiss, Immanuel (ed.), *July 1914: The Outbreak of the First World War—Selected Documents* (London, 1967).

Giddens, Anthony, *Runaway World: How Globalisation Is Reshaping Our Lives* (London, 1999).

Gilbar, Gad G., "The Economics of Interdependence: The United States and the Arab World, 1973–1977," in Haim Shaked and Itamar Rabinovich (eds.), *The Middle East and the United States: Perceptions and Policies* (New Brunswick, N.J., 1980), pp. 209–41.

Gilbert, Martin, *Never Despair: Winston S. Churchill 1945–1965* (London, 1988).

Gilmour, David, *The Long Recessional: The Imperial Life of Rudyard Kipling* (London, 2002).

Gilpin, Robert, *War and Change in World Politics* (Cambridge, 1983).

———, *The Political Economy of International Relations* (Princeton, 1987).

Gimbel, John, *The American Occupation of Germany* (Stanford, Calif., 1968).

———, "Governing the American Zone of Germany," in Robert Wolfe (ed.), *Americans as Proconsuls: United States Military Government in Germany and Japan, 1944–1952* (Carbondale, Ill., 1984), pp. 92–103.

Gleditsch, Nils Petter; Peter Wallensteen; Mikael Eriksson; Margareta Sollenberg and Håvard Strand, "Armed Conflict 1946–2001: A New Dataset," 39, 5, *Journal of Peace Research* (September 2002), pp. 615–37.

Glennon, Michael J., "Why the Security Council Failed," *Foreign Affairs*, 82, 3 (May/June 2003), pp. 16–36.

Gokhale, Jagadeesh, and Kent Smetters, "Fiscal and Generational Imbalances: New Budget Measures for New Budget Priorities," *Federal Reserve Bank of Cleveland, Policy Discussion Paper* (March 2002).

Goldsmith, Raymond W., *The Financial Development of India, 1860–1977* (New Haven/London, 1983).

Grant, Ulysses S., *Memoirs and Selected Letters: Personal Memoirs ofU. S. Grant, Selected Letters, 1839–1865* (New York, 1990).

Greene, Graham, *The Quiet American* (London, 2001 [1955]).

*Perspectives*(Westport, Conn., 1998).

Etzioni, Amitai, "Implications of the American Anti-Terrorism Coalition for Global Architectures," *European Journal of Political Theory*, 1,1 (July 2002), pp. 9–30.

Evans, John M.; Douglas C. Lippoldt and Pascal Marianna, "Trends in Working Hours in OECD Countries," *Labour Market and Social Policy—Occasional Papers*, 45 (March 30, 2001).

Feis, Herbert, *Europe, the World's Banker, 1870–1914* (New York, 1930).

Ferguson, Niall, *The Pity of War: Explaining World War One* (New York, 1998).

———, *The Cash Nexus: Money and Power in the Modern World* (London, 2001).

———, "Hegemony or Empire?," *Foreign Affairs*, 82, 5 (September—October 2003), pp. 154–61.

———, *Empire: The Rise and Demise of the British World Order and the Lessons for Global Power* (New York, 2003).

———, "Prisoner Taking and Prisoner Killing in the Age of Total War: Towards a Political Economy of Military Defeat," *War in History* (forthcoming).

———, "The City of London and British Imperialism: New Light on an Old Question," in Youssef Cassis (ed.), *London and Paris as Financial Centers* (Cambridge, forthcoming).

———, and Brigitte Granville, "Weimar on the Volga': Causes and Consequences of Inflation in 1990s Russia Compared with 1920s Germany," *Journal of Economic History*, 60, 4 (December 2000), pp. 1061–87.

———, and Laurence J. Kotikoff, "The Degeneration of EMU," *Foreign Affairs* (March—April 2000), pp. 110–21.

———, and ———, "Going Critical: American Power and the Consequences of Fiscal Overstretch," *National Interest*, 73 (Fall 2003), pp. 22–32.

Ferrell, Robert H., *Harry S. Truman: A Life* (Columbia, Mo., 1994).

Fieldhouse, David, "For Richer, For Poorer," in P.J. Marshall (ed.), *The Cambridge Illustrated History of the British Empire*(Cambridge, 1996), pp. 108–46.

Fischer, Stanley, "Globalization and Its Challenges," *American Economic Review*, 93, 2 (May 2003).

Foot, Rosemary, *The Wrong War: American Policy and the Dimensions of the Korean Conflict, 1950–1953* (Ithaca, N.Y., 1985).

Forman, Shepard; Princeton Lyman and Stewart Patrick, *The United States in a Global Age: The Case for Multilateral Engagement* (New York, 2002).

Frank, Andre Gunder, *ReOrient: Global Economy in the Asian Age* (Berkeley/ London, 1998).

Freeman, Joseph, and Scott Nearing, *Dollar Diplomacy: A Study in American Imperialism* (New York, 1928).

Fromkin, David, *A Peace to End All Peace: Creating the Modern Middle East, 1914–1922* (London, 1991).

Fukuyama, Francis, *State Building: Governance and World Order in the Twenty-First Century* (London, 2004).

Davidson, Eugene, *The Death and Life of Germany: An Account of the American Occupation* (London, 1959).

Davies, R. R., *The First English Empire: Power and Identities in the British Isles, 1093–1343* (Oxford 2000).

Davis, Lance E., and R. A. Huttenback, *Mammon and the Pursuit of Empire: The Political Economy of British Imperialism*, 1860–1912 (Cambridge, 1986).

Davis, Mike, *Late Victorian Holocausts: El Niño Famines and the Making of the Third World* (London, 2001).

Davis, Steven J.; Kevin M. Murphy and Robert H. Topel, "War in Iraq Versus Containment: Weighing the Costs," unpublished paper, University of Chicago Graduate School of Business (March 2003).

Daws, Gavan, *Shoal of Time: A History of the Hawaiian Islands* (New York, 1968).

Diamond, Jared M., *Guns, Germs and Steel: The Fates of Human Societies* (London, 1997).

Diamond, Larry, "Universal Democracy," *Policy Review*, 119 (June and July 2003), pp. 3–27.

———, "Promoting Real Reform in Africa," unpublished draft chapter, Hoover Institution, Stanford Unversity (2003).

Dimbleby, David, and David Reynolds, *An Ocean Apart: The Relationship Between Britain and America in the Twentieth Century* (London, 1988).

Dollar, David, and Aaart Kraay, "Trade, Growth, and Poverty," Development Research Group, World Bank, unpublished paper (March 2001).

Dower, John, "Occupied Japan as History and Occupation History as Politics," *Journal of Asian Studies* (February 1975), pp. 485–504.

———, *Embracing Defeat: Japan in the Aftermath of World War II* (London, 1999).

Drazen, Allan, "Towards a Political-Economic Theory of Domestic Debt," in G. Calvo and M. King (eds.), *The Debt Burden and Its Consequences for Monetary Policy* (London, 1998), pp. 159–76.

Dutt, Amitava Krishna, "The Origins of Uneven Development: The Indian Subcontinent," *American Economic Review*, 82, 2 (May 1992), pp. 146–50.

Easterly, William, *The Elusive Quest for Growth: Economists' Adventures and Misadventures in the Tropics* (Cambridge, Mass., 2002).

Edelman, Bernard, *Dear America: Letters Home from Vietnam* (New York, 2002).

Edelstein, Michael, "Imperialism: Cost and Benefit," in Roderick Floud and Deirdre McCloskey (eds.), *The Economic History of Britain Since 1700, vol. 2, 1860–1939* (Cambridge, 1994), pp. 197–216.

Eichengreen, Barry, and Marc Flandreau, "The Geography of the Gold Standard," *Centre for Economic Policy Research Discussion Paper*, 1050 (October 1994).

Engerman, Stanley L., "Servants to Slaves to Servants: Contract Labor and European Expansion," in P. C. Emmer (ed.), *Colonialism and Migration: Indentured Servants Before and After Slavery* (Dordrecht, 1986), pp. 263–94.

Epitropoulos, Mike-Frank G., and Victor Roudometof (eds.), *American Culture in Europe: Interdisciplinary*

Caputo, Philip, *A Rumor of War* (London, 1999 [1977]).

Carnegie Endowment for International Peace, "From Victory to Success: After-war Policy in Iraq," *Foreign Policy* (July 2003), pp. 50–72.

Catão, Luis, and Marco E. Terrones, "Fiscal Deficits and Inflation," *International Monetary Fund Working Paper*, 03/65 (2003).

Chang, Gordon G., *The Coming Collapse of China* (London, 2002).

Chiswick, Barry, and Timothy Hatton, "International Migration and the Integration of Labor Markets," in Michael Bordo, Alan Taylor and Jeffrey Williamson (eds.), *Globalization in Historical Perspective* (Chicago, 2003), pp. 65–117.

Clarke, Thurston, *Pearl Harbor Ghosts: A Journey to Hawaii Then and Now* (New York, 1991).

Clausewitz, Carl von, *On War*, ed. and transl. by Michael Howard and Peter Paret (Princeton, 1989 [1832]).

Clemens, Michael A., and Jeffrey G. Williamson, "Where Did British Capital Go? Fundamentals, Failures and the Lucas Paradox: 1870–1913," *NBER Working Paper*, 8028 (December 2000).

——— and ———, "A Tariff-Growth Paradox? Protection's Impact the World Around 1875–1997," *NBER Working Paper*, 8459 (September 2001).

Coatsworth, John, *Central America and the United States: The Clients and the Colossus* (New York/Oxford, 1994).

Coker, Christopher, "Empires in Conflict: The Growing Rift Between Europe and the United States," *Whitehall Paper*, 58 (London, 2003).

Cole, Wayne S., *An Interpretative History of American Foreign Relations* (Homewood, Ill., 1968).

Collier, Paul, and Anke Hoeffler, "On Economic Causes of Civil War," *Oxford Economic Papers*, 50 (1998), pp. 563–73.

Conrad, Joseph, *Nostromo: A Tale of the Seaboard* (Oxford/New York, 1984 [1904]).

———, *The Secret Agent* (London, 1984 [1907]).

Constantine, Stephen, "Migrants and Settlers," in Judith M. Brown and Wm. Roger Louis (eds.), *Oxford History of the British Empire: The Twentieth Century*, vol. 4 (Oxford, 1999), pp. 163–87.

Cooper, Robert, "The Postmodern State," in Foreign Policy Centre (ed.), *Reordering the World: The Long-term Implications of September 11* (London, 2002).

Crafts, Nicholas, "Globalisation and Growth in the Twentieth Century," *International Monetary Fund Working Paper*, 00/44 (March 2000).

Crouchley, A. E., *The Economic Development of Modern Egypt* (London, 1938).

Dallas, Gregor, *1918: War and Peace* (London, 2000).

Danthine, Jean-Pierre; Francesco Giavazzi and Ernst-Ludwig von Thadden, "European Financial Markets after EMU: A First Assessment," *NBER Working Paper*, 8044 (December 2000).

Bobbitt, Philip, *The Shield of Achilles: War, Peace, and the Course of History* (New York, 2002).

Bonney, Richard, "France, 1494–1815," in Richard Bonney (ed.), *The Rise of the Fiscal State in Europe, c. 1200–1815*(Oxford, 1999), pp. 123–76.

Boot, Max, *The Savage Wars of Peace: Small Wars and the Rise of American Power* (New York, 2002).

Bordo, Michael, and Hugh Rockoff, "The Gold Standard as a 'Good House-keeping Seal of Approval,' "*Journal of Economic History*, 56, 2 (June 1996), pp. 389–428.

———, and Marc Flandreau, "Core, Periphery, Exchange Rate Regimes and Globalization," in Michael Bordo, Alan Taylor and Jeffrey Williamson (eds.), *Globalization in Historical Perspective* (Chicago, 2002), pp. 417–68.

———, and Anna J. Schwartz, "Monetary Policy Regimes and Economic Performance: The Historical Record," *NBER Working Paper*, 6201 (September 1997).

Bordo, Michael D., and Hugh Rockoff, "Was Adherence to the Gold Standard a 'Good Housekeeping Seal of Approval' During the Interwar Period?," *NBER Working Paper*, 7186 (June 1999).

———, and Finn E. Kydland, "The Gold Standard as a Commitment Mechanism," in Tamim Bayoumi, Barry Eichengreen and Mark P. Taylor (eds.), *Modern Perspectives on the Gold Standard* (Cambridge, 1996), pp. 55–100.

———; Barry Eichengreen and Douglas A. Irwin, "Is Globalization Today Really Different Than Globalisation a Hundred Years Ago," *NBER Working Paper*, 7195 (June 1999).

Bosher, J. F., *French Finances*, 1770–1795 (Cambridge, UK, 1970).

Bowden, Mark, *Black Hawk Down* (London, 2000).

Brands, H. W., *Inside the Cold War: Loy Henderson and the Rise of the American Empire*, 1918–1961 (Oxford, 1991).

Buchanan, Keith, "The Geography of Empire," *Bulletin of Concerned Asian Scholars*, 4, 2 (1972), pp. 40–54.

Buchanan, Mark, *Ubiquity: The Science of History … Or Why the World Is Simpler Than We Think* (London, 2000).

Buchanan, Patrick J., *A Republic Not an Empire* (Washington, D.C., 1999).

Burleigh, Michael, *The Third Reich: A New History* (London, 2000).

Byman, Daniel, "Scoring the War on Terrorism," *National Interest*, 72 (Summer 2003), pp. 75–85.

Cain, P. J., and A. G. Hopkins, *British Imperialism, 1688–2000*, 2nd ed. (Harlow, 2001).

Calleo, David, "Reflections on American Hegemony in the Postwar Era," in Patrick Karl O'Brien and Armand Clesse (eds.), *Two Hegemonies: Britain 1846–1914 and the United States 1941–2001* (Aldershot/Burlington, Vt., 2002), pp. 248–57.

——, "Power, Wealth and Wisdom: The United States and Europe After Iraq," *National Interest*, 72 (Summer 2003), pp. 5–17.

2003).
Ash, Timothy Garton, *History of the Present: Essays, Sketches and Despatches from Europe in the 1990s* (London, 1999).
———, *Free World: Why a Crisis of the West Reveals the Opportunity of Our Time.* (London, 2004).
Ashdown, Paddy, "Broken Communities, Shattered Lives: Winning the Savage War of Peace," Speech by the Rt. Hon. Lord Ashdown, High Representative in Bosnia and Herzegovina, to the International Rescue Committee, London (June 19, 2003).
Atkin, John, "Official Regulation of British Overseas Investment, 1914–1931," *Economic History Review*, 2nd Series, 23, 2 (August 1970), pp. 324–35.
Auerbach, Alan J.; Laurence J. Kodikoff and Willi Leibfritz (eds.), *Generational Ac-ounting Around the World* (Chicago, 1999).
Bacevich, Andrew J., *American Empire: The Realities and Consequences of U.S. Diplomacy* (Cambridge, Mass./ London, 2002).
Backer, John H., *Priming the German Economy: American Occupational Policies, 1945–1948* (Durham, N.C., 1971).
Bailey, Paul J., *Postwar Japan 1945 to the Present* (Oxford, 1996).
Bairoch, Paul, "European Trade Policy 1815–1914," in Peter Mathias and Sidney Pollard (eds.), *The Cambridge Economic History of Europe*, vol. 8: *The Industrial Economies: The Development of Economic and Social Policies* (Cambridge, 1989), pp. 1–160.
Baker, Mark, *Nam: The Vietnam War in the Words of the Men and Women Who Fought There* (London, 1982).
Baldwin, Richard E., and Philippe Martin, "Two Waves of Globalisation: Superficial Similarities, Fundamental Differences," *NBER Working Paper*, 6904 (January 1999).
Barro, Robert J., "Determinants of Economic Growth: A Cross-Country Empirical Study," *NBER Working Paper*, 5698 (August 1996).
Begg, D.; B. Eichengreen; L. Halpern; J. von Hagen and C. Wyplosz, "Sustainable Regimes of Capital Movements in Accession Countries," *Centre for Economic Policy Research, Policy Paper*, 10 (April 2003).
Bell, Philip, *Americanization and Australia* (Sydney, 1998).
Bergen, Peter, *Holy War Inc. Inside the Secret World of Osama bin Laden* (London, 2001).
Bergsten, C. Fred, "America and Europe: Clash of the Titans?," *Foreign Affairs*, 78, 2 (March-April 1999), pp. 20–32.
Billington, Ray Allen, *Westward Expansion: A History of the American Frontier* (New York, 1967).
Black, George, *The Good Neighbor: How the United States Wrote the History of Central America and the Caribbean* (New York, 1988).
Blum, William, *Rogue State: A Guide to the Worlds Only Superpower* (New York, 2003).

# 參考書目

Abshire, David M., "Lessons of Vietnam: Proportionality and Credibility," in Anthony Lake (ed.), *The Legacy of Vietnam: The War, American Society and Future American Foreign Policy* (New York, 1976), pp. 392–410.

Acemoglu, Daron; Simon Johnson and James A. Robinson, "Colonial Origins of Comparative Development: An Empirical Investigation," *NBER Working Paper*, 7771 (2000).

———; ——— and ———, "An African Success Story: Botswana," unpublished paper (July 11, 2001).

———; ——— and ———, "Reversal of Fortune: Geography and Institutions in the Making of the Modern World Income Distribution," *NBER Working Paper*, 8460 (September 2001).

Adams, Henry, *History of the United States of America During the Administrations of Thomas Jefferson* (New York/Cambridge, 1986).

Alesina, Alberto; Enrico Spolaore and Romain Wacziarg, "Economic Integration and Political Disintegration," *NBER Working Paper*, 6163 (1997).

———; Rafael di Tella and Robert MacCulloch, "Inequality and Happiness: Are Europeans and Americans Different?," *NBER Working Paper*, 8198 (April 2001).

Alstyne, Richard W. Van, *The American Empire: Its Historical Pattern and Evolution* (London, 1960).

Ambrose, Stephen E., *Rise to Globalism: American Foreign Policy 1938–1970* (Baltimore, 1970).

Anderson, Terry H., *The United States, Great Britain and the Cold War, 1944–1947* (Columbia, Mo., 1981).

Andrew, Christopher M., and A. S. Kanya-Forstner, *France Overseas: The Great War and the Climax of French Imperial Expansion* (London, 1981).

Arnold-Baker, Charles, *The Companion to British History* (Tunbridge Wells, 1996).

Aron, Raymond, *The Imperial Republic: The United States and the World, 1945–1973*, transl. Frank Jellinek (London, 1975).

Arria, Diego, "The Changing Nature of Sovereignty and Intervention: A Latin American Perspective," *International Institute for Strategic Studies Global Strategic Review* (September 12–14,

34 Niall Ferguson, "A Dollar Crash? Euro Trashing," *The New Republic*, June 21, 2004.

35 參見Paul Krugman, "Questions of Interest," *New York Times*, April 20, 2004. 不同觀點，參見David Malpass, "Don't Blame the Deficits for America's Rate Hikes,"Financial Times, May 3, 2004.

36 Niall Fergusion, "Who's Buried by Higher Rates," *Fortune*, June 14, 2004. 關於美國儲蓄率下降的總體經濟影響，參見Lawrence H. Summers, "The United States and the Global Adjustment Process,"Third Annual Stavros S. Niarchos Lecture, Institute of International Economics, Washington, D.C., March 23, 2004.

37 "Kerry's Acceptance: There Is a Right Way and a Wrong Way to Be Strong," *New York Times*, July 30, 2004.

38 Robert Manchin and Gergely Hideg, "E.U. Survey: Are Transatlantic Ties Looseninjg?" http://www.gallup.com/content/default.aspx?ci=12247&pg=1.

39 措詞原出於查爾斯・邁爾（Charles Maier）。

40 聯合國秘書處經濟和社會事務部人口司（Population Division of the Department of Economic and Social Affairs of the United Nations Secretariat）, *World Population Prospects*: The 2002 Revision, http://esa.un.org/unpp.

41 Edward C. Prescott, "Why Do Americans Work So Much More than Europeans?,"NBER Working Paper, 10316 (February 2004). 不同的詮釋，參見Olivier Blanchard, "The Economic Future of Europe,"NBER Working Paper, 10310 (February 2004).

42 Dominic Wilson and Roopa Purushothaman, "Dreaming with the BRICs: The Path to 2050,"Goldman Sachs Global Economics Paper, 99 (October 1, 2003).

43 Nikola Spatafora, Yongzheng Yang, and Tarhan Feyzioglu, "China's Emergence and Its Impact on the Global Economy,"International Monetary Fund World Economic Outlook (March 2004), pp. 82－99.

44 Niall Ferguson, "Eurabia?," *New York Times Magazine*, April 4, 2004.「歐拉伯」這個新詞是由埃及裔作家貝特・耶爾（Bat Ye'or）創造的。

45 樂觀的觀點，參見Held, Global Covenant. Rather ore pessimistic－and more aware of medieval visions of a global "civil society"－is Linden, A New Map of the World.

12 Roger Cohen, "'Imperial America'Retreats from Iraq,"*New York Times*, July 4, 2004.

13 Daniel Drezner, "Bestriding the World, Sort of," *Wall Street Journal*, June 17, 2004.

14 Michiko Kakutani, "Attention Deficit Disorder in a Most Peculiar Empire,"*New York Times*, May 21, 2004.

15 參見拙著*Empire*.

16 時至二〇〇四年八月底，已有約300項件虐待被拘留者的指控；截至目前為止，已調查的有155件，其中66件被證實指控為真，*Wall Street Journal*, August 26 2004.

17 Ibid.

18 Woodward, *Plan of Attack*, p. 249.

19 "The Best-laid Plans?,"*Financial Times*, August 3, 2003.

20 Woodward, *Plan of Attack*, pp. 150, 270。

21 參見二〇〇四年九月聯合國秘書長安南（Kofi Annan）接受BBC訪問的評論。

22 Daniel Barnard, "The Great Iraqi Revolt: The 1919－20 Insurrections against the British in Mesopotamia,"paper presented at the Harvard Graduate Student Conference in International History, April 23, 2004, http://www.fas.harvard.edu/~conih/abstracts/Barnard_article.doc.

23 "White House Says Iraq Sovereignty Could Be Limited,"*New York Times*, April 22, 2004。

24 筆者根據二〇〇五年美國政府預算（Budget of the United States Government）的歷史表格所做的計算，http://frwebgate.access.gpo.gov/cgi-bin/multidb.cgi.

25 二〇〇五年美國政府預算，表格1.3，http://www.gpoacess.gov/usbudget/fy05/sheets/hist01z2.xls

26 "Kennedy, Reagan, and Bush Tax Cuts in Historical Perspective," http://www.taxfoundation.org/bushtaxplan-size.htm.

27 總統經濟報告（Economic Report of the President）表格B-81, http://wais.access.gpo.gov.

28 Suskin, The Price of Loyalty, p. 291.

29 Ibid.

30 資料來源： Congressional Budget Office.

31 參見Michael P. Dooley, David FolkertsLandau, and Peter Garber, "An Essay on the Revived Bretton Woods System,"NBER Working Paper, 9971 (September 2003) and "The Revived Bretton Woods System: The Effects of Periphery Intervention and Reserve Management on Interest Rates and Exchange Rates in Center Countries,"NBER Working Paper, 1033 (March 2004).

32 資料來源：Treasury Bulletin, June 2004, http://www.fms.treas.gov/bulletin/. Cf. Pýivi Munter, "Most Treasuries in Foreign Hands,"Financial Times, June 14, 2004.

33 最近其研究參見Peterson, *Running on Empty*. 根據二〇〇四年四月Medicare受託人報告，未來退休人員的系統債務資金缺口有62兆美元：參見Joe Liebermann, "America Needs Honest Fiscal Accounting,"*Financial Times*, May 25, 2004.

19 引用出自Bacevich, *American Empire*, p. 243.

20 Matthews, "Hard Part,"p. 51.

21 Priest, *Mission*, p. 57.

22 BMI定義為重量（公斤）除以身高（公尺）的平方。BMI指數30或以上的人被定義為肥胖；BMI超過25的人都超重。

23 Statistical Abstract of the United States, 2002, table 190.

24 世界衛生組織有二十個國家的數字。

25 但這麼看的話，黑人女性的負擔甚至更重。三分之一的非裔美國女性被歸類為肥胖。

26 Ranke, "Great Powers."

27 Ikenberry, *After Victory*.

28 Ferguson, *Cash Nexus*, p. 37.

29 Ibid., p. 412（強調為後加的）。

30 Ibid., p. 388.

31 Ibid., p. 417.

32 Ibid., p. 418.

33 Fischer, "Globalization and Its Challenges."

34 "Prime Minister Tony Blair's Address to a Joint Session of Congress," *New York Times*, July 17, 2003.

## 寫於二〇〇四：英文版作者序

1 Ron Suskind, "Without a Doubt," New York Times Magazine, October 17, 2004.

2 Woodward, Plan of Attack, p.443.

3 約翰・路易士・加迪斯（John Louis Gaddis）詮釋美國當前的困境時曾比擬美國第六任總統亞當斯，Gaddis, *Surprise, Security, and the American Experience* (Cambridge, Mass., 2004).

4 Ash, Free World, p. 102.

5 小布希演講的文字，*New York Times*, April 13, 2004.

6 強調為作者後加的；第一次總統辯論，September 30, 2004, text from FDCH E-Media. 參見David M. Halbfinger and David E. Sanger, "Bush and Kerry Clash Over Iraq nd a Timetable," New York Times, September 7, 2004.

7 關於邊疆在帝國史上的重要性，參見Maier, *Among Empires*.

8 二〇〇三年十一月六日總統在國家民主基金會（National Endowment for Democracy）二十週年紀念會的演說http://www.whitehouse.gov/news/releases/2003/11/20031106-2.html.

9 小布希總統在共和黨大會上的演說，*New York Times*, September 2, 2004.

10 「我們追求一套遍及世界各地的自由戰略……」；第一次總統辯論，September 30, 2004.

11 參見Fukuyama, *State Building*.

3 對差異處的不同解釋，參見O'Brien, "Governance of Glbalization."

4 令人懷疑的答案，參見Jowitt, "Rage, Hubris and Regime Change,"參見Simes, "Reluctant Empire."

5 "The Price of Profligacy," *Economist*, September 20, 203.

6 寫作本書時，外國中央銀行持有的美國國債和「準政府機構」債券，首次超過一兆億美元：Päivi Munter and Jenny Wiggins, "Treasury Holdings Top $1, 100bn," *Financial Times*, November 11, 2003.

7 在二〇〇三年春季和夏季之間，固定利率十五年期抵押貸款的利率從4.5%增加到6.4%，"Stormy Summer," *Economist*, August 9, 2003.

8 "Flying on One Engine," *Economist*, September 20, 2003.

9 用魯比尼（Nouriel Roubini）的話來說，「你可以讓美元對亞洲貨幣貶值，或是保持低利率。但不能同時擁有兩者。因為兩者同時發生是說不通的。」引用出自"Gambling with the Dollar," *Washington Post*, September 24, 2003. 參見Graham Turner, "The Fed Has Not Avoided Danger," *Financial Times*, June 30, 2003; John Plender, "On a Wing and a Prayer," *Financial Times*, July 3, 2003.

10 James, *End of Globalization*.

11 Stephen Cecchetti, "America's Job Gap Difficult to Close," *Financial Times*, October 1, 2003.

12 Robert Longley, "U.S. Prison Population Tops 2 Million," http://usgovinfo.about.com/cs/censusstatistic/a/aaprisonpop.htm. 今天每二十個美國男人就有一人已坐過牢。在黑人社群的比率是每六人當中有一人。如果刑罰政策繼續不變，二〇〇一年出生的男孩中，將有超過十分之一在人生的某個階段入獄服刑："In the Can," *Economist*, August 23, 2003.

13 Andrew and Kanya-Forstner, *France Overseas*, p. 13.

14 借用湯馬斯・佛里曼（Tom Friendman）非常到位的話：「現在美國在這裡起著帝國的作用。我們的安全和在世界上的地位，取決於我們讓伊拉克做出正確決定。如果小布希團隊還有更重要的事情要做，我想知道是什麼。伊拉克仍然可能出錯，出於一百個伊拉克式的原因，但讓我們確保絕不要是因為美國感到無聊、疲倦或分心。」"Bored with baghdad Already," *New York Times*, May 18, 2003.

15 Priest, *Mission*, p. 117.

16 Forman et al, *United States in a Global Age*, p. 16f.

17 Ignatieff, Empire Lite, p. 115. In Ignatieff's words (p. 90):「有效的帝國勢力還需要控制人們的時間感，說服他們相信自己將永遠被統治。『永久』的假象是大英帝國長壽的秘密之一。一支總是在尋找出口的民族無法長期維護帝國，也無法確保國家利益。」這話說得太正確了，參見ibid., p. 113f.

18 例如Pierre Hassner, *The United States: The Empire of Force or the Force of Empire*, Institute for Security Studies of the European Union Chaillot Paper, 54, September 2002.

2003.

47 David Leonhardt, "Greenspan, Broadly Positive, Spells Out Deflation Worries," *New York Times*, May 22, 2003.

48 Statistical Abstract of the United States, 2001, table 552.

49 Bonney, "France, 1949－1815,"pp. 131ff., 152f. Cf. Bosher, *French Finances*.

50 Maddison, *World Economy*, tablle 2-26a.

51 Calleo, "Power, Wealth and Wisdom,"p. 9. 國際結算銀行估計，美國的經常帳赤字幾乎相當於世上其餘國家儲蓄的10%：John Plender, "On a Wing and a Prayer," *Financial Times*, July 3, 2003.

52 Hugo Dixon, "Is the U.S. Hooked on Foreign Capital?," *Wall Street Journal*, March 6, 2003.

53 Päivi Munter, "Foreign Holdings of U.S. Treasuries Hit Record 46%," *Financial Times*, September 11, 2003.

54 International Monetary Fund, "Transcript of the World Economic Outlook Press Conference,"April 9, 2003.

55 這是唯一能解釋為什麼美國從海外投資獲得的投資收益，始終高於支付將錢投入美國資產的外國人的費用，即使美國在海外擁有資產的資本價值明顯較小。感謝艾倫・泰勒告訴我這點。

56 David Hale, "The Manchurian Candidate," *Financial Times*, August 29, 2003.

57 我非常感謝麥克勞斯基（Deirdre McCloskey）對這點的評論。兩種不同的觀點，參見Brad DeLong, "The Endgame for the U.S. Current-Account Deficit," September 16, 2003: http://www.j-bradford-delong.net/movable_type/2003_archives/002242.htm.

58 Ronald McKinnon, "The Dollar Standard and Its Crisis-Prone Periphery: New Rules for the Game," unpublished paper, Standford University, September 9, 2002.

59 參見討論Hali Edison, "Are Foreign Exchange Reserves in Asia Too High?,"in International Monetary Fund, *World Economic Outlook*, October 2003, pp. 78－92.

60 參見Edward Alden, Jeremy Grant and Victor Mallet, "Opportunity or Threat? The U.S. Struggles to Solve the Puzzle of Its Trade with China," *Financial Times*, November 4, 2003.

61 McKinnon and Schnabl, "China: A Stabilizing or Deflationary Influence?"and "Return to Exchange Rate Stability in East Asia?"參見Ronald McKinnon, "China and Japan, Déjà Vu?, " Standford University, March 2, 2003.

62 參見Martin Wolf, "A Very Dangerous Game," *Financial Times*, September 30, 2003.

## 結論　望故鄉

1 Thomas Wolfe, *Look Homeward, Angel*, p. 5.

2 參見Johnson, "America's New Empire for Liberty."

36 有趣的是，其他幾乎都是前英國殖民地：澳洲、加拿大、愛爾蘭和紐西蘭。根據一九九八年做的國際比較，這些國家每個都能在稅收增長少於5%的情況下實現代際平衡，而稅收增長不到5%：Auerbach et al., *Generational Accounting Around the World.* 問題在於，解決公部門退休金問題可能會造成相對更大的私部門退休金問題。有令人憂心的證據顯示，許多公司退休金計畫的資金嚴重不足，因而不大可能在員工退休時實現對他們的承諾。

37 擬議的改革藉由提供藥物優惠，有效地賄賂老年人加入健康管理組織（Health Management Organizations）。但這將增加而不是減少支出，因為在未來十年它將花費四千億至一兆美元。該計畫還保留了傳統的、非常昂貴的論量計酬醫療保險制度，並允許老年人可以隨時改回使用醫療保險。不幸的是，他們可能會在治療費用變得昂貴時轉回去。最後，HMO在價格過高時有權利拒絕客戶，並把客戶送回傳統的保險計畫。

38 勞倫斯．克里寇夫（Laurence Kotlikoff）主張，做到這點的一個辦法是在邊際上關閉舊系統，並制定聯邦零售銷售稅，以逐步清償其應計負債。工人本來要繳交的工資稅現在將投資到特別私人退休賬戶，由配偶平均分配。政府將為貧困工人提供等額付款，並代表殘障人士全額付款。最後，所有賬戶餘額都將投資於股票、債券和房地產的全球加權指數市場。

39 Alison Shelton, Laurel Beedon and Mitja Ng-Baumhackl, "The Effect of Using Price Indexation Instead of Wage Indexation in Calculating the Initial Social Security Benefit," AARP Public Policy Institute, July 2002

40 最近的研究參見Catão and Terrones, "ISCAL EFICITS AND Inflation."

41 來自Economagic的數據（紐約聯邦儲備銀行）。在二○○三年中期，有跡象顯示投資者的通膨預期略有上升。十年期美國國債收益率躍升4.3%，部分原因是預期經濟成長和股票價格上漲，部分原因是政府和國會預算處修訂了赤字預測。收益曲線到一九九○年代後期基本上趨於平緩，開始顯示出向上急劇傾斜的跡象。在二○○○年底，九十天和三十年期利率之間的利差掉到輕微的負數（負42個基點）。到二○○三年八月，它已超過400個基點。最後，十年期債券和相同期限的指數掛鉤債券的收益率之間的利差略有擴大，從二○○二年十月的約140個基點擴大到二○○三年八月下旬的超過230個基點。鑑於美國面臨的財政危機規模之大，這似乎是相對溫和的反應。數字出自Bondsoline.com, Economagic.

42 參見Shiller, *Irrational Exuberance.*

43 參見Robert J. Shiller, "Will the Bond Bubble Burst?," *Project Syndicate* (June 2003).

44 對此主題的介紹，參見Mark Buchana, *Ubiquity.*

45 舉一個極端的例子，一九二一年五月在德國使投資者確信政府的財政狀況與貨幣穩定不相符，是驚人的1320億馬克戰後賠償負擔。次年七月，自由派外交部長瓦爾特．拉特瑙（Walther Rathenau）被暗殺，成了致命一擊，利率和匯率雙雙飆升：Webb, "Fiscal News."

46 Chet Currier, "Deflation-Defense Strategy Uses Treasuries, Cash," www.bloomberg.com, April 26,

17 Ferguson and Kotlikoff, "Going Critical."

18 Medeiros and Fravel, "China's New Diplomacy."

19 根據一項估計，在610億美元的總花費中，盟軍成員退還美國540億美元。

20 Cf. Ignatieff, *Empire Lite*, p. 95.

21 Rubin, Hamidzada and Stoddard, "Through the Fog of Peace Building."

22 數字出自許多不同期的《美國統計摘要》（Statistical Abstract of the United States）。

23 Calleo, "Power, Wealth and Freedom,"p. 10. Cf. David Wessel, "Several Signs Highlight War's Effect on Economy," *Wall Street Journal*, March 27, 2003; Rigobon and Sack, "Effects of War /risk."

24 Davis et al., "War in Iraq Versus Containment."

25 Thom Shanker, "Bush to Focus on Benefits of Rebuilding Effort in Iraq," *New York Times*, September 21, 2003. 參見Donald Hepburn, "Nice War. Here's the Bill," ibid., September 3, 2003; Richard W. Stevenson, "78% of Bush's Postwar Spending Plan Is for Military," ibid., September 9, 2003.

26 「我們每月花費40億美元經營一個每月GDP 25億美元的國家，」一位退休軍官今夏這麼告訴《金融時報》，「這不大對。」*Financial Times*, August 29, 2003. Cf. Ali Abunimah, "Iraq's Chilling Economic Statistics," March 18, 1999, http://www.globalpolicy.org/security/issues/irq3-22.htm.

27 根據Summers and Heston "World Tables," 伊拉克在一九八〇年的實際人均GDP按一九八五年國際元計算為6900美元，相較之下，美國為15101美元。世界銀行世界發展資料庫提供以當前美元計算的人均國民總收入數字是伊拉克為3380美元，美國為11850美元。 經濟學人智庫（The Economist Intelligence Unit）估計，一九九九年伊拉克的人均GDP僅為247美元，而美國的數字是130倍的32260美元。

28 Max Boot, "A War for Oil? Not This Time," *New York Times*, February 13, 2003; Peter Slevin and Vernon Loeb, "Bremer: Iraq Effort to Cost Tens of Billions for Iraq," *Washington Post*, August 27, 2003.

29 參見Seymour Melman, "Looting Our Lives," *Znet*, April 22, 2003.

30 商用悍馬的第一位車主是健美運動員兼演員，現為（本書於二〇〇四年初出版）加州州長的阿諾史瓦辛格。

31 Kenneth N. Gilpin, "White House Foresees Deficit Reaching $455 Billion This Year," *New York Times*, July 15, 2003. Cf. Edmund L. Andrews, "Leap in Deficit Istead of Fall Is Seen for U.S.,"ibid., August 26, 2003.

32 所有數字出自國會預算處（Congressional Budget Offic）網站。http://www.cbo.gov.

33 Gokhale and Smetters, "Fiscal and Generational Imbalances."

34 細節請見 Lawson, *View from No. 11*, p. 37.

35 Gabriel Stein, "Mounting Debts: The Coming European Pension Crisis," *Politeia*, Plicy Series No. 4 (1997), pp. 32－35.

上）比一九二一年在倫敦要求的賠償總額還多。

70 英國是足以證明規則普遍性的例外。英國選民似乎沒有注意到，當柴契爾在一九八四年獲得了英國大筆付款的持續折扣後，英國就不再是重要的淨捐助國。

71 *Economist*, March 1, 2003.

72 Hitchcock, *Struggle for Europe*, p. 419.

73 Ibid., p. 412.

74 參見Siedentop, *Democracy in Europe*.

75 數字出自歐洲統計局。

76 Rosecrance, "Croesus and Caesar,"pp. 31－34.

77 Epitropoulos et al. (eds.), *American Culture*, 5.

78 Bobbitt, *Shield of Achilles*, pp. 677－95.

## 第八章　當中國門戶不再開放？

1 Gibbon, *Decline and Fall of the Roman Empire*, book I, ch. 17.

2 Maddison, *World Economy*, p. 241, table B-10, p. 261, table B-16.

3 Diamond, *Guns, Germs and Steel*.

4 Pomeranz, *Great Divergence*.

5 Platt, *Finance, Trade and Politics*, esp. pp. 95, 109.英美兩國對非正式帝國取徑的啟發性比較，參見Rauchway, "Competitive Imperialism," 誠如羅克韋（Rauchway）所指出，英國在英國化他們獲得控制權的那些機構上有很大的進展，特別是帝國海事海關局（Imperial Maritime Customs Service）進行英國化方面取得了很大進展。美國的做法是假設美國化會自然而然地發生。更正面的評估，參見Osterhammel, "China," p. 643f.

6 參見Rodrik, "Feasible Globalizations,"p. 7f.

7 中國表現的近期評估請見Hale and Hale, "China Takes Off."

8 根據世界銀行世界發展資料庫各種GDP統計數字的計算。

9 Martin Wolf, "Rivals and Partners," *Financial Times*, October 7, 2003.

10 例如Mearsheimer, *Tragedy of Great Power Politics*, p. 362. Cf. Medeiros and Fravel, "China's New Diplomacy."

11 例如Frank, *ReOrient*.

12 Change, *Coming Collapse of China*.

13 Kennedy, *Rise and Fall of the Great Powers*, p. 689.

14 Ibid., p. 681 and note.

15 據說凱因斯是這麼說的：「當事實改變，我改變想法。你呢，先生？」

16 Paul Kennedy, "Power and Terror," *Financial Times*, September 3, 2002.

49 Evans et al., "Trends in Working Hours in OECD Countries."

50 "Revitalising Old Europe," *Economist*, March 15, 2003, p. 91.

51 *Economist*, May 3, 2003, p. 108.

52 European Convention, "Draft Treaty Establishing a Constitution for Europe,"CONV 850/03, Brussels, July 18, 2003.

53 歐盟將停止對可耕種的農民支付與生產有關的補貼，但會員國若想要，可以繼續支付佔過去支付額特定比例的補貼（以穀物為例，補貼高達四分之一）：Rory Watson, "E.U. Hails New Era of Healthy Food and Green Living," *Times*, June 27, 2003. 直到二〇一三年，用於共同農業政策（CAP）的總金額將繼續保持在500億美元左右：Tobias Buck, Guy de Jonquières and Frances Williams, "Fischler's New Era for Europe's Farmers," *Financial Times*, June 27, 2003.

54 Lea Paterson, "Farm-fresh Chance for Reform in Enlargement," *Times*, July 29, 2003.

55 *Economist*, May 27, 2003.

56 對美國農業的補貼從一九九六年的73億美元，增加到二〇〇〇年的229億美元，其中大部分流向了約40萬的農民。二〇〇二年的農業法案恢復了農業補貼與生產之間的關聯，而且與一九九六至二〇〇一年的平均值相比，將增加22%對美國農業的總補貼，參見Runge, "Agrivation,"p. 86f.

57 撰寫本書時，希臘的消費者價格通膨每年為3.8%，是歐元區比率最高的國家，而德國僅為0.7%，是比率最低的國家。

58 在貨幣聯盟成立前夕，德國的利率約為2.5%。此後，德國不得不調整成歐元區的4.5%折現率。直到二〇〇三年，利率才恢復到一九九九年前的水準。

59 數字出自德國聯邦銀行（Bundesbank）。

60 "A Boom Out of Step," *Economist*, May 29, 2003. Cf. Posen, "Frog in the Pot"; Martin Feldstein, "Britain Must Avoid Germany's Mistake," *Financial Times*, April 22, 2003.

61 我要感謝我的學生麥克・達西（Michael Darcy）在這問題上的研究。

62 Anatole Kaletsky, "How Blair Has Priced Britain Out of the Euro," *Times*, June 12, 2003.

63 Martin Wolf, "The Benefits of Euro Entry Will Be Modest," *Financial Times*, May 12, 2003.

64 Begg et al., "Sustainable Regimes of Captial Movements."

65 數字出自International Monetary Fund, *World Economic Outlook*.

66 Milward, *European Rescue*.

67 "Giscard Plan for President Enters Most Divisive Phase," *Financial Times*, April 22, 2003.

68 細節請見 Milward, *European Rescue*.

69 Niall Ferguson, "The Cash Fountains of Versaillers," *Spectator*, August 14, 1993, pp. 14－16. 在一九五八至一九九四年間，德國以對歐洲經濟共同體／歐盟預算（European Economic Community/European Union）的淨捐款形式，向歐洲其他國家支付了1630億馬克，（名義

了這點：McCauley and White, "The Euro and European Financial Markets."

22 數字出自Economagic, OECD.

23 *Economist*, April 12, 2003, p. 100

24 Al Jazeera, July 2002.

25 European Convention, "Draft Treaty Establishing a Constitution for Europe,"CONV 850/03, Brussels, July 18, 2003.

26 Michael Pinto-Duchinsky, "All in the Translation," *Times Literary Supplement*, June 13, 2003.

27 "Snoring While a Superstate Emerges," *Economist*, May 10, 2003, p. 42.

28 Richard Baldwin and Mike Widgren, "Europe's Voting Reform Will Shift Power Balance," *Financial Times*, June 22, 2003.

29 Pew Global Attitudes Project, "Views of a Changing World,"June 2003.

30 "America's Image Further Erodes, Europeans Want Weaker Ties," Pew Research Center, March 2003.

31 親美的比例目前在英國為70，在法國為43，在義大利為60，在德國為45，在西班牙為38。

32 "Contradictions," *Economist*, April 12, 2003.

33 出自歐洲溫度計（Eurobarometer）各種民調的統計數字，見http://europa.ed.int/comm/public_opinion/archives.

34 根據書中數字的計算。CIA *World Factbook*.

35 根據斯德哥爾摩國際和平研究所（Stockholm International Peace Research Institute）發表的數字的計算。

36 數字出自全球發展中心（Center for Global Development）。

37 David Roodman, "An Index of Donor Aid Performance," Center for Global Development, April 2003.

38 結果可見於*Foreign Policy*, May/June 2003.

39 Coker, *Empires in Conflict*, p. 38f.

40 "Revitalising Old Europe," *Economist*, March 15, 2003, p. 91.

41 Ferguson and Kotlikoff, "Degeneration of EMU,"pp. 110－21.

42 參見Milward, *European Rescue*.

43 數字出自Maddison, *World Economy*, table B-22.

44 International Monetary Fund, *World Economic Outlook*, April 2003.

45 數字出自國際貨幣基金組織。

46 數字出自經濟合作暨發展組織（OECD，標準化的失業率）。

47 "Europe's Heavyweight Weakling," *Economist*, June 7, 2003, p. 44.

48 *Economist*, March 22, 2003, p. 120.對生產率的國際衡量標準是有爭議的，但即使對美國和歐盟之間統計方法的差異進行調整之後，很明顯的，美國的勞動生產率在一九九〇年代期間是上升的，而歐盟的勞動生產率則是下降：ibid., November 16, 2002, p. 100.

## 第七章　歐盟與拜占庭帝國的距離？

1 Glennon, "Why the Security Council Failed."

2 Chris Patten, "The State of the Euro-Atlantic Partnership," *Trilateral Commission*, October 20, 2002.

3 George Parker and Daniel Dombey, "Berlusconi Eyes Bigger E.U. Role on World Stage," *Financial Times*, July 1, 2003.

4 Timothy Garton Ash, "The Peril of Too Much Power," *New York Times*, April 9, 2002.

5 「一個歐洲的軍備、研究和軍事能力機構將成立，以辨識作戰需求，促進滿足這些需求的措施，協助辨識並酌情實行加強國防部門工業與技術基礎的任何措施，參與闡述歐洲能力和軍備政策，並協助部長理事會（Council of Ministers）評估軍事能力的進展」：European Convention, "Draft Treaty Establishing a Constitution for Europe,"CONV 850/03, Brussels, July 18, 2003.

6 例如Andrew Sullivan, "The Euro Menace: The USE vs. the USA," *Sunday Times*, June 16, 2003.

7 Robert Kagan, "Power and Weakness,"Policy Review (2002). Cf. Kagan, *Of Paradise and Power.*

8 法國是世上最受歡迎的旅遊目的地，在二〇〇〇年佔國際遊客總人數的10%以上：World Tourist Organization。第二受歡迎的是美國，但第三、第四和第五名都是歐盟成員國：西班牙，義大利和英國。

9 Huntington, "Lonely Superpower."

10 Kupchan, *End of the American Era*, pp. 119, 132.

11 「今天的華盛頓就像古代的羅馬，享有世界龍頭的地位，但正逐漸厭倦霸權的重擔……而今天的歐洲，就像古代的拜占庭，正在成為一個獨立的權力中心，將一個統一的王國一分為二」：ibid., pp. 131, 153.

12 Cooper, "Postmodern State."

13 Joseph Nye, "The New Rome Mees the new Barbarians: How America Should Wield Its Power," *Economist*, March 23, 2002. 參見Joseph Nye, "Lessons in Imperialism," *Financial Times*, June 16, 2002. Cf. Bergsten, "American and Europe."

14 Mearsheimer, *Tragedy*, p. 385.

15 Paul M. Kennedy, "What Hasn't Changed Since September 11th," *Los Angeles Times*, September 11, 2002.

16 根據世界銀行世界發展資料庫（World Development database）中數字的計算。

17 端看使用的測量單位，歐盟產量將提升三至九個百分比。

18 數字出自Maddison, *World Economy.*

19 根據歐洲統計局（Eurostat）所給的一九九九年數字。

20 Danthine et al., "European Financial Markets After EMU," table 2.2.

21 數字出自國際結算銀行（Bank for International Settlements）。事實上，國際結算銀行預測到

February 26, 2003.

52 對這些問題有點不夠完美的討論，參見Pei, "Lessons of the Past," 裴敏欣也忽略了南韓。

53 Lydia Saad, "What Form of Government for Iraq?," Gallup Organization, http://www.gallup.com/poll/tb/goverpubli/20030923.asp.

54 Larry Diamond and Michael McFaul, "Rushing Elections Will Only Hurt Iraq," *San Jose Mercury News*, September 28, 2003.

55 Matthew, Gladstone, vol. 2, p. 24.

56 Ibid., p. 131.

57 Shannon, *Gladstone*, p. 301.

58 Ibid., p. 302f.

59 Ibid., p. 304.

60 Roberts, *Salisbury*, p. 229.

61 Ibid., p. 266.

62 Shannon, *Gladstone*, p. 306.

63 Judd, *Empire*, p. 97.

64 Shannon, *Gladstone*, p. 318.

65 Ibid., p. 305.

66 Matthew, *Gladstone*, vol. 2, p. 139.

67 Shannon, *Gladstone*, 318.

68 Roberts, *Salisbury*, p. 343.

69 Matthew, *Gladstone*, vol. 2, p. 135.

70 根據書中數字的計算。Crouchley, *Economic Development*, p. 274ff.

71 根據書中數字的計算。Stone, *Global Export of Capital*.

72 Fieldhouse, "For Richer, for Poorer," p. 121.

73 他們的生活絕不悲慘；參見勞倫斯・杜雷爾（Lawrence Durrell）令人陶醉的小說《亞歷山卓四部曲》（*Alexandria Quartet*）。

74 所有統計數字出自Mitchell, *International Historical Statistics: Africa, Asia, Oceania*.

75 根據國際貨幣基金組織（IMF）伊拉克任務小組羅倫佐・裴瑞（Lorenzo Perez）二〇〇四年二月的簡報，IMF可能在二〇〇四下半年向伊拉克提供貸款：IMF Survey, 33, 2, February 2, 2004, p. 18.

76 參見Krasner, "Troubled Societies"and his Organized Hypocrisy.

77 Ashdown, "Broken Communities."

26 他被日後在財政部的對手奧托・尼梅爾（Otto Niemeyer）打敗。

27 Kirk-Greene, *On Crown Service.*

28 就讀牛津大學貝利奧爾學院（Balliol）、基布爾（Keble）、聖約翰（St. John）和基督聖體學院（Corpus Christi）的所有大學生當中，有15%至25%最終受僱於某個帝國職務。Symonds, *Oxford and Empire*, p. 306.

29 Machonochie, *Life in the Indian Civil Service.*

30 Tony Allen-Mills, "Rumsfeld Plan for a Tight Little Army Hits Trouble on the Right," *Sunday Times*, September 21, 2003. Cf. Stephen Fidler and Gerard Baker, "The Best-laid Plans?," *Financial Times*, August 3, 2003.

31 Felicity Barringer and David E. Sanger, "U.S. Drafts Plan for U.N. to Back a Force for Iraq," *New York Times*, September 3, 2003.

32 Statistical Abstract of the United States 2002, table 495; Porter (ed.), *Atlas of British Overseas Expansion.*

33 Statistifical Abstract of the United States 2001, table 494.

34 http://dbease.mconetwork.com/dbEase/cgi-bin/go_getpl.

35 Central Intelligence Agency, *World Factbook.*

36 *International Herald Tribune*, October 16－27, 2002.

37 參見Kurth, "Migration."

38 Department of Defense, "Population Representation in the Military Services"(2001), table 3.3.

39 Ash, *History of the Present*, p. 375. 這可能是為了忽略最近到來的少數民族（尤其是西班牙裔和亞洲第一、第二代移民）日漸增長的重要性。

40 Yale University Office of the FAS Registrar; Yale University Office of Institutional Research. 我聽說這位主修近東語言與文化的學生後來在加州工作。

41 Yale Unviersity Office of Development; Yale University Office of Institutional Research.

42 Porch, "Occupational Hazards,"p. 40.

43 *San Jose Mercury News*, March 18, 2003.

44 Reuel Marc Gerecht, "The Counterterorist Myth," *Atlantic Monthy*, July-August 2001.

45 Woodward, *Bush at War*, p. 201.

46 *Wall Street Journal*, April 4, 2003.

47 http://www.peacecorps.gov/about/index.cfm.

48 感謝比爾・惠蘭（Bill Whelan）在這一點上的幫助。

49 "What Baghdad Really Thinks," *Spectator*, July 19, 2003.

50 見波士尼亞高階代表在今年六月演講中對這主題的敏銳評論：Ashdown, "Broken Communities."

51 小布希總統在美國企業研究院（American Enterprise Institute）的演說，*New York Time*,

104 Roy, *Economic History*, p. 226－29.

105 參見Goldsmith, *Financial Development of India.*

106 拜一九九〇年代的自由化所賜，印度又再度縮小了這一差距。

107 Stephen Haber, Douglass C. North and Barry R. Weingast, "If Economists Are So Smart, Why Is Africa So Poor?" *Wall Street Journal*, July 30, 2003.

## 第六章　美國人該打道回府，還是出於「組織化的偽善」而留下？

1 Fromkin, *Peace to End All Peace*, pp. 449－54.

2 Ibid., p. 509.

3 Yergin, *Prize*, pp. 186－90, 195－97, 201, 204.

4 Fromkin, *Peace to End All Peace*, p. 509.

5 *Newsday*, April 9, 2003.

6 *New York Times*, April 11, 2003.

7 "Transcript of President Bush's Remarks on the End of Major Combat in Iraq," *New York Times*, p. A16.

8 *New York Times*, February 27, 2003.

9 *Finanical Times*, April 7, 2003.

10 *New York Times*, July 15, 2003.

11 "Elections in Iraq a Possibility Next Year, Bremer Says," *New York Times*, July 31, 2003.

12 Steven R. Weisman, "Powell Gives Iraq 6 Months to Write New Constitution," *New York Times*, September 26, 2003.

13 "Iraqi Handover to Be Speeded Up," http://news.bbc.co.uk, Nevember 2, 2003.

14 Fromkin, *Peace to End All Peace*, p. 449f.

15 Ibid., p. 453.

16 Ibid., p. 497, 503.

17 Ibid., p. 507f.

18 Ibid., p. 508.

19 Yergin, *Prize*, p. 195.

20 許多貝爾的通信精選可見於以下網站：http://www.gerty.ncl.ac.uk/letters.

21 貝爾於一九二一年八月二十八日寫給父親的信：http://www.gerty.ncl.ac.uk/letters//11448.htm.

22 根據書中數字的計算。Constantine, "Migrants."

23 Maddison, *World Economy*, p. 110.

24 根據書中數字的計算。Kirk-Greene, *On Crown Service*.

25 Potter, *India's Political Administration*, pp. 68－70' Symonds, *Oxford and Empire*, pp. 185－93.

77 感謝艾倫・泰勒（Alan M. Taylor）提供這些數據給我。

78 Lindert and Morton, "How Sovereign Debt Has Worked."

79 參見Obstfeld and Taylor, "Sovereign Risk." 相反的論點，參見Bordo and Rockoff, "Adherence to the Gold Standard."

80 Cain and Hopkins, *British Imperialism*, pp. 439, 570. 詳細討論見 J. M. Keynes, "Foreign Investment and National Advantage,"in Moggridge (ed.), *Collected Writings*, vol. 19, part I, pp. 275－84.

81 MacDonald, *Free Nation Deep in Debt*, p. 380.

82 Atkin, "Official Regulation,"pp. 324－35.

83 加拿大史學家哈洛・英尼斯（Harold Innis）在一九五〇年代寫道：「加拿大憲法，誠如英國國會的法律文本所示，旨在保護用以改善航行和運輸的資本。」Cain and Hopkins, British Imperialism, p. 233.

84 Ibid., p. 584f.

85 Hale, "British Empire in Default."

86 Cain and Hopkins, *British Imperialism*, p. 439.

87 J. M. Keynes, "Advice to Trustee Investors,"in Moggridge (ed.), *Collected Writings*, vol. 19, part I, p. 204f.

88 Maddison, *World Economy*, p. 264, table B-21.

89 根據書中數字的計算，ibid., p. 112.

90 Dutt, "Origins of Uneven Development."

91 Davis, Late Victorian Holocausts.

92 例如Raychaudhuri, "British Rule in India,"pp. 361－64.

93 參見Washbrook, "South Asia, the Wrold System, and World Capitalism,"p. 480f.

94 Roy, *Economic History of India*, p. 42ff.

95 Ibid., p. 250.

96 Maddison, *World Economy*, table 2-21b.從印尼「流失」到荷蘭的資源更多，更值得被這樣稱呼。然而，不可否認的是印度貨幣政策主要受到管理此資源運輸的支配，而不是使印度的產量最大化。

97 Roy, *Economic History*, p. 241.

98 Ibid., pp. 22，219254，285，294. Cf. McAlpin, *Subject to Famine*.

99 Roy, *Economic History*, pp. 32－36, 215.

100 Ibid., pp. 258－63.

101 Ibid., p. 46f.

102 Ibid., p. 257.

103 Maddison, *World Economy*, p. 110f.

50 Edelstein, "Imperialism: Cost and Benefit,"p. 205.

51 Cain and Hopkins, *British Imperialism*, p. 141.

52 Ibid., p. 432.

53 Williamson, "Land, Labor and Globalization."

54 參見Cain and Hopkins, *British Imperialism*, esp. p. 212.

55 Clemens and Williamson, "A Tariff-Growth Paradox?"

56 Irwin, "Tariff-Growth Correlation of the Late Nineteenth Century."

57 Constantine, "Migrants and Settlers,"p. 167.

58 Williamson, "Winners and Losers"; idem, "Land, Labor and Globalization."

59 Engerman, "Servants to Slaves,"p. 272.

60 Tinker, New System of Slavery.

61 Cain and Hopkins, *British Imperialism*, pp. 161－63.

62 Maddison, *World Economy*, table 2-26a.

63 Davis and Huttenback, *Mammon*, p. 46.

64 Maddison, *World Economy*, table 2-26b.

65 根據克萊門斯和威廉遜（Clemens and Williamson）表示，「英國資本輸出中約有三分之二流向勞動力稀少的新世界，那裡只住了十分之一世界人口，而其中只有約四分之一流向勞動力豐富的亞洲和非洲，那裡住了近三分之二的世界人口」：Clemens and Williamson, "Where Did British Foreign Capital Go?"

66 Obstfeld and Taylor, "Globalization and Capital Markets,"p. 60, figure 10.

67 Ibid., table 2.

68 Schularick, "Development Finance,"p. 14 and table 4.

69 Drazen, "Political-Economic Theory of Domestic Debt."

70 最權威的陳述請參考Bordo and Rockoff, "Gold Standard as a'Good Housekeeping Seal of Approval.'"

71 Eichengreen and Flandreau, "Georgraphy of the Gold Standard,"table 2.

72 Bordo and Kydland, "Gold Standard as a Commitment Mechanism,"p. 56; Bordo and Schwartz, "Monetary Policy Regimes,"p. 10.

73 Bordo and Rockoff, "'Good Housekeeping,'"pp. 327, 347f.

74 Ferguson, *Empire*, esp. ch. 4 一項對四十九個國家的現代調查總結普通法系國家提供「最強的投資者法律保護」。樣本中的十八個國家擁有普通法制度，當然幾乎完全是因為她們在歷史上曾受英國統治：La Porta et al., "Law and Finance."

75 Schularick, "Development Finance,"table 5.

76 更多細節，參見Ferguson, "City of London."

34 Lindert, "Voice and Growth."

35 「自一九六〇年以來，尚比亞獲得了20億（一九八五年）美元的援助。如果所有的援助都挹注到投資，而投資也變成了經濟成長，該國的人均收入現在將是兩萬美元。但實際上卻只有600美元」：Easterly, *Elusive Quest*, p. 42.

36 「政府常常（透過創造）不利於成長的環境而造成低成長：高通膨、高黑市保費，高預算赤字、負實質利率、限制自由貿易，過多繁文縟節和差勁的公共服務」：ibid., p. 239.

37 據一項估計，窮國居民的私人國際資產可能達兩兆美元，幾乎相當於所有窮國二〇〇〇年GDP加起來的四〇%：schularick, "Development Finance," p. 32.

38 James K. Boyce and Léonce ndikumana, "Africa's Odious Debts," *Project Syndicate*, June 2003.

39 Diamond, "Promoting Real Reform in Africa,"p. 6. 自一九八〇年代降至最低點以來，舉行民主選舉的非洲國家數量略有增加，如今來到十九個，但其中只有四分之一提供其公民有意義的公民和政治自由。自由民主與非自由民主之區別的詳細探討可見Zakariz, *Future of Freedom*。獨具洞見的批評，見Diamond's r*eview in Journal of Democracy*, 14, 4 (2003), pp. 167－71.

40 Acemoglu et al., "African Success Story,"p. 2f.

41 Ibid., p. 4. 艾塞默魯等人完全不認為英國殖民統治的遺產有任何功勞。另一種解釋可能是，與（例如）辛巴威相比，波扎那統治者在拆除英國的非腐敗管理體系方面做得比較少。

42 Diamond, "Promoting Real Reform in Africa," p. 9.

43 Collier and Hoeffler, "Economic Causes of Civil War." Cf. Collier, "The Market for Civil War," *Foreign Policy*, May－June 2003, pp. 38－45; "The Global Menace of Local Strife," *Economisst*, May 24, 2003.

44 Gleditsch et al., "Armed Conflict."

45 對全球化非經濟面向的有用介紹，參見Held et a., *Global Transformations*.

46 不過，應該強調的是經濟制度的完全標準化是有限制的（至少需要是如此）：Rodrik, "Freasible Globalizations." 誠如羅德里克（Rodrik）所說，實現繁榮的途徑不只一條；世上最大的幾個經濟體在制度上的多樣性就是見證。但這並不是反對試圖在自身沒發展出成功制度框架的國家，建立別種成功的制度框架。並非每個國家都需要在民族國家、民主和全球經濟整合之間進行選擇；只不過有些民族國家（通常是不民主的民族國家）需要被強迫全球化。

47 Ibid., pp. 6－10. 關於十九世紀末期確實是「全球化的第一個時代」的證據，參見O'Rourke and Williamson, "When Did Globalization Begin?"參見他們的*Globalization and History*.

48 從某項標準（關稅淨收入佔進口淨值的百分比）來看，法國自一八二〇年代到一八七〇年代中期事實上更為自由： John Vincent Nye, "Myth of Free-Trade Britain." 英國自由貿易最有意義之處在於，即使在一八七〇年代全球化開始壓低商品價格之後，英國仍保留自由貿易。

49 Bairoch, "European Trade Policy"p. 139.

黎各和維京群島有帝國般的地位。事實證明，這些地方就這麼剛好「不在託管計畫的範圍內」：Louis, *Imperialism at Bay*, p. 236. 後來，他們將羅斯福給予俄羅斯帝國的優惠待遇稱為「鹹水謬論」: ibid., p. 570.

10 Alesina et al., "Economic Intergration and Political Disintegration,"pp. 1, 23.

11 Diamond, "Promoting Real Reform in Africa."

12 Ibid., p. 11.

13 它們分別是賴索托、巴基斯坦、埃及、波札那、馬來西亞、馬爾他、巴貝多斯、賽普勒斯、以色列、愛爾蘭、新加坡、香港、加拿大，當然還有美國。

14 從世界銀行的世界發展指標資料庫（World Bank, *World Development Indicators* databse）算出來的。人均國內生產毛額皆以當前國際元計算的購買力平價調整。

15 Ibid. 收入指的是人均國民所得毛額，圖表集法（當前美元），2002.

16 這六個例外分別是孟加拉、尼泊爾、寮國、柬埔寨、吉爾吉斯和塔吉克：兩個前英國殖民地，兩個前法國殖民地，以及兩個前俄羅斯殖民地。

17 Diamond, "Promoting Real Reform in Africa."

18 James Wolfensohn, "A good'Pro-Poor'Cancún Could Help Rich as Well," *Financial Times*, September 8, 2003.

19 Tobias Buck, Guy de Jonquières and Frances Williams, "Fischler's New Era for Europe's Farmers," *Financial Times*, June 27, 2003. Cf. Rung, "Agrivation."

20 Diamond, "Promoting Real Reform in Africa,"p. 31;國民所得數據來自世界銀行。

21 Sachs and Warner, "Economic Reform," esp. p. 36. 參見他們的 "Fundamental Sources of Long-run Growth,"pp. 184－88.

22 Chiswick and Hatton, "International Migration."

23 Rodrik, "Feasible Globalizations,"p. 19.

24 Lucas, "Why Doesn't Capital Flow from Rich to Poor Countries?"

25 Baldwin and Martin, "Two Waves of Globalization,"p. 20.

26 Schularick, "Development Finance,"p. 20f, chart 2..

27 Easterly, *Elusive Quest*, p. 58f.

28 參見e.g., Sachs, "Tropical Underdevelopment."

29 參見Acemoglu et a., "Colonial Origins"and the same authors' "Reversal of Fortune."

30 Landes, *Wealth and Poverty of Nationals*, p. 217f.

31 Barro, "Determinants of Economic Growth." 其他三項是提供中等和高等教育、提供健康照護，還有促進節育。

32 North and Weingast, "Constitutions and Commitment."

33 Ferguson, *Cash Nexus*.參見Sylla, "Spaping the U.S. Financial System."

75 約翰・斯加萊特二〇〇三年八月二十八日在赫頓調查麥克・凱利（Michael Kelly）之死時的證詞：http://www.the-hutton-inquiry.org.uk/.

76 Hansard, March 18, 2003: http://www.parliament.the-stationery-office.co.uk/pa/cm200203/cmhansrd/cm030318/debtext/30318-06.htm and -08.htm.

77 Woodward, *Bush at War*, p. 106.

78 Rodric Braithwaite, "End of the Affair," *Prospect*, May 2003, pp. 20－23.

79 Gilbert, *Never Despair*, p. 1271.

80 Ibid.

81 Dimbleby and Reynolds, *Ocean Apart*, p. 255.

82 Ibid., p. 252.

83 Ibid., p. 288.

84 Ibid., p. 264.

85 Pew Global Attitudes Project, "Views of a Changing World,"June 2003.

86 Richard Burkholder, "Ousting Saddam Hussein'Was Worth Hardships,'" Gallup Website: http://www.gallup.com/poll/tb/goverpubli/20030923c.asp.

87 Ibid.

88 Woodward, *Bush at War*, p. 220.

89 Ibid., pp. 231, 237.

90 Ignatieff, *Empire Lite*, p. 2.

91 Etzioni, "Implications of American Anti-Terrorism Coalition,"p. 26.

92 Stewart Stogel, "Food Fight," *Time*, May 3, 2003.

## 第五章　為何要支持自由帝國？

1 Louis, *Imperialism* at Bay, p. 227.

2 Ibid., p. 14.

3 關於主權範圍和部分主權的各種模式，包括帝國，參見Krasner, "Troubled Societies."

4 Diamond, "Universal Democracy."

5 Townsend, *European Colonial Expansion*, p. 19.

6 儘管他一再要求去殖民化「時間表」，但羅斯福心目中的時間總是模糊不清。他談到一些南亞殖民地「二十年內可以實現自治」，但他預期婆羅洲需要一個世紀的託管：ibid., pp. 157, 437.

7 Louis, *Imperialism at Bay*, p. 175. 參見jeffery, "Second World War,"p. 314.

8 Louis and Robinson, "Imperialism of Decolonization."

9 英國人從不厭倦指出這些矛盾之處。他們從不浪費機會提醒美國人事實上在夏威夷、波多

51 Woodward, *Bush at War*, esp. pp. 30, 150.

52 小布希總統二〇〇一年九月十三日對一群參議員的話，轉引自 Howard Fineman in *Newsweek*, September 24, 2001.

53 Clausewitz, *On War*, ch. 1, p. 87.

54 區區48名英國士兵殲滅了大約一萬名馬赫迪軍。關於這場戰役的記載，參見Ferguson, *Empire*, pp. 267－70.

55 自一九九〇年代中期以來，美軍一直在後蘇聯的中亞地區，像是吉爾吉斯，哈薩克，塔吉克、烏茲別克及巴基斯坦境內行動。但在這個非常近期才被納入美國勢力範圍的領土上，即使是發動空戰也很不容易：Priest, *Mission*, pp. 38, 101f.

56 鉅細彌遺的記載見Woodward, *Bush at War.*

57 出自http://usinfo.state.gov/topical/pol/terror/secstrat.htm.

58 例如Galston, "Perils of Preemptive War."

59 Leffler, "9/11."

60 Shawcross, *Deliver Us from Evi*l, p. 224f.

61 二〇〇三年三月十八日，布萊爾總理對下議院口齒伶俐地提出過失清單。

62 一九九九年六條、二〇〇〇年三條、二〇〇一年三條，然後光二〇〇二年就有五條。

63 Shawcross, *Deliver Us frm Evil*, pp. 250, 320.

64 Stanley Hoffman, "America Goes Backward,"*New York Review of Books*, June 12, 2003; James P. Rubin, "Stumbling into War,"Foreign Affairs, September-October 2003; Madelein K. Albright, "Bridges, Bombs or Bluster,"ibid.

65 Pollack, *Threatening Storm.*

66 "The Divided West,"*Financial Times supplement*, June 2003, p. 5.

67 出自http://ods-dds-ny.un.org/doc/UNDOC/GEN/N02/682/26/PDF/N0268226.pdf?OpenElement.

68 看看這份文件如今顯得多可信會很有趣。

69 參見馬克・丹納的推論Mark Danner, "Iraq: The New War," *New York Review of Books*, September 25, 2003, p. 90.

70 "The Divided West," *Financial Times supplement*, June 2003, p. 5.

71 「這不是很好的舉止，」席哈克怒斥，「他們錯過了保持沉默的好機會。」他補充說：「如果他們想降低加入歐洲的機會，這絕對是最好的辦法。」

72 Hoffman, "America Goes Backward," p. 74. 霍夫曼認為，美國正在追求「一種狂妄自大的政策，即戴著普世善良理想的面具行國際支配」。如果有人在二〇〇三年三月戴上這面具，那肯定是席哈克。

73 Mark Husband and Stephen Fidler, "No Smoking Gun," *Financial Times*, June 4, 2003.

74 *Financial Times*, June 4, 2003.

31 Ibid., p. 57ff.

32 Ibid., pp. 88, 95f, 120f, 130f.

33 Ibid., p. 133.

34 Shawcross, *Deliver Us from Evil*, pp. 92, 94.

35 Holbrooke, *To End a War*, pp. 231－312.

36 Ibid., pp. 318, 322.

37 該協議的全文可在此網頁找到：http://www.mondediplomatique.fr/dossiers/kosovo/rambouillet.html.

38 參見我在一九九九年四月三日對此主題發表在《金融時報》的文章，參見Bobbitt, *Shield of Achilles*, pp. 468－77.《聯合國憲章》（*UN Charter*）第二條第四款規定：「各會員國在其國際關係上不得使用威脅或武力……侵害任何會員國或國家之領土完整或政治獨立。同時第二條第七款禁止干涉「在本質上屬於任何國家國內管轄之事件」。此外，聯合國大會一九七〇年的《國際法原則宣言》（Declaration on Principles of International Law）否定了會員國「基於任何理由直接或間接地干預任何其他國家的內政的權利」。根據《聯合國憲章》，武力只能用於自衛或得到安理會明確授權以回應侵略行為時（第七章，第三十九至五十一條）。唯有忽略《聯合國憲章》（或借用東尼·布萊爾的話，「在重要方面……符合……不干涉原則」），北約代表科索沃阿爾巴尼亞人進行的軍事干涉才站得住腳，參見Caplan, "Humanitarian Intervention: Which Way Forward?"p. 25f.

39 關於這場戰爭獨特的「沒有傷亡的心態」，參見Boot, *Savage Wars*, pp. 325－27.

40 *New York Times*, August 15, 2003.

41 Ignatieff, *Empire Liter*, p. 70f.

42 Boot, *Savage Wars*, p. 327. 戰爭的外交低潮來臨時，當時中國駐貝爾格勒大使館無意中被制導導彈擊中。 在塞爾維亞的平民目標上使用集束炸彈，對北約干涉的合法性造成了更大的損害。The war's diplomatic low point came when the Chinese Embassy in Belgrade was unintentionally hit by a guided missile. Still more damage was done to the legitimacy of the NATO intervention by the use of cluster bombs on civilian targets in Serbia.

43 Ignatieff, *Virtual War*.

44 這是弗格森《金錢與權力》的結論。

45 Power, "Problem from Hell."

46 Shawcross, *Deliver Us from Evil*, p. 118f.

47 Ibid., pp. 106, 119, 207ff.

48 Ibid., p. 211.

49 Bacevich, *American Empire*, p. 202f.

50 *New York Times*, September 24, 2003.

13 Boot, *Savage Wars*, p. 320.

14 自一九九一年以來，美國近期政策反覆出現的一項錯誤是給軍事行動取了更適合藥品品牌的名稱。「安撫」（Provide Comfort）、「南方守望」（Southern Watch）、「慎重武力」（Deliberate Force）和「持久自由」（Enduring Freedom）無不讓人聯想到治療腹瀉的藥。

15 Haass, *Intervention*, p. 37.

16 Ibid., p. 168.

17 Gause, "U.S.-Saudi Relationship,"p. 351.

18 Ibid., p. 343. 一九九〇年，沙烏地阿拉伯武裝部隊只有111500百人。伊拉克人口比沙烏地阿拉伯多不到一倍，卻有五倍大的武裝部隊。

19 Bergen, *Holy War Inc.*, p. 85f.

20 Reich, "United Statesand Israel,"p. 235f.

21 Ibid., p. 237.

22 Ibid., p. 236.

23 Bowden, *Black Hawk Down*, p. 166.

24 值得一提的是，美國政治人物和選民對軍事傷亡的厭惡，與美國服役人員的態度無關，艾迪德的人馬試圖利用他們往往過於魯莽的勇敢。

25 Haass, *Intervention*, p. 46.

26 參見Power, *Problem from Hell.*

27 一九四八年的《聯合國防止及懲治滅絕種族罪公約》（The United Nations Convention of the Prevention and Punishment of the Crime of Genocide）是個被廣泛誤解的文件。第二條對拉斐爾．萊姆金四年前創造的字立下清晰定義。它涵蓋「旨在完全或部分消滅一個民族、族裔，種族或宗教群體的以下任何行為：

a. 殺害該群體的成員；

b. 致使該群體的成員在身體上或精神上遭受嚴重傷害；

c. 故意使該群體處於貧窮等生活條件下以毀滅其全部或部分生命；

d. 強制施行蓄意防止該群體生育的措施；

e. 強制將該群體的兒童轉至其他群體。

公約不僅宣布種族滅絕為應受懲處的罪行，還包括陰謀實施種族滅絕、直接且公開地煽動實施種族滅絕、企圖進行種族滅絕和種族滅絕串通。根據這個定義，種族滅絕罪毫無疑問發生在一九七二年的蒲隆地，一九八七至八八年的伊拉克，一九九二和九五年的波士尼亞，一九九四年的在盧安達，以及在一九九八和九九年的科索沃。

28 Simms, *Unfinest Hour*, p. 54.

29 Ibid., p. 56. Cf. Shawcross, *Deliver Us from Evil*, p. 83.

30 Simmus, *Unfinest Hour*, p. 339f.

## 第四章　光榮多邊主義

1　感謝阿里亞先生允許我引用這句話，希望有一天這將成為他針對任職安理會期間的回憶錄的書名。

2　Woodward, *Bush at War*, p. 333.

3　這個數字有爭議。美國聲稱其「自願聯盟」有四十九國。但二〇〇三年三月二十八日的一項獨立調查僅確認了三十七國的支持，另有十個國家顯然（不過沒有明確表示）傾向支持。只有英國、澳洲和波蘭派遣作戰部隊到伊拉克，但另有十個國家提供少量的非作戰部隊，其中多數是醫療隊和消毒專家：http://en.wikipedia.org/wiki/U.S.-led_coalition_against_Iraq#Invasion_coalition.

4　這措詞通常被歸屬於索爾斯伯利侯爵（Marquess of Salisbury），但他的大臣喬治・高申（George Goschen）似乎更常使用它。索爾斯伯利認為孤立是非常危險的，因此偏好將英國納入聯盟和協約的網絡。

5　據聯合國表示，時至一九九八年六月，美國拖欠了約15億美元的應繳款和核定應繳款。這包括一九九八年的往年經常預算的兩億九千八百萬美元，以及一九九八年維和行動的9500萬美元，和往年維和行動累積的8.71兆美元：Christopher S. Wren, "Unpaid Dues at the U.N. Could Cost U.S. Its Vote," *New York Times*, June 28, 1998. 在一九九九年「赫爾姆斯－拜登」的妥協（Helms-Biden compromise）下，美國同意支付近半數的逾期欠款，以換取聯合國與其他附屬機構的一系列改革。

6　http://www.un.int/usa/FactSheets_GA58.htm.

7　Madeleine Albright, "Think Again: United Nations," *Foreign Policy*, September－October 2003, p.22.

8　美國被尼加拉瓜控訴在其港口布雷後，於一九八四年在國際法庭上直接離席。

9　Forman et al., *United States in a Global Age*, p. 10f. 美國主要選擇退出的包括《全面禁止核試條約》（Comprehensive Test Ban Treaty）、《反彈道飛彈條約》（Antiballistic Missile Treaty）、《國際刑事法院羅馬規約》（the Rome Statute of the Internation Criminal Court）、《禁止生物武器公約》（Biological Weapons Convention，核查議定書）、擬議的聯合國《關於小武器和輕武器行動綱領》、《關於殺傷性地雷的使用、儲存、生產和轉讓的禁止及銷毀公約》（the Ottawa Convention banning the production, trade and use of antipersonnel land mines，又稱渥太華公約），《兒童權利公約》（Convention on the Rights of the Child）和《消除對婦女一切形式歧視公約》（Convention on the Elimination of Discrimination against Women）以及（也許是最著名的）《全球暖化京都議定書》（Kyoto Protocol on global warming）。

10　Karnow, *Vietnam*, p. 16.

11　美國退伍軍人事務部（Department of Veterans Affairs），http://www.va.gov/pressrel/amwars01.htm.

12　Priest, *Mission*, p. 69.

67 "September 11 Death Toll Revised," *Associated Press*, June 11, 2003. 現今估計有2940人在世貿中心攻擊中喪生，189人在五角大廈攻擊中喪生，以及44人於第四架飛機墜毀賓州時喪生。

68 Looney, "Economic Costs." 這被證明太過悲觀。

69 見芝加哥大學商學院的辯論，"What's Next? The Economic Effects of September 11," http://gsbwww.uchicago.edu/news/gsbchicago/win02/features/effects1.htm.

70 相比之下，二〇〇二年中歐嚴重洪災造成的保險損失達25億美元。同年，阿富汗與巴基斯坦的地震造成約2000人死亡，參見*the Economist*, May 24, 2003.

71 歐洲在一九九一至一九九六年間發生了近千起恐怖攻擊事件，相較之下，一九九七至二〇〇二年間只有241起，下降了75%。

72 「〔巴勒斯坦〕問題沒有軍事解決方案，」美國中央司令部（CENTCOM）退休指揮官安東尼・濟尼在二〇〇二年告訴一名記者，「恐怖主義也沒有軍事解決方案。」Priest, *Mission*, p. 11f.

73 這統計數字當然有爭議。我已查閱佔領區以色列人權資訊中心（Israeli Information Center for Human Rights in the Occupied Territories），http://www.btselem.org.

74 儘管沒有確鑿的證據顯示海珊政權援助蓋達組織，但它確實支持阿布・尼達爾組織和哈馬斯。海珊還協助了伊朗團體人民聖戰組織（Mujahedeen-e-Khlaq）和庫德斯坦工人黨（Kurdistan Workers' Party）。

75 Smith, *Talons of the Eagle*, p. 5ff.

76 Haass, *Intervention*, p. 26f.

77 Pettiford and Harding, *Terrorism*, p. 135.

78 Woodward, *Bush at War*, p. 38.

79 Schirmer, "U.S. Bases in Central America."

80 Mead, *Special Providence*, p. 31.

81 Haass, *Intervention*, p. 25f.

82 Schirmer, "U.S. Bases in Central America."

83 Priest, *Mission*, p. 95.

84 Ibid., p. 71.

85 到一九九〇年代中期時，這些部隊已在167個不同的國家進行超過2000次行動：Coker, *Conflicts*, p. 20.

86 Priest, *Mission*, p. 45f.

87 Boot, *Savage Wars*, p. 318.

88 Haass, *Intervention*, p. 30f.

42 Ibid., p. 82.

43 Ibid., p. 69.

44 Kanpp, "United States and the Middle East,"p. 23f.

45 Maddison, *World Economy*, p. 151, table 3－21.

46 Lundestad, "Empire,"p. 97.

47 Power, "Problem from Hell,"p. 234.

48 Gause, "U.S.-Saudi Relationship,"p. 347.

49 Ibid. 參見Haass, *Intervention*, p. 28.

50 "Declaration of the World Islamic Front for Jihad Against the Jews and the Crusaders February 23, 1998."http://www.fas.org/irp/world/para/docs/980223-fatwa.htm.

51 "Conversation with Terror,"*Time*, January 11, 2001.

52 據稱二〇〇二年十一月二十四日公佈的信件參見http://observer.guardian.co.uk/worldview/story/0,11581,845725,00.html，以及二〇〇三年二月十一日在半島電視台播送的訊息。

53 Huntington, *Clash of Civilizations*. Cf. Lewis, *Crisis of Islam*.

54 Lewis, *What Went Wrong?*, p. 159.

55 Burleigh, *Third Reich*.

56 參見Christopher Hitchens, "Against Rationalization,"*Nation*, October 8, 2001. 希均斯（Hitchens）用「伊斯蘭臉孔的法西斯主義」來形容 。

57 Marshall, *Demanding the Impossible*, p. 284.

58 Pettiford and Harding, *Terrorism*, p. 36.

59 Conrad, *Secret Agent*, pp. 65－68.

60 Knapp, "United States and the Middle East,"p. 21f.

61 John Keegan, "Diary," *Spectator*, October 13, 2001. 在第二次世界大戰後期，5000名日本飛行員在執行神風特攻任務時自殺。在沖繩，近5000名美國水手喪生，這樣的攻擊至少擊沉了36艘船艦。這也不是日本在太平洋戰爭中開始屈居下風後採取的唯一自殺戰略。他們還訓練了自殺潛水員「伏龍特攻隊」，其任務是帶著水雷游向進逼的登陸艇引爆。

62 Pettiford and Harding, *Terrorism*, p. 116.

63 United States Commission on National Security/21st Century, *New World Coming: American Security in the 21st Century—Major Themes and Implications*, September 15, 1999; http://www.nssg.gov./Reports/NWC.pdf.

64 Martin Wolf, "Frightening Flexibility of Terrorism," *Financial Times*, June 3, 2003.

65 根據一九九三年聯邦預算要求：International Institute of Strategic Studies, *The Military Balance*, 1992－1993, p. 17.

66 Ibid., p. 218.

8 Gause, "U.S.-Saudi Relationship,"p. 344.

9 Yergin, *Prize*, p. 401.

10 Ibid., pp. 403f, 410－16, 427f.

11 Guse, "U.S.-Saudi Relationship,"p. 345.

12 Reich, "United States Interests,"p. 81.

13 Gaddis, *We Now Know*, p. 164.

14 Reich, "United States Interests,"p. 72.

15 Ibid., p. 240f.

16 Rosecrance, "Objectives,"p. 31.

17 Knapp, "United States and the Middle East,"p. 14f.

18 Ibid., p. 15.

19 Kinzer, *All the Shah's Men*, p. 205.

20 Knapp, "United States and the Middle East,"p. 25.

21 Louis and Robinson, "Imperialism of Decolonization".

22 Gaddis, *We Now Know*, p. 169.

23 Knapp, "United States and the Middle East,"p. 25.

24 Gaddis, *We Now Know*, p. 175.

25 Yergin, *Prize*, p. 508f.

26 Gause, "U.S.-Saudi Relationship,"p. 346.

27 Rosecrance, "Objectives,"p. 32.

28 Reich, "United States Interests,"p. 81.

29 Rosecrance, "Objectives,"p. 34.

30 例如Reich, "United States and Israel,"pp. 227, 241.

31 Ibid., p. 228.

32 Reich, "United States and Israel,"p. 232.

33 Ibid., p. 234.

34 Ibid., p. 234f.

35 Ibid., p. 229f.

36 Lundestad, "Empire,"p. 90. Cf. Rosecrance, "Objectives,"p. 36.

37 Reich, "United States Interests,"p. 66; Gause, "U.S.-Saudi Relationship,"p. 347.

38 Gause, "U.S.-Saudi Relationship,"p. 346.

39 Priest, *Mission*, p. 84f.

40 Reich, "United States Interests,"p. 64f.

41 Ibid., p. 62.

168 Palmer, *Twenty-five Year War*, p. 195.

169 Ibid., p. 192f.

170 當然，軍事顧問到越南已經有好幾年了；第一位在越南被殺的美國人最早可追溯至一九六一年。但美國部隊的直接和公開的參與實際始於一九六五年。

171 Mueller, *War, Presidents and Public Opinion.*

172 Ravenal, *Never Again*, p. 106. Cf. Palmer, *Twenty-five Year War*, p. 190.

173 Ravenal et al., "Was Failure Inevitable?"p. 275f; Abshire, "Lessons,"p. 406; Karnow, *Vietnam*, p. 17.

174 Mueller, *War, Presidents and Public Opinion*, table 3.2, p. 49.

175 Edelman, *Dear America*, p. 205.

176 Julien, *Empire*, p. 13.

177 Edelman, *Dear America*, p. 207.

178 Siracusa, "Lessons,"p. 228.

179 Roskin, "Generational Paradigms,"p. 569.

180 Siracusa, "Lessons,"p. 228; Gaddis, *We Now Know*, p. 58.

181 Herring, *Longest War*, p. 270.

182 Siracusa, "Lessons,"p. 233; Roskin, "Generational Paradigms,"p. 575.

183 Kupchan, *End*, p. 200. Cf. Lundestad, "Empire,"p. 92.

184 Herring, *Longest War*, p. 267.

185 Gaddis, *We Now Know*, p. 177; Lowenthal, *Partners in Conflict*, pp. 31－33.

186 Swomley, *American Empire*, p. 1.

187 Gaddis, *We Now Know*, pp. 179, 182. Cf. Lowenthal, *Partners in Conflict*, pp. 28－30.

188 其中一個重要的原因是，美國人並不知道俄羅斯人已經送給古巴戰術性核子飛彈，這些飛彈可用來消滅任何入侵勢力。

189 對危機的最佳記載，請見Fursenko and Naftali, *One Hell of a Gamble.*

## 第三章　衝突的文明

1 二〇〇一年十月七日奧薩瑪・賓拉登的聲明，http://news.bbc.co.uk/1/hi/world/south_asia/1585636.stm.

2 Woodward, *Bush at War*, p. 131.

3 Geoffrey Wheatcroft, "Two Years of Gibberish,"*Prospect*, September 2003, pp. 30－33.

4 Knapp, "United States and the Middle East,"pp. 11－13.

5 Reich, "United States Interests,"p. 56.

6 Yergin, *Prize*, pp. 195－97, 204.

7 Ibid., p. 393.

138 Ibid., p. 464.

139 McCullough, *Truman*, p. 833f.

140 Foot, *Wrong War*, p. 23.

141 McCullough, *Truman*, p. 853ff.; Ferrell, *Truman*, p. 335.

142 McCullough, *Truman*, p. 854.

143 Spanier, *Truman-MacArthur*, p. 273.

144 過度同情的記載，參見Willoughby and Chamberlain, *MacArthur*, pp. 418－25.

145 Foot, *Wrong War*, p. 176. 中國人擔心大部分戰俘會拒絕返國。

146 Ibid., p. 176f.

147 Ibid., p. 184.

148 Ibid., p. 25.

149 Mueller, *War, Presidents and Public Opinion*, p. 105.

150 在作戰行動中喪生的美國陸軍人員佔比從一九五〇年下半年的13.6%下降到一九五一年的3.6%。在一九五二和一九五三年僅略高於1%，數字見http://history.amedd.army.mil/booksdocs/korea/reister/ch1.htm.

151 對韓戰傷亡的統計，現在有出色的電子資源，參見http://www.koreanwar-educator.org/old%20site/public_html/toc/detial_casualty/PAGE%20FIVE.htm; http://www.centurychina.com/history/krwarcost.html; 以及非常寶貴的：http://users.erols.com/mwhite28/warstat2.htm.

152 Kissinger, "Reflections on American Diplomacy"p. 50f.

153 Green, *Quiet American*, p. 124.

154 Ibid., p. 96.

155 Caputo, *Rumor*, p. 16.

156 Ibid., p. 88f.

157 Baker, *Nam*, p. 133.

158 Ferguson, "Prisoner Taking."

159 Herring, *Longest War*, p. 268.

160 Ibid., p. 192f.

161 Karnow, *Vietnam*, p. 19.

162 Herring, *Longest War*, p. 268.

163 Karnow, *Vietnam*, p. 19.

164 Ravenal et al., "Was Failure Inevitable?,"p. 268f.

165 Palmer, *Twenty-five Year War*, 204f.

166 Karnow, *Vietnam*, p. 20f.

167 Coker, *Conflicts*, p. 22.

110 參見Gilpin, *Political Economy.*

111 Office of the Undersecretary of Defense (Comptroller), "National Defense Budget Estimates for FY 2004,"(Green Paper), March 2003. Cf. Malkasian, Korean War, p. 13f, 73.

112 Gaddis, *We Now Know*, pp. 89, 102f.

113 University of Michigan, Correlates of War database.

114 Magdoff, *Age of Imperialism*, p. 42. 不同的數據，參見Peter H. Smith, *Talons of the Eagle*, p. 119.

115 Lundestad, *American "Empire,"* p. 54.

116 Ibid., p. 65.

117 Pei, "Lessons,"p. 52. 奇怪的是，裴敏欣（Pei）無視南韓的情況。無可否認地，南韓在干涉之後很長一段時間才開始向民主過渡。

118 見證迪恩．魯斯克（Dean Rusk）為阻止「波昂—巴黎軸心」（Bonn-Paris axis）在一九六三年成形徒勞無功的嘗試： Layne, "America as European Hegemon,"p. 24f.

119 Stueck, *Korean War*, p. 26.

120 Gaddis, *We Now Know*, p. 71f.

121 Malkasian, *Korean War*, p. 15. Cf. Spanier, *Truman-MacArthur*, p. 257ff.

122 Malkasian, *Korean War*, pp. 11－17.

123 Mueller, *War, Presidents and Public Opinion*, table 3.2, p. 48.

124 Foot, *Wrong War*, pp. 189－94.

125 Malkasian, *Korean War*, p. 9.

126 Stueck, *Korean War*, p. 132f.

127 這種歐洲脆弱性的意識在NSC 68已被明確表達，它警告歐洲可能受「突襲」的危險，出自http:www.cnn.com/SPECIALS/cold.war/episodes/05/documents/nsc.report.68/.

128 Gaddis, *We Now Know*, p. 103.

129 McCullough, *Truman*, p. 837.

130 Ferrell, Truman, p. 330.

131 Truman, *Years of Trial and Hope*, p. 467ff. 麥克阿瑟邀請中國總司令「實地商量」，否則將面臨「我軍軍事行動擴展到[中國]沿海地區和內陸基地的危險」。

132 Ibid., 472f. Ferrell, *Truman*, p. 332.

133 Ferrell, *Truman*, p. 334. 華盛頓的恐慌情緒明顯。匆忙召開記者會是因為杜魯門和顧問們擔心麥克阿瑟想在被解僱之前「於全球宣傳網絡上」辭職： McCullough, *Truman*, p. 842.

134 參見Wittner (ed.), *MacArthur*, pp. 103－08.

135 McCullough, *Truman*, pp. 837－50.

136 Ibid., p. 852.

137 Truman, *Years of Trial and Hope*, p. 459.

80 Ibid., p. 123.

81 Oppen (ed.), *Documents*, p. 93.

82 Ibid., pp. 152－60.

83 Ibid., pp. 195－99.

84 Jean Edward Smith (ed.), *Clay Papers*, p. 143.

85 Backer, *Priming the German Economy*, p. 188, table 6.

86 Davidson, *Death and Life of Germany*, p. 260f.

87 參見Gimbel, "Governing the American Zone,"pp. 92－96; Schlauch, "American Policy,"p. 125.

88 這一說法出自英國經濟學家萊昂內爾・羅賓斯（Lionel Robbins）。

89 Gaddis, *We Now Know*, p. 20.

90 一九四七年三月十二日杜魯門總統對國會聯席會議（Joint Session of Congress）的致詞。www.yale.edu/lawweb/avalon/trudoc.htm.

91 Hoge and Zakaria, *American Encounter*, pp. 155－70.

92 內文出自 http:www.cnn.com/SPECIALS/cold.war/episodes/05/documents/nsc.report.68/.

93 Lundestad, *American "Empire,"*p. 44.

94 Bell, *Americanization*, p. 3.

95 Reinstein, "Reparations,"p. 146.

96 Bailey, *Postwar Japan*, p. 38.

97 Ibid., p. 60f.

98 Ibid., pp. 52－61.

99 Dower, "Occupied Japan,"p. 487.

100 一九五〇至一九七三年間，西德人均GDP的年均增長率超過5%，日本為8%。希臘、西班牙和葡萄牙同期的成長速度甚至勝過德國，參見Maddison, *World Economy*, table A1-d.

101 Backer, *Priming the German Economy*, p. 186f.

102 美國國際開發署（United States Agency for International Development），Statestics and Reports Division, November 17, 1975.

103 Backer, *Priming the German Economy*, pp. 174－78.

104 二〇〇一年，69200名美軍被部署到德國，40200名美軍被部署到日本，其中大部分是在沖繩島。

105 Oppen (ed.) *Documents*, pp. 156－60.

106 Layne, "America as European Hegemon,"p. 20.

107 Maddison, *World Economy*, p. 261, table B-18.

108 Lundestad, *American "Empire,"*p. 40.

109 Schiller, *Mass Communications*, p. 50.

48 Bailey, *Postwar Japan*, p. 25.

49 Ibid., p. 36f.

50 據估計，十個財閥在戰前已經透過67家控股公司和4000多家子公司，控制了四分之三的日本非農業經濟。

51 Bailey, *Postwar Japan,* p. 30.

52 Ibid., p. 23f.

53 Dower, *Embracing Defeat*, p. 115.

54 Wolfe (ed.), *Americans as Proconsuls*, p. 104.

55 Oppen (ed.), *Documents*, p. 14.

56 Gimbel, "Governing the American Zone,"p. 93f.

57 Ibid., p. 95. Cf. Clay to War Department, September 18, 1945, in Smith (ed.), *Clay Papers*, p. 82f.

58 Gimbel, "Governing the American Zone,"pp. 92－97.

59 例如Jean Edward Smith (ed.), *Clay Papers*, p. 174.

60 Wolfe (ed.), *Americans as Proconsuls*, p. 112f.

61 Peterson, "Occupation."

62 例如Gimbel, *American Occupation*; Backer, *Priming the German Economy*.

63 Fullbrook, *Divided Nation*, pp. 138－50.

64 Smith (ed.), *Clay Papers*, p. 172.

65 Porch, "Occupational Hazards," p. 37.

66 Oppen (ed.), *Documents*, p. 20.

67 Ibid., pp. 16，19.

68 Gimbel, "Governing the American Zone,"p. 93.

69 Pulzer, *German Politics*, pp. 29－32.

70 James F. Byrnes, "Restatement of Policy on Germany," http:www.usembassy.de/usa/usrelations4555.htm.

71 Robert Wolfe (ed.), *Americans as Proconsuls*, p. 105f.

72 Ibid., p. 109.

73 Gimbel, "Governing the American Zone," p. 102.

74 Oppen (ed.), *Documents*, p. 375f.

75 Schlauch, "American Policy," p. 115.

76 Oppen (ed.), *Documents*, p. 21.

77 Backer, *Priming the German Economy*, p. 37. Cf. Schlauch, "American Policy,"p. 115f.

78 Gimbel, *American Occupation*, p. 1.

79 Schlauch, "American Policy,"p. 121.

15 Ibid., p. 152.

16 Bacevich, *Empire*, p. 225.

17 Zimmermann, *First Great Triumph*, p. 476.

18 Dallas, *1918*, pp. 371－77, 393－417.

19 引用出自Karnow, *Vietnam*, p. 14.

20 Melosi, *Pearl Harbor*, passim. 珍珠港攻擊的細節，參見Clarke, *Pearl Harbor*, pp. 276－83.

21 Melosi, *Pearl Harbor*, p. ix.

22 Louis, *Imperialism at Bay*, pp. 226f., 356.

23 Kagan, *Paradise and Power*, p. 71.

24 Louis, *Imperialism at Bay*, p. 26.

25 Ibid., p. 150.

26 Anderson, *United States, Great Britain and the Cold War*, p. 4.

27 Louis, *Imperialism at Bay*, p. 198.

28 Ibid., pp. 271－73.

29 Ibid., pp. 353－56.

30 Ibid., p. 351.

31 Ibid.

32 引用出自Hanson, *American Empire*, p. 64.

33 Lundestad, *American "Empire,"* p. 39.

34 Ibid.

35 "President Bush's Address to the Nation," *New York Times*, September 7, 2003.

36 Dower, *Embracing Defeat*, p. 79.

37 Ibid., p. 80f.

38 Ibid., p. 27.

39 Bailey, *Postwar Japan*, p. 29.

40 Dower, *Embracing Defeat*, p. 38f.; Bailey, *Postwar Japan*, p. 27f.

41 Bailey, *Postwar Japan*, pp. 24－27.

42 Ibid., p. 41f.

43 Ibid., pp. 32－34; Dower, *Embracing Defeat*, p. 223. 確切地說，日本外務省設立了一個中央聯絡辦公室，在麥克阿瑟和日本官僚機構之間居中調解。

44 Dower, *Embracing Defeat*, p. 223.

45 Bailey, *Postwar Japan*, p. 29.

46 Dower, *Embracing Defeat*, p. 204.

47 Ibid., p. 209.

128 Robert Freeman Smith, "Latin America, the United States and the European Powers,"pp. 112－15.

129 Black, *Good Neighbor,* p. 71.

130 Schmidt, *Maverick Marine*, p. 231.

131 Cole, *America's Foreign Relations*, pp. 326－28.

132 Boot, *Savage Wars*, pp. 182－85, 188f.

133 Ibid., pp. 193－200.

134 Ibid., p. 204.

135 Cole, *America's Foreign Relations*, p. 328.

136 Boot, *Savage Wars*, p. 203. 一九二〇年，阿瓦羅．奧布雷貢將軍（General Álvaro Obregon）奪權；卡蘭札（Carranza）和韋拉（Villa）都在幾年內被槍殺。

137 卡爾沃主義（Calvo Doctrine）明確拒絕外國子民或公司聲稱擁有「治外法權」法律地位的主張。事實上，一如記者法蘭克．克拉克霍恩（Frank L. Kluckhohn）在一九三七年指出的，中美洲比起布爾什維克更像巴爾幹地區： Black, *Good Neighbor*, p. 73.

138 Robert Freeman Smith, "Latin America, the United Staes and the European Powers,"p. 109f.

139 Julien, America's Empire, p. 14.

## 第二章　反帝國主義的帝國

1 Vonnegut, *Slaughterhouse* 5, p. 53f.

2 Gaddis, *We Now Know*, p. 109.

3 Ambrose, *Rise to Globalism.*

4 值得參考的近期記載，參見Ramsay, *Lusitania.*

5 Roskin, "Generational Paradigms,"p. 566.

6 不可思議的是，德國外交部長亞瑟．齊默曼（Arthur Zimmermann）是透過美國國務院本身的電纜系統（及其他兩條路線）向在墨西哥的大使發送致命電報。英國人截獲電報，將其解碼然後傳給美國，終於迫使威爾遜放棄他的中立政策。

7 Black, *Good Neighbor*, p. 42.

8 Louis, *Imperialism at Bay*, p. 566.

9 但切記不要誇大美國對一九一八年勝利的貢獻，就像Mosier, *Myth of the Great War.* 參見拙作*Pity of War*, p. 312f.; 亦可參見Zieger, *America's Great War*, pp. 97－114.

10 威爾遜去世後，奈伊委員會（Nye Committee）大抵上支持這一觀點。

11 Knock, *To End All Wars*, p. 35.

12 Ibid., p. 77.

13 Ibid., p. 113.

14 Ibid., p. 143ff.

97 Pratt, *America's Colonial Experiment*, p. 140.

98 Robert Freeman Smith, "Latin America, the United States and the European Powers,"p. 106f.

99 Platt, *Finance, Trade and British Foreign Policy*, p. 326ff.

100 Horlacher, "Language,"p. 42.

101 Pratt, *America's Colonial Experiment*, p. 115f.

102 Boot, *Savage Wars*, pp. 60－62.

103 Ibid., p. 133. 新成立共和國的第一部憲法是在華盛頓的旅館房間裡起草的；她的第一面國旗則是在紐約高地瀑布（Highland Falls）縫製的：Black, *Good Neighbor*, p. 17.

104 Edmund Morris, *Theodore Rex*, p. 290. 參見Robert Freeman Smith, "Latin America, the United States and the European Powers,"p. 100f.

105 Black, *Good Neighbor*, p. 19f.

106 Pratt, *America's Colonial Experiment*, p. 132. Cf. Maddison, *World Economy*, p. 63.

107 Cole, *America's Foreign Relations*, p. 325.

108 Pratt, *America's Colonial Experiment*, p. 137.

109 Robert Freeman Smith, "Latin America, the United States and the European Powers,"p. 108.

110 Pratt, *America's Colonial Experiment*, p. 119.

111 Ibid., p. 121.

112 Cole, *America's Foreign Relations*, p. 313.

113 Robert Freeman Smith, "Latin America, the United States and the European Powers,"p. 102.

114 Boot, *Savage Wars*, p. 137f.

115 Cole, *America's Foreign Relations*, p. 316.

116 May, *American Imperialism*, p. 214.

117 Pratt, *America's Colonial Experiment*, pp. 127－30.

118 Ibid., p. 150f.

119 Ibid., p. 151.

120 有個說法表示超過3000名海地人被美國人殺死：Robert Freeman Smith, "Latin America, the United States and the European Powers,"p. 108.

121 Pratt, *America's Colonial Experiment*, pp. 143－47.

122 Cole, *America's Foreign Relations*, p. 323f.

123 Black, *Good Neighbor*, p. 35.

124 Ibid., p. 56.

125 Boot, *Savage Wars*, pp. 231－35.

126 Ibid., p. 249.

127 Black, *Good Neighbor*, p. 46.

68 Hofstadter, "Cuba, the Philippines and Manifest Destiny,"p. 169f.

69 Daws, *Shoal of Time*, p. 289f.; Merk, *Manifest Destiny*, p. 255.

70 Daws, *Shoal of time*, p. 294f.

71 Ibid., p. 295f.

72 Ibid., p. 298f.

73 Ibid., p. 316.

74 Pratt, *America's Colonial Experiment*, p. 160ff. 有關案件是「德利馬訴畢得威爾案」（De Lima v. Bidwell）和「道恩斯訴畢得威爾案」。

75 Boot, *Savage Wars*, p. 103f.

76 Merk, *Manifest Destiny*, p. 254; Rauchway, *Murdering McKinley*, p. 7. 麥金利以並非刻意的矯情在結尾補上一句：「然後我上床，睡覺，睡得安穩。」

77 Horlacher, "Language," pp. 40－43.

78 關於複雜的動機，參見May, *American Imperialism*, pp. 5－16.

79 Freeman and Nearing, *Dollar Diplomacy*, p. 253f.

80 例如Boot, *Savage Wars*, p. 99f., 107－09.

81 Ibid., p. 100－02.

82 Ibid., p. 120.

83 Ibid., p. 125.

84 Horlacher, "Language,"p. 44. Cf. Boot, *Savage Wars*, pp. 114－16.

85 May, *American Imperialism*, pp. 199－205.

86 Pratt, *America's Colonial Experiment*, pp. 79－82.

87 Zwick, "Twain."

88 Freeman and Nearing, *Dollar Diplomacy*, pp. 255－57.

89 Hofstadter, "Cuba, the Philippines and Manifest Destiny,"p. 169.

90 Boot, *Savage Wars*, p. 122f. 參議院成立委員會就暴行進行聽證。在傑克・史密斯（Jake Smith）成為第一個發布不扣押犯人命令的人之後，沃勒（Waller）謀殺罪名不成立，而史密斯被判「有損於良好秩序和軍紀」，並被迫退休。

91 May, *American Imperialism*, pp. 210－13, 221－23.

92 Vidal, *Decline and Fall*, p. 18.

93 May, *American Imperialism*, pp. 214－22.

94 Pratt, *America's Colonial Experiment*, pp. 291－310.

95 Louis, *Imperialism at Bay*, p. 149n.

96 Pratt, *Colonial Experiment*, p. 125. 參見Robert Freeman Smith, "Latin America, the United States and the European Powers,"p. 102.

45 Roskin, "Generational Paradigms," p. 579.

46 Freeman and Nearing, *Dollar Diplomacy*, p. 266.

47 Smith, "Latin America, the United States and the European Powers,"p. 100.

48 海外勢力相對較弱的德國不在此類的主張，參見拙作《戰爭的悲憫》（*Pity of War*）。

49 Cole, *America's Foreign Relations*, p. 182; Black, *Good Neighbor*, p. 6.

50 Black, *Good Neighbor*, p. 12.

51 Freeman and Nearing, *Dollar Diplomacy*, p. 247. 參見Smith, "Latin America, the United States and the European Powers,"p. 89f.

52 Freeman and Nearing, *Dollar Diplomacy*, p. 243f.

53 Merk, *Manifest Destiny*, p. 232.

54 Conrad, *Nostromo*, p. 76f.

55 Bacevich, *American Empire*, p. 55; Pratt, *America's Colonial Experiment*, p. 168. 美國對自由貿易的承諾從來都不是沒有條件的。門戶開放政策（Open Door）並不適用於美國本身。實際上，美國領地的美國進口不徵收任何關稅（一九〇九年後的薩摩亞除外），但其他國家到美國領地的進口貨物則要徵收關稅。直到一九三〇年代，英國人一直拒絕這種「帝國優惠關稅」。

56 Freeman and Nearing, *Dollar Diplomacy*, pp. 265, 257.

57 「如果我的判讀正確，這場強大的競賽將移至墨西哥，移至中南美洲，移至海洋島嶼，移至非洲及其他地區。誰能懷疑這場比賽的結果將是『適者生存』？」Merk, *Manifest Destiny*, p. 238ff. 參見Horlacher, "Language,"pp. 35－37.

58 Hofstadter, "Cuba, the Philippines and Manifest Destiny." Cf. Black, *Good Neighbor*, p. 2ff.; May, *American Imperialism*, pp. 192－97, 207－09.

59 Morris, *Pax Britannica*, p. 28.

60 參見Cain and Hopkins, *British Imperialism*, passim.

61 Merk, *Manifest Destiny*, p. 243f.; Black, *Good Neighbor*, p. 16f.

62 Freeman and Nearing, *Dollar Diplomacy*, p. 244f.; Boot, *Savage Wars*, pp. 64－66. 薩摩亞由英國、德國和美國瓜分。

63 Freeman and Nearing, *Dollar Diplomacy*, p. 246. 馬漢（Mahan）在支持併吞方面的作用，參見Merk, *Manifest Destiny*, pp. 235－37; Daws, *Shoal of Time*, p. 287.

64 這對美國精煉廠廠主比對消費者更有利: LaFeber, New Empire, p. 35.

65 Daws, *Shoal of Time*, p. 285.

66 Merk, *Manifest Destiny*, pp. 232－35.

67 關於夏威夷與美國之間貿易「互惠」的複雜問題，其影響是使美國實際上成為夏威夷糖的唯一客戶，參見LaFeber, *New Empire*, pp. 115－20, 142.

21 Ibid., p. 89ff.

22 Ibid., p. 98.

23 Ibid., p. 151.

24 Ibid., p. 152.

25 Ibid., p. 157.

26 Milner et al. (eds.), *History of the American West*, p. 166. 關於「昭昭天命」（*manifest destiny*）這一措辭的後續使用，參見Horlacher, "Language,"p. 37.

27 Richardson et a., *Texas*, p. 166.

28 Grant, *Memoirs*, p. 41. 林肯（Lincoln）、格蘭特（Grant）和其他人懷疑驅使波爾克（Polk）的動機是創造更多奴隸州的渴望。

29 Richardson et al., *Texas*, p. 167f.

30 Ibid., p. 168.

31 Hanson, *American Empire*, p. 51.

32 截至此時為止，加拿大邊界的協議是分階段達成的：一八一八年（沿現在的蒙大拿州和北達科他州的頂部），一八四二年（沿紐約州、佛蒙特州、新罕布夏州，緬因州和明尼蘇達州的邊界），還有一八四六年（割讓後來的俄勒岡州、華盛頓州和愛達荷州）。

33 Van Alstyne, *American Empire*, p. 8f.

34 Boot, *Savage Wars*, pp. 10－26.

35 最高法院駁回了奴隸德萊德．斯科特（Dred Scott）主張他從奴隸州進到聯邦領土時獲得自由的訴訟。

36 Pratt, *America's Colonial Experiment,* p. 158.

37 May, *American Imperialism*, p. 205f.

38 Pratt, *America's Colonial Experiment*, p. 159f. 一年半後，這個論點受到「道恩斯訴畢得威爾案」的判決（Downes v. Bidwell）的確認。

39 Freeman and Nearing, *Dollar Diplomacy*, p. 236f. 參見Smith, "Latin America, the United States and the European Powers," p. 85.

40 這個想法很可能是英國外相喬治．坎寧（George Canning）提出的，他在英國承認南美國家獨立之後，按照這些思路提出了一份英美兩國的聯合宣言。門羅比較想要把宣言變成美國單方面的聲明，但實際上唯有英國皇家海軍才能執行或推翻它。

41 Smith, "Latin America, the United States and the European Powers," p. 85ff.

42 Ibid., p. 83f.

43 Freeman and Nearing, *Dollar Diplomacy*, p. 248; Smith, "Latin America, the United States and the European Powers," p. 91f. 至關重要的是英國對委內瑞拉主權的侵犯。

44 Boot, *Savage Wars*, p. 62.

見Cooper, "Post modern State"and Mallaby, "Reluctant Imperialist."

118 參見拙作《帝國》*Empire*. Cf. Kurtz, "Democratic Imperialism."

119 Symonds, *Oxford and Empire*, p. 188.

120 Louis, "Introduction,"pp. 5f.

121 「自由伊拉克的成功將在整個地區受到關注。數百萬人會看到自由、平等和物質進步在中東的中心地區是可能的。地區領導人們將看見最為明確的證據，也就是自由機構和開放社會是通往長期國家成功和尊嚴的唯一途徑…… 轉型後的中東將動搖將暴力輸出到其他國家的意識形態，從而使整個世界受益…… 伊拉克境境內民主機構的進步正在樹立一個〔區域〕其他國家將效仿的榜樣」：*New York Times*, September 23, 2003.

122 Ferguson, "Hegemony or Empire," p. 154.

## 第一章　美利堅帝國的極限

1 Ibid.

2 參見Smith, *Civic Ideals*, esp. pp. 87－89, 116.

3 Ibid., pp. 130－34. Cf. Keyssar, *Right to Vote*.

4 Van Alstyne, *American Empire*, p. 3; Hason, *American Empire*, p. 55.

5 Hanson, *American Empire*, p. 56.

6 Williams, *Empire as Way of Life*, p. 35.

7 Madison, "The Union as a Safeguard Against Domestic Faction and Insurrection," *Federalist No. 10*.

8 Hamilton, "General Introduction," *Federalist No. 1*.

9 Freeman and Nearing, *Dollar Diplomacy*, p. 233.

10 Van Alstyne, *American Empire*, p. 1.

11 Ibid., p. 9.

12 Maddison, *World Economy*, pp. 35, 250.

13 Milner et al. (eds.), *History of the American West*, p. 161.

14 Richardson et al., *Texas*, p. 57.

15 Milner et al. (eds.), *History of the American West*, p. 162.

16 Billington, *Westward Expansion*, pp. 5－10.

17 數字出自密西根大學戰爭關聯資料庫（University of Michigan Correlates of War database）。

18 Sylla, "U.S. Financial System," p. 259ff. 美國不得不額外支付380萬美元，以彌補美國商人先前對法國扣押船舶提出的索賠。參見Kastor, *Louisiana Purchase*. 傑弗遜行動的複雜憲法含義，參見Adams, *Formative Years*, pp. 367－69.

19 Kastor, *Louisiana Purchase*, p. 7f.

20 Richardson et al., *Texas*, p. 83f.

94 Nye, *Paradox*, p. 8. 參見其文章"The Velvet Hegemon," *Foreign Policy* (May-June 2003) p. 74f.，該文回應了我的批評。"Think Again: Power," *Foreign Policy* (March-April 2003).

95 Joseph S. Nye, Jr., *Paradox*, p. 141.

96 Ibid., p. 140f.

97 關於美國化，參見Bell, *Americanization and Australia*. Cf. Judge, "Hegemony of the Heart."

98 Held et a., *Global Transformations*, pp. 344－63. Cf. Smith, *Talons of the Eagle*, p. 235f. 美國電影也主宰了拉丁美洲的電影院。

99 Shawcross, *Deliver Us from Evil*, p. 119.

100 數字出自Evangelism and Missions Information Service, th U.S. Council of World Missions and the North American Missions Board.

101 http:bible.acu.edu/missions/page.asp?ID=174; ID=894.

102 Coker, *Conflicts*, p. 11. Cf. Stoll, *Is Latin America Turning Protestant?*

103 David van Biema, "Should Christians Convert Muslims?," *Time*, June 30, 2003.

104 例如Mandelbaum, *Ideas*, p. 1.

105 Ibid., p. 288.

106 Office of the President, "The National Security Strategy of the United States of America,"September 17, 2003, http:usinfo.state.gov/topical/pol/terror/secstrat.htm.

107 參見Bacevich, *American Empire*, p. 2f. 但就連Bacevich也低估了相似的程度Andrew Bacevich, "Does Empire Pay?," *Historically Speaking, 4,* 4 (April 2003), p. 33.

108 參見拙作*Empire*, passim. Cf. Joseph S. Nye, Jr., *Paradox*, pp. 10, 144; Kurtz, "Democratic Imperialism."

109 引用出自Morris, *Pax Britannica*, p. 517.

110 Julien, *America's Empire*, p. 13f.

111 "President Bush's Address to the Nation,"*New York Times*, September 7, 2003.

112 參見Jack P. Greene, "Empire and Identity,"p. 223. 參見Pagden, "Struggle for Legitimacy,"p. 52.

113 Office of the President, "National Security Strategy,"part 5: "Prevent Our Enemies from Threatening Us, Our Allies, and Our Friends with Weapons of Mass Destructiton".

114 參見Acemoglu et al., "African Success Story."

115 Stephen Haber, Douglass C. North and Barry R. Weingast, "If Economists Are So Smart, Why is Africa So Poor?" *Wall Street Journal*, July 30, 2003.

116 二〇〇〇年九月獅子山共和國人民公開歡迎英國干涉時就瞭解這點。在短短幾天之內，800名傘兵實現了一萬多名聯合國維和部隊迄今為止無法實現的目標：他們結束了該國可怕的血腥內部衝突。

117 我最早在拙作《金錢與權力》（*The Cash Nexus*）提出這個論點。對同一個論點的迴響，參

82 約翰・米爾斯海默（John Mearsheimer）在他的經濟決定論著作《大國政治的悲劇》（*Tragedy of Great Power Politics*）最後下了嚴峻的判決：「美國非常樂見中國在未來幾年的經濟成長大幅減緩。」換言之，如果中國繼續成長，美國將不再是亞洲的主宰勢力：Mearsheimer, *Tragedy*, p. 402. Cf. ibid., p. 383f. 奇怪的是，俄羅斯在米爾斯海默的表格中被重複計算，類似的美國數據則被忽略了。

83 參見Huntington, "Lonely Superpower,"p. 88.

84 Todd, *Après l'Empire*.

85 計算根據 Maddison, *World Economy*, appendix A. 高盛一項研究估計中國的產量可能在到二〇四一年超過美國。

86 Maddisn, *World Economy*, p. 261, table B-18.

87 World Bank, *World Development Indicators* database. 國際元（international dollar）是一種虛構單位，對任何國家的國內生產毛額具有與美元在美國相同的購買力。這種調整消除了匯率變動和國家之間同等商品價格差異的影響（大麥克漢堡在美國的成本高於中國）。用美元現價來衡量收入和產量會得到非常不一樣的結果。在一九八〇年，按美元現價計算，美國在世界總產量佔的份額僅為10.6%，幾乎是今天的三分之一。七年後，它上升到四分之一，是自一九六〇年以來的最高份額，而在一九九五至二〇〇二年間，它從四分之一上升到三分之一。請注意，這裡的收入是國民所得毛額，（按世界銀行的定義）是「所有常住生產者增加的價值，加上未計入產量評估的產品稅（減去補貼），加上海外主要所得（僱員補償和財產收入）的淨收益。」產出的計量單位是國內生產毛額，（同樣按世界銀行的定義）是「經濟體中所有常住生產者增加的總值，加上任何產品稅，減去未包括在產品價格中的任何補貼。 它的計算未扣除製造資產的折舊或自然資源的消耗和退化。」

88 雖然嚴格來說這不是正確的比較， 如果我們將麥迪遜（Maddison）對英國及其所有殖民地在一九一三年的國內生產毛額估計值加在一起，總計（按購買平價調整）將超過他對世界GDP估計值的20%。因此，說今天的美國經濟和一個世紀前大英帝國的合併經濟在世界產量所佔的份額大致相等可能比較準確。

89 http:grassrootsbrunnet.net/keswickridge/mcdonalds/history_of_expansion.htm.嚴格來講，麥當勞並不擁有這些餐館，而是將特許經營權出售給餐館所有者。這使麥當勞產品適應當地口味的自由度越來越大。但其檢查員確保特許經營者符合麥當勞在美國設定的服務標準和食物品質。

90 Neil Buckley, "Eyes on the Firies," *Financial Times*, August 29, 2003.

91 Coca-Cola Company 2002 Annual Report 2002, p. 44.

92 Office of the Undersecretary of Defense (Comptroller), "National Defense Budget Estimates for FY 2004"(Green Paper), March 2003.

93 Kennedy, *Rise and Fall*, p. 609, n. 18.

59 關於正式的帝國經濟理論的嘗試，參見Grossman and Mendoza, "Annexation or Conquest?"

60 Davis and Huttenback, *Mammon and the Pursuit of Empire.*

61 Lundestad, *American "Empire."*

62 Zakaria, *Future of Freedom*, esp. p. 162.

63 Krugman, *Great Unravelling*, passim.

64 參見Kupchan, *End*, p. 153.

65 近期範例，參見Joseph Nye, "The New Rome Meets the New Barbarians: How America Should Wield Its Power," *Economist*, March 23, 2002; Jonathan Freedland, "Rome, AD . . . Rome DC," *Guardian*, September 18, 2002; Robert Harris, "Return of the Romans,"*Sunday Times*, August 31, 2003.

66 美屬薩摩亞（American Samoa）、貝克島（Baker Island）、關島（Guam）、豪蘭島（Howland Island）、賈維斯島（Jarvis Island）、強斯頓環礁（Johnston Atoll）、金曼礁（Kingman Reef）、中途島（Midway Island）、納弗沙島（Navassa Island）、北馬利安納群島（Northern Mariana Islands）、帕邁拉環礁（Palmyra Atoll）、波多黎各（Puerto Rico）、維京群島（Virgin Islands）和威克島（Wake Island）。

67 Joseph Curl, "U.S. Eyes Cuts at Germany, S. Korea Bases," *Washington Times*, February 12, 2003.

68 Statistical Abstract of the United States 2002, table 495.

69 Transcript in *New York Times*, February 26, 2002.

70 Ian Traynor, "How American Power Girds the Globe with a Ring of Steel," *Guardian*, April 21, 2003.

71 Paul Kennedy, "Power and Terror," *Financial Times*, September 3, 2002.

72 Gregg Easterbook, "American Power Moves Beyond the Mere Super," *New York Times*, April 27, 2003.

73 Kennedy, *Rise and Fall of the Great Powers*, p. 519.

74 Porter (ed.), *Atlas of British Overseas Expansion*, p. 120.

75 例如O'Hanlon, "Come Partly Home, America."

76 感謝國家戰爭學院（National War College）的克里斯多福．巴斯福德（Christopher Bassford）博士讓我注意到這張地圖。

77 Priest, *Mission*, p. 73.

78 大國一詞又是委婉的說法。在當時，被稱為大國的五個國家——英國、法國、俄羅斯、奧地利和德意志國——全都是帝國，或擁有帝國。

79 Kennedy, *Great Powers.*

80 不過韓森（Hanson）的《美利堅帝國的衰落》（*Decline of the American Empire*）早在一九九三年就出現了。

81 例如，根據查爾斯．庫普昌（Charles Kupchan）所說，「歐洲很快就會趕上美國…… 因為它正在匯流，聚集其成員國已擁有的龐大資源和知識資本。」: Kupchan, *End*, pp. 119, 132.

August 21, 2001.

36 引用出自Bacevich, *American Empire*, p. 201.

37 “Transcript of President Bush's Speech,”*New York Times*, February 26, 2003.

38 美國國務院國際信息局（Office of International Information Programs）文字紀錄http:usinfo.state.gov.

39 “Transcript of President Bush's Remarks on the End of Major Combat in Iraq,” *New York Times*, p. A16.

40 Colin L. Power, “Remarks at The Elliott School of International Affairs, George Washington University,”http:www.state.gov/secretary/rm/2003/23836.htm.

41 Minxin Pei, “The Paradoxes of American Nationalism,”*Foreign Policy*, May－June 2003, p. 32.

42 However，參見Davies, *First English Empire*.

43 Zelikow, “Transformation,”p. 18.

44 Schwab, “Global Role.”「美利堅帝國，」麥可· 曼德爾邦（Michael Mandelbaum）說，「在二十世紀被放棄了」。Mandelbaum, *Ideas*, p. 87.

45 Kupchan, *End*, p. 228.

46 Mandelbaum, *Ideas*, p. 88.

47 Bobbitt, *Shield of Achilles*. 博比特認為帝國主義已成為過去，是一七一三至一九一四年的兩個世紀「國家民族」（state-nation）的「歷史、戰略和憲法創新」之一。

48 我非常感謝格雷厄姆·艾利森（Graham Allison）邀請我為這系列講座打頭陣。研討課參與者嚴格縝密又有建設性的批評使本書受惠良多。

49 例如Kagan, *Paradise and Power*, p. 88; Kupchan, *End*, p. 266.

50 Johannson, “National Size,”p. 352n.

51 一個霸權是「能將其規則強加到國際體系之上，從而暫時建立新政治秩序的……一個國家」，而且這個國家提供「國內或受她保護的企業某些額外的優勢，這些優勢不是根據『市場』運作，而是透過政治壓力而獲得的」：Wallerstein, “Three Hegemonies,”p. 357.

52 這個概念可追溯到查爾斯·金德伯格（Charles Kindleberger）談兩次大戰戰間期世界經濟的大作，描述英國霸權結束之後、美國霸權到來之前的一種「過渡期」。參見Kindleberger, *World in Depression*.

53 例如Kennedy, *Rise and Fall*.

54 Calleo, “Reflections.”亦可參見Rosecrance, “Croesus and Caesar.”

55 O'Brien, “Pax Britannica.”

56 Gallagher and Robinson, “Imperialism of Free Trade.”

57 參見Robert Freeman Smith, “Latin America,”pp. 85－88. Cf. Cain and Hopkins, *British Imperialism*.

58 Lieven, *Empire*, p. xiv.

並在每個可行的情況下，擴張一個與歷史上其他帝國皆不相同的帝國。這不是值得慶祝的事；但否認事實沒有任何幫助。」參見Rosen, "Empire,"p. 61：「就算美利堅帝國的邏輯沒有魅力，替代方案是否更吸引人也還不清楚。」極度細微又敏銳的辯論內容，參見Maier, "American Empire?"

14 引用出自Bacevich, *American Empire*, p. 219.

15 Ibid., p. 203.

16 Thomas E. Ricks, "Empire or Not? A Quiet Debate over U.S. Role," *Washington Post,* August 21, 2001.

17 Max Boot, "The Case for an American Empire," *Weekly Standard*, October 15, 2001.

18 Boot, *Savage Wars*, p. xx:「不同於十九世紀的英國，二十一世紀的美國並未領導一個正式的帝國。她的帝國不是由分布廣遠的領地組成，而是由尋求山姆大叔保護傘庇護的一群民主、資本主義國家所組成。」但布特（Boot）接著補充道：「美國的權力比大英帝國鼎盛時期還要大，比現代任何其他國家都強大。」；p. 349. 關於吉卜林詩歌獲得的正負反響，參見Gilmour, *Long Recessional*, pp. 124－29.

19 Kaplan, *Warrior Politics*.

20 Emily Eakin, "It Takes an Empire," *New York Times*, April 2, 2002.

21 Ibid.

22 Dinesh D'Souza, "In Praise of an American Empire," *Christian Science Monitor*, April 26, 2002.

23 Mallaby, "Reluctant Imperialist,"p. 6. Cf. Pfaff, "New Colonialism." 支持歐洲新帝國主義的類似論點，參見Cooper, "Postmodern State."

24 Ignatieff, *Empire*, pp. 3, 22, 90, 115, 126. 參見 "Why Are We in Iraq? (And Liberia? And Afghanistan?)," *New York Times Magazine*, September 6, 2003.

25 Kurth, "Migration,"p. 5.

26 James Atlas, "A Classicist's Legacy: New Empire Builders," *New York Times*, May 4, 2003, Section 4, p. 4.

27 "Interdicting North Korea," *Wall Street Journal*, April 28, 2003, p. A12.

28 Max Boot, "Washington Needs a Colonial Office," *Financial Times*, July 3, 2003.

29 引用出自Bacevich, *American Empire*, p. 44.

30 "Strategies for Maintaining U.S. Predominance,"Office of Net Assessment, Office of the Secretary of Defense, Summer Study, August 1, 2001, esp. p. 22.

31 Priest, *Mission*, p. 70.

32 Fergusion, *Empire*, p. 370. 試探性的討論，參見Williams, *Empire as a Way of Life*, p. ix.

33 引用出自Bacevich, *American Empire,* p. 242.

34 引用出自Mead, *Special Providence*, p. 6.

35 一九九九年外交關係委員會（Council on Foreign Relations）上的演講，引用自*Washington Post*,

# 註釋

## 引言

1 二〇〇三年二月二十七日國務鄉倫斯斐（Donald Rumsfeld）與半島電視台的訪問，國防部新聞稿信文稿

2 Bowden, *Black Hawk Down*, p. 228.

3 典型的法國左派咆哮，參見Julien, *America's Empire*.

4 例如Nearing, *American Empire*; Freeman and Nearing, *Dollar Diplomancy*.

5 早期的例子，參見Williams, *Tragedy of American Diplomancy*. 參見Lerner, *America as a Civilization and Williams's later Empire as a Way of Life*.

6 Kolko and Kolko, *Limits of Power*. 亦見Kolko, *Politics of War*; Kolko, *Roots of American Foreign Policy*; Kolko, *Vietnam*. 越南鼓勵了美利堅帝國議論的例子，參見Buchanan, "Geography of Empire,"參見Magdoff, *Age of Imperialism*; McMahon, *Limits of Empire*; Swomley, *American Empire*. 在一九六〇年代捍衛美利堅帝國主義的逆向思考者：參見Liska, *Imperial America*; Steel, *Pax American*. 甚至有一位是法國人：Aron, *Imperial Republic*.

7 Tucker and Hendrickson, *Imperial Temptation*, pp. 53, 211.

8 Johnson, Blowback; blum, Rogue State; Hudson, Super Imperialism. 參見Smith, American Empire.

9 實例見 Eric Hobsbawm, "America's Imperial Delusion,"*Guardian*, Jane 14, 2003. 薩依德（Edward Said）和喬姆斯基（Noam Chomsky）也提出意料中的評論。

10 Vidal, *Decline and Fall of the American Empire*.

11 Patrick Buchanan, *Repblic*, p. 6. 參見idem, "What Price the American Empire?,"*American Cause*, May 29, 2002.

12 Prestowitz, *Rogue Nation*.

13 例如Bacevich, *American Empire*, p. 243:「儘管美國沒建立任何正式的帝國……她顯然得到了一個帝國的問題…… 不管喜不喜歡，今天的美國是羅馬，沒有回頭路地致力於維持帝國，

THE WAR
大戰略
01

# 巨人：美國帝國如何崛起，未來能否避免衰落？

Colossus: The Rise and Fall of the American Empire


| | |
|---|---|
| 作者 | 尼爾・弗格森（Niall Ferguson） |
| 譯者 | 相藍欣、周莉莉、葉品岑 |
| 執行長 | 陳蕙慧 |
| 總編輯 | 張惠菁 |
| 責任編輯 | 洪仕翰 |
| 行銷總監 | 陳雅雯 |
| 行銷企劃 | 尹子麟、余一霞 |
| 封面設計 | 莊謹銘 |
| 內頁排版 | 宸遠彩藝 |
| 校對 | 李鳳珠 |

| | |
|---|---|
| 社長 | 郭重興 |
| 發行人兼出版總監 | 曾大福 |
| 出版 | 廣場出版／遠足文化事業股份有限公司 |
| 發行 | 遠足文化事業股份有限公司 |
| 地址 | 231 新北市新店區民權路 108-3 號 3 樓 |
| 電話 | 02-22181417 |
| 傳真 | 02-22180727 |
| 客服專線 | 0800-221029 |
| 法律顧問 | 華洋法律事務所　蘇文生律師 |
| 印刷 | 呈靖彩藝有限公司 |
| 初版 | 2020 年 11 月 |
| 初版三刷 | 2021 年 2 月 |
| 定價 | 580 元 |





AGORA
廣場出版
Email　acropolismde@gmail.com
Facebook　www.facebook.com/acrolispublish

國家圖書館出版品預行編目(CIP)資料

巨人：美國帝國如何崛起，未來能否避免衰落？
尼爾・弗格森(Niall Ferguson)著；相藍欣，周莉莉，葉品岑譯.-- 初版. -- 新北市：廣場出版：遠足文化發行，2020.11
面；　公分
譯自：Colossus : The Rise and Fall of the American Empire.

ISBN 978-986-98645-4-1（平裝）

1. 美國史　2. 帝國主義

752.1　　109012871

● 親愛的讀者你好，非常感謝你購買廣場出版品。
我們非常需要你的意見，請於回函中告訴我們你對此書的意見，
我們會針對你的意見加強改進。

若不方便郵寄回函，歡迎傳真回函給我們。傳真電話 —— 02-2218-0727

或上網搜尋「廣場出版FACEBOOK」
https://www.facebook.com/agorapublish/

## ● 讀者資料

你的性別是 □ 男性 □ 女性 □ 其他

你的職業是 ____________________ 你的最高學歷是 ____________________

年齡 □ 20 歲以下 □ 21-30 歲 □ 31-40 歲 □ 41-50 歲 □ 51-60 歲 □ 61 歲以上

若你願意留下 e-mail，我們將優先寄送 ____________________ 廣場出版相關活動訊息與優惠活動

## ● 購書資料

● 請問你是從哪裡得知本書出版訊息？（可複選）
□ 實體書店 □ 網路書店 □ 報紙 □ 電視 □ 網路 □ 廣播 □ 雜誌 □ 朋友介紹
□ 參加講座活動 □ 其他 __________

● 是在哪裡購買的呢？（單選）
□ 實體連鎖書店 □ 網路書店 □ 獨立書店 □ 傳統書店 □ 團購 □ 其他 __________

● 讓你燃起購買慾的主要原因是？（可複選）
□ 對此類主題感興趣
□ 覺得書籍設計好美，看起來好有質感！
□ 議題好熱，好像很多人都在看，我也想知道裡面在寫什麼
□ 其他 __________
□ 參加講座後，覺得好像不賴
□ 價格優惠吸引我
□ 其實我沒有買書啦！這是送（借）的

● 如果你覺得這本書還不錯，那它的優點是？（可複選）
□ 內容主題具參考價值 □ 文筆流暢 □ 書籍整體設計優美 □ 價格實在 □ 其他 __________

● 如果你覺得這本書讓你好失望，請務必告訴我們它的缺點（可複選）
□ 內容與想像中不符 □ 文筆不流暢 □ 印刷品質差 □ 版面設計影響閱讀 □ 價格偏高 □ 其他 __________

● 大都經由哪些管道得到書籍出版訊息？（可複選）
□ 實體書店 □ 網路書店 □ 報紙 □ 電視 □ 網路 □ 廣播 □ 親友介紹 □ 圖書館 □ 其他 ______

● 習慣購書的地方是？（可複選）
□ 實體連鎖書店 □ 網路書店 □ 獨立書店 □ 傳統書店 □ 學校團購 □ 其他 __________

● 如果你發現書中錯字或是內文有任何需要改進之處，請不吝給我們指教，我們將於再版時更正錯誤

請沿虛線剪下

| 廣告回信 |
| --- |
| 臺灣北區郵政管理局登記證 |
| 第 1 4 4 3 7 號 |

請直接投郵•郵資由本公司支付

23141
新北市新店區民權路108-2號9樓

**廣場出版** 收

● 請沿虛線對折裝訂後寄回，謝謝！

AGORA
廣場出版

THE WAR
大戰略
01